Angela Wiechula

Stadtmarketing im Kontext eines Public Management

Kohlhammer

Stadtmarketing im Kontext eines Public Management

Kundenorientierung in der kommunalen Leistungserbringung, dargestellt am Beispiel der Stadt Potsdam

Dr. Angela Wiechula

Verlag W. Kohlhammer

Die Deutsche Bibliothek – CIP-Einheitsaufnahme

Wiechula, Angela:
Stadtmarketing im Kontext eines Public Management : Kundenorientierung in der kommunalen Leistungserbringung, dargestellt am Beispiel der Stadt Potsdam / Angela Wiechula. - Stuttgart ; Berlin ; Köln : Kohlhammer, 2000
Zugl.: Potsdam, Univ., Diss., 1999
ISBN 3-17-016289-6

Stuttgart Berlin Köln
Verlagsort: Stuttgart
Umschlag: Data Images GmbH
Gesamtherstellung:
W. Kohlhammer Druckerei GmbH + Co. Stuttgart
Printed in Germany

Inhaltsverzeichnis

Abbildungsverzeichnis

Tabellenverzeichnis

Teil A: Problemstellung und Relevanz des Themas

1. Einleitung und Aufbau der Arbeit

Die Signifikanz von Stadt- und Kommunalmarketing wird vor dem Hintergrund der Rahmenbedingungen der heutigen Kommunalpolitik sichtbar. Städte, Städteregionen und Kommunen sehen sich mit einer Reihe von Entwicklungen konfrontiert, die das kommunale Handeln vor enorme Herausforderungen stellen: Leere kommunale Kassen[1] und daraus resultierend wachsende soziale Probleme, immense Infrastrukturaufgaben und Altlastenprobleme in den neuen Bundesländern, verkrustete und wenig effiziente Verwaltungsstrukturen bei einem sich simultan verschärfenden Wettbewerb zwischen den Städten führen zu einem **Veränderungs- und Modernisierungsdruck** auf die Kommunen (vgl. Damkowski/Precht 1998a, S. 21 ff.; Heitmüller 1998, S. B 10). Dem stehen ein massiver Arbeitsplatzabbau, sinkende Steuereinnahmen aufgrund einer zwischen vier und fünf Prozent schwankenden Arbeitslosenquote, Unternehmen, die ihre Produktion ins Ausland verlagern, eine restriktive Zuweisungspolitik der Länder sowie explodierende Kosten im Sozialbereich gegenüber (vgl. Articus 1998, S. 141; o.V. 1999, S. 11). Letztere haben sich seit Beginn der 80er Jahre bis Ende 1996 auf 57,7 Mrd. DM im Jahr verdreifacht. Darüber hinaus wurden die Mittel für Arbeitslose gekürzt, wodurch die Betroffenen auf Sozialhilfe verwiesen werden, die wiederum von den Kommunen zu leisten ist (Mumme 1997, S. 12).

Diese Kombination aus aktuellen Problemen, Verpflichtungen, aber auch Chancen – speziell in den Städten der neuen Bundesländer – drängt emphatisch nach neuen und innovativen Problemlösungen sowie Instrumentarien für eine zielgerichtete Stadtentwicklungspolitik (Kendschek 1997, S. 218), die sowohl auf die Verbesserung der Standortqualität für die Wirtschaft als auch auf die Erhöhung der Lebensqualität für die Bürger abzielt.

Das **kommunale Dilemma** resultiert aus dem öffentlichen Widerstand gegen stetig anwachsende Steuer- und Gebührenbelastungen: Die Bürger erheben verstärkte Leistungsansprüche an die Kommune und damit auch an die Kommunalverwaltung, zeigen eine wachsende Bereitschaft zur Durchsetzung ihrer Ansprü-

1 Allein 1996 gab die öffentliche Hand 134 Mrd. DM mehr aus, als sie eingenommen hatte – ein Minus, das sich auf 3,8% des Bruttoinlandsprodukts belief (Mumme 1997, S. 12).

che, kritisieren zunehmend die Überbürokratisierung in der Verwaltung und fordern nicht zuletzt ein faires Preis-/Leistungsverhältnis sowie eine gute Leistungsqualität und -vielfalt (vgl. Koppelmann 1993a, S. 8). In der Realität wird das Spektrum städtischer Leistungen angesichts der akuten Sparzwänge weiter restringiert, das heißt Einschränkungen im öffentlichen Personennahverkehr und im kommunalen Service, Schließungen von Bibliotheken, Schwimmbädern, Opernhäusern, Theatern und Krankenhäusern sind an der Tagesordnung (vgl. Hill 1994a, S. 19; Balleis 1997, S. 38).

Insbesondere die tradierten Formen der bürokratischen Verwaltungsorganisationen mit ihrer spezifischen Aufbau- und Arbeitsablaufgestaltung, ihrer umfänglich determinierten Personalstruktur und einer Arbeitsweise, die auf den Prinzipien von Gesetzmäßigkeit und Kontrollierbarkeit basiert, sind offenbar zunehmend weniger geeignet, Anpassungsprozesse an die tief greifenden gesellschaftlichen und ökonomischen Veränderungen einzuleiten (vgl. Budäus 1995b, S. 11). Zudem hat es den Anschein, als verfügten sie über ein nur minimales Innovationspotenzial, das nicht ausreicht, um die komplexer werdenden Erfordernisse ihrer Umwelt flexibel berücksichtigen zu können.

Als Folge der systemimmanenten Defizite gewinnt die unternehmerische Betrachtungsweise kommunaler Leistungen an Bedeutung. Wenn sich daraus resultierend die Notwendigkeit eines **„Paradigmenwechsels von der Behörde zum öffentlichen Dienstleister“** (Munkelt 1996, S. 29) ergibt, dann erwarten die Bürger von diesen öffentlichen Dienstleistern selbstverständlich auch kundenorientierte, flexible Qualitätsprodukte an Stelle bürokratisch-standardisierter Massenprodukte und einen Service, den sie von leistungsfähigen privaten Anbietern gewohnt sind (Grömig 1998, S. 12).[2] Nahezu alle öffentlichen Verwaltungen sehen sich daher sowohl mit wachsenden Anforderungen qualitativer Art (Dienstleistungsqualität, Humanisierung der Arbeit) als auch quantitativer Art (steigendes Aufgabenvolumen, Komplexitätssteigerung) konfrontiert. Dies jedoch bei gleichzeitig reduzierten Personalkapazitäten und bei steigendem Druck auf die Begrenzung der Arbeitskosten.

Insofern vollzieht sich der Prozess der Umstrukturierung öffentlicher Verwaltungen zu einem kundenorientierten Management im Rahmen öffentlicher Dienstleistungsunternehmen (vgl. Budäus 1995b, S. 136; Winkelhage 1995, S. K4) derzeit erst zögernd, da die Verantwortung für den Erfolg kommunaler Leistungen, für Kosten, Qualität und Zielgenauigkeit bisher selten weder klar formuliert noch eindeutig personell zugeordnet ist. In diesem Kontext werden zwei Strategien des öffentlichen Sektors relevant: **Modernisierung** des zuweilen phlegmatischen Verwaltungssystems und **Privatisierung** kommunaler Dienst-

2 Zahlreiche Publikationen und Diskussionsbeiträge befassen sich mit dem Komplex „Unternehmen Stadt“ und seiner Neuorientierung zum Dienstleister für kommunale Belange. Exemplarisch sei an dieser Stelle verwiesen auf: Dieckmann 1991, S. 739; Strothmann 1991, S. 314; Banner 1993c, S. 3 ff.; Laux 1993, S. 523–524; Räder/Preuß 1993, S. 47–49; Nelles 1994, S. B6; Bentz 1995, S. 52; Diehl 1996, S. 41 ff.; Bertram 1997, S. 16; Adamaschek 1998, S. 35. Ergänzend dazu hat das Handelsblatt in seiner Serie „Kommunen in der Krise“ in Beiträgen von März bis August 1994 dezidiert die kommunale Situation diskutiert.

leistungen (vgl. Deimer/Kostenbader 1997, S. 21 ff.; von Boehm-Bezing 1997, S. 48; Blanke 1998), die nicht notwendigerweise von der Kommune als Monopol angeboten werden müssen, sind die zentralen Ansätze in einem notwendigen „Prozess fortschreitender Entbehördlichung“ (Banner 1993c, S. 3).

Das geschilderte Umdenken hin zur „Konzernzentrale Rathaus“ (Rehberger 1995, S. 66) findet seine Anwendung im **Public Management**,[3] das vor dem Hintergrund privatwirtschaftlicher Managementerfahrungen die Einführung von Dezentralisation, Deregulation und Delegation in der kommunalen Verwaltung postuliert, um so eine intensive **Kundenorientierung** der kommunalen Leistungsprozesse und eine Stärkung des Wettbewerbsgedankens zu erreichen (vgl. Balderjahn 1996, S. 122). Ebenfalls auf dem Prüfstand stehen die Beziehungen zwischen Verwaltung und lokaler Politik sowie die realisierten Modelle von Bürgerpartizipation (Kendschek 1997, S. 218).

Trotz des aufgezeigten Handlungsbedarfs hat sich die obsolete Verwaltungskultur in der Bundesrepublik Deutschland bislang als relativ änderungsresistent erwiesen (vgl. Reichard 1992, S. 844): Die Gefahr retardierender kommunaler Selbstreferenz besteht angesichts „der Legalität als verabsolutiertem Konstruktionsprinzip staatlichen Agierens“ (Hablützel 1995, S. 2). Je stärker kommunale Leistungsmonopole garantiert werden, je stärker der Bürger nur als Abnehmer und nicht als Kunde verstanden wird, desto geringer ist die Neigung bei Anbietern vorhanden, Art, Qualität, Umfang, Herstellungsweise und Existenzberechtigung der Leistung zu überprüfen. Jedoch geraten diese öffentlichen Dienstleistungen – von der Arbeitsvermittlung über die Passausstellung bis zur Grünflächeninstandhaltung – immer stärker in die Mechanismen des Marktes und damit, fast zwangsläufig, auch in den Anwendungsbereich des Marketing (Damkowski/Precht 1995, S. 183).

Stadtmarketing mit dem Zweck des Transfers betriebswirtschaftlicher Führungskonzepte auf städtische Institutionen stellt den umfassendsten Ansatz zur Bewältigung der kommunalen Probleme dar. Als innovatives Instrument der Kommunalentwicklung findet Stadtmarketing seit Beginn der 90er Jahre immer mehr Befürworter und Anwender (vgl. Grabow/Hollbach-Grömig 1998, S. 10). Während viele Überlegungen im Rahmen des Public Management in erster Linie von der kommunalen Haushaltskrise initiiert und geleitet werden, berücksichtigt das Stadtmarketingkonzept explizit außen- und binnenbezogene Herausforderungen der Städte (Schneider 1994, S. 33). Insofern soll im Folgenden das Stadtmarketing nicht als eindimensionaler Lösungsansatz verstanden werden, sondern

3 Der Zusammenhang zwischen dem hier zur Diskussion stehenden „Public Management“ (Budäus 1995b) und dem im internationalen Sprachgebrauch dargelegten Konzept eines „New Public Management“ (Reichard 1993, S. 5) ist folgender: **New Public Management** bezieht sich in der internationalen Debatte flächendeckend auf Reformmaßnahmen von Staat und Verwaltungen. **Public Management** zielt auf die Steuerung des internen Verwaltungsbereichs, resultierend aus der Mikroökonomisierung des öffentlichen Sektors, allerdings unter ausdrücklicher Einbeziehung der Einbindung in das Gesamtgefüge von Politik und Verwaltungsumfeld ab (vgl. Budäus 1995b, S. 47). In den nachfolgenden Betrachtungen steht das Public Management im Vordergrund, siehe auch Kapitel 5.

als integriertes **ganzheitliches Konzept**, das moderne Marketing- und Managementmethoden mit der Modernisierung von Stadtverwaltungen zum Zweck einer verstärkten Bürgerorientierung kombiniert. Es folgt damit der Überzeugung, dass die Lebensqualität der Stadt der Zukunft vor allem von der Bewältigung gegenwärtiger bzw. bereits erkennbarer Probleme abhängt und nicht von der Beschäftigung mit abstrakten Zukunftsbildern (vgl. Burmann 1997, S. 245; Peter/Müller 1998, S. 198 ff.).

In **Teil A** der vorliegenden Arbeit wird die Problemstellung konkretisiert und die Relevanz des Themas aufgezeigt. Dabei erfolgt eine Darstellung der Situation der Kommunen, die sich gegenwärtig mit Leistungsdefiziten und Modernisierungsdruck konfrontiert sehen. Der theoretische Bezugsrahmen wird dargelegt.

Im sich anschließenden **Teil B** werden die konzeptionellen Grundlagen für die Entwicklung eines ganzheitlichen Stadtmarketingkonzepts diskutiert und der Versuch einer begrifflichen Fassung unternommen, um hinsichtlich des öffentlichen Leistungsvermögens Effektivitätsaspekte bei den kommunalen Kundengruppen zu überprüfen. Hierzu werden zunächst die bestehenden Erfahrungen mit Stadtmarketing näher untersucht und im Anschluss daran die kommunalen Rahmenbedingungen und Besonderheiten, die es zu berücksichtigen gilt, geschildert und kritisch überprüft. Da das Stadtmarketing nach dem dieser Arbeit zugrundegelegten Verständnis der Erhöhung der Wettbewerbsfähigkeit von Kommunen dienen sollte, wird mit der Darstellung des von Knut Bleicher entwickelten St. Galler Management-Konzepts und seinen Kernelementen „Ganzheitlichkeit“ und „Integration“ vielfältiger Einflüsse in einem „Netzwerk“ von Beziehungen (Bleicher 1996, S. 70) der übergeordnete Bezugsrahmen der kommunalen Modernisierungsansätze hergestellt. Auf der Suche nach neuen Denkansätzen, die es gestatten, differenzierte Lösungen für die geschilderten kommunalen Herausforderungen zu erarbeiten, wird zwischen der normativen, strategischen und operativen Managementdimension unterschieden (vgl. Funke 1994b, S. 9; Balderjahn 1998, S. 2). Ziel von **Teil B** ist die dezidierte Darstellung aller Fragmente, die in einem profunden Stadtmarketingkonzept ihre Anwendung finden sollten.

Teil C fügt die in Teil B dargelegten Ansätze und Modelle zu einem ganzheitlichen Stadtmarketingkonzept zusammen. Die kommunale Situation der brandenburgischen Landeshauptstadt Potsdam exemplarisch konzedierend, wird ein innovatives Konzept entwickelt, das die Realisierung der Kundenorientierung im Rahmen eines synchronisierten Stadtmarketing- und Verwaltungsmodernisierungsprozesses ermöglicht. Die Berücksichtigung kommunaler Marketingparameter im Public Management zu einem innovativen *Public Marketing Management* verspricht die Klammer für bisher isoliert eingeleitete Maßnahmen zu sein.

2. Stadtmarketing als Lösungsansatz kommunalwirtschaftlicher Probleme

Wenn Kommunen, wie einleitend ausgeführt wurde, zunehmend vor die Aufgabe gestellt werden, management- und kundenorientiertes Denken in den Verwaltungen zu berücksichtigen, so stellt sich die Frage, wie die regionale und kommunale Ebene dieser Herausforderung, die mit einer stärkeren Wahrnehmung von wirtschaftspolitischen Steuerungsfunktionen verbunden ist, gerecht werden kann (vgl. Manschwetus 1995, S. 13). Wollen die Städte den notwendigen Wandel mitgestalten, müssen sie aktiv werden. Vier **Zielmarken** sind vornehmlich zu avisieren, um die Risse im Netz der sozialen Versorgung auszubessern, das Angebot an Kultur- und Freizeitangeboten, an einem bequemen öffentlichen Nahverkehr und serviceorientierten Rathäusern zu befriedigen (vgl. Balleis 1997, S. 38):

1. rascher und sichtbarer Abbau der Verschuldung,
2. konsequente, tief greifende Reformen der Verwaltungsorganisation einschließlich einer größeren finanziellen Verantwortlichkeit der einzelnen Dienststellen,
3. Erstellung eines auf das unbedingt Erforderliche reduzierten, wettbewerbsfähigen Produkt- oder Dienstleistungskatalogs,
4. kundenorientierte Präsentation des Dienstleistungsunternehmens Stadt.

Eine aktuelle Befragung[4] hinsichtlich der vordringlichen kommunalen Probleme, die zu lösen sind, bestätigt diese Zielmarken. Die Tabelle 1 stellt die Ergebnisse nach alten und neuen Bundesländern getrennt im Überblick dar. Die Rangfolge ergibt sich aus der Häufigkeit der Nennungen.

Wichtigstes gemeinsames Ziel in den alten und neuen Bundesländern ist die Haushaltskonsolidierung und Verwaltungsmodernisierung. Die nachfolgenden Problemakzente werden jedoch anders gesetzt bzw. mit unterschiedlichen Inhalten gefüllt. Es fällt auf, dass in den alten Bundesländern der Komplex „Personalqualifizierung“ nicht genannt wird, was darauf hindeutet, dass dem verwaltungsinternen Personalwesen keine oder nur unzureichende Bedeutung beigemessen wird. Wie unten aufzuzeigen ist, handelt es sich dabei um eine Unterlassung, die sich negativ auf eine umfassende Verwaltungsmodernisierung

4 Das Deutsche Institut für Urbanistik wiederholte 1997 zum 19. Mal seine jährliche Umfrage zu den aktuellsten Problemen der Kommunalpolitik und Stadtentwicklung. Die zentrale und über die Jahre konstant gehaltene Frage lautete: „Bitte skizzieren Sie in Kurzform [kommunale] Probleme mit besonderem Handlungsdruck“. Bis November 1997 antworteten 72 Städte, dies entspricht einer Gesamtbeteiligung von 79,3%. Befragt wurden die Mitglieder der bundesweit besetzten „Fachkommission Stadtentwicklungsplanung“ des Deutschen Städtetages, Mitglieder der „Dienststellen der Stadtentwicklungsplanung“ des Städtetages Nordrhein-Westfalen sowie die Ansprechpartner der Mitgliedsstädte des Deutschen Instituts für Urbanistik in den neuen Bundesländern (Bretschneider 1997b, S. 5 ff.).

Tabelle 1: Rangfolge kommunaler Probleme 1997 im West-Ost-Vergleich (Quelle: Bretschneider 1997b, S. 13)

Rangfolge	Alte Bundesländer	%	Neue Bundesländer	%
1.	Haushaltskonsolidierung/Verwaltungsmodernisierung	28	Haushaltskonsolidierung/Verwaltungsmodernisierung	19
2.	Kommunale Wirtschaftsförderung/ Arbeitsmarkt/Wirtschaftlicher Strukturwandel	13	Verkehrswesen	17
3.	Innenstadtentwicklung	8	Kommunale Wirtschaftsförderung/ Arbeitsmarkt/Wirtschaftlicher Strukturwandel	13
4.	Verkehrswesen	7	Innenstadtentwicklung	9
5.	Einzelhandelsentwicklung	6	Stadterneuerung/-sanierung/ Städtebau/Stadtbild/Plattenbauten/Großsiedlungen	4
6.	• Flächenmobilisierung für Wohnen, Gewerbe, Büro • Konversion • Stadtentwicklungskonzepte/Stadtmarketing	4	• Einzelhandelsentwicklung • Flächenmobilisierung für Wohnen, Gewerbe, Büro • Konversion • Sonstiges • Stadtentwicklungskonzepte/ Stadtmarketing • Stadt-Umland-Kooperation • Städtebaurechtliche Planwerke • Suburbanisierung • Technische Infrastuktur	3
7.	• Gewerbebrache/Flächenrecycling • Management von Großprojekten: Messen, Ausstellungen, Festspiele etc. • Stadtteilentwicklung für benachteiligte Stadtteile • Stadt-Umland-Kooperation • Umweltschutz	3	Aufbau Kommunalverwaltung/ Personalqualifizierung/ Verwaltungsausstattung	2
8.	• Kommunalpolitik/Akzeptanz von Gebühren und Beträgen • Städtebaurechtliche Planwerke • Telekommunikation/Technologieentwicklung/Kommunikationswirtschaft • Wohnungswesen	2	• Gewerbebrache/Flächenrecycling • Infrastrukturrückbau • Kommunalpolitik/Akzeptanz von Gebühren und Beträgen • Landschaftsplanung/Naturschutz • Management von Großprojekten: Messen, Ausstellungen, Festspiele etc. • Sozialpolitik/Neue Armut • Telekommunikation/Technologieentwicklung/Kommunikationswirtschaft • Umweltschutz • Wohnungswesen	1
9.	• Landschaftsplanung/Naturschutz • Sozialpolitik/Neue Armut • Suburbanisierung	1		
Σ		100		100

auswirkt. Stadtmarketing wird sowohl in den alten wie auch in den neuen Ländern erst an sechster Stelle erwähnt und hat somit eine offenbar nachgeordnete Priorität (zumindest für die Stadtentwicklungsplaner). Mit der vorliegenden Arbeit wird intendiert, die kommunalen Profilierungschancen bei einer Zusammenführung dieser interdisziplinären Bereiche darzulegen.

Speziell unter den Gesichtspunkten von Effizienz und Flexibilität wird die Qualität von Verwaltungshandeln im Kontext der Internationalisierung von Wirtschaftsbeziehungen, gerade auch im europäischen Raum, zu einem immer bedeutenderen Standortfaktor (vgl. Reichard 1993, S. 8 ff.). Obligate Voraussetzung für die Wahrung hoher Lebensqualität ist eine **moderne Verwaltung**. Angesichts der substanziellen Finanzkrise besteht die Gefahr, dass die Kommunen ihre Selbstverwaltungsqualität verlieren, sofern sie nicht einen „Quantensprung“ (Drescher/Dellwig 1996b, S. 14) an Verwaltungseffizienz realisieren. Der öffentliche Sektor, und die Kommunen mit ihrem umfassenden Auftrag zur Bewahrung bzw. Optimierung der regionalen Lebensbedingungen ihrer Bürger ganz besonders, muss die Schwergewichte seiner Tätigkeit zunehmend verlagern. Strukturpolitik, Beschäftigung und Qualifizierung, der Umbau von Sozial- und Kulturverwaltungen unter Nutzung gesellschaftlichen Engagements zur preisgünstigeren Erfüllung öffentlicher Bedürfnisse, Verkehrs- und Umweltpolitik als stark an Bedeutung zunehmende Politikfelder rücken als Aufgaben in den Mittelpunkt (vgl. Naschold 1995, S. 40 f.).

Die Zwangslage, zunehmende gesellschaftliche und kommunale Leistungsansprüche mit schrumpfenden Ressourcen befriedigen zu sollen, führte international zur Entwicklung sog. **„Neuer Steuerungsmodelle“** (vgl. Kommunale Gemeinschaftsstelle 1993; Janning 1996; Reichard 1996b), die als strategischer Handlungsansatz zugleich Konzepte zur Motivationssteigerung des Verwaltungspersonals enthalten. Da die in diesem Modell geforderte Neugestaltung der kommunalen Verwaltung zum Dienstleistungsunternehmen im Wesentlichen mit dem vorhandenen Personal verwirklicht werden muss, ist den Maßnahmen im Personalbereich größte Bedeutung beizumessen (Banner 1993c, S. 12).

Signifikante Vorzüge der kommunalen Selbstverwaltung in der Bundesrepublik Deutschland sind Rechtsstaatlichkeit, Verlässlichkeit der Leistungserbringung und die plurale, dezentrale Struktur des öffentlichen Sektors (vgl. Voigt 1994, S. 260 f.). Als gravierende Nachteile lassen sich die hohen Kosten, Qualitätsdefizite und eine zu niedrige Innovationsdynamik aufführen. Daraus ergeben sich grundsätzliche Mängel an kommunaler Effizienz und Effektivität.[5] Diesen Faktizitäten entspricht eine **Modernisierungs- und Leistungslücke**, die primär aus einem fehlerhaften kommunalen Management resultiert (vgl. Budäus 1995b,

5 Mit **Effizienz** sind Aussagen gemeint, die sowohl Mitteleinsatz/Ergebnis-Relationen wie auch Ergebnis/Ziel-Beziehungen – also die Wirtschaftlichkeit – betreffen und sich auf geplante oder tatsächliche Werte (Soll oder Ist) beziehen können. Mit **Effektivität** werden demgegenüber zeitbezogene Vergleiche von Soll und Ist im Hinblick von Mitteleinsatz, Ergebnis oder übergeordneten Zielsetzungen hinsichtlich ihrer Wirksamkeit bezeichnet (Derlien 1974, S. 1 ff.; Reichard 1987, S. 12; Oppen 1991, S. 11; Nullmeier 1998a, S. 316).

S. 22 ff.). Das Ausmaß bürokratischer Strukturen und Verhaltensmuster begründet vorrangig die Modernisierungslücke. Hierarchische Strukturen und arbeitsteilige Prozesse haben des Weiteren zur „Atomisierung von Verantwortlichkeit" (Drescher/Dellwig 1996b, S. 21) geführt. Der Begriff Modernisierungslücke bezieht sich darauf, dass die derzeitigen Strukturen, Verfahren und Instrumente sowie die in Verwaltungen agierenden Personen nicht mehr hinreichend den Anforderungen des geänderten Verwaltungsumfelds auf kommunaler Ebene Rechnung tragen. Aus der Modernisierungslücke folgt konsequent eine Leistungslücke. Die Leistungsfähigkeit von Verwaltungen kann somit durch Modernisierungsmaßnahmen wesentlich erhöht werden (vgl. Budäus 1993, S. 164 f.).

Die Kommunale Gemeinschaftsstelle (1993, S. 9 ff.) unterscheidet vier zentrale Modernisierungsdefizite:

1. Die Kommunen befinden sich in einer **Strategielücke**, denn sie müssten im Zuge der zunehmenden europäischen Standortkonkurrenz in stärkerem Maße strategische Entscheidungen treffen. Sie sind jedoch durch kurzfristiges Tagesmanagement blockiert (vgl. Reichard 1996b, S. 14).
2. Das Zusammenspiel traditioneller bürokratischer Steuerungsinstrumente mit Gepflogenheiten, die die Verwaltungen in der Wachstumsära angenommen haben, hat zu einer gravierenden **Managementlücke** in der Verwaltung geführt.
3. Die vorherrschende **Attraktivitätslücke** der Kommunalverwaltung für qualifiziertes Personal bedroht ihre Funktionsfähigkeit. Arbeitsbedingungen, Hierarchie, Regelungsdichte, Eigenverantwortung, Bezahlung und Entfaltungsmöglichkeiten werden im Vergleich mit der Privatwirtschaft kritisch bewertet (vgl. ebenda, S. 16) und führen beim Verwaltungspersonal zu einer Motivationslücke: Mangelnde Leistungsanreize, ein antiquiertes Beamtenethos und beklagenswerte Defizite im Führungsverhalten führen zu einem Spektrum von Demotivation bis hin zu innerer Kündigung und damit einhergehend zu einer hohen Zahl von Fehltagen (vgl. Koetz 1996, S. 207).
4. Die **Legitimitätslücke** ist evident: Eine kontinuierliche öffentliche Rechenschaftslegung über Effizienz, Zielgenauigkeit und Qualität der kommunalen Dienstleistungen würde nicht nur dazu beitragen, das Informationsbedürfnis der kritischen Bürger zu befriedigen, sondern auch die Verwaltung selbst zu verbesserten Leistungen anregen.

Folglich bietet es sich an, die Methoden privatwirtschaftlicher Unternehmen, deren Bestehen schon immer von ihrer Effizienz und Leistungsfähigkeit abhing, näher zu untersuchen. Unter der Prämisse, dass die Umsetzung des Marketinggedankens als eine Erfolgskomponente für das Agieren in marktwirtschaftlichen Systemen angesehen werden kann, liegt der Versuch nahe, Marketingstrategien auch im kommunalen Bereich anzuwenden. Diese Ökonomisierung des kommunalen Handelns ist unter dem Begriff „Reinventing Government" (Osborne/

Gaebler 1997, S. 1) in den angloamerikanischen Staaten bereits seit Jahrzehnten eingeführt:[6]

„*This may not seem too surprising given the greater penetration of the private sector into public services and increased interdependency, yet there is a parallel for marketing the city with the growth of the practice of management in the public sector. It is the public sector that has most coherently tested out the potential and limits for marketing the city*" (Smyth 1994, S. 16).

Analysiert man diesbezüglich den gegenwärtigen Stand der wissenschaftlichen Diskussion in der Bundesrepublik Deutschland, kann das folgende Spektrum von Beiträgen unterschieden werden (vgl. Homann 1995, S. 85 ff.):

1. Beiträge, die einen **allgemeinen Überblick** über die Einsatzmöglichkeiten von Marketing im kommunalen Bereich geben, die Vorteile und Probleme der Anwendung in diesem Bereich behandeln und die teilweise auf Transfer-, Implementierungs- und Kontrollprobleme eingehen.[7]
2. Veröffentlichungen über den **Einsatz einzelner Marketinginstrumente**, wobei hier ein deutlicher Schwerpunkt auf dem Instrument Kommunikationspolitik[8] mit den Bereichen *Öffentlichkeitsarbeit,*[9] *Werbung,*[10] *Corporate Identity*[11] und *Image*[12] zu verzeichnen ist.
3. **Problemorientierte Beiträge** befassen sich mit *Citymarketing- bzw. Citymanagementkonzepten* zur Steigerung der Attraktivität von Innenstädten,[13] mit Aspekten der kommunalen *Wirtschafts-*[14] und *Fremdenverkehrsförderung,*[15] *Bürgernähe*[16] sowie *Standortmarketing und -wahl*[17] unterschiedlicher Zielgruppen.

---

6 Vgl. die Fallstudien bei Jacobs 1961; Fosler/Berger 1982; Ashworth/Voogd 1990b; Morgan/Murgatroyd 1994; Healey/Cameron/ Davoudi/Graham/Madani-Pour 1995.

7 Vgl. Wagner 1984, S. 225–232; Meffert 1989, S. 273–280; Honert 1991, S. 394–401; o.V. 1992a, S. 1; Röber 1992, S. 355–358; Dieckmann 1993, S. 23–35; Koppelmann 1993a; Töpfer 1993b; Balderjahn 1994; Hatzfeld/Junker 1994; Prinz 1995, S. 27–30.

8 Vgl. Frey 1993, S. 16–29; Töpfer/Mann 1995; Kraft/Seyfried 1996, S. 52–55.

9 Vgl. Urschlechter 1974; Biller 1982, S. 237–241; o.V. 1987b, S. 665–666; Pfeifle 1993, S. 762–764; Hauptausschuss des Deutschen Städtetages 1998, S. 289; Peter/Müller 1998.

10 Vgl. Antonoff 1971; Steinmetz 1986, S. 227–228; Oberholz 1993, S. 27.

11 Vgl. Lalli/Plöger 1991, S. 237–248; Töpfer 1993c; Funke 1994a, S. 114–132.

12 Vgl. Bergler 1991, S. 31–39; Ostermann 1991, S. 411–415; Riebel 1993, S. 145–153.

13 Vgl. Töpfer/Linker/Lechelt 1986; Jacobs 1991, S. 121–130; Tietz 1991; Schuler/Mehler 1994, S. 39; Wagner 1995a, S. 14–19; Wagner 1995b, S. 57–62.

14 Vgl. Grätz 1983; Kolz/Essling 1986, S. 677–680; Virgens 1992; Troje 1993; Tietgens 1994, S. 13–16.

15 Vgl. Weber 1989, S. 71–83; Müller 1990, S. 225–232; Frömbling 1993; Göbel 1994, S. 300–304.

16 Vgl. Eichel 1980, S. 91–93; Homann 1986, S. 607–610; Kommunale Gemeinschaftsstelle 1992a; Räder/Preuß 1993, S. 47–49; Walti 1996, S. 57–62.

17 Vgl. Gaulke/Heuer 1992; Kotler/Heider/Rein 1994; Pieper 1994; Grabow/Henckel/Hollbach-Grömig 1995; Walldorf 1996, S. 38 ff.

4. **Institutionenbezogene Veröffentlichungen** thematisieren die Marketinganwendung in der *Verwaltung,*[18] im *Kulturbereich,*[19] im *Sport- und Freizeitbereich*[20] sowie im kommunalen *Gesundheits-*[21] *und Verkehrswesen.*[22]
5. Publikationen zum **Stadt- oder Regionenmarketing** resultieren zumeist aus Fallstudien oder beinhalten die Ergebnisse empirischer Befragungen, um daraus konzeptionelle Ansätze zu gewinnen.[23]

Kritisch ist anzumerken, dass die Autoren nur in den seltensten Fällen Marketingziele, Marketingstrategien und Marketinginstrumente als Elemente bzw. Ebenen möglicher Marketingkonzeptionen für den kommunalen Bereich behandeln oder auf spezifische Probleme bei der Realisierung kommunaler Marketingkonzeptionen eingehend hinweisen. Die untersuchten Veröffentlichungen beschränken sich im Regelfall auf die Deskription vereinzelter konkreter Marketingmaßnahmen oder auf normative Empfehlungen zur Gestaltung singulärer Marketingaktivitäten, ohne dabei den übergeordneten kommunalen Bezugsrahmen zu berücksichtigen. Die Entwicklung geschlossener Marketingkonzeptionen für definierte Aufgaben oder Probleme im kommunalen Bereich bzw. für bestimmte kommunale Institutionen ist bisher in ungenügendem Umfang geleistet worden. Ward/Gold sehen als eine mögliche Erklärung für diesen Umstand die schwierige Abgrenzung von kommunalem Produkt, Zielgruppe und Vorgang des Konsums:

„The conceptual problem derives from the fact that marketing is a business practice devised to promote a tangible and clearly defined product that is literally sold to clearly defined customers. The maximisation of sales provides a very specific objective of conventional marketing. It is not possible to market places in these ways for several reasons. One immediate problem is that it is not readily apparent what the product actually is, nor how the consumption of place occurs. Though marketing practices make places into commodities, they are in reality complex packages of goods, services and experiences that are consumed in different ways" (1994, S. 9).

18 Vgl. Bargehr 1991; Hill 1993b, S. 15–20; Rau 1994; Reichard 1996b; Scheer/ Friederichs 1996.
19 Vgl. Schöneich 1988, S. 388–390; Waidelich 1989, S. 245–260; Balderjahn/Mennicken/ Will 1996; Boschek 1996c, S. 8.
20 Vgl. Preusser 1989, S. 194–204; Schneider 1993; Fokom Institut Forschung und Kommunikation GmbH 1995.
21 Vgl. Jäger 1989, S. 170–193; Raffée/Fritz/Wiedmann 1994.
22 Vgl. Peters/Müller 1987, S. 682–687; Blombach 1989, S. 108–130; Stiftung Warentest 1992 u. 1994.
23 Vgl. Nustede 1989, S. 302–314; Rühl 1989, S. 315–330; Hammann 1990, S. 63–74; Maier/Wimmer 1992/1993; Bruksch 1994; Helbrecht 1994; Kißler 1994, S. 73–90; Balderjahn 1995; Kienbaum Unternehmensberatung 1995a–c; Manschwetus 1995; Balderjahn/ Aleff 1996; Kaiser 1996.

Die in Abbildung 1 aufgeführten schlaglichtartigen Gründe für die Durchführung von Stadtmarketing machen das schon angedeutete kommunale Aufgabenspektrum deutlich. „Die ‚Verbetriebswirtschaftlichung' der Stadtpolitik" (Helbrecht 1994, S. 3) stellt insofern einen Hoffnungsträger für die Überwindung bürokratischer Handlungsformen dar. **Stadtmarketing** ist dabei die weitreichendste Anpassungsreaktion der Kommune auf den immer stärker werdenden Innovationsdruck. Dieser ergibt sich insbesondere aus der aktuellen Modernisierungs- und Leistungslücke öffentlicher Verwaltungen.

Stadtmarketing integriert als Lösungsansatz der geschilderten kommunalwirtschaftlichen Probleme idealtypisch eine Reihe von **Modernisierungselementen** und fordert explizit eine doppelte strategische Neupositionierung kommunalpolitischen Handelns: Zum einen sind „die städtischen Außenbeziehungen durch ein strategisch durchdachtes Wettbewerbskonzept zu gestalten, welches die Aufgabenteilung des bundesdeutschen und internationalen Städtesystems reflektiert und den gegebenen lokalen Spezialisierungsvorteilen Rechnung trägt und das die Stadt-Umland Kooperation optimiert" (Schneider 1993, S. 28). Zum

- ➲ Größere Mobilität bei Bevölkerung und Unternehmen sowie der Konkurrenzkampf um Touristen, Kongresse etc. führen zu **stärkerem Wettbewerb** der Städte und Regionen.
- ➲ Die verschärfte **kommunale Finanzsituation** erfordert einen bedarfsgerechten und damit effektiveren Einsatz der knappen finanziellen Mittel.
- ➲ Die Veränderung des kommunalen Aufgabenspektrums („Dienstleistungsunternehmen Stadt") bedingt die **Abwendung vom hoheitlichen Verwaltungshandeln** hin zu einer zielgruppenspezifischen Stadtpolitik.
- ➲ Bürger fordern sowohl mehr **Partizipationsmöglichkeiten** bei kommunalen Entscheidungen als auch **erhöhte Qualitätsstandards** kommunaler Leistungen.
- ➲ Die kommunale Politik steuert nur einen Teil der Stadtentwicklung. Größtenteils wird die Stadt durch Einstellungen, Entscheidungen und Aktivitäten privater Akteure gestaltet. Insofern liefert Stadtmarketing wichtige **Erkenntnisse über subjektive und objektive Bedürfnisse** von Bürgern und Unternehmen.
- ➲ Die Bedeutung traditioneller harter Standortfaktoren geht zugunsten **imageorientierter weicher Standortfaktoren** zurück. Mit Stadtmarketing kann auch die Attraktivität und Lebensqualität der Stadt gesteigert werden.
- ➲ Planungs- und Realisierungszeiträume werden immer länger, was nicht nur zu kommunalen Finanzierungsproblemen, sondern damit häufig auch zum Scheitern von Projekten führt. Eine frühzeitige Koordination und Konsenserzeugung – zuweilen auch im Rahmen von **Public-Private-Partnerships** – kann eine maßgebliche Beschleunigung des kommunalen Planungsprozesses bedeuten.
- ➲ Die weiter voranschreitende **Uniformität vieler Innenstädte**, die sich in der Dichte von Filialisten statt individueller Einzelhandelsbetriebe darstellt, sowie der Wettbewerb mit den Betriebsformen auf der „grünen Wiese" hat den innerstädtischen Handel als einen der ersten Beteiligten eine koordinierte Standortpolitik fordern lassen.

Abb. 1: Gründe für die Einrichtung von Stadtmarketing (Quelle: vgl. Hatzfeld/Junker 1994, S. 5; Helbrecht 1994, S. 79)

anderen stellt sich vor dem Hintergrund der Ausdifferenzierung der Gesellschaft, zunehmender Verteilungskonflikte bei knapper werdenden Ressourcen, aber auch der wachsenden Bedeutung des innerstädtischen Binnenmarktes „die Anforderung des innerstädtischen Konfliktmanagements“ (ebenda), insbesondere die Schaffung einer Corporate Identity im Unternehmen Stadt (Dieckmann 1993, S. 26; Frey 1993, S. 16). Es gilt also, externe und interne Variablen sowie deren Interdependenzen im städtischen System zu berücksichtigen. Das bedeutet, dass ein **innenorientiertes** (innerhalb der Verwaltung selbst) und ein **außenorientiertes** (bezogen auf die Kunden bzw. den Bürger) Selbstverständnis etabliert werden muss (vgl. Töpfer/Braun 1989, S. 10). Daraus ergeben sich zwei Perspektiven: kommunale Verwaltungen als Objekte des Marketing (Marketing bzw. Vermarktung *von* kommunalen Verwaltungen) und Marketing *durch* kommunale Verwaltungen, das heißt sie sind Subjekte des Marketing (Palupski 1997, S. V). Hier wird an späterer Stelle zu zeigen sein, dass sich eine stärkere Bürgerorientierung gerade auch beim Abbau bürokratischer Verfahrensregeln und -strukturen einstellt.

Neben der Marketingorientierung sind die Modernisierungselemente im Wesentlichen durch die **betriebswirtschaftlichen Begriffe und Konzepte** wie Strategisches Management, Controlling, Total Quality Management, Lean Management und Benchmarking geprägt (vgl. Bueble 1993, S. 221 ff.; Bruch/Kuhnert 1994, S. 99 ff.; Bernhart 1996, S. 58 ff.; Reichard 1996b, S. 23; Scheer/Bold/Heib 1996, S. 122 f.; Ruter 1997, S. 57 ff.; Knauf 1998, S. 165 f.). Sie bezeichnen die Schwerpunkte sowie die Richtung der notwendigen Reformbemühungen. Bei diesen Modernisierungsansätzen besteht die Gefahr, dass sie unter dem Druck der leeren kommunalen Kassen vornehmlich auf Effizienzsteigerung, Kosteneinsparung, Leistungsabbau und Verschlankung der Verwaltung (vgl. Grandke/Barthel/Weimer 1993, S. 264 ff.) ausgerichtet sind und die von den Verwaltungen zu verfolgenden öffentlichen Ziele sowie die von ihnen zu erfüllenden Aufgaben in den Hintergrund treten. Abgesehen von einer möglichen Beeinträchtigung der gemeinwohlorientierten Aufgabenerfüllung ist nicht auszuschließen, dass Ansätze, die auf die Beteiligung der Bürger an den Meinungsbildungs- und Entscheidungsprozessen in der Verwaltung und generell auf mehr Bürgernähe und Bürgerfreundlichkeit abzielen, im Rahmen der gegenwärtig dominierenden Modernisierungsansätze keine oder nur noch eine untergeordnete Rolle spielen (Hill 1996, S. 8).[24] Des Weiteren müssen alle Modelle und Konzepte zur Verwaltungsreform kritisch gesehen werden, die die für den privatwirtschaftlichen Bereich entwickelten betriebswirtschaftlichen Methoden und Problemlösungsverfahren nahezu unverändert auf die kommunalen Verwaltungen

24 Hill hält diese Entwicklung für einen gravierenden Fehler und konstatiert, dass eine moderne Kommunalverwaltung weiß, dass viele Entscheidungen, die die Stadt betreffen, zunehmend außerhalb des Rathauses getroffen werden. „‚Stadtmacher‘ sind nicht allein die offiziellen Vertreter. Vielmehr gilt: Ohne Bürger ist keine Stadt zu machen!“ (Hill 1996, S. 13). In diesem Sinne fordert er, dass eine Abstimmung zwischen Wünschen und Interessen der Bürger einerseits und Leistungsangebot und Qualitätsstandard andererseits durch Kommunikation zwischen diesen kommunalen Partnern erfolgen muss (ebenda).

übertragen. Allison macht diesbezüglich in der internationalen Debatte auf den tief greifenden Unterschied zwischen öffentlichem und privaten Management aufmerksam: *„Public and private management are (...) fundamentally alike in all unimportant aspects*" (1983). Bei einem unreflektierten Transfer managementorientierter Konzepte auf den öffentlichen Sektor ist zu erwarten, dass ihre Anwendung zu keinem oder allenfalls zu einem geringen Erfolg führen wird, weil sie nicht genügend mit den öffentlichen Zielen und Aufgaben abgestimmt sind (vgl. Homann 1995, S. 3).

Stadtmarketing als Methode zur Erhöhung der Attraktivität eines ganzen **Bündels diverser kommunaler Leistungsangebote** präsentiert neben Ressourcen und Kunden (z.B. Bürger, Besucher/Touristen, Gewerbeansiedlung) in einem eigenständigen Marketingkonzept eine Stadt als organische Offerte. Sofern das *Public Marketing* (vgl. Raffée/Fritz/Wiedmann 1994, S. 223) mit internen Wettbewerbsformen verkoppelt ist, muss eine Controllinginstanz innerhalb der Stadtverwaltung in die Lage versetzt werden können, betriebsartige Ergebnisvergleiche zwischen den Verwaltungsbereichen zu erarbeiten (vgl. Damkowski/ Precht 1995, S. 187). Ziel ist es, die Kommune durch Aktivierung und Koordinierung des gesamten endogenen Entwicklungspotenzials für Bürger, Besucher, Pendler und Unternehmen attraktiver zu machen (vgl. Rabe/Süß 1995, S. 6). Gegenstand der kommunalen Stadtentwicklungspolitik sind dabei alle Merkmale des Städtischen, wie z.B. die wirtschaftliche, technische und soziale Infrastruktur, das Kultur- und Freizeitangebot, das Wissenschafts- und Forschungspotenzial, die Zahl und Qualifikation der Arbeitnehmer, Naherholungsgebiete, Grünflächen etc. Diese harten und weichen Standortfaktoren (vgl. Grabow/Henckel/ Hollbach-Grömig 1995, S. 70 ff.) sollen als komparative Standortvorteile auf der Basis einheitlicher Leitbilder vermarktet werden.

Marketing hat es in Ansätzen im kommunalen Bereich immer gegeben, auch wenn es noch nicht unter dem Begriff gefasst wurde (vgl. Dieckmann 1992, S. 207; Haaß 1993, S. 9). Seit jeher versuchten Kommunen, sich durch Publizität in ihrem Umfeld zu präsentieren und ihre Leistungen bei verschiedenen Zielgruppen anzupreisen. Unkoordinierte Einzelaktionen in den Bereichen Fremdenverkehrswerbung oder Wirtschaftsförderung verdienen aber noch nicht die Bezeichnung Stadtmarketing, denn isolierte Maßnahmen stellen keine Lösung für die aufgezeigten komplexen Probleme dar. Es ist vielmehr ein Ansatz, der dazu dient, aufgrund eines systematischen, methodischen Vorgehens entwicklungspolitische Entscheidungen auf kommunaler Ebene zu generieren, respektive zu erleichtern, und der auf dieser Abstraktionsebene einen Anspruch auf Universalität erhebt.

Neu ist der bewusste und **ganzheitliche Einsatz des Marketinginstrumentariums** in der Stadtpolitik. Marketinginstrumentarien wurden in der Privatwirtschaft entwickelt, sind dort seit langem bewährt und für diesen Bereich auch wissenschaftlich abgesichert. Wie bereits erwähnt, können sie nicht ohne weiteres auf das „Unternehmen Stadt" übertragen werden, da es sich von herkömmlichen Unternehmen durch pluralistische Willensbildung, eine Vielzahl unterschiedlicher Akteure und Perspektiven sowie mehrdimensionale Zielbereiche unterscheidet. Die dezidierte Ausgestaltung des Transfers der Marketingmethodik auf Städte ist jedoch noch unklar. Pragmatische Aufzählungen der Leistungsfähigkeit und Grenzen des Stadtmarketingprozesses werden oftmals von widersprüchlichen und nur in Ansätzen entwickelten Überlegungen begleitet (Helbrecht 1994, S. 81). Deshalb sind Stadtentwicklungspläne, Werbekonzepte, Planungen für singuläre oder sich wiederholende Großveranstaltungen, Fremdenverkehrskonzepte und Wirtschaftsförderungskonzepte, Bemühungen um eine Corporate Identity oder Citymanagement und Aktivitäten für eine Modernisierung der kommunalen Verwaltung Teilaspekte der Thematik (vgl. Dieckmann 1992, S. 207).

Unstrittig ist, dass nicht das gesamte Spektrum kommunaler Leistungen dem Kriterium der Marktgängigkeit untergeordnet werden kann. Im Gegensatz zur Privatwirtschaft legitimieren Gewinnerzielung und Steuervorteile allein nicht die marketingorientierte Betrachtungsweise bzw. die Errichtung öffentlicher Unternehmen. Solche Unternehmen sollen zwar einen Ertrag für den kommunalen Haushalt abwerfen, aber lediglich subsidiär, also nur, soweit dies mit ihrer Erfüllung öffentlicher Bedürfnisse – dem **Gemeinwohlprinzip** – in Einklang zu bringen ist (vgl. Ganseforth/Jüttner 1990, S. 558; Vowinkel 1998, S. 6).

3. Zielsetzung der Arbeit und theoretischer Bezugsrahmen

Seit geraumer Zeit stellt sich die Frage, ob der notwendige und opportune Prozess der Transformation kommunaler Verwaltungen durch den Staat mit herkömmlichen Verfahren und Instrumenten erfolgreich bewältigt werden kann. Mit dem Einzug von Managementstrategien und Organisationsprinzipien in den öffentlichen Sektor ausländischer Kommunen ist auch die Grundarchitektur der Aufgabenwahrnehmung deutscher Verwaltungen in Bewegung geraten.

Die im vorangegangenen Kapitel aufgezeigte Kritik an den bisherigen Stadtmarketingansätzen spiegelt die Herausforderung der vorliegenden Arbeit wider: Die Aufgabenstellung besteht darin, ein **komplexes kommunales Steuerungsmodell** zu konzipieren, das die Tatsache berücksichtigt, dass Kommunen mit langfristig wirkenden ganzheitlichen Konzepten, die zwar zeitliche und finanzielle Vorleistungen erfordern, besser beraten sind, als mit einseitigen, spontan initiierten und nur kurzfristig wirkenden „Modeinvestitionen“ (Haaß 1993, S. 5). Dabei ist dem Aspekt der Integration kommunaler Strukturen und Verhaltensweisen besondere Bedeutung beizumessen. Vor allem die Restrukturierung der Beziehungen von Verwaltungen zu ihrem Umfeld – der Politik, den Bürgern, dem Markt – befindet sich noch in den Anfängen und soll mit der Arbeit substanzielle Impulse erhalten.

In diesem Sinne versteht sich die Arbeit als ein Beitrag in der Diskussion um die Richtungsbestimmung und über die Schwerpunkte der Kommunalpolitik, von deren erfolgreicher Lösung maßgebliche und langfristige Wirkungen auf die Lebensverhältnisse der Bürger ausgehen werden. Eine Reihe von **Fragen** gilt es zu beantworten:

- Ist Stadtmarketing ein Instrument zur Lösung der Probleme, die sich aus den veränderten kommunalen Rahmenbedingungen ergeben?
- Worin bestanden bislang bei Stadtmarketingprojekten die größten Schwierigkeiten?
- Erscheint es sinnvoll, die verschiedenen Stadtmarketingaktivitäten unterschiedlicher Akteure weiterhin getrennt von den modernisierungspolitischen Ansätzen des Public Management durchzuführen?
- Werden bei der Übertragung betriebswirtschaftlicher Prinzipien auf die Kommunen gemeinwohlorientierte Ziele zu wenig berücksichtigt?
- Was macht die besondere Qualität eines ganzheitlichen Stadtmarketing aus und ist eine solche Strategie überhaupt realisierbar?
- Können mit dem kommunalen Leitbild „Kundenorientierung" Struktur-, Personal- und Kostenprobleme der Stadt gelöst werden? Welches sind die Kriterien einer solchen Kundenorientierung?
- Lassen sich derartig komplexe Prozesse operativ steuern?

Um die Basis zur Verbesserung der Handlungsmöglichkeiten des Unternehmens Stadt zu schaffen, ist es unerlässlich, eine inhaltliche Systematisierung und Abgrenzung der angesprochenen Einflussgrößen vorzunehmen. So werden zunächst die internationalen und nationalen Praxiserfahrungen von **Stadtmarketing** erörtert (vgl. Kapitel 4). Die Fehlerhaftigkeit der bereits generierten Stadt- und Regionalmarketingkonzepte resultiert zumeist aus der unzulänglichen Adaption betriebswirtschaftlicher Terminologien (vgl. Manschwetus 1995, S. 21). Insofern soll mit dieser Arbeit versucht werden, nicht nur die klassischen Marketingaspekte für die Entwicklung eines strategischen Stadtmarketingkonzepts zugrundezulegen – was an anderer Stelle schon vielfach geschehen ist –[25], sondern Stadtmarketing selbst als integratives Element im Rahmen eines ganzheitlichen kommunalen Managementkonzepts zu begreifen. Im Anschluss werden die grundlegenden Strukturen und Einflussgrößen kommunaler Verwaltungen diskutiert (vgl. Kapitel 5). Die nachfolgend spezifizierten Kernelemente des **Public Management** bieten eine Orientierung für Kommunen, die beabsichtigen, sich in ihren gesamten Aktivitäten so konkret wie möglich auf die Bedürfnisse der Abnehmer kommunaler Leistungen einzustellen. Dieser Ansatz fundiert das kommunale Ziel, sich von einer lediglich nach innen gerichteten Betrachtung der kommunalen Verwaltung zu lösen und eine nach außen orientierte Sichtweise zu entwickeln (vgl. Kapitel 6).

Abbildung 2 stellt den Zusammenhang von Stadtmarketing und Public Management dar. Als wissenschaftstheoretischer Bezugsrahmen wird die management- und organisationsorientierte Betrachtungsweise herangezogen, wobei als

25 Vgl. Wagner 1984; Meffert 1989; Honert 1991; Kotler/Heider/Rein 1994; Raffée/Fritz/Wiedmann 1994; Prinz 1995; Töpfer/Mann 1995; Vogels 1995.

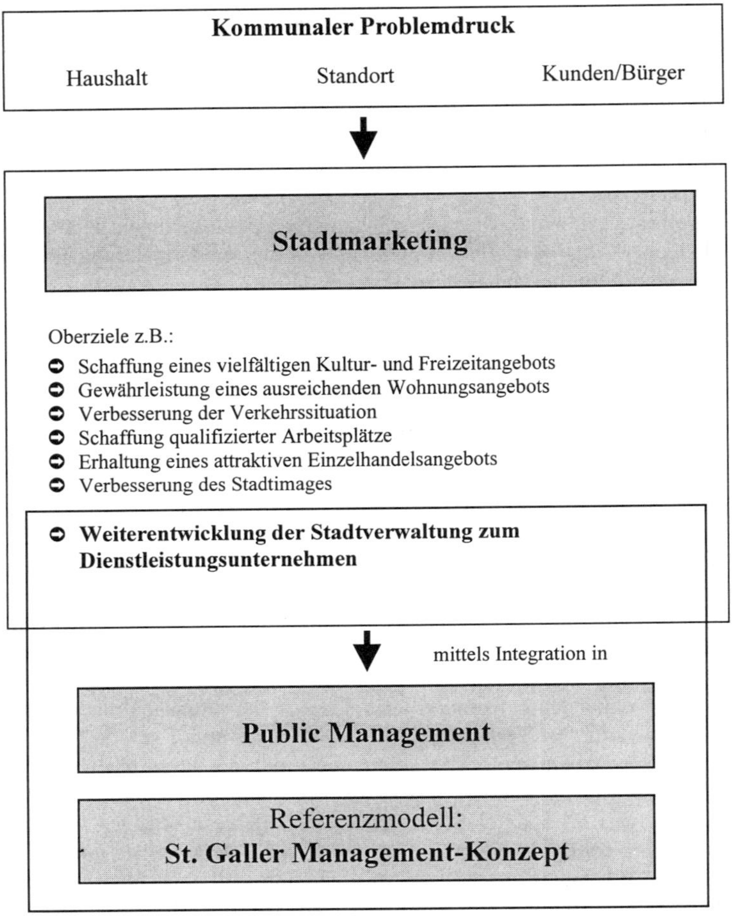

Abb. 2: Interdependenz von Stadtmarketing und Public Management

Referenzmodell für kommunale Belange das **St. Galler Management-Konzept** dient (vgl. Kapitel 7).

Da das St. Galler Management-Konzept davon ausgeht, dass die Gestaltung und Lenkung einer zukunftsweisenden Unternehmensentwicklung eines *integrativen Konzepts* bedarf, soll damit der übliche Fehler vieler Unternehmen, der wachsenden Komplexität und Dynamik unternehmerischer Herausforderungen mit isolierten Teilansätzen und -lösungen zu begegnen, vermieden werden (vgl. Bleicher 1994b, S. 43). Dieser Ansatz erscheint daher für die kommunale Adaption sehr geeignet, denn er gewährleistet die systematische Bearbeitung und den sequenziell aufeinander folgenden Aufbau von multidimensionalen Problemstellungen.

Trotz der Überzeugung, dass die betriebswirtschaftliche Marketing- und Managementlehre als Grundlage für ein steuerungspolitisches Denkmodell adäquat ist, um auch kommunale Probleme innovativ und vor allem konstruktiv zu lösen, verschließt sich die vorliegende Arbeit dennoch nicht vor der realistischen Erkenntnis der Grenzen dieser Ansätze. Es muss davon ausgegangen werden, dass die Problemlösungskompetenz aufgrund unterschiedlichster aufzuzeigender – nicht zuletzt politischer – Faktoren limitiert ist, wie am Beispiel der Potsdamer Stadtmarketingerfahrungen verdeutlicht werden wird (vgl. Kapitel 8). Die besondere Situation Potsdams gab den Ausschlag, die Stadtmarketingerfahrungen der brandenburgischen Landeshauptstadt für eine zu entwickelnde Konzeption zugrundezulegen: Die komplexen Rahmenbedingungen, die durch die objektiv besten Lebensverhältnisse seit der Wiedervereinigung in den neuen Bundesländern und den subjektiv unzufriedensten Bürgern[26] neben einer diffizilen politischen Ausgangslage gekennzeichnet sind, bieten eine anspruchsvolle Arbeitsgrundlage.

Vieles, was gegenwärtig in den Kommunen unter dem Rubrum „Verwaltungsmodernisierung" geschieht, ist noch Ankündigung oder Konzeptentwurf, manches schon Pilotprojekt und sehr wenig tatsächlich vollendete Reform. Angesichts dessen ist die wesentliche **Zielsetzung** dieser Arbeit, auf der Basis der St. Galler Management-Konzeption mit seiner normativen, strategischen und operativen Ebene ein wirksames Innovations- und Veränderungsmanagement zu entwickeln, das die Kriterien von Kundenorientierung in der kommunalen Leistungserbringung evaluiert und deren Umsetzung in ein *Public Marketing Management* integriert (vgl. Kapitel 9). Ein dergestalt neukonzipiertes Stadtmarketing in seinen Notwendigkeiten und Möglichkeiten zu erörtern, ist Zweck der Arbeit. Den sich verändernden Rahmenbedingungen wird durch die Integration der kommunalen Aktivitäten, Strukturen und Verhaltensweisen entsprochen.

In diesem Zusammenhang soll auch die Fragestellung geklärt werden, inwieweit bei der durch Anwendung von Stadtmarketing bedingten Modifikation des Leistungserstellungsprozesses (z.B. Dezentralisierung, Entkoppelung der Leistungsbereiche, Kooperationsformen) ein Kompetenzverlust für kommunale Gremien droht. Um die Transformation der kommunalen Verwaltung zu einem öffentlichen Dienstleister kontrollieren zu können, wird eine Methode zur einstellungsorientierten Messung von Dienstleistungsqualität, der **SERVQUAL-Ansatz**, exemplarisch vorgestellt. Da die kommunale Erfolgskontrolle ein bislang vernachlässigter Aspekt ist, wird diesem Thema ausführlich Platz eingeräumt. Der SERVQUAL-Ansatz ist deswegen interessant für die Untersuchung, da er die von den Bürgern wahrgenommene kommunale Dienstleistungsqualität als Divergenz zwischen erwarteter und tatsächlich erlebter Leistung darlegt. Bei

26 „Der Jammer-Ossi hat ein Zuhause: Potsdam. In der Stadt, die am stärksten von der Wiedervereinigung profitiert hat, fühlen sich die Bürger schlechter als fast überall im Osten. Sie verdienen mehr Geld, sie wohnen komfortabler – aber sie nörgeln am meisten" (o.V. 1996b, S. 50). So kommentiert „Der Spiegel" die Ergebnisse einer repräsentativen Bürgerbefragung zur Lebensqualität in den 20 größten ostdeutschen Städten im September 1996 (vgl. Institut für Marktforschung Leipzig 1996b, S. 24 ff.).

regelmäßiger Durchführung können die gewonnenen Ergebnisse dazu beitragen, vorhandene Leistungsdefizite aufzuzeigen. So lassen sich notwendige Korrekturen rechtzeitig vornehmen.

Teil B: Konzeptionelle Grundlagen für die Entwicklung eines ganzheitlichen Stadtmarketingkonzepts

4. Stadtmarketing: Eine Bestandsaufnahme

Ausgehend vom Marketingverständnis im privatwirtschaftlichen Bereich soll in diesem Kapitel zunächst eine inhaltliche Positionierung des Stadtmarketing vorgenommen werden. Die langjährigen angloamerikanischen und erste nationale Stadtmarketingerfahrungen werden näher betrachtet, um daraus eine allgemeine Vorgehensweise abzuleiten. Alternative Organisationsformen des Stadtmarketing werden erörtert und deren Vor- und Nachteile bei der Implementierung geprüft. Besonderheiten und Hemmnisse auf dem langen Weg einer Kommune mit traditionellen bürokratischen Strukturen hin zu einer Organisation, die kundenorientiert denkt und handelt, werden abschließend dargelegt. Insbesondere die Defizite, die sich aus den Erfahrungen der erörterten Anwenderstädte ergeben, bilden die Grundlage für die Neuentwicklung eines ganzheitlichen Stadtmarketingkonzepts in Teil C.

4.1 Terminus und Aufgabenstellung

Im Laufe der Entwicklung ist es in der Marketingtheorie in einer nachhaltigen Weise zu einem Prozess des **Marketing-Broadening**[1] gekommen, das heißt der

1 Die amerikanischen Marketingprofessoren Kotler und Levy gelten mit ihrem vielbeachteten Artikel „Broadening the Concept of Marketing" aus dem Jahr 1969 als Begründer der in den frühen 70er Jahren eingeleiteten Diskussion um die Ausweitung des institutionellen Gegenstandsbereichs des Marketing (Kotler/Levy 1969, S. 10–15; vgl. auch Schneider 1993, S. 40; Raffée/Fritz/Wiedmann 1994, S. 9). In diesem Zusammenhang entfachte sich auch die Debatte um das „Social Marketing" (vgl. Bruhn/Tilmes 1994) mit dem Zweck des Marketingeinsatzes bei nichtkommerziellen Organisationen sowie der Anwendung von Marketing bei öffentlichen Betrieben (vgl. Raffée/Fritz/Wiedmann 1994).

Übertragung dieses ursprünglich für den Konsumgüterbereich entwickelten Marketingkonzepts auf eine Vielzahl von Austauschprozessen, so z.B. öffentliche Unternehmen wie Krankenhäuser, Theater oder Universitäten und auch auf soziale Institutionen wie das Rote Kreuz oder Amnesty International sowie eben auch auf Städte und Regionen.

Sowohl die Kreativität der Praxis als auch die auf diesem Prozess basierende kontroversen Fachdiskussion haben eine Fülle von Begriffen hervorgebracht: **Citymarketing** und **Citymanagement** beschränken sich nach deutscher Terminologie vor allem auf den Innenstadtbereich und beschreiben überwiegend einzelhandelsorientierte Konzepte zur Attraktivitätssteigerung oder Revitalisierung der Innenstadt. Daneben finden sich auch Termini wie **kommunales**, **regionales** oder **territoriales Marketing**, **Standortmarketing**, **Stadtentwicklung**, **Urban Management** und **Urban Design** (vgl. Walldorf 1996, S. 38). Die nachfolgenden Ausführungen fokussieren ein Marketing, das sämtliche kommunalen Aspekte berücksichtigt, sich dabei räumlich aber auf den Standort Stadt beschränkt. Generell ist ein solches *Public* Marketing keinesfalls nur eine Angelegenheit von Städten, wie obige Aufzählung zeigt. Vielmehr kann es auf unterschiedlichen Ebenen von Gebietskörperschaften angesiedelt sein wie Gemeinden, Landkreisen oder Bundesländern.

Stadtmarketing beinhaltet, dass die Stadt unter Berücksichtigung des gesamten Zielgruppenspektrums wie Bürgern, Touristen und Geschäftsreisenden, den Medien, der ansässigen Industrie, Gastronomie und dem Einzelhandel sowie den kommunalen Institutionen gestaltet wird (vgl. Peter/Müller 1998, S. 197). Da die profunde Betrachtung aller kommunalen Zielgruppen und die daraus abzuleitenden Handlungsparameter den Rahmen der vorliegenden Arbeit sprengen oder, wie an anderer Stelle geschehen, den unbefriedigenden Zustand einer oberflächlichen Betrachtung evozieren würden, befassen sich die späteren Ausführungen primär mit dem Aspekt der optimierten Bürgerorientierung von Kommunen.

Definitorische Grundlage für die nachfolgenden Ausführungen ist demnach das Verständnis von Stadtmarketing als eine Konzeption, in der ein grundlegender Handlungsrahmen (Strategie) sowie die notwendigen operativen Handlungen (Maßnahmen) hinsichtlich der Beziehung zwischen einer Stadtverwaltung und den Bürgern dargelegt sind (vgl. Funke 1994a, S. 116). Stadtmarketing stellt so die Institution Kommune – auch mit seinen komplexen verwaltungsinternen Vorgängen – in den Mittelpunkt der Aktivitäten, was unter ökonomischer Betrachtung eine optimierte Einkommenssituation städtischer Institutionen und Bürger ermöglicht. Die kommunale Verwaltung kann diesen Prozess in vielfältiger Weise unterstützen, z.B. durch Initiierung oder Trägerschaft des Stadtmarketing oder einen möglichst positiven Umgang mit den Bürgern (Palupski 1997, S. 85).

Für eine unternehmerisch denkende Stadt ist demzufolge ein situativ angepasstes und flexibles kommunales Management – ein **Public Management** – unter Berücksichtigung aller Determinanten des Stadtmarketing notwendig, das sich weg vom Alleinvertretungsanspruch hin zu privater und bürgerschaftlicher Mitgestaltung orientiert.

Die Ambivalenz der Stadt, die **„Unternehmen"** und **„Produkt"** zugleich ist, deutet auf die besondere Situation bei der marketingtheoretischen Anwendung hin: Im Unternehmen Stadt erbringt die Stadtverwaltung Leistungen, die im Sinne eines Dienstleistungsmarketing bearbeitet werden sollen (vgl. Grätz 1983, S. 64; Koppelmann 1993a, S. 5 ff.; Balleis 1997, S. 38; Bertram 1997, S. 16). Problematisch erscheint die eindeutige Evaluation dieses Unternehmens. Im Gegensatz zu einem privatwirtschaftlichen Unternehmen, das präzise Kompetenzen, Strukturen und Verantwortlichkeiten aufweist, kann die Stadt „bestenfalls als eine Interessengemeinschaft der Stadteinwohner, ihrer Institutionen und Organisationen aufgefasst werden, die sich als Zweckbündnis auf bestimmte Leitlinien und Handlungsmaxime geeinigt hat" (Balderjahn 1994, S. 2 f.). Röber stellt ergänzend fest, dass zu den Voraussetzungen für ein erfolgreiches Stadtmarketing das Denken der öffentlich Bediensteten viel stärker darauf gerichtet werden muss, die Stadt einschließlich der Stadtverwaltung als „Produkt" zu begreifen, das mit anderen Angeboten konkurriert und einem ständigen Leistungswettbewerb unterworfen ist (1992, S. 358; vgl. Erlebach/Schückhaus 1994, S. 16). Diese unterschiedlichen Ansätze und die zum Teil diffusen begrifflichen Abgrenzungen lassen es sinnvoll erscheinen, in der vorliegenden Abhandlung von **kommunalen Leistungen** oder **Leistungsbereichen** statt von Produkten zu sprechen.[2] Stadtmarketing stellt somit den Versuch dar, kommunale Einrichtungen und Leistungen im sozio-kulturellen, wirtschaftlichen, politischen und geographischen Umfeld darzulegen, die besondere Position einer Stadt oder Gemeinde herauszuarbeiten und die Akzeptanz des Verwaltungshandelns bei den Bürgern zu erhöhen. Es ist auch eine Sozialtechnik (vgl. Hammann 1994), die einen Beitrag zu leisten vermag, um die unterschiedlichen Wünsche und Erwartungen der Bürger mit den Leitvorstellungen der Stadt- bzw. Gemeindeverwaltungen zu koordinieren. Stadtmarketing bildet ein rückgekoppeltes System (vgl. Abbildung 3), bei dem es darum geht, tragbare Lösungsalternativen zwischen den Ansprüchen der Bürger und den begrenzten finanziellen Möglichkeiten der Städte und Gemeinden zu finden.

Im Rahmen eines Marketingkonzepts wird die Stadt im Idealfall versuchen, die Bedürfnisse und Wünsche der Bürger mit Methoden der Marktforschung, in der Regel durch externe Berater, in Erfahrung zu bringen, um das eigene Leistungsprogramm anhand der gewonnenen Informationen zu optimieren und mit den Instrumenten der Kommunikationspolitik bekannt zu machen.

Sind die Ursachen des Stadtmarketing unumstritten, so herrscht in der wissenschaftlichen Diskussion jedoch Dissens über die Funktion des Stadtmarketing für die Kommunalpolitik. Für die Befürworter ist Stadtmarketing weit mehr als nur Werbung oder reine Verkaufsförderung (vgl. Honert 1991, S. 397; Töpfer 1993c,

2 In diesem Zusammenhang führt Manschwetus an, dass in der Privatwirtschaft Produkte als Ergebnis eines Produktionsprozesses entstehen. In einem Stadtraum gäbe es jedoch keine vergleichbaren Produktionsprozesse, weswegen ein Produkt im gewerblichen Sinne auf kommunaler Ebene nicht existiere (1995, S. 59). Diese Feststellung untermauert die Forderung nach dienst*leistung*sorientiertem Handeln kommunaler Verwaltungen (vgl. Beyer 1995, S. 3).

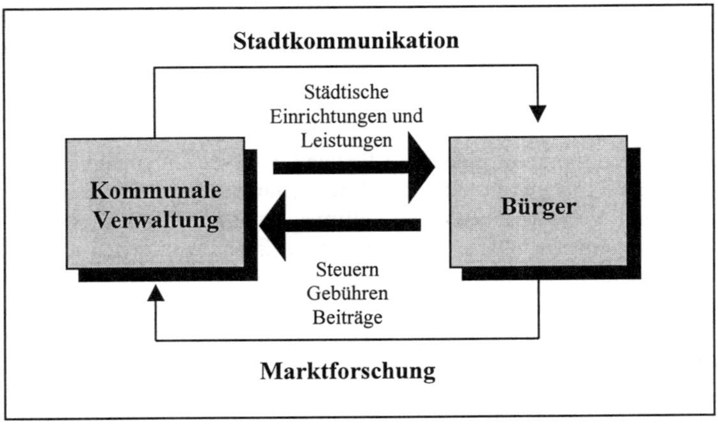

Abb. 3: Das Stadtmarketing-System (Quelle: in Anlehnung an Meissner 1995, S. 23)

S. 20 ff.; Balderjahn 1994, S. 1; Funke 1994b, S. 2) sondern ein **strategisches Führungs- und Steuerungskonzept** kommunaler Verwaltungsinstitutionen. In dieser Perspektive erscheint Stadtmarketing als flexible und problemadäquate Anpassungsreaktion der Kommunen, die im Vergleich zu übergeordneten Gebietskörperschaften größere Flexibilität, Lernfähigkeit und zunehmende Autonomie kennzeichnet. Die in Abbildung 1 aufgezeigten komplexen und teilweise interdependenten Gründe für die Einrichtung von Stadtmarketing verdeutlichen, dass „gegenüber den 70er und 80er Jahren die Notwendigkeit eines regionalen Informations-, Entwicklungs-, Koordinations- und Implementierungs-Managements in der Regionalplanung der 90er Jahre neue formale, jedoch vor allem materielle und organisatorische Anforderungen stellt" (Maier 1990, S. 101).

Kritiker dagegen warnen vor einer „Festivalisierung der Stadtpolitik" (Häußermann/ Siebel 1993, S. 7 ff.): Die faktische Ohnmacht der lokalpolitischen Akteure bei der Bewältigung des ökonomischen Strukturwandels und innerhalb der Bund-Länder-Verflechtung führe zu einer Ökonomisierung alles Städtischen und zu einer Reduktion der Politik auf Imagepolitik und Hochglanzbroschüren (vgl. Scholz 1989, S. 41). Die Häufigkeit, mit der Städte in den vergangenen Jahren Großveranstaltungen und -attraktionen wie Stadtjubiläen, Olympiabewerbungen, Kultursommer und diverse Festspiele inszenierten, hat indes unbestritten zugenommen und wurde auch Gegenstand wissenschaftlicher Untersuchungen (vgl. Schneider 1993; Gold 1994; Institut für Kommunikationsgeschichte und angewandte Kulturwissenschaften der Freien Universität Berlin 1995). Es ist jedoch festzustellen, dass es sich bei diesen Bemühungen lediglich um fragmentarische kommunale Entwicklungsaufgaben handelt, die Bestandteil eines umfangreicheren Strategiekonzepts sein sollten, das unterschiedliche Teilpolitiken systematisch verklammert (vgl. Schneider 1993, S. 223). Im Wettbewerb der Städte können Großveranstaltungen helfen, den Standort zumindest kurzzeitig im

Bewusstsein von Bürgern, Touristen und Investoren zu platzieren. Langfristig können die notwendigen Veränderungen nur mit Hilfe eines komplexeren Konzepts eingeleitet werden, das die Bedürfnisse der Abnehmer kommunaler Leistungen fokussiert (vgl. Meffert 1989, S. 273).

Entscheidend ist dabei die Institutionalisierung des Dialogs zwischen den Bürgern, Kommunalpolitikern und externen Beratern, sofern diese eingeschaltet worden sind, um bei der Implementierung von Stadtmarketing zu helfen. Insoweit ist Stadtmarketing tatsächlich mehr als Stadtwerbung und Kommunikation. Es ist eine Methode, Ziele für die Stadtpolitik herauszuarbeiten und geeignete Strukturen in der Kommune für deren Umsetzung zu etablieren, sie in der Öffentlichkeit zu „propagieren" und somit Akzeptanz für sie zu schaffen. Die Chance des Stadtmarketing besteht darin, Entscheidungen zu verbreitern, integrierend zu wirken und die Kräfte der Bürgerschaft auf ein gemeinsam definiertes Ziel zu lenken (vgl. Dieckmann 1992, S. 212; o.V. 1992a, S. 1).

Somit kann Stadtmarketing (vgl. Bruksch 1994, S. 3)

- als **Mittel** genutzt werden, um den Anforderungen der Zielgruppen gewachsen zu sein, indem Stadtentwicklung kommunikativ begleitet und unterstützt wird,
- als **Methode** zur kommunalen Entscheidungsfindung herangezogen werden, weil sich Strategien und Maßnahmen logisch aus der Analyse ergeben und
- als **Philosophie** die bewusste Ausrichtung aller Aktivitäten auf den wichtigsten Aspekt der Stadt – ihre Bürger – beinhalten.

4.2. Praxis des Stadtmarketing

4.2.1 Modelle im Ausland

Erste Ansätze und Erfahrungen zum Stadtmarketing finden sich international in den USA und Großbritannien, in denen sich bereits seit den 70er Jahren eine Wende von der traditionellen Stadtentwicklungspolitik hin zur „unternehmerischen Stadt" vollzogen hat (vgl. Helbrecht 1994, S. 56). Charakteristisch für die Entwicklung war eine neue institutionalisierte Kooperationsform, sog. „**Public-Private-Partnerships**", denen gleichberechtigt Vertreter der privaten Wirtschaft und der öffentlichen Verwaltung angehörten (vgl. Kruzewicz/Schuchardt 1989, S. 762). Die verstärkte Anwendung von solchen Projekten erklärte sich vor allem durch drastische Mittelkürzungen bei den kommunalen Haushalten, aber auch durch eine andere Planungstradition – insbesondere in den **USA**[3] –, die privaten

3 Das traditionell innovative Klima in den USA bezieht sich sowohl auf die Lehre und Forschung, den Umgang mit konkurrierenden Dienstleistungsanbietern als auch auf Aushandlungs- und Entscheidungsprozesse im öffentlichen Sektor, die eine zügigere Erprobung neuer Steuerungsmodelle als in Deutschland ermöglichen: *Entrepreneurship* als bedeutender Faktor zur Auslösung von Innovationen ist seit den dreißiger Jahren Gegenstand von US-

Initiativen immer einen großen Stellenwert eingeräumt hat (vgl. Hatzfeld/Junker 1994, S. 6). Kommunale Ungleichgewichte zwischen Einnahmen und Ausgaben, die Entlassungen und den Abbau öffentlicher Leistungen zur Folge hatten, waren auch hier der Anlass für eine negative Standortdynamik,[4] die von Attraktivitätsverlust, Abwanderung von Unternehmen und Bürgern und in der Konsequenz von steigendem Haushaltsdefizit gekennzeichnet war (vgl. Kotler/Haider/Rein 1994, S. 21).

1975 war beispielsweise die Stadt **New York** einem solchen Zusammenbruch gefährlich nahe: Erst strenge finanzpolitische Maßnahmen und die Einsicht, das Image der Stadt zu verändern, trugen zum Aufschwung bei: So war die 1977 initiierte Werbekampagne „I ♥ NY" ein so durchschlagender Erfolg, dass sie weltweit Nachahmer gefunden hat. Das Werbebudget wuchs innerhalb kürzester Zeit von 200.000 auf 5,4 Mio. US-Dollar an (Holcomb 1994, S. 120). Dem gegenüber standen jedoch ganz beachtliche Einnahmen, die sich aus den zurückgewonnen Besucherzahlen der Stadt ergaben: „*New York tourism authorities calculated, for example, that the income derived from their publicity efforts in the late 1970s and early 1980s was seven times that of their promotional investment*" (Witt/Moutinho 1995, S. 384). Diese Einnahmen, die sich aus der neuen offensiven Kommunikationsstrategie ergaben, konnten dazu beitragen, New York vor einem „fiscal collapse" (Holcomb 1994, S. 120) zu bewahren.

Die USA haben unter Präsident Clinton, in der Weiterführung der von George Bush eingeleiteten reform- und verwaltungsfreundlichen Maßnahmen, eine Reihe von Personal- und Finanzreformen im öffentlichen Sektor eingeführt, wie beispielsweise Leistungsorientierung im öffentlichen Dienst, Kostenrechnung und Lean Administration. Es gibt einige ausgesprochen innovative und leistungsstarke Städte,[5] die sich durch eine intensive Bürgerorientierung, durch un-

---

amerikanischer Forschung und Lehre. Weiteres Merkmal des wettbewerbsorientierten Verhaltens im öffentlichen Sektor der USA ist die grundsätzliche Orientierung an den Besten innerhalb eines Konkurrentenfeldes („Benchmarking"), die bisweilen mit unkontrolliertem Kopieren von Leistungen einhergeht (Damkowski/ Precht 1995, S. 84; Nullmeier 1998c, S. 86).

4 Zuvor, im Jahr 1961, machte die amerikanische Sozialkritikerin Jane Jacobs in ihrem Buch „*The Death and Life of Great American Cities*" die inhumane und unsoziale Stadtplanung – z.B. durch Le Corbusiers Bauten manifestiert – für die „self-destruction" der Städte verantwortlich (S. 21 ff. u. S. 241 ff.).

5 **Phoenix/Arizona** hat als erster Preisträger 1993 des weltweiten Wettbewerbs der Carl-Bertelsmann-Stiftung „Demokratie und Effizienz in der Kommunalverwaltung" Maßstäbe gesetzt: Im 24-Stunden-Service stehen die wichtigsten Informationen den Bürgern zur Verfügung. Die kommunale Berichterstattung erfolgt über reservierte Zeitungsseiten, eine eigene Fernsehstation, direkten Computerzugang für private Haushalte zu den Datenbanken für Sitzungsinformationen, Protokolle etc. und in der Stadt verteilte Computerauskunftsstellen. Umgekehrt werden die Bürger umfassend, detailliert und permanent an allen Kontaktstellen über ihre Zufriedenheit mit erhaltenen Leistungen befragt. Mitarbeiter des öffentlichen Dienstes werden durch Fortbildungen, Vorschlagswesen und leistungsbezogene Bezahlung mobilisiert (vgl. Rabe 1995, S. 10; Reichard 1996b, S. 26). Weitere Städte mit unternehmerischen Führungsqualitäten sind u.a.: **Dallas**, **Minneapolis**, **Seattle**, **San Antonio** und **San Diego** (Kotler/Haider/Rein 1994, S. 395).

ternehmensähnliche Strukturen und Managementpraktiken, breit gefächerten Service sowie ein funktionierendes Qualitätsmanagement auszeichnen (vgl. Reichard 1996b, S. 23 ff.). Der Hauptunterschied zur Bundesrepublik besteht darin, dass im Gegensatz zum deutschen Verwaltungsbeamten der Bedienstete in den USA üblicherweise nur auf Zeit ernannt und generell kündbar ist. Dadurch können personelle Flexibilisierungs- und Anreizstrategien in den USA unkonventionell und unbürokratisch durchgesetzt werden (vgl. Damkowski/Precht 1995, S. 84).

In der ersten Hälfte der 80er Jahre begann die Labour-Regierung angesichts krisenhafter ökonomischer Entwicklungen in **Neuseeland** mit grundlegenden Reformen des öffentlichen Sektors. Die theoretische Grundlage einer kompromisslosen Modernisierungsstrategie war neben der Public-Choice-Theorie vor allem der Principal-Agent-Ansatz[6] (ebenda, S. 109). Als Modellstadt gilt seit ca. 10 Jahren **Christchurch**,[7] das neben Phoenix als weltweit leistungsfähigste Kommune mit dem Carl-Bertelsmann-Preis 1993 ausgezeichnet wurde (vgl. Reichard 1996b, S. 26; Grömig 1998, S. 12). Insgesamt wurden die neuseeländischen Reformen top-down und weniger partizipativ realisiert, weswegen sie nicht unumstritten sind.

4.2.2 Reformvorbilder in Europa

In **Großbritannien** hat es seit 1979, dem Amtsantritt von Margaret Thatcher, erhebliche Reforminitiativen im öffentlichen Sektor gegeben, die vor allem durch Privatisierungen, drastische Kostensenkungen und neue Steuerungskonzepte gekennzeichnet sind (vgl. Thomas 1993, S. 113). In ihrer Gesamtheit haben die genannten Reformen einen beachtlichen Einfluss auf die Organisation und Funktionsweise des öffentlichen Sektors ausgeübt. Wesentliche Wirkungsbereiche sind (Brokenshire 1993, S. 103):

- Herausbildung eines neuen kommunalen Leitbildes,
- Wandel von Rollenverständnissen und Organisationsformen,
- Veränderung politischer Prozesse in der Kommune.

Zentrales britisches Anliegen ist der annähernd komplette Abbau der öffentlichen Verwaltung. Dienstleistungen für den Bürger, aber auch die allgemeine Verwaltungsarbeit des Staates, sollen im Prinzip an private Unternehmen übergeben werden oder auf selbständige öffentliche Einrichtungen übertragen werden, sofern Privatisierung nicht möglich ist (vgl. Ridley 1993, S. 251). Diese

6 Vgl. weiterführend Hartmann-Wendels 1989, S. 717 ff.; Schauenberg 1991, S. 329 ff.; Franke 1993, S. 37 ff.; Schröter/Wollmann 1998, S. 62.

7 Wesentliche Kennzeichen der unternehmensorientierten Verwaltung in **Christchurch** sind: autonome Business Units mit Ergebnisverantwortung, ausgeprägte Kundenorientierung, Ausrichtung von Verwaltungsleistungen in Qualität und Preisniveau an privaten Standards, Personalentwicklungssysteme (Reichard 1996b, S. 26).

autonomen *Cost and Service Centres* haben gewisse Freiheiten in ihrem Geschäftsgebahren, die Untergliederungen der Verwaltung sonst nicht besitzen. Das Stichwort seit John Major ist in Großbritannien nicht mehr Management gewesen, sondern „Contracting-Out“ (vgl. Naschold 1995, S. 35 ff.). Die Idee ist, dass der Staat – „the Enabling Authority“[8] – nur Dienstleistungen ermöglicht, Richtlinien festlegt und Geld zahlt. Dienste soll der Staat aber weder selbst produzieren noch selbst an die Bürger liefern (vgl. Brokenshire 1993, S. 102). Selbstverständlich ist es die Pflicht der Regierung, darauf zu achten, dass Leistungen im öffentlichen Sektor von guter Qualität sind und den Gegenwert ihres Preises („value for money“) bieten, unabhängig, von wem sie erbracht worden sind. Insofern hat die Major-Regierung 1991 mit ihrer Forderung nach „Competition for Quality“ (Ridley 1993, S. 254) und der daraus resultierenden konsequenten Einführung von Wettbewerb auf allen kommunalen Ebenen eine Möglichkeit für Qualität *und* Wert geschaffen.[9] Daneben sind leistungsorientierte Komponenten in das Besoldungssystem für die britischen *Civil Servants* eingebaut worden (vgl. Bölke 1993, S. 33). Einher ging diese Entwicklung mit neuen Anstrengungen in der internen und externen Kommunikation, die dazu führten, dass Negativ-Images von Städten wie **Birmingham**, **Liverpool** und **Manchester** in positive umgewandelt werden konnten (vgl. Law 1994, S. 2; Saper 1996, S. B7).

Die niederländische Stadt **Tilburg** hat Anfang der 80er Jahre mit der Entwicklung des „Konzerns Stadt“ die internationale Debatte um unternehmerische Strukturen in öffentlichen Verwaltungen entscheidend bereichert: Die innovativen Inhalte der Tilburger Verwaltungsreform sind besonders durch Transformation oder analoge Anwendung privatwirtschaftlicher Organisations- und Führungskonzeptionen auf die Kommunalverwaltung entstanden. Allgemein wird die Reform, die schwerpunktmäßig von Kontraktmanagement,[10] outputorientierten Steuerungsinstrumenten und einer konzernähnlichen Struktur gekennzeichnet ist, als erfolgreich anerkannt (vgl. Krähmer 1992, S. 44).[11]

8 Nach diesem neuen Verständnis der „Gewährleistungsverwaltung“ muss eine Kommune die nachgefragten öffentlichen Leistungen nicht unbedingt selbst erbringen, sondern lediglich die Gewähr dafür bieten, dass die in das Leistungsprogramm aufgenommenen Aufgaben durch interne oder externe Anbieter adäquat wahrgenommen werden (vgl. Thomas 1993, S. 117; Naschold/Oppen/Tondorf/Wegener 1994, S. 5; Reichard 1996b, S. 27).

9 Die Grafschaft **Surrey** beispielsweise, die an den Großraum London südöstlich angrenzt, hat das Modell der „Enabling Authority“ innerhalb von drei Jahren umfassend verwirklicht, denn die verwaltungsinternen Dienste stehen mit privaten Anbietern in völliger Leistungskonkurrenz. Beleg für die Leistungsfähigkeit der Verwaltung ist der Umstand, dass diese bei über 90% der Ausschreibungen den Zuschlag erhält (Reichard 1996b, S. 27). Bürgerorientierung spiegelt sich im Leitbild der Verwaltung wider: „Die Aufgabe der Vewaltung von Surrey ist es, ein bedarfsgerechtes Leistungsangebot bereitzustellen, um den Anforderungen der Bürger zu entsprechen“ (Thomas 1993, S. 127).

10 Im Sinne von Leistungsvereinbarungen auf der Basis klarer Zielvorgaben und Budgets (vgl. Blume 1993, S. 148 ff.).

11 Ausführlich wird das „Tilburger Modell“ bei der Kommunalen Gemeinschaftsstelle 1992b; Wolters/Huijgevoort 1993, S. 405–414; Damkowski/Precht 1995, S. 118–121; Klützow 1996, S. 95–11 und Brüggemeier 1998, S. 142 ff. erörtert.

Um die von Tilburg ausgehenden Impulse in Deutschland zu adaptieren und um möglicherweise sogar über die Einführung eines reinen Kontraktmanagements hinauszugehen, müssten zunächst die rechtlichen Rahmenbedingungen modifiziert werden. Erst dann wäre es überhaupt denkbar, „die bürokratische Übersteuerung in den kommunalen Kernverwaltungen zu überwinden, den Einfluss der Politik in Detailfragen zu reduzieren und gleichzeitig die fast völlige Untersteuerung der kommunalen Beteiligungen in einem gemeinsamen Steuerungskonzept unter Anwendung des Beteiligungscontrolling zu realisieren" (Damkowski/Precht 1995, S. 121).

Neben **Amsterdam**, das sich bei seinen Stadtmarketingaktivitäten im Wesentlichen auf die Sicherung der vorhandenen Standortvorteile im Tourismus und auf eine Verbesserung des Images konzentriert, verfolgt **Rotterdam** bei seinen Maßnahmen einen integrierten Ansatz: Wirtschaftswachstum und die Qualität der Lebensumwelt sollen durch flankierende organisatorische Anpassungen der Regionalverwaltung optimiert werden (vgl. van den Berg 1994, S. 31 ff.).

Die skandinavischen Länder **Dänemark**, **Finnland**, **Norwegen** und **Schweden** experimentieren seit Mitte der 80er Jahre mit „Freien Kommunen"[12]. Nach mehreren Jahren zeigte sich, dass die Vielzahl der Innovationen wie z.B. Abgrenzung zwischen Zielformulierung und Aufgabendurchführung, Marktorientierung und Qualitätssicherung kommunaler Dienstleistungen (vgl. Baldersheim 1993, S. 31) das Verhältnis zwischen gewählten Vertretern und Verwaltung neu bestimmten. Allerdings hat sich auch hier gezeigt, dass „reine", singuläre, Konzepte nicht ohne Schwierigkeiten zu verwirklichen sind, sondern eine Vielzahl von Gesichtspunkten bei der Evaluation neuer kommunaler Organisationsformen berücksichtigt werden muss (vgl. Frey 1993, S. 17).

4.2.3 Aktivitäten in der Bundesrepublik Deutschland

Inwieweit sich das Stadtmarketing-Denken in den bundesdeutschen Kommunen bereits durchgesetzt hat, ist Gegenstand einer empirischen Untersuchung des Deutschen Instituts für Urbanistik (Difu).[13] Daraus geht hervor, dass das Thema Stadtmarketing bei den Städten und Gemeinden höchst aktuell ist. Über **90%**

---

12 Dabei handelt es sich um Kommunen, die freiweillig an einem vom Innenministerium initiierten Reformprogramm teilnehmen. Da in skandinavischen Staaten Regulierungen einige strukturelle Veränderungen verhindert hatten, war es den Kommunen gestattet, sich davon befreien zu lassen (vgl. Naschold/Oppen/Tondorf/Wegener 1994, S. 5). Die geschaffenen Freiräume sollten es den Kommunen ermöglichen, im Versuch effektivere Wege der Aufgabenerledigung zu finden.

13 Im Herbst 1995 wurden 323 deutsche Städte und Gemeinden mit mehr als 10.000 Einwohnern schriftlich befragt. Der Fragebogen wurde an das Hauptamt oder an das Wirtschaftsförderungsamt der Kommunen mit Bitte um Weiterleitung an die für Stadtmarketing zuständige Stelle – sofern vorhanden – verschickt. Insgesamt antworteten 241 Städte und Gemeinden, was einer Rücklaufquote von 75% entspricht (Kaiser 1996, S. 2; Grabow/Hollbach-Grömig 1998, S. 10).

aller Städte mit mehr als 50.000 und weniger als 200.000 Einwohnern **planen oder ergreifen Stadtmarketingaktivitäten**, wobei insbesondere die ostdeutschen Kommunen die Bedeutung des Stadtmarketing erkannt haben (Kaiser 1996, S. 3). In einer vier Jahre zuvor durchgeführten repräsentativen Befragung[14] kannten bereits 97% der befragten Kommunen den Begriff Stadtmarketing und 60% hatten mindestens eine Marketingmaßnahme durchgeführt (Töpfer 1993a, S. 91). Genau hier liegt jedoch das offensichtliche Problem, das aus beiden Untersuchungen hervorgeht: Als wichtigste Ziele im Rahmen des Stadtmarketing werden nach wie vor eher solche angegeben, die auf die klassische Werbung und Kommunikation abzielen. So wollen die Befragten für die Stadt werben, um das Image zu verbessern, die Stadt prinzipiell attraktiver zu machen, Touristen und Gäste über die Stadt zu informieren und den Handel in der Innenstadt zu fördern (ebenda, S. 87; Kaiser 1996, S. 7). Vor dem Hintergrund der Erkenntnis, dass diejenigen Aspekte, die für Stadtmarketing im umfassenden Sinne notwendig sind, nur für wenige Städte zu den für sie vorrangigen Zielen zählen (z.B. die Entwicklung eines Leitbildes, Einbindung der Bürger in den Prozess, Verwaltungsmodernisierung), lässt darauf schließen, dass lediglich ein kleiner Teil der Kommunen tatsächlich ein umfassendes Stadtmarketingkonzept verfolgt. Grabow/Hollbach-Grömig bestätigen diese Vermutung: Nur etwa 7,5%, also maximal 15 Kommunen in Deutschland, realisieren derzeit ein ganzheitliches Stadtmarketing, alle anderen begnügen sich mit unvollständigen Ansätzen (1998, S. 39).[15]

Zu Beginn der 80er Jahre wurde in der Bundesrepublik Deutschland punktuell mit dem Einsatz von Marketingkonzepten in der kommunalen Politik begonnen. Erste Impulse gingen dabei insbesondere von (vgl. Stauch/Reh 1989, S. 131 ff.; Maier/Troeger-Weiss 1990, S. 2)

- Wirtschaftsverwaltungen mit eigen- und/oder gemeinwirtschaftlichen Aufgabenstellungen (z.B. Deutsche Bundesbahn, Deutsche Bundespost, Energieversorgungsunternehmen) sowie von
- Verwaltungen der kommunalen Gebietskörperschaften (Landkreise, Städte und Gemeinden) etwa im Bereich des Standort-, Image- und Fremdenverkehrsmarketing aus.

Vorreiter in der Einrichtung und Umsetzung von Stadtmarketing waren Mitte der 80er Jahre primär kleine bzw. mittelgroße Städte mit 50.000 bis 100.000 Einwohnern. **Schweinfurt** beschloss 1986, die bereits zwischen Wirtschaftsorganisationen und Stadtrat diskutierten Handlungsansätze zur kommunalen Entwicklung in ein Marketingkonzept und eine begleitende Konzeption zur Öffentlichkeitsarbeit einzubinden (vgl. Petzold/Müller 1989; Müller 1990,

14 Die Forschungsgruppe Management + Marketing der Universität/Gesamthochschule Kassel befragte im September 1991 bundesweit 281 ausgewählte Städte mit über 20.000 Einwohnern mittels Fragebogen. Der Rücklauf, der sich bis April 1992 erstreckte, betrug mit 151 ausgefüllten Fragebögen 53,7% (Töpfer 1993a, S. 86).

15 Basis der Aussage sind die 323 vom Deutschen Institut für Urbanistik befragten deutschen Städte und Gemeinden.

S. 226 ff.). In **Frankenthal** wurde ebenfalls 1986 mit der Entwicklung eines Stadtmarketingkonzepts begonnen. Auf der Basis einer Imageanalyse (vgl. Riebel 1989, S. 30 ff.) erstellte die eingerichtete Stabsstelle Stadtmarketing einen Empfehlungskatalog (vgl. Funke/Popitz 1993, S. 188). **Velbert**, das 1987 zunächst mit der Gründung der Arbeitsgemeinschaft Stadt/Einzelhandel ein City-Marketing initiierte, machte den ganzheitlichen Marketingansatz zur allgemeinen Richtschnur städtischen Handelns, nachdem auch einzelfallorientierte Problemlösungen in den Bereichen Stadtentwicklung und Wirtschaftsförderung zu unbefriedigenden Ergebnissen führten (vgl. Gewos GmbH 1991; Keller 1991, S. 35). Diskussionen über die negative Innenstadtentwicklung seit Mitte der 80er Jahre führten in **Solingen** 1988 zu einem von der Aktionsgemeinschaft Solingen beauftragten Gutachten, das die Einrichtung eines City-Managements empfohlen hat (vgl. Wagner 1995c, S. 126). Das Leitbild baut auf dem städtebaulichen Konzept der City auf: *„Aufwertung der Innenstadt Solingen durch die Verbesserung der städtebaulichen und verkehrlichen Situation sowie die Stärkung der Funktionsmischung und des Einzelhandels*“ (Heimann 1998, S. 2). Ähnlich war das Anliegen der Stadt **Hamm**, die seit 1989 die Einrichtung eines City-Management vorbereitete. Darauf aufbauend sollten auch Aufgabenfelder wie öffentliche und private Dienstleistungen und das generelle Imagebild der Stadt weiterentwickelt werden (vgl. Junker/Schulte 1992, S. 659; Zech 1993, S. 214; Frauns/Junker 1995). **Wuppertal** integrierte 1988 zum ersten Mal die Verwaltung in die Entwicklung eines Stadtmarketingkonzepts und fokussierte mit der Forderung nach einem bürgernahen Dienstleistungsunternehmen Stadt insbesondere den Dialog zwischen Verwaltung und Bürgern (vgl. Ziegler 1993, S. 59; Zörner 1993, S. 15). Nicht immer sind es nur die unmittelbar Betroffenen selbst, die die Notwendigkeit zum Handeln sehen. Der Bedarf nach integrierten, marktwirtschaftlichen Konzepten zur Stadtentwicklung war 1989 für das Bayerische Staatsministerium für Wirtschaft und Verkehr Anlass, ein Pilotprojekt anzuregen. In Form einer neuartigen Partnerschaft zwischen Politik, Verwaltung, Wirtschaft und anderen wichtigen Gruppen der Stadt sollte das innovative Instrument Stadtmarketing in den drei Modellstädten **Kronach**, **Mindelheim** und **Schwandorf** zur Attraktivitätssteigerung, Erhöhung der Lebensqualität und Steigerung der Wirtschaftskraft eingesetzt werden. Entgegen des ursprünglich formulierten Anliegens lautet jedoch das Fazit, dass diejenigen Erfolgsfaktoren, die für ein funktionierendes Stadtmarketing im Rahmen der bayerischen Modellprojekte identifiziert und entwickelt wurden (z.B. lokale politische Kultur, Kooperationsbereitschaft der Akteure, der Citymanager als Moderator), letztlich keine ganzheitlichen betriebswirtschaftlichen Methoden darstellen, sondern stattdessen Techniken konstruktiver Gruppen*kommunikation* sind (Helbrecht 1994, S. 154).

In den neuen Bundesländern war **Halle** „Stadtmarketing-Pionier“, als die Stadt bereits 1990 zusammen mit einer Unternehmensberatung ein Marketingkonzept zur Wirtschaftsförderung erarbeitete. Mit gezielter Stadtwerbung sollten die durch ökologische, ökonomische und soziale Probleme bedingten negativen Assoziationen abgebaut werden, was mittels Anzeigenschaltungen in überregionalen Printmedien und Messebeteiligungen auch gelang (vgl. David 1993,

S. 249 ff.). Das in **Leipzig** seit 1992 praktizierte Stadtmarketing setzte den Schwerpunkt seiner Aktivitäten ebenfalls in der klassischen Werbung. Der Slogan „Leipzig kommt!" und die begleitende Werbekampagne erreichten nach einer Emnid-Umfrage im Jahr 1995 einen Bekanntheitsgrad von 56% unter 255 befragten Managern, Politikern, Ministerialbeamten und Journalisten (Nedo 1995, S. 72). **Zittau** entschied sich 1993, Stadtmarketing im Rahmen eines Modellvorhabens des Sächsischen Staatsministeriums für Wirtschaft und Arbeit durchzuführen. Auf der Basis des Stadtleitbildes „Zittau im Jahr 2005" (Cima-Stadtmarketing GmbH 1994), das die Langfristigkeit der Aufgabe klar umriss, wurden die drei Schwerpunkte für das Stadtmarketing definiert: 1. Bürgerinformation und -beteiligung, 2. Zielgruppen-Marketing und 3. Dienstleistungszentrum Zittau (Fechner 1995, S. 4). Kooperation und Kommunikation innerhalb der Stadtverwaltung wurden als unabdingbare Voraussetzung für den Erfolg des Stadtmarketing von Beginn an festgeschrieben (ebenda, S. 11).

Angesichts der Anfang der 90er Jahre sprunghaft gestiegenen Anzahl von Stadtmarketing-Anwendern (60% der Städte und Gemeinden begannen ihre Stadtmarketingaktivitäten erst nach 1992 und 11% planten den Start für 1996) spekuliert das Difu über die Ursachen: „Zum einen sind sich Kommunen immer mehr der Notwendigkeit einer Nutzung innovativer Instrumente der Stadtentwicklung bewusst, zum anderen nimmt der Druck auf die Städte zur Einführung von Stadtmarketingaktivitäten in dem Maße zu, in dem Nachbarkommunen oder konkurrierende Kommunen bereits Stadtmarketingprojekte realisiert haben" (Kaiser 1996, S. 3). Da sich die meisten Städte darüber im Klaren sind, dass es sich bei Stadtmarketing um eine die Stadtentwicklung begleitende *Daueraufgabe* handelt, ist es zumeist zu früh, um konkrete Ergebnisse zu präsentieren. Die **neue Qualität des Stadtmarketing** liegt also nicht darin, die bisherigen Aktivitäten der Stadtentwicklungsplanung oder Wirtschaftsförderung unter einer anderen Überschrift zu fassen oder sie neu zu organisieren. Vielmehr bestehen die Innovationen primär in der Betrachtung der Stadt als Ganzes, im breiten Themenspektrum und in der Kooperation unterschiedlicher Akteure, in der verstärkten – auch internen – Kommunikation der Maßnahmen, in der klaren Projekt- und Dienstleistungsorientierung ebenso wie in der Refom der Verwaltung, der Entwicklung eines Leitbildes oder der Werbung.[16]

16 Grabow/Hollbach-Grömig entwickeln für dieses umfassende, kooperative Stadtmarketingverständnis die Analogie eines Puzzles: Alle Parameter sollten lückenlos ineinander greifen; erst die Verknüpfung macht den besonderen Nutzen aus; ein Vorgehen in Teilschritten ist für den Erfolg erforderlich; zur Vervollständigung ist ein „langer Atem" nötig (1998, S. 32 f.).

4.3 Phasen der Entwicklung

Stadtmarketing als sensitives Instrument und Verhaltenskonzept kann an zahlreichen Faktoren scheitern, wie in Kapitel 4.6 noch detaillierter aufgezeigt werden wird. Es tangiert als Kommunikationsinstrument eine persönliche Ebene, als interessenausgleichendes Instrument die Ebene des Lobbyismus, als entscheidungsvorbereitendes Instrument die politische Ebene, als umsetzendes Instrument die Verwaltungsebene und ist zudem auf allen diesen Ebenen partikulären Interessen und massiven Angriffen ausgeliefert (vgl. Walldorf 1996, S. 38). Insofern bedarf das Stadtmarketing, um langfristig wirkungsvoll zu sein, einer entsprechenden **Struktur, Organisation und Steuerung**. Die in der untersuchten Literatur verwendeten Phaseneinteilungen sind ebenso vielfältig wie die Be-

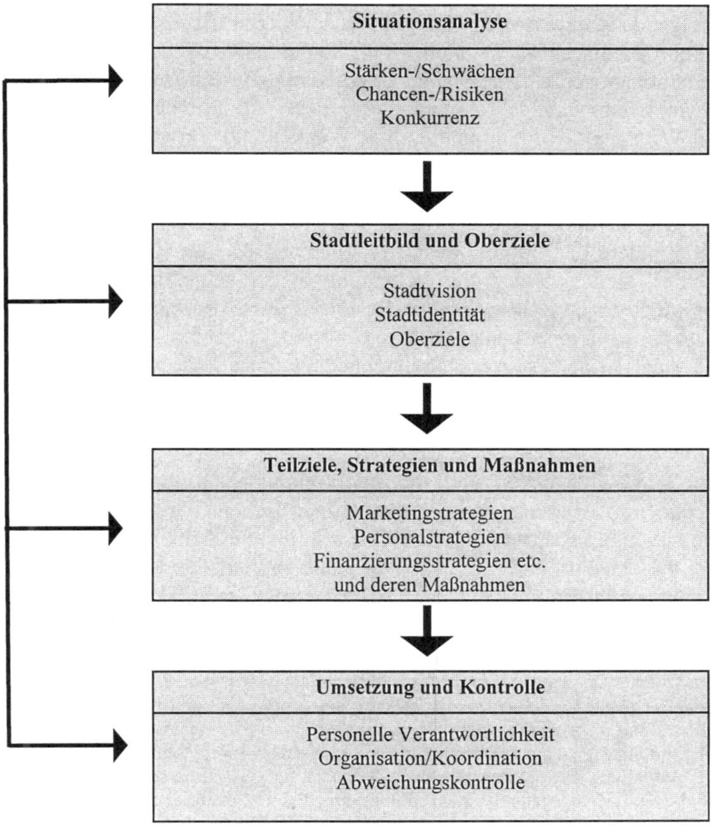

Abb. 4: Prozess-Schema des Stadtmarketing (Quelle: Funke 1994b, S. 18, in Anlehnung an Meffert 1989, S. 275)

griffsdefinition und die damit einhergehende Herangehensweise selbst. Unterschiedliche kommunale Anwendungsvoraussetzungen und Problemstellungen sind ein weiterer Aspekt dafür, dass es derzeit noch nicht gelungen ist, ein einheitliches Vorgehen zu entwickeln. Dennoch lassen sich aus den Erfahrungen der bisherigen Stadtmarketinganwender gewisse Grundstrukturen des Vorgehens ableiten, die im Folgenden dargelegt werden sollen und in Abbildung 4 im Überblick verdeutlicht sind.

4.3.1 Situationsanalyse

Planungsgrundlage für das weitere Vorgehen sollte ein klares Verständnis der städtischen Ausgangslage sein. Die Situationsanalyse erfüllt dieses Erfordernis, den momentanen Entwicklungsstand einer Stadt problemorientiert zu reflektieren. Folgende Komponenten sind zu berücksichtigen (Bruksch 1994, S. 4):

1. Sekundärstatistisches Datenmaterial, Expertengespräche[17] und internes Informationsmaterial ermöglichen eine neutrale **Bestandsaufnahme** des städtischen „Leistungsbildes". Geprägt wird dieses z.B. von den Bereichen Verkehr und Wirtschaft, Bildung und Kultur, Wohnen und Verwaltung. Dabei spielen subjektive Wahrnehmungen und objektive Bedingungen gleichermaßen eine Rolle.
2. Die Wahrnehmung und die deduzierte Meinung der relevanten Zielgruppen, insbesondere der Bürger, Besucher, Meinungsbildner und ansässigen Unternehmer, sind von zentraler Bedeutung in der subjektiven Beurteilung des kommunalen Ist-Zustandes. Die Resultate, durch Befragungen primär ermittelt, können in einer **Imageanalyse**[18] dargestellt werden.
3. Die Analyse der exogenen Rahmenbedingungen sollte wirtschaftliche, wettbewerbsspezifische, soziale und demografische Faktoren ebenso wie den Wertewandel der Bevölkerung implizieren.

Da die Städte gezwungen sind, ihre interkommunale Konkurrenzposition sowie die Kundenorientierung ihres kommunalpolitischen Handelns zu optimieren, sollten sie das Ziel anstreben, besser zu sein als die Konkurrenzstädte. Dies bedeutet, die eigenen Vorteile, zum Teil basierend auf den Schwächen der Wettbewerber, umfassend zu nutzen. Die Analyse von **Stärken und Schwächen**

---

17 „Sie dienen der Informationsgewinnung, der Informationsvermittlung zum Instrument Stadtmarketing, der Gewinnung und Absicherung von Hypothesen und nicht zuletzt der Schaffung und Vertiefung von Kontakten, um Atmosphäre und Bereitschaft zur Mitarbeit aufzubauen" (Hatzfeld/Junker 1994, S. 9).

18 Funke führt hierzu aus, dass eine fundierte Imageanalyse repräsentativ sein sollte, das heißt der Verteilung aller interessierenden Merkmale der Gesamtmasse entspricht und auf persönlichen Befragungen mit einem strukturierten Fragebogen basiert. Die Auswahl der Stichprobe sollte so erfolgen, dass aus dem Ergebnis der Teilerhebung möglichst sicher auf die Verhältnisse der Grundgesamtheit geschlossen werden kann, was bei einer Richtgröße von 700–1.000 Bürgern gewährleistet ist (1994b, S. 21; vgl. auch Riebel 1989, S. 30 ff.).

dient der Identifikation des Handlungsspielraumes einer Stadt und der Generierung von Ansatzpunkten zur späteren Maßnahmenfindung. Die Stärken-/Schwächenanalyse erfolgt unter der Prämisse einer Zielplanung und hat einen Maßnahmenkatalog zum Ergebnis (vgl. Prinz 1995, S. 28). Eine grobe Zielplanung wird deshalb bereits vorausgesetzt, weil die Analyse nicht wahllos alle Eigenschaften der Kommune untersuchen kann, sondern sich an den Elementen einer existierenden Zukunftsvorstellung orientieren muss. Eine Stärken-/Schwächenanalyse wird entweder als einmalige Aufgabe, z.B. als Strategiegrundlage oder als kontinuierliches Verfahren, in der Funktion eines kommunalen Frühwarnsystems, gehandhabt (vgl. Fußhöller/Honert/Kendschek 1995, S. 33).

Durch die Analyse von Trends und Entwicklungen der allgemeinen Umwelt, des regionalen Umfelds und des Städteumfelds (**Chancen- und Risikoanalyse**) lassen sich Prognosen darüber anstellen, ob die durchzuführenden Maßnahmen das gewünschte Ziel erreichen helfen (Chance) und wo ein zufrieden stellender Ist-Zustand durch Veränderungen des Umfeldes zu einem Defizit zu werden droht (Risiko) (vgl. Bertram 1997, S. 17). Die detaillierte Untersuchung solcher Umweltkräfte erleichtert zukunftsgerichtete Entscheidungen im Rahmen der Planung von Strategien und der Auswahl erfolgversprechender Handlungsempfehlungen im Hinblick auf die Zielsetzung einer Stadtattraktivitätserhöhung.

4.3.2 Stadtleitbild und Oberziele

Um aus der Situationsanalyse, die die Ist-Situation eingehend untersucht hat, zielgerichtet Handlungs- und Maßnahmenvorschläge ableiten zu können, schließt der Planungsprozess mit einer Leitbildentwicklung ab. Mit dem Leitbild sollen die **Visionen** einer Stadt definiert und dokumentiert werden. Das Stadtleitbild kann als eindeutige und widerspruchsfreie Soll-Positionierung bezeichnet werden (Bruksch 1994, S. 4) und stellt somit eine Orientierungshilfe für zukünftige Entscheidungen dar. Ein Leitbild ist dann gut, wenn es konkrete, für die Stadt spezifische Ziele – die **Oberziele** – umfasst, die für viele erstrebenswert sind. Es sollte daher für die stadttragenden Zielgruppen sowohl verbindlich als auch transparent sein, Identität schaffen und die vorhandenen Kräfte auf das Wesentliche konzentrieren. Stadtmarketing muss seinen Ausdruck in einer gemeinsamen Identität nach innen und außen finden. Analog zur Corporate Identity auf Unternehmensebene wird auf kommunaler Ebene (vgl. Lalli/Plöger 1991, S. 237 ff.; Funke 1994a, S. 114 ff.) in diesem Zusammenhang von „**Community Identity**" (Gerber 1991, S. 89) oder von einer „**City Identity**" (Duss 1993, S. 207; Töpfer/Mann 1995, S. 16) gesprochen. Damit wird das Selbstverständnis einer Stadt unter der Voraussetzung eines definierten Images, einer festgelegten Philosophie und Zielsetzung in einer einheitlichen Form bezeichnet. Bei Kutschinski-Schuster finden sich acht Kriterien, die die Identität des Lokalen maßgeblich beeinflussen und die einer Stadt als lokaler Einheit identitätsstiftend zugute kommen (1993, S. 130):

1. das soziale Interaktionssystem der Stadt,
2. die ortstypische Kultur und Tradition (z.B. Dialekte, Umgangsformen, Architektur),
3. die Bevölkerungsstruktur (d.h. die Homogenität oder Heterogenität der Stadtbevölkerung in einzelnen Stadtteilen),
4. die Anzahl der Institutionen im Stadtraum,
5. die politisch-administrative Einheit und Autonomie,
6. die Nutzung und Funktion des Stadtraums (ihre Funktionskerne oder auch -konzentrationen, die die Stadt z.B. als Universitäts-, Garten- oder Rentnerstadt charakterisieren),
7. die Wirtschaftsstruktur als ein Sonderfall spezifischer Funktion und
8. die formale, zeichen- oder symbolhafte Ausprägung (neben dem sichtbaren können auch Geräusche, Gerüche und taktile Gefühle eine Rolle spielen).

Corporate bzw. City Identity-Programme sind allerdings nur dann wirkungsvoll, wenn sie sich nicht im Formalen erschöpfen. Entscheidend für den Erfolg der städtischen Identität sind beispielsweise das konkrete Verhalten der Mitglieder der Verwaltung oder das politische Management (vgl. Kahlenborn/Dierkes et al. 1995, S. 109). Wird einem gut gestalteten visuellen Erscheinungsbild und einer professionellen Zielgruppenansprache durch das konkrete Handeln nicht entsprochen, sind Irritationen und negative Assoziationen die Folge.

Für Inhalt und Struktur eines Stadtleitbildes gibt es keine Vorschrift, allerdings einige Grundregeln, die berücksichtigt werden sollten. Grundanforderung ist die nach Individualität: Unverbindlich formulierte Allgemeinplätze werden schnell als aufgesetzte Lösung empfunden. Ebenso wie schön artikulierte Worthülsen sind Leitbilder nutzlos, die den volkswirtschaftlichen oder anderen lokal nicht beeinflussbaren Entwicklungen widersprechen (vgl. Kinzel 1993, S. 176). Das Stadtleitbild muss die drei Elemente „**Tradition** der Stadt“ aber auch die „**aktuelle Situation**“ zusammen mit den „absehbaren **Trends**“ subsumieren (vgl. Meffert 1989, S. 277; Gerber 1991, S. 87). Funke internalisiert diese Anforderungen, indem sie das Stadtleitbild mit einer „realistischen Utopie“ (1994b, S. 29) vergleicht. Nur dann, wenn es zu einer identischen oder ähnlichen Einschätzung der genannten Elemente kommt, ist der Zukunftsentwurf der Stadt konsensfähig. Damit besteht die Chance, dass sich kommunale Mehrheiten mit ihm identifizieren. Insofern sollten alle lokalen Akteure, die in die Entwicklung des Stadtleitbildes involviert sind, die Oberziele nicht nur auf der Basis der Bestandsaufnahme abstrahieren, sondern zudem, obgleich schwerer zu realisieren, aus ihrem gemeinsamen Selbstverständnis über die Formulierung von Visionen der zukünftigen Kommunalentwicklung ableiten. Es ist entscheidend, dass sie sich mit den Fragen „Was wollen wir sein?“, „Was können wir sein?“ konkretisieren. Im Rahmen einer Stadtmarketingkonzeption übernehmen Leitbilder demzufolge mehrere **Funktionen** (Balderjahn 1998, S. 5 f.):

- Effektive Integration und Koordination von Einzelbeiträgen werden in einer arbeitsteiligen Organisation durch Leitbilder ermöglicht, die so Orientierungshilfen bieten.

- Partialinteressen werden zum Wohle des Ganzen überwunden und tragen so zu einer ganzheitlichen Integration bei.
- Leitbilder benennen, strukturieren und gewichten Aufgabenfelder der Stadtentwicklung.
- Sie tragen zur Imagebildung und Wettbewerbspositionierung bei.
- Leitbilder schaffen Identifikation und motivieren damit alle Beteiligten zum Handeln.

Inhaltlich kann sich das Stadtleitbild z.B. aus folgenden Bausteinen zusammensetzen (Hatzfeld/Junker 1994, S. 10): Die Stadt als Lebens- oder Wirtschaftsraum, Dienstleistungszentrum, Einkaufsstandort, Kulturtreffpunkt oder Ort mit besonderer Natur. Nachdem die Ausgangssituation analysiert worden ist, sollte die **Formulierung der Oberziele** unter Einhaltung und Sicherung des Leitbildes als „Festlegung der auszubauenden Potenziale und abzubauenden Schwächen" (Bruksch 1994, S. 5) erfolgen. Insbesondere im Stadtmarketing existiert aufgrund der heterogenen Zielgruppenbedürfnisse eine Vielfalt von Zielen. Eine Möglichkeit, die Ziele in eine übersichtliche Struktur zu bringen, bildet die Unterteilung in Ober- und Teilziele. In einem ganzheitlichen Stadtmarketingkonzept sollte das Oberziel eher abstrakt formuliert sein,[19] wie beispielsweise „Verkehrssituation oder Kultur- und Freizeitwert verbessern", „Stadtverwaltung zum Dienstleistungsunternehmen weiterentwickeln", „ausreichend Wohnraum bereitstellen" (Funke 1994b, S. 31). Für **Stadtverwaltungen** mit expliziter Bürgerorientierung sollten laut Töpfer/Braun die vorrangigen Oberziele die „Erzeugung von Nachfrage nach kommunalen Leistungen", die „Verbesserung der Wettbewerbsposition", die „Erzeugung eines positiven Images in der Öffentlichkeit" sowie die „Herbeiführung von Bürgerzufriedenheit" sein (1989, S. 21).

4.3.3 Teilziele, Strategien und Maßnahmen

Nach der Festlegung der Oberziele werden strategische Stoßrichtungen für die jeweiligen **Teilziele** konkretisiert. Diese könnten beispielsweise für das Oberziel „Verkehrssituation verbessern" lauten: „Innenstadt entlasten", „Verkehrskonzept verabschieden" und „mehr Parkraum schaffen" (Funke 1994b, S. 32).

Die **Strategieentwicklung** beantwortet die Frage, mit welchen Handlungsplänen und Aktionsprogrammen die zuvor ermittelten Ziele erreicht werden sollen. Hierbei ist es wichtig, Prioritäten zu setzen und nicht den Anspruch der Universalität im Sinne von „alles für alle" zu erheben (vgl. Müller 1991, S. 6; Bertram 1997, S. 19). Auf der Basis des Stadtleitbildes und einer getroffenen

19 Als Oberziele für das Berliner Stadtmarketing 1996 wurden zum Beispiel die folgenden definiert: 1. Das Image Berlins verbessern, 2. Den Wirtschaftsstandort Berlin profilieren und attraktiver machen, 3. Berlin als Hauptstadt akzeptabel und respektabel machen, 4. Berlin als europäische Metropole positionieren (vgl. Partner für Berlin Gesellschaft für Hauptstadt-Marketing mbH 1995c, S. 2).

Zielgruppenauswahl kann die Positionierung der Stadt im Wettbewerbsumfeld erfolgen. Mit der Positionierung werden Aspekte und Standortvorteile herausgestellt, die die Stadt gegenüber Konkurrenzstädten klar auszeichnen. Im Fortgang ist eine „unique selling proposition" zu definieren, die als Ansatzpunkt für die interne und externe Kommunikation genutzt werden kann. Sobald die wesentlichen Vorarbeiten geleistet sind, müssen die Stategien in der Realisierungsphase mittels eines **Maßnahmenprogramms** umgesetzt werden. Dieses impliziert im Detail (vgl. Bertram 1997, S. 18 f.):

- Definition und Beschreibung realisierbarer Projekte,
- Zuordnung von Verantwortlichkeiten,
- Verpflichtung der Akteure,
- Strategien der Finanzierung,
- Zeit- und Projektplanung.

Für die Stadtmarketingkonzeption lassen sich die Maßnahmen analog zum Marketing-Mix ableiten. Das Marketinginstrumentarium kann allerdings nicht linear aus dem Bereich des Konsumgütermarketing übernommen werden, sondern muss auf die besonderen Aufgaben und die Verantwortung von Städten abgestimmt werden (siehe Kapitel 4.4).

4.3.4 Umsetzung und Kontrolle

Im Prozess der **Umsetzung** ist es von großer Wichtigkeit, dass die Mitarbeiter der Stadtverwaltungen, wie auch bei anderen kommunalen Institutionen, die verabschiedeten Marketingkonzepte tatsächlich in ihre tägliche Arbeit involvieren. Die Erfahrung zeigt, dass sich Stadtpolitiker, aber auch ihre Mitarbeiter in den einzelnen städtischen Ämtern, einer verwaltungsrechtlichen Tradition verpflichtet fühlen. Insofern reagieren sie auf neue Entwicklungen mit einer gewissen Zurückhaltung oder sogar mit Widerstand. In der Praxis von Stadtmarketinganwendern hat sich erwiesen, dass die größte Bereitschaft, Marketingstrategien aufzugreifen und diese auch umzusetzen, auf der Ebene der Dezernenten besteht. Besonders den Kulturdezernenten, den Dezernenten für die Wirtschaftsförderung oder auch den Schuldezernenten ist eine ausgeprägte Erfolgsorientierung zuzusprechen. Es ist ihnen ein Anliegen, ein möglichst günstiges Kosten-Nutzen-Verhältnis für ihren Verantwortungsbereich zu realisieren und die Zustimmung der Bürger für ihre Aktivitäten zu gewinnen (Meissner 1995, S. 24).

Bei der Umsetzung der Maßnahmen sind vor allem die zeitliche Planung und die rechtzeitige Bereitstellung finanzieller Mittel bedeutsam, wobei diese generell von der Organisationsform des Stadtmarketing abhängen. Liegt eine überwiegend private Finanzierung der umzusetzenden Instrumente vor, ist diese Überlegung zu vernachlässigen. Eine Sonderform stellt das private Sponsoring dar. „Sponsoring ist die Zuwendung von Finanz-, Sach- oder Dienstleistungen von einem Unternehmen an die Stadt gegen Rechte zur kommunikativen Nutzung der Stadt oder ihrer Aktivitäten auf der Basis einer vertraglichen Vereinbarung“ (Funke 1994b, S. 35). Ohne Sponsoring sind heutzutage ein Großteil sportlicher oder kultureller kommunaler Veranstaltungen nicht mehr denkbar.

Effizientes Stadtmarketing erfordert regelmäßige **Planfortschritts- und Zielerreichungskontrollen**, die den Soll-Ist-Vergleich betreffen. Durch diese können eventuelle Abweichungen ermittelt und Plankorrekturen rechtzeitig eingeleitet werden (vgl. Zerweck 1997, S. 50). Während sich beispielsweise im Produktmarketing die Erfolge am Umsatz und Gewinn unmittelbar ablesen lassen, sind Erfolgskontrollen im politischen Bereich schwieriger und auch nicht immer erwünscht. Dennoch ist die Kontrolle ein wesentlicher Bestandteil des Stadtmarketingprozesses. Auch deshalb sind die in 4.3.1 benannten Primärerhebungen sinnvoll.

Das aufgezeigte idealtypische Ablaufschema zur Entwicklung eines Stadtmarketingkonzepts klammert den notwendigen Zeitaufwand zunächst aus. Erfahrungsgemäß ist bei Stadtmarketingprojekten für die Planungsphase eine Bearbeitung in ca. 12–18 Monaten realistisch. Die Dauer der Realisierungsphase ist vorab nicht klar abzuschätzen. Hinzuweisen ist in diesem Zusammenhang auf das Erfordernis einer kontinuierlichen Auseinandersetzung mit den kommunalen Bedingungen nach Implementierung des Stadtmarketing (vgl. Landesgewerbeamt Baden Württemberg 1994, S. 9). Stadtmarketing ist in seiner ganzen Komplexität langfristig angelegt und sollte nicht kurzfristige Zielsetzungen in Form einer Umsetzung ausgewählter Einzelmaßnahmen verfolgen, sondern gerade die Orientierung an langfristig erreichbaren Zielsetzungen fokussieren.

4.4 Marketinginstrumentarium

Nach der Analyse der Entwicklungsphasen folgt die inhaltliche Ausgestaltung durch den **Marketing-Mix**. In den Ausprägungen der Instrumente wird sichtbar und spürbar, was in der Strategie festgelegt wurde. Die vier Instrumente sind die Leistungspolitik, die Kommunikationspolitik, die Distributionspolitik und die Preispolitik (vgl. Fehrlage/ Winterling 1991, S. 254 ff.; Wimmer 1993, S. 55; Hatzfeld/Junker 1994, S. 3; Kuron 1996, S. 62; Zerweck 1997, S. 48):[20] Die qualitative, quantitative und zeitliche Dimension des Marketing-Mix unterliegt möglichen Modifikationen im Zeitablauf. Er variiert z.B. mit dem Produktlebenszyklus.

Was das städtische **Leistungsangebot** betrifft, so ist die Gestaltung am kommunalen Abnehmerkreis, dessen Struktur und Größe sowie dessen Erwartungen,

20 Manschwetus kritisiert den „krampfhaften Versuch, Elemente des unternehmerischen Marketing dem regionalen Bereich aufzupfropfen“ (1995, S. 23) als unreflektierte Übernahme und systematisiert stattdessen die Instrumentarbereiche Standort-, Leistungskern- und Kommunikationspolitik (ebenda, S. 275 ff.). Diese Sichtweise hat sich jedoch nicht durchgesetzt: Jüngste Beiträge in der Debatte halten am traditionellen Mix fest (Palupski 1997, S. 143 ff.; Zerweck 1997, S. 48).

Motiven und Verhaltensweisen auszurichten.[21] Hier bedarf es der Zusammenarbeit zwischen der kommunalen Verwaltung, dem Stadtmarketingbetreiber, der Wirtschaftsförderung und den verschiedenen wirtschaftspolitischen Organisationen und Institutionen (vgl. Gerber 1991, S. 91). Die Leistungspolitik gilt als der Inbegriff aller strategischen, taktischen und operativen Maßnahmen, die auf die Selektion und Einführung neuer Leistungen („**Produktinnovation**"), die bedarfsgerechte Anpassung und Fortentwicklung vorhandener Leistungen („**Produktvariation**") und die Einengung obsoleter Leistungen („**Produktelimination**") abzielen (vgl. Eichhorn/Buchholz 1983, S. 216). Schwächen in diesem Bereich können nicht durch die anderen Instrumente ausgeglichen werden. Raffée/Fritz/Wiedmann stellen fest, dass Verwaltungen aufgrund eines geringen Handlungsspielraumes bzw. kaum vorhandener Anreize wenig Aktivitäten in der Leistungspolitik zeigen (1994, S. 241). Dieser Sichtweise kann – unter Berücksichtigung der Vielfalt interner und externer Handlungsfelder sowie der aktuellen Veränderungstendenzen in Kommunen – nicht gefolgt werden. Genannt seien exemplarisch die Bereiche Kultur, Ver- und Entsorgung, Gesundheitswesen, Grünanlagen-Pflege, Reinigungsdienste und Druckerzeugnisse. Eine der wesentlichen Einflussgrößen auf die Leistungspolitik ist allerdings die Verfügbarkeit monetärer und personeller Ressourcen (vgl. Maier/Troeger-Weiss 1990, S. 10).

Im Rahmen der **Kommunikationspolitik** stehen eine Reihe von Maßnahmen zur Verfügung, denen zur Profilierung und Positionierung der komparativen Vorteile der Stadt größte Bedeutung beizumessen ist: Systematische **Public Relations** (Pressemitteilungen, Beiträge und Veröffentlichungen, Kontaktpflege zu Medienvertretern u.a.), diverse Varianten der **Werbung** in den Massenmedien, Direktwerbung oder **Promotions** (Vortragsveranstaltungen, Seminare, Standort- und Technologieforen, Messen, „Events" wie Stadtfeste oder -jubiläen etc.) stellen dabei nur einige Alternativen dar, wobei jede für sich wiederum eine Vielzahl von Anwendungen aufweist (vgl. Meffert 1989, S. 278; Zepf 1993, S. 106). Dadurch können die avisierten Zielgruppen über laufende und bevorstehende Entscheidungsprozesse informiert und nach Möglichkeit auch einbezogen werden. Für Kommunen nehmen **Sponsoringaktivitäten** an Bedeutung zu: Dabei handelt es sich um finanzielle oder sachbezogene Zuwendungen an ausgewählte Veranstaltungen oder Institutionen zum Zweck der Erhöhung des Bekanntheitsgrades (vgl. Töpfer/Mann 1995, S. 25). Der verwaltungsinternen Kommunikation ist besondere Aufmerksamkeit zu widmen. Die weitere Aufgabe der Kommunikationspolitik liegt darin, durch die Informationsverbreitung ein positives Image der Stadt zu formen (vgl. Wagner 1984, S. 228).

Mit der **Distributionspolitik** wird festgelegt, auf welche Weise das Angebot des Leistungserstellers zum Leistungsempfänger gelangen soll. Sie umfasst den

21 Kommunale Marktforschung kann dazu beitragen, die notwendige Transparenz kommunaler Entscheidungsgrundlagen zu optimieren. Durch eine Analyse von Marktstruktur, Bedürfnissen, Präferenzen und Wahrnehmungen lassen sich lokale und zeitliche Prioritäten definieren sowie Abgrenzungen der realen und potenziellen Marktteilnehmer nach bestimmten Kriterien vornehmen.

Standort des Anbieters,[22] die Gestaltung des **Vertriebsweges**, den Einsatz von **Verkaufstechniken**, Entscheidungen über Betriebs- und Lieferbereitschaft. In öffentlichen Verwaltungen soll mit der Distributionspolitik die Bürgernähe realisiert werden (vgl. Töpfer/Müller 1988, S. 744). Die Frage nach der Distribution von kommunalen Dienstleistungen muss zwei verschiedene Fälle berücksichtigen: Die direkte Leistungsabgabe an den Bürger (z.B. Inanspruchnahme von Sozialleistungen, Ausstellung eines Personalausweises) und die indirekte Leistungsabgabe, die über vorhandene Kommunikationssysteme erfolgen kann (z.B. amtliche Bekanntmachungen in den Medien oder Postwurfsendungen) (vgl. Eichhorn/Buchholz 1983, S. 218). Da die erstgenannte Variante bei kommunalen Leistungen dominiert, ist der Qualität, Motivation und Kundenorientierung des Personals größte Bedeutung beizumessen (vgl. Raffée/Fritz/Wiedmann 1994, S. 234).

Wird der Einsatz von Marketing im externen Produkt-, Promotions-, Platzierungs- und Preiswettbewerb beabsichtigt, muss das Leistungs- und Aufgabenvolumen in geldwerten Marktsurrogaten[23] gemessen werden können (vgl. Banner 1993a, S. 187). Bei der **kommunalen Preispolitik** handelt es sich insofern um die bewusste zielgerechte Gestaltung der Entgelte sowie der Zahlungs- und Lieferungsbedingungen für öffentliche Leistungen, deren Nachfrage beeinflusst werden soll. Ziele können eine Erhöhung bzw. Verminderung nachgefragter Leistungsmengen oder eine zeitliche und kundenspezifische Lenkung der Nachfrage sein (vgl. Grätz 1983, S. 75). Unter dieses Instrument fallen **Steuern**, **Gebühren**[24] und **Beiträge** (zur Deckung der Investitionsaufwendungen öffentlicher Einrichtungen z.B. im Straßenbau, Ver- und Entsorgung), **Tarife** und **sonstige Abgaben**. Die Steuerungsmöglichkeiten von Gebühren werden insbesondere durch das Haushalts- und Abgaberecht eingeschränkt: Kostendeckungsprinzip (Gebühren sind nicht frei gestaltbar), Äquivalenzprinzip (sieht ein angemessenes Verhältnis zwischen Gebühr und dem Wert der Leistung vor) und der Gleichbehandlungsgrundsatz (lässt eine Preisdifferenzierung für verschiedene Nachfragergruppen nur mit Einschränkung zu) erschweren Anreiz- und Sanktionsfunktionen, obgleich sie grundsätzlich möglich sind. Spielräume sind ebenso bei der Gewährung von Krediten, Zuschüssen oder Zulagen bei den unterschiedlichsten Investitionsvorhaben vorhanden (Palupski 1997, S. 172). Demgegenüber entzieht sich beispielsweise das Preisniveau des Wirtschaftsraumes, das sich in Mieten, Grundstückspreisen und dem Preisniveau des Einzelhandels widerspiegelt, einer

22 Da zumeist die Bürger zur Verwaltung kommen müssen, sind u.a. folgende intrakommunale Merkmale bei der Wahl des Standortes von Bedeutung: Entfernung zur Wohnung des Bürgers, Nahverkehrsanbindung, Verkehrsmittel und Parkmöglichkeiten (Palupski 1997, S. 155).

23 Z.B. Vergleiche mit privaten Preisen, Betriebsvergleiche zwischen Verwaltungen.

24 Können Benutzungsgebühren zur Deckung der durch die kommunale Leistungsbereitschaft entstehenden Kosten im betriebswirtschaftlichen Sinne sein oder Verwaltungsgebühren zur Deckung der Ausgaben, die sich aus Verwaltungsleistungen, wie z.B. der Ausstellung eines Reisepasses, ergeben (Palupski 1997, S. 172).

Gestaltung, obwohl es sich dabei um imagebildende Faktoren handelt (vgl. Gerber 1991, S. 92).

Es ist deutlich geworden, dass die Realisierung strategischer kommunaler Ziele einer dezidierten Abstimmung des vielfältigen Maßnahmenspektrums bedarf. Aus dem dargestellten umfangreichen Marketinginstrumentarium ergibt sich für das Stadtmarketing als Konsequenz, dass ihr eine „holistische Strategie" (Damkowski/Precht 1995, S. 187) zugrundeliegen sollte.

4.5 Organisationsformen des Stadtmarketing

Da Stadtmarketing ein prozessuales Instrument ist, das, wie aufgezeigt wurde, kein definiertes Ende hat, ist eine adäquate Implementierung des Vorhabens zwingend erforderlich. Demzufolge muss ein rechtlicher und organisatorischer Rahmen gefunden werden, innerhalb dessen die Kommune und private Akteure zusammenarbeiten können (vgl. Wölfel 1995, S. 4). Ebenso wie die zu bearbeitenden Inhalte sollte auch die rechtliche Organisation des Stadtmarketing nach den Bedürfnissen des Einzelfalls gestaltet werden, um so den Anforderungen der kommunalen Zielgruppen optimal gerecht zu werden. Zu den wichtigsten Parametern, die eine **rechtliche Institutionalisierung** aufweisen sollte, zählen (Hatzfeld/Junker 1994, S. 11):

- Gewährleistung genügender Flexibilität hinsichtlich der zu realisierenden Aufgaben und der erforderlichen Arbeitsweisen,
- problemlose und schnelle Abstimmung zwischen den Beteiligten,
- eindeutige Regelungen hinsichtlich der Verantwortlichkeiten und
- bei investiv ausgerichteten Vorhaben: klare Haftungsregelungen.

Die Untersuchung bisheriger Stadtmarketingprojekte zeigt, dass es zu diesem Aspekt keine universelle, auf alle Städte übertragbare Patentlösung gibt. Der Prozesscharakter des Stadtmarketing führt häufig sogar dazu, dass die Organisationsstrukturen während des Projektverlaufes verändert werden.[25] Trägerschaft und Organisationsstruktur werden demnach vorrangig von drei Faktoren bestimmt: der jeweiligen **Zielstellung**, dem **personellen Engagement** vor Ort und der **Projektphase**, in der sich das Stadtmarketing befindet (vgl. Bauer 1996, S. 56).

25 So wurde beispielsweise in **Hamm** und **Siegen** erst im späteren Verlauf der Stadtmarketinganwendung die Organisationsform des eingetragenen Vereins gewählt, nachdem zuvor die Stadtverwaltung federführend tätig war (vgl. Beyer 1995, S. 49). In anderen Städten, z.B. in Frankenthal, hat man während des Stadtmarketingprozesses neue Organisationsformen gegründet ohne andere dabei aufzugeben, das heißt zur Stadtverwaltung kam der externe Berater und schließlich eine Reihe von Arbeitskreisen hinzu (vgl. Funke/Popitz 1993, S. 188 ff.). Unter diesem Verfahren ist ein kooperatives Trägerschaftsmodell zu verstehen (vgl. Beyer 1995, S. 9).

Derzeit lassen sich vier in der Praxis favorisierte **Organisationsformen** identifizieren, die sich hinsichtlich ihrer Regelungsintensität und ihrer formalen Bindungswirkung stark unterscheiden (vgl. Dieckmann 1993, S. 27; Fußhöller/Honert/Kendschek 1995, S. 43):

1. Verankerung der Trägerschaft bei der Stadtverwaltung;
2. Arbeitsgemeinschaft/Arbeitskreis;
3. eingetragener Verein (e. V.);
4. Gesellschaft mit beschränkter Haftung (GmbH).

Neben diesen Grundformen sind allerdings auch „Kombinationsmodelle" (Beyer 1995, S. 10) denkbar, die sich entweder als die schon erwähnten kooperativen Trägerschaftsmodelle oder als komplexere Konstruktionen, die verschiedene Beteiligungsformen untereinander einschließen, ausgestalten lassen. Im Folgenden soll kurz auf die Gründe sowie die Vor- und Nachteile der jeweiligen Organisationsform eingegangen werden:

Zu 1.: Stadtverwaltung

Eine der meistgewählten Varianten ist die Verankerung von Stadtmarketing bei der Stadtverwaltung. Dort liegt die Zuständigkeit im Regelfall beim Amt für Wirtschaftsförderung, gelegentlich auch beim Amt für Stadtentwicklung oder dem Amt für Presse- und Öffentlichkeitsarbeit. Optimalerweise hat der Bürgermeister, der als oberster kommunaler Verwaltungsbeamter per se dazu prädestiniert ist, die konzeptionellen Überlegungen maßgeblich anzustoßen, das Stadtmarketing zur „Chefsache" erklärt (vgl. Haedke/Arbter 1993, S. 235).

Vor allem in der Startphase entscheiden sich viele Kommunen aus Praktikabilitätsgründen für diese Lösung, denn sie bietet die Nutzungsmöglichkeit intakter und vertrauter Strukturen (vgl. Kuron 1997, S. 10). Die vorhandene Infrastruktur und das fachliche Know-how stellen den ersten **Vorteil** dieses Vorgehens dar. Eine Stadtverwaltung verfügt über potenziell gute Lenkungs-, Koordinierungs- und Umsetzungsmöglichkeiten, die neben der direkten Kontrolle über das Stadtmarketingprojekt die unmittelbare politische Einbindung gewährleisten. Diese kann auch dazu beitragen, dass Entscheidungen innerhalb des Hauses beschleunigt werden. Erfolgt die Finanzierung aus dem kommunalen Haushalt, ist sie so zumindest während des Haushaltsjahres bzw. der Dauer von evtentuell involvierten Förderprogrammen gesichert und damit unabhängig von unberechenbaren Zuwendungen Dritter oder Sponsoren (vgl. Beyer 1995, S. 12). Die Auslagerung zukunfts- und imageträchtiger Aufgabenfelder auf externe Organisationen könnte die ohnehin schon in Verruf gekommene Verwaltung in den Augen der Bürger auf einen Apparat reduzieren, der sich lediglich um unattraktive, unpopuläre Restaufgaben und Sparmaßnahmen zu kümmern hat.

Den geschilderten Vorzügen steht **nachteilig** ein gewisses Misstrauen der Wirtschaftstreibenden gegenüber, die befürchten, dass die Neutralität des Stadtmarketing verloren geht. Hinzu kommt, dass Verwaltungsstrukturen oft nicht ausreichend marktorientiert und flexibel sind. Die finanzielle Abhängigkeit vom öffentlichen Haushalt tritt angesichts der knapper werdenden, zum Teil Haushaltssperren unterliegenden, Mittel immer dann dramatisch zu Tage, wenn Gelder in der Realisierungsphase nicht mehr zur Verfügung stehen. Verschärfend tritt hinzu, dass die Akzeptanz der Stadtverwaltung bei den lokalen Akteuren nicht immer hoch ist und dass von Betrachtern außerhalb des Verwaltungsapparates eine Identifizierung des Stadtmarketing mit der Kommunalverwaltung vorgenommen wird (ebenda, S. 13).

Zu 2.: Arbeitsgemeinschaft/Arbeitskreis

Hierbei handelt es sich um eine sehr unverbindliche Form der Stadtmarketingorganisation. **Vorteilhaft** gestaltet sich, dass die Beteiligung aller gesellschaftlichen Gruppen an einem solchen Kreis ohne Formalitäten möglich und die Hemmschwelle der Beteiligung dementsprechend niedrig ist. Ein solcher Kreis kann flexibel auf sich ändernde Anforderungen und Problemstellungen reagieren, und da keinerlei juristische Zwänge oder Regeln vorgegeben sind, verfügt eine Arbeitsgemeinschaft über große selbstbestimmte Freiräume bezüglich Handeln und Organisation (vgl. Hatzfeld/Junker 1994, S. 14). Ein weiterer Vorteil besteht darin, dass die Arbeitsgemeinschaft ohne große Finanzmittel und Zahlungsverpflichtungen arbeitsfähig ist. Sie wird, da ihre Mitglieder ehrenamtlich arbeiten und kein sonstiges Personal unterhalten werden muss, als ein Weg zur Kostenminimierung für ein preisgünstiges Stadtmarketing angesehen (vgl. Kuron 1997, S. 10).

Die **Nachteile** dieser lockeren Gemeinschaft liegen auf der Hand: Niemand ist zu längerem finanziellen Engagement verpflichtet, und so bleibt die Finanzierung oftmals unverbindlich. Das praktizierte Konsensprinzip birgt die latente Gefahr einer zu geringen Dynamik des Stadtmarketingprozesses, die in endlosen Debatten auf der Suche nach einem Konsens praktische Umsetzungserfolge zu einem Mangel werden lässt.

Zu 3.: eingetragener Verein (e.V.)

Die Rechtsform des Vereins hat viele **Vorteile**: Sie genießt einen hohen Bekanntheitsgrad, Mitgliedschaften können unbürokratisch erworben werden. Seine Rechtsgrundlage ist die schriftliche Vereinssatzung, die Zweck, Entscheidungsfindung und Finanzen regelt. Die Grundfinanzierung wird durch Zahlungen von Beiträgen der Mitglieder gewährleistet, die wiederum von fiskalischen Vorteilen, im Falle eines gemeinnützigen Vereins, profitieren (vgl. Hatzfeld/Junker 1994, S. 14). Aufgrund dieser Voraussetzungen können viele Ansprechpartner erreicht und einbezogen werden. Der Verein bietet ein hohes Maß an Unabhängigkeit von Kommunalpolitik und Verwaltung, kann somit flexibler gehandhabt werden und ist nicht mit hohem Kostenaufwand verbunden (vgl. Fußhöller/Honert/Kendschek 1995, S. 43).

Als **nachteilig** erweist sich – bei einem gemeinnützigen Verein – das Verbot der Gewinnorientierung, wonach er ein ungeeignetes Instrument ist, wenn langfristig die Übernahme städtischer Aufgabenfelder erfolgen soll. Handelt es sich dagegen um einen gewerblichen Verein, besteht die Problematik der nicht vorhandenen Haftungsbegrenzung. Potenziell kann ein Verein sehr instabil sein: Ein Vereinsvorstand kann jederzeit, auch durch gezielte Steuerung einzelner Mitglieder, abgelöst werden. Der hohe organisatorische Aufwand, der von Formalien wie Vorstandswahlen, Mitgliederversammlungen und Mitgliederwerbung gekennzeichnet ist, wird zuweilen als belastend empfunden (vgl. Beyer 1995, S. 18).

Zu 4.: Gesellschaft mit beschränkter Haftung (GmbH)
Für die Gründung ist der Eintrag in das Handelsregister notwendig, wobei ein Gründungskapital in Höhe von mindestens 50.000 DM vorhanden sein muss. Diese Größe richtet sich nach den Gesellschaftern, die auch die Geschäftsführung ernennen.[26] Die Aspekte der Effizienz und Wirtschaftlichkeit überwiegen bei dieser professionellen und managementorientierten Organisationsform, die ihren Ursprung in der Privatwirtschaft hat. Kostenbewusstsein, kaufmännisches Handeln, Ertragsbewusstsein und Gewinnstreben sind die herausragenden Merkmale der GmbH. Als eigenständig handelndes Unternehmen besitzt sie schnelle Entscheidungsmöglichkeiten und größere Handlungsspielräume. Hervorzuheben ist die klare Haftungsbegrenzung (vgl. Haag 1993, S. 359 ff.; Friedemann 1996, S. 49).

Aufgrund ihrer stabilen und relativ geschlossenen Konstruktion hat die GmbH den **Nachteil**, dass für Einzelpersonen und kleine Institutionen schlechtere Aufnahmemöglichkeiten bestehen. Im Rahmen einer GmbH sind sie daher ebenso wie die allgemeine Öffentlichkeit häufiger von der aktiven Mitwirkung am Stadtmarketing ausgeschlossen. Zu beachten ist auch, dass diese Form der Professionalität ihren Preis hat. So muss ein Geschäftsführer und ein personeller Stab sowie Geschäftsräume unterhalten werden.[27]

Abschließend bleibt festzuhalten: Alle genannten Varianten finden ihre Anwendung in den Kommunen, wobei auch Kombinationen denkbar und erfolgreich sind. Je nachdem, welcher Akteur den Anstoß zu einem Stadtmarketingprojekt gibt, liegt die Verankerung am Anfang des Planungsprozesses in den meisten Fällen zunächst in der Stadtverwaltung, einem informellen Arbeitskreis (in dem die Stadtverwaltung häufig auch vertreten ist) oder in den Händen eines **externen Beraters**.[28] Spätestens mit Beginn der Umsetzung stellt sich die Frage nach der geeigneten Institutionalisierung.

---

26 Die Bundeshauptstadt **Berlin** hat beispielsweise folgenden Stadtmarketing-Etat: Das Stammkapital der im Mai 1994 gegründeten GmbH beläuft sich auf 600.000 DM (Partner für Berlin Gesellschaft für Hauptstadt-Marketing mbH 1994b, S. 4). Darüber hinaus wurden weitere Gesellschafter mit einem jährlichen Budget von 300.000 DM für einen Zeitraum von mindestens 5 Jahren gewonnen (Der Regierende Bürgermeister von Berlin 1994, S. 4). Hinzu kommen 12 Millionen DM an Projektmitteln, die nach dem Prinzip der Auftragsvergabe vom Berliner Senat für den Zweck der Berlin-Werbung zur Verfügung gestellt werden, so dass sich ein Gesamtetat von knapp 20 Mio. DM ergibt (Uphoff 1995, S. 12).

27 In **Berlin** beläuft sich allein das Jahresgehalt des Geschäftsführers auf rund 350.000 DM (o.V. 1995b, S. 38), hinzu kommen 13 weitere Mitarbeiter (Partner für Berlin Gesellschaft für Hauptstadt-Marketing mbH 1994a, S. 9).

28 Die Einbindung eines externen Beraters mit seiner betreuenden, moderierenden und strategischen Qualität ist von übergeordneter Relevanz (vgl. Abel/Hatzfeld 1991, S. 759; o.V.

4.6 Durchführungsprobleme und konzeptionelle Defizite

Die Gründe für die Einrichtung von Stadtmarketing konnten in ihrer Vielschichtigkeit in den vorangegangenen Kapiteln aufgezeigt werden und die bisherigen Erfahrungen, speziell im internationalen Vergleich, ermutigen zur Anwendung von Marketing in bundesdeutschen Kommunen. Die Reflexion der geschilderten Aktivitäten und aktuellen Umfragen verdeutlicht sowohl die verwaltungsinternen als auch intrakommunalen Defizite und Probleme, die sich aus der Durchführung des Stadtmarketing ergeben. Für die Überwindung dieser Mängel möchte die Arbeit Lösungsansätze bieten.

Als das zentrale Problem kann **unzureichendes Marketingverständnis** angesehen werden, das bei Verwaltungsführung und Mitarbeitern sowie bei den wichtigen Interessengruppen in der kommunalen Umwelt zu fehlender oder geringer Akzeptanz des Stadtmarketing führt (vgl. Meffert 1989, S. 279). Stadtmarketingmodelle begegnen oftmals nachhaltigen Vorbehalten in Bezug auf die Finanzierungs- und Umsetzungsfähigkeit. Ebenso häufig resultiert eine ablehnende Haltung aus der Angst des Verlustes von Macht und Einfluss, da die Beeinflussung bestimmter Ergebnisse in einem Stadtmarketingmodell schwieriger ist als bislang möglich. Von Politik und Verwaltung wird zudem gern behauptet, es würden lediglich Ansprüche an die Stadt formuliert und aufsummiert, wobei nach kürzester Zeit überhaupt nichts mehr umsetzbar sei (Honert 1991, S. 397). Für fast jede dritte Stadt der vom Deutschen Institut für Urbanistik befragten 323 deutschen Städte erweist sich eine **fehlende Zielorientierung** als problematisch. Wurden die Ziele zu allgemein formuliert, haben sie nicht den Orientierungscharakter, den sich die Beteiligten erhofft haben (Grabow/Hollbach-Grömig 1998, S. 139 f.). Eine wichtige Voraussetzung für eine stärkeres Marketingbewusstsein in Kommunalverwaltungen ist die Existenz wettbewerbsorientierter Leistungsan-

1994a, S. 18): Insbesondere für Marketingkonzeption, Koordination und Durchführung der notwendigen empirischen Erhebungen in der Situationsanalyse wird üblicherweise auf diese „neutrale Instanz" zurückgegriffen. Als vorteilhaft erweist sich dabei, dass in kritischen Punkten eine externe Legitimierung herbeigeführt wird, der weniger Widerspruchspotenzial entgegensteht (im Sinne von „der Prophet im eigenen Land gilt nichts"). Die Erfahrungen haben gezeigt, dass der Grad der Einbindung variiert (auch in Abhängigkeit vom vorhandenen Budget und den Finanzierungsmöglichkeiten). Das Spektrum reicht von der kompletten Beauftragung einer für diesen Bereich profilierten Beratungsfirma (z.B. CIMA-Stadtmarketing GmbH) im Fall der bayerischen Modellstädte (vgl. Landesgewerbeamt Baden-Württemberg 1994, S. 10) bis hin zur singulären Integration separater Module, wie beispielsweise in Frankenthal (vgl. Funke 1994b, S. 16). Die Offensive sechs internationaler Beratungsunternehmen, die ihre Moderation bei den anstehenden Reformen zur deutschen Standortpolitik anbieten, um die Furcht der Beteiligten vor Verlust vorhandener Besitzstände zu mildern und notwendige Entscheidungen herbeizuführen, zeigt die Aktualität dieser Funktion (o.V. 1997o, S. 16). Für die Unternehmensberatungen im Allgemeinen ergeben sich aufgrund ineffizienter Verwaltungsstrukturen zunehmend Aufträge aus dem öffentlichen Sektor. Einen Schwerpunkt im Angebot für Kommunen bilden Beratungsleistungen für Stadt- und Standortmarketing (vgl. Gouthier 1995, S. 5).

reize, die Erfolge im Wettbewerbsprozess mit Belohnungen und Misserfolge mit Bestrafungen oder Sanktionen verbinden (vgl. Homann 1995, S. 123).

Weitere **hemmende Rahmenbedingungen** sind ungenügende finanzielle Mittel, ein zu enger bzw. zu geringer Zeitrahmen und unklare Kompetenzverteilungen. In der Praxis taucht das Problem einer zeitlich engen Vorgabe vor allem dann auf, wenn externe Mittel (wie z.B. Fördergelder) nur für einen limitierten Zeitraum verfügbar sind und die Anschlussfinanzierung nicht gewährleistet ist. In jeder vierten deutschen Kommune ist die Problematik einer vagen Kompetenzverteilung im Stadtmarketingprozess virulent (Grabow/Hollbach-Grömig 1998, S. 144). Nicht selten handelt es sich dabei um Konkurrenzen zwischen städtischen Presseämtern, Zuständigen für den Fremdenverkehr, Wirtschaftsförderung und Stadtmarketinginstitutionen. Aber auch verwaltungsinterne Auseinandersetzungen zwischen Verwaltungsspitze und politischen Entscheidungsträgern sind typische Problemfelder.

Probleme im Zusammenhang mit der praktischen Anwendung von Marketing in der Kommunalverwaltung ergeben sich aus den erforderlichen **personellen und organisatorischen Voraussetzungen**. Bei ersteren ist die Ausschöpfung der weitgehend brachliegenden Motivation und Leistungsbereitschaft ein wichtiger Erfolgsfaktor. Daher ist vorrangig ein ausreichendes Marketingbewusstsein bei Verwaltungsführung und Mitarbeitern zu entwickeln, welches primär durch die Vermittlung von notwendigem Marketingwissen geschaffen wird. Des Weiteren ist die Aufbau- und Ablauforganisation an die Erfordernisse des Marketing anzupassen (Homann 1995, S. 125). Die größten Schwierigkeiten der Umsetzung des Marketing-Denkens in öffentlichen Verwaltungen resultieren jedoch nicht aus mangelndem Know-how der Mitarbeiter, sondern aus den organisatorischen, haushalts- bzw. verwaltungsrechtlichen und politischen – den verwaltungsimmanenten – Faktizitäten. Eine Stadtverwaltung entspricht im Allgemeinen nicht den funktionalen Erfordernissen (vgl. Manschwetus 1995, S. 67). Stattdessen bildet sie das Ergebnis einer historischen Entwicklung. Kompetenzüberschneidungen, ineffektive Kontrollspannen und das Prinzip der Zentralisation sind u.a. konstitutionelle Elemente, die die konsequente Ausrichtung aller Aktivitäten der Verwaltung auf die Kunden ihrer Leistungen behindern (vgl. Hammann 1986, S. 164).

Neben diesen grundsätzlichen Schwierigkeiten zeigt die nachfolgende Tabelle 2 die konkreten in der jeweiligen Entwicklungsphase des Stadtmarketing (siehe Kapitel 4.3) auftretenden Mängel auf.

Vielfach wird Stadtmarketing nur **fragmentarisch** betrieben: Die isolierte Weiterentwicklung von Werbemaßnahmen für die Stadt oder die Einrichtung einer entsprechenden Dienststelle in der Verwaltung stellen häufig die wesentlichen Aktionspunkte im Stadtmarketing dar. Kleinteilige Anpassungen und Rationalisierungsschritte im Zuge der Fortschreibung bestehender Strukturen und Verfahren führen lediglich zu Variationen tradierter Muster. Bisweilen werden z.B. auch touristische Veranstaltungen als Ergebnis des innovativen Stadtmarketing angepriesen, obwohl sie schon zuvor erfolgreich etabliert waren.

Tabelle 2: Probleme im Prozessverlauf des Stadtmarketing (Quelle: vgl. Fußhöller/Honert/Kendschek 1995, S. 20; Grabow/Hollbach-Grömig 1998, S. 156 ff.)

Phase	Probleme
Planungsphase	
Initiierung	• falsche oder überzogene Erwartungen
	• ungenügende und ungenaue Informationen
Aktivierung der Partner	• Missverständnisse über Anliegen
	• wichtige kommunale Akteure nicht beteiligt
Gründung eines Initiativ-Arbeitskreises	• mangelnde professionelle Gestaltung und Moderation des Prozesses
	• zu frühzeitige Information der Presse erhöht Erfolgsdruck
Konkretisierungsphase	
Situationsanalyse	• Analysebedarf nicht genau definiert
	• „geheimer Stadtplan" nicht erkannt
Stadtleitbild	• Nutzen des Leitbildes nicht vermittelt
	• nicht visionär genug
Ableitung von Oberzielen	• zu schnelles Vergessen und zu wenig Beachtung des Prozesses durch politische Vertreter
	• nicht genügend Interessengruppen beteiligt
	• zu geringer Problemdruck
Strategie: integriertes Stadtmarketingkonzept	• der alles übergreifende integrierte Ansatz für Stadtmarketing ist zu komplex
Realisierungsphase	
Maßnahmen	• ungenügende Bekanntheit in der Öffentlichkeit
	• Maßnahmen nicht genügend am Leitbild/den Oberzielen orientiert
	• immer neue Maßnahmen werden erfunden
Umsetzung	• mehrere Organisationen betreiben Stadtmarketing
	• Initiativkreis lenkt und koordiniert nicht
	• Teamarbeit nicht richtig organisiert
	• geringe Dialogfähigkeit der Akteure
	• nachlassendes Interesse
	• Maßnahmen werden nicht umgesetzt
	• Projekt war nicht von Beginn an „Chefsache"
Erfolgskontrolle	• Erfolge lassen sich nicht einzelnen Maßnahmen, sondern nur ganzen Maßnahmenbündeln zuordnen

Ein wesentliches konzeptionelles Defizit ist in der gegenwärtigen bundesdeutschen Stadtmarketingpraxis, dass die aus der Forderung nach mehr Bürgerorientierung resultierende notwendige Verwaltungsmodernisierung nicht als ein wesentliches Element des Stadtmarketing vollzogen wird. Das, was die Kommunale Gemeinschaftsstelle unter der Bezeichnung „Neues Steuerungsmodell" entwickelt hat (vgl. Kommunale Gemeinschaftsstelle 1993; Jann 1998b, S. 70 ff.) und in den meisten Kommunen als Orientierungsrahmen dient, wird bisher nur ausnahmsweise als **integriertes Reformkonzept** aufgenommen und umgesetzt. Zwar besteht wachsendes Interesse vieler Kommunalverwaltungen, die Organisationsstrukturen und die damit verbundenen Prozesse der Leistungserstellung und Problembehandlung grundlegend zu verändern – die Chance, dies in einen ganzheitlichen Stadtmarketingprozess zu integrieren, wird aber nicht ergriffen. So ist einerseits von einem neuen Steuerungsmodell die Rede, das als Leitbild das „Dienstleistungsunternehmen Kommunalverwaltung" postuliert (Kommunale Gemeinschaftsstelle 1993, S. 13), jedoch ohne den darin implizierten Marketinggedanken zu berücksichtigen. Andererseits wird ein Stadtmarketing in den Städten implementiert, das singuläre Schwerpunkte im Tourismus und in der Durchführung von Festivitäten und „Events" setzt.

Hinzu kommt, dass die kommunalen Verantwortlichen, die sich mit der Modernisierung der Verwaltungsorganisation befassen, zumeist nicht mit den Protagonisten des Stadtmarketing zusammenarbeiten. Zu häufig sind dies zwei getrennte, unkoordinierte Handlungsstränge, die sich nicht selten vor dem Hintergrund politischer Auseinandersetzungen abspielen. Die Folge ist, dass die ziel- und ergebnisorientierte Steuerung eines modernisierten Verwaltungshandelns nicht da beginnt, wo sie eigentlich ansetzen sollte, nämlich beim Entwurf zukunftsgerichteter strategischer Planungen und Zielvorgaben. Sie ist dann in der Gefahr, auf einen verwaltungsinternen Vorgang reduziert zu werden, der sich oft genug auf Ersatzziele wie den Aufbau einer perfekten Kosten- und Leistungsrechnung konzentriert. Unter den Gesichtspunkten von Effektivität und Effizienz und angesichts der geforderten ganzheitlichen Betrachtungsweise der Stadt sind optimierte Konzepte zu realisieren.

Die Tendenz zu einer „**introvertierten Modernisierung**" (Klages 1997, S. 137) lässt sich auch an der Schnittstelle Verwaltung – Bürger festmachen. Die angestrebte Fokussierung auf die Bedürfnisse der Bürger kann auf dem genannten Weg kaum erreicht werden. Vielmehr tritt die Kosten- und Leistungsrechnung als operative Instanz in den Vordergrund und legt fest, was vordringlich und wichtig scheint. Nur regelmäßig durchgeführte Bürgerbefragungen belegen die Bereitschaft der Kommune, eine aktive Bürgerorientierung zu betreiben (vgl. ebenda, S. 138).

Die bescheidenen Ergebnisse zunächst großer Reformvorhaben sind, abgesehen vom meist fehlenden Durchsetzungspotenzial, auch darauf zurückzuführen, dass bei den gegebenen Strukturen in der öffentlichen Verwaltung, vor allem in politischer Nähe, grundlegender Veränderungswille – aus welcher Richtung auch immer – nicht willkommen ist (Ball 1997, S. 65). Konstruktive Experimentierfreudigkeit aber wäre mancherorts notwendig, um bürokratische Lethargien zu überwinden und überfällige Innovationen in Gang zu setzen.

5. Strukturen und Charakteristika kommunaler Verwaltungen

Die Konsequenzen politischen Handelns sind in den Städten und Gemeinden, also im ursprünglichen Sinne des Wortes „vor Ort", am deutlichsten spürbar. Für den von einer Verwaltungsmaßnahme betroffenen Bürger ist es nicht relevant, ob die Stadt nur als untere Verwaltungs- und Vollzugsbehörde tätig geworden ist, also nur ausführendes Organ übergeordneter staatlicher Stellen ist. Der Bürger fragt nicht nach der Verantwortung von Land und Bund, er verlangt vielmehr konkrete Antworten von seiner Gemeinde, seiner Stadt (Thomas 1994, S. 343).

Die kommunale Ebene ist insofern *der* zentrale Ort öffentlicher Dienstleistungen für die Bürger. Gesetze, die sich an die Bürger wenden, sind in der Regel in der Stadt zu vollziehen. Im Rathaus der Stadt trifft der Bürger den Staat, das heißt die Städte repräsentieren die untere Verwaltungsebene des Staates (Ganseforth/Jüttner 1990, S. 557). Dennoch wird trotz aller Bürokratie, Hoheitlichkeit, aller Gesetzesbindung und Behördenhierarchie evident, dass die kommunale Aufgabenstellung nicht mehr länger mit Daseinsvorsorge, Infrastrukturpolitik, Wirtschaftsförderung, Sozial- und Kulturpolitik sowie Gewährleistung von Ordnung und Sicherheit allein umschrieben werden kann (Schneider 1993, S. 7).

Eine Stadtverwaltung und eine Rathauspolitik, die vor dem Hintergrund des staatlichen Machtmonopols auftritt, muss sich gefallen lassen, fundamental kritisiert und mit Gegenentwürfen konfrontiert zu werden. Da die vorliegende Arbeit einen Beitrag dazu leisten möchte, dient das folgende Kapitel einerseits dem Zweck der Veranschaulichung, welchen besonderen Rahmenbedingungen das Management von Institutionen und Einrichtungen des öffentlichen Sektors unterliegt. Andererseits soll das Aufzeigen möglicher Handlungsspielräume als Anstoß zu einem professionellen Management verstanden werden, das sich weg vom Alleinvertretungsanspruch hin zu privater und bürgerschaftlicher Mitgestaltung entwickelt, ohne dass die Gewaltenteilung und bestehende Zuständigkeiten missachtet werden.

5.1 Politische Rahmenbedingungen

5.1.1 Kommunale Selbstverwaltung

Die Bundesrepublik Deutschland hat mit dem Grundgesetz von 1949 festgelegt, die ihr vom Bürger, von der Gesellschaft übertragenen Staatsaufgaben arbeitsteilig auf drei Ebenen wahrzunehmen: Danach sind Aufgaben mit zentraler, überörtlicher Bedeutung – ausschließlich oder konkurrierend – dem **Bund** und den **Ländern**, örtliche Aufgaben den **Kommunen**[29] übertragen (Ball 1997, S. 29).

Der Bund ist insbesondere mit Policy-Making,[30] Gesetzgebung und Programmpolitik, nicht aber mit dem administrativen Vollzug seiner Gesetze befasst. Die Verwaltungszuständigkeit liegt jedoch, bis auf einen sehr eng definierten Aufgabenbereich wie Bundeswehr- oder Zollverwaltung, grundsätzlich auf Länderebene (siehe Artikel 30 und 83 Grundgesetz). Neben diesem „**Verwaltungsföderalismus**" (Wollmann 1996, S. 3) räumt Artikel 28 Abs. 2 des Grundgesetzes Gemeinden eine grundsätzliche Freiheit „von staatlicher Ein- und Mitwirkung", das heißt von Bund und Ländern, ein. Gemeindliches Handeln ist dabei nicht von derselben Art wie das von Bund und Ländern, sondern es ist „dem Terrain der Exekutive" (Gessenharter 1997, S. 342) zuzurechnen, also der **kommunalen Selbstverwaltung**. Sie geht auf die Reformideen des Freiherrn vom Stein zurück und wurde erstmals in der preußischen Städteverfassung von 1808 festgehalten. Schon damals wurde zwischen eigenen und übertragenen Aufgaben (vgl. Kapitel 5.2) der Kommunen unterschieden. Dieser Aufgabendualismus begründet sich aus der Vorstellungswelt des 19. Jahrhunderts mit der Gegenüberstellung von Staat und Gesellschaft, Staat und Gemeinde (vgl. Scholler 1990, S. 42 ff.). Der Grundgedanke der kommunalen Selbstverwaltung, die dezentrale und eigenverantwortliche Regelung aller Angelegenheiten des örtlichen Wirkungsbereichs unter bürgerschaftlicher Beteiligung, hat sich seit dieser Zeit bewährt (Voigt 1994, S. 260) und ist als gewaltenteilendes Element des Staates unverzichtbar (vgl. Grömig 1997, S. 132). Dennoch sind Organisation und Arbeitsweise der kommunalen Selbstverwaltung modernisierungsbedürftig und müssen einer kritischen Überprüfung unterzogen werden.

Aus dem Prinzip der kommunalen Selbstverwaltung folgt, dass die unterste Ebene der öffentlichen Verwaltung in den Bundesländern die kommunale Ebene ist, die gegenüber den beiden anderen Staatsebenen eine relative Unabhängigkeit innehat und keine Staatsverwaltung darstellt (Damkowski/Precht 1995, S. 133).

29 Für die nachfolgenden Überlegungen sollen an dieser Stelle die Begriffe Kommune und Kommunalverwaltung verdeutlicht werden: Als **Kommune** (kreisfreie Stadt, Landkreis und Gemeinde) wird hier eine abgegrenzte Institution im Sinne der in einem bestimmten Gebiet zusammenlebenden Menschen verstanden. Als **Kommunalverwaltung** (Stadtverwaltung, Gemeindeverwaltung) wird eine im Sinne eines Verwaltungsapparates der Kommune abgegrenzte Institution verstanden (Palupski 1997, S. 48).

30 Policy im Sinne kommunaler Politikinhalte und -ergebnisse (vgl. Banner 1989, S. 37; Jann 1998c, S. 47 f.).

Die Kommunen mit ihren Vertretungsorganen (Räte, Gemeindevertretungen, Stadtverordnetenversammlungen) sind demnach die wichtigsten Träger im deutschen Verwaltungssystem: Das Bundesgesetzblatt umfasst derzeit fast 100.000 Seiten, wobei etwa 80% aller Gesetze in den Kommunalverwaltungen vollzogen werden[31] (o.V. 1997s, S. 4). Schmidt-Jortzig sieht diese kommunale **Überbürokratisierung** in erster Linie als Resultat einer enormen Gesetzesflut, die es zu dezimieren gilt, um Modernisierungsprozesse langfristig etablieren zu können:[32]

„So innovationsfreudig die Gemeinden, Städte und Kreise bei ihrem Verschlankungsdrang oft zur Tat schreiten wollen, so verbreitet werden sie da von gesetzlichen Kanonisierungen gebremst. Das gilt für das öffentliche Dienstrecht und die Haushaltsordnung ebenso wie für das Verwaltungsverfahrensrecht. Hier müssen mit Sicherheit erst Bundes- und Länderparlamente ihre Schulaufgaben erledigen, bevor die Kommunen, aber auch die staatlichen Verwaltungsbehörden ihre Handlungskapazitäten und Arbeitsgänge bedarfsgerechter und flexibler gestalten können" (1995, S. 490).

Insofern ist die „Verschlankung des Staates" (Scholz 1997, S. B1) zu einem der wichtigsten Themen für Bund, Länder und Gemeinden geworden. Das seit Jahrzehnten andauernde Wachstum staatlicher Aufgaben beruht in entscheidendem Maße auf einer immer umfangreicheren und ins Detail gehenden Gesetzgebung, welche die Eigenverantwortung beschneidet. Daraus ergibt sich, dass Wege zum Abbau von Bürokratie und Deregulierung auf allen Ebenen der Verwaltung gefunden werden müssen. Wird das Verwaltungshandeln – also das Staatshandeln – an den Bedürfnissen und Interessen von Kunden ausgerichtet, gewinnt auch der Staat ein neues Profil (vgl. Kinzel 1993, S. 176 ff.). Jedoch bleibt auch ein als Dienstleistungsunternehmen auftretender Staat immer noch Staat, dessen Handeln demokratisch zu legitimieren ist. Eine **Kundenorientierung** des „arbeitenden Staates" (Kißler 1997, S. 105), respektive der Verwaltung, könnte eine neue Quelle öffnen, aus der beides gewonnen wird: die Legitimation des lokalen Staates durch verbesserte Leistungsfähigkeit, das heißt Verwaltungsqualität, und seine Legitimation durch demokratische Partizipation (ebenda).

31 Bei einem Gesamtbestand des Bundes von 4.874 Gesetzen und Rechtsverordnungen mit 84.900 Einzelvorschriften (Eichhorn 1998, S. 5) bedeutet dies für die Kommunen, dass sie sich mit knapp 4.000 Gesetzen und 68.000 Einzelbestimmungen auseinander setzen müssen.

32 Obwohl Schmidt-Jortzig diesen Missstand vor seiner Amtsübernahme als Bundesjustizminister reklamiert hatte, konnte er in dieser Funktion keinen Durchbruch bei den dringend erforderlichen Gesetzesvereinfachungen erzielen. Nur die gesetzliche Manifestierung von Freiräumen in Bezug auf kommunales Verwaltungshandeln kann jedoch die gewünschte Verschlankung der Verwaltung gewährleisten.

5.1.2 Anforderungen an die Kommunen

Das Verhältnis des Bürgers zu staatlichen Instanzen ist ambivalent: Einerseits ist es durch einen ausgeprägten Individualismus gekennzeichnet, der sich auch in einer verringerten Identifikation des Bürgers mit seiner Gemeinde sowie in einem mangelnden Engagement in der kommunalpolitischen Willensbildung widerspiegelt. Andererseits steigen die Anforderungen an die öffentliche Hand, die mit überkommenen Strukturen zu bewältigen sind, kontinuierlich (vgl. Schwartz 1982, S. 60 f.; Grömig 1997, S. 132; Fiedler 1998, S. 93 f.):

- Durch permanente **Übertragung von Landes- und Bundesaufgaben auf die Kommunen** ohne entsprechende finanzielle Ausstattung, wachsende Soziallasten, instabile Gewerbesteuereinnahmen und schließlich die Kosten im Zusammenhang mit der deutschen Einheit sind die Kommunen – wie schon Anfang der 80er Jahre – in eine ernste Finanzkrise geraten, die sich mittlerweile auf ein Gesamtdefizit von ca. 13 Mrd. DM beläuft. Dazu trägt auch bei, dass sich die Stadt per se zu einem „Rundumversorger" mit hohen Standards bei der Leistungserfüllung entwickelt hat. Die in einigen Bundesländern erlassenen Haushaltssperren zeigen, wie dramatisch die Finanzkrise des gesamten staatlichen Gefüges ist.
- Durch Schwerpunktverlagerungen **weg von der Eingriffs- und Ordnungsverwaltung hin zur Leistungsverwaltung**, durch mehr individuelle Souveränität der Bürger, verbunden mit veränderten Erwartungen und gestiegenen Ansprüchen gegenüber der öffentlichen Hand, ist ein Missverständnis zwischen Anforderungen und Möglichkeiten entstanden, das sich zu einer kommunalen Vertrauenskrise ausgeweitet hat. Dementsprechend wird das Image kommunaler Arbeit zunehmend kritisch bewertet.
- **Unzeitgemäße Organisationsstrukturen und Verhaltensweisen**, die sich primär an der Einhaltung von Regeln und Normen, nicht jedoch an den Kosten orientieren, verursachen nicht mehr zu verantwortende Wirtschaftlichkeits- und Effizienzdefizite, die in der mangelnden Schnelligkeit von Entscheidungen, fehlender Zweckbindung und Transparenz reflektiert werden.

Aus den genannten Gründen ergeben sich die Ziele für die notwendigen Veränderungen im kommunalen Bereich: Generell gilt es, ein System zu schaffen, das mehr leistet, weniger kostet und zugleich bürgernäher agiert. Im Einzelnen verlangt dies Aufgabenkritik und Aufgabenoptimierung, das heißt Nachdenken über Sinn und Notwendigkeit des Verwaltungshandelns sowie die Standards der Leistungserbringung. Außerdem ist es erforderlich, dass die kommunalen Verwaltungen den Einsatz ihrer personellen, organisatorischen, finanziellen und informationstechnologischen Ressourcen rationeller steuern und dabei alle Sparpotenziale ausschöpfen. Schließlich muss das kommunale Handeln unter ein Leitbild gestellt werden, das die Dienstleistungsorientierung auf die Zielgruppe der Bürger in den Mittelpunkt stellt und zur Verpflichtung macht.

Auch diese Forderungen rekurrieren auf die Implementation von Stadtmarketing. Durch den Einsatz der Marktforschung könnte die Kommunalpolitik stärker an den Interessen der Bürger orientiert werden, eine bessere Konfliktsteuerung wäre durch zweckmäßige Informations- und Kommunikationsstrategien zu erreichen.

5.2 Aufgaben

Das Grundgesetz stellt die verfassungsrechtliche Grundlage für die interpretative Ableitung eines Kernbestandes öffentlicher Aufgaben dar, die der Staat garantieren muss. Dazu gehören die fünf großen Aufgabenbereiche (vgl. Bargehr 1991, S. 6; Kanther 1996, S. 5; Werthebach 1996, S. 3):

1. Regelung der Beziehungen zwischen einer Gesellschaft und ihrer Umwelt, wie z.B. Sicherung der Systemgrenzen (**äußere Sicherheit**), internationale Beziehungen etc.;
2. Regelung der Beziehungen zwischen den Systemmitgliedern (**innere Ordnung**);
3. Sicherung der Handlungsfähigkeit des politisch-administrativen Systems, z.B. **Steuerverwaltung, Verteidigung** etc.;
4. Versorgungs- und Dienstleistungen (**Zukunftssicherung, Forschungs- und Wirtschaftsförderung**);
5. Steuerung der gesellschaftlichen Entwicklung auf bestimmte Ziele hin, z.B. **nationale Integration, Demokratisierung** etc.

In den genannten Aufgabenbereichen übt die Verwaltung ordnende (wie den Vollzug von Gesetzen), leistende (z.B. Sozialhilfedienste) oder planende (beispielsweise Maßnahmen für eine Krisenbewirtschaftung für Kriegszeiten) Funktionen aus. Aufgrund der allgemeinen Staatsfunktionen, aber auch anhand konkreter Verfassungsbestimmungen wie dem Schutz der Menschenwürde oder dem Sozialstaatlichkeitsprinzip, lässt sich deuten, dass Staat und Verwaltung zuerst verpflichtet sind, das **Gemeinwohl** zu erhalten, zu fördern, die staatlichen Grundfunktionen (wie Rechtsgewährung, soziale Mindestsicherung, staatliche Einnahmen) sowie Chancengleichheit und gerechten sozialen Ausgleich durch Formen der Umverteilung zu verwirklichen (Damkowski/Precht 1995, S. 134). Generell gebührt in der öffentlichen Verwaltung der Aufgabenerfüllung Vorrang vor Wirtschaftlichkeit.

Sieht man vom Polizeiwesen (das heute Bundes- und Ländersache ist) und vom Umweltschutz (der in den vergangenen beiden Jahrzehnten als öffentliche Aufgabe hinzukam) ab, ist die **Aufgabenpalette** der heute 14.626 deutschen Gemeinden, 323 Landkreise und 116 kreisfreien Städte (vgl. Tabelle 3) in den Grundzügen die gleiche geblieben (vgl. Abbildung 5).

Auch die Aufgliederung in eigene Aufgaben und solche, bei denen die Kommunen vom Staat in Anspruch genommen werden, besteht weiter. Der Staat hat jedoch seine Tätigkeit so weit ausgedehnt, dass der eigenständige Aufgabenbereich der Kommunen „nicht mehr durch Sachgebiete, sondern durch spezifische

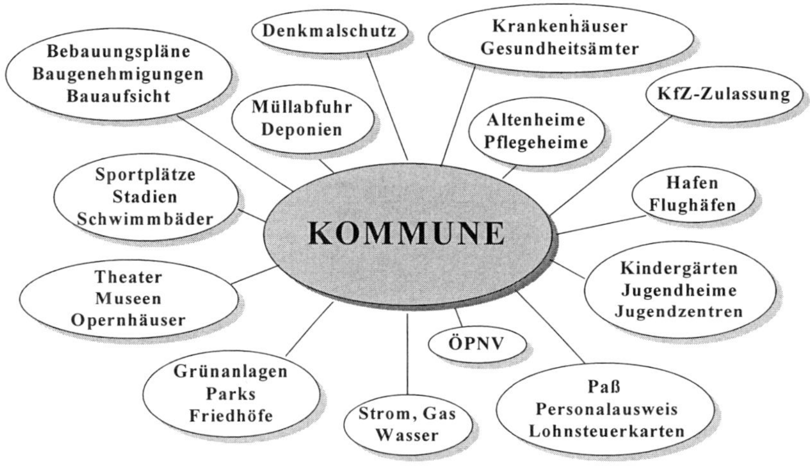

Abb. 5: Aufgabenvielfalt der Kommunen (Quelle: in Anlehnung an Schiller 1994, S. 56)

Ortsbezogenheit“ (Rudzio 1987, S. 338) bestimmt werden kann. Das heißt, Bund und Länder regieren über Rechtsvorschriften in alle Ressorts einer Kommunalverwaltung mehr oder weniger hinein. Die Gemeinde ist einerseits eigene staatsunabhängige Verwaltungsebene für die „bürgernahe Versorgung und kleinräumige Umweltgestaltung“ (ebenda), andererseits hochgradig abhängig von staatlicher Kontrolle.

So bildet zwar der so genannte **„eigene Wirkungskreis“** den Kern der kommunalen Selbstverwaltung, in den alle örtlichen Aufgaben gehören, wie etwa Straßen-, Schulbau, Feuerwehr, örtliche Raumplanung, die lokale Verkehrs- und Energieversorgung, die Abwasser- und Abfallbeseitigung sowie Trinkwasserversorgung (vgl. Scholler 1990, S. 21). Aber zugleich kontrolliert der Staat als Rechtsaufsicht diese Selbstverwaltungsangelegenheiten, unabhängig davon, ob sie freiwillige Aufgaben (Jugendheime, Bibliotheken) oder Pflichtaufgaben (wie das Führen von Melderegistern, das Abhalten von Wahlen und das Aufstellen eines Flächennutzungsplanes) darstellen. Noch weiter geht die Kontrolle bei den Aufgaben im **„übertragenen Wirkungskreis“**, also in staatlichen Auftragsangelegenheiten (z.B. der Ausführung des Bundessozialhilfegesetzes). Dort wird nicht nur die Rechtmäßigkeit, sondern auch die Zweckmäßigkeit geprüft (vgl. Holtmann 1990, S. 4 f.; Priebs 1998, S. 127).

Die „Kommunalisierung von Aufgaben“ (Schückhaus/Graf/Dormeier 1993, S. 13) hat zu einer feststellbaren Aufgabenzunahme in den Städten und Kreisen geführt, ohne dass in gleichem Maß Zuschüsse oder Zuweisungen einhergehen. In ihrer Koalitionsvereinbarung für die 13. Legislaturperiode des Deutschen Bundestages haben sich die Koalitionsfraktionen unter der These „Schlanker

Tabelle 3: Verwaltungsgliederung in der Bundesrepublik Deutschland (Quelle: Statistisches Bundesamt 1996, S. 12–14 und 1997, S. 12)

Land	**Kreisfreie Städte**	**Landkreise**	**Gemeinden**
Baden-Württemberg	9	35	1.111
Bayern	25	71	2.056
Berlin	1	–	1
Brandenburg	4	14	1.696
Bremen	2	–	2
Hamburg	1	–	1
Hessen	5	21	426
Mecklenburg-Vorpommern	6	12	1.079
Niedersachsen	9	38	1.032
Nordrhein-Westfalen	23	31	396
Rheinland-Pfalz	12	24	2.305
Saarland	–	6	52
Sachsen	7	22	860
Sachsen-Anhalt	3	21	1.299
Schleswig-Holstein	4	11	1.131
Thüringen	5	17	1.179
Deutschland Gesamt	**116**	**323**	**14.626**

Staat/Entbürokratisierung“ aber darauf verständigt, staatliches Handeln im normativen, administrativen und gerichtlichen Bereich auf das notwendige Maß zu beschränken (Kanther 1996, S. 4). Kommunales Handeln muss daher neu bewertet werden. Wurde es früher für notwendig gehalten, in praktisch allen Bereichen dem Staat Aufgaben zu überantworten, so ist es heute obligatorisch, Aufgaben aus der staatlichen Verantwortung zu entlassen. Will die Kommune ihre Tätigkeit auf Kernaufgaben begrenzen, so muss sie sich auf Aktivitäten konzentrieren, die hoheitliches Handeln erfordern (vgl. Naschold 1995, S. 19 ff.).

Sofern gesetzlich nichts anderes vorgeschrieben ist, besteht grundsätzlich die Möglichkeit, die kommunalen Aufgaben auch **privatwirtschaftlich** zu erfüllen, solange das Gemeinwohlprinzip gewährleistet ist. Überall, wo es um Aufgaben von realem Dienstleistungscharakter geht, bietet sich prinzipiell eine Kooperation von öffentlicher Verwaltung und Privatwirtschaft an. In diesen Bereichen eröffnen sich breite Felder der Privatisierung und damit Staatsentlastung (vgl. Grabow 1996, S. 56; Deimer/Kostenbader 1997, S. 21 ff.; Scholz 1997, S. B1). Darüber hinaus können alternative Formen gemischt-wirtschaftlicher Aufgabenteilung, wie Outsourcingverfahren oder Public-Private-Partnerships (vgl. Strünck/Heinze 1998, S. 115 ff.), zum Tragen kommen.

Festzuhalten bleibt erstens die enge Gesetzesbindung und zweitens der geringe „eigenmächtige“ Handlungsspielraum der Kommunalverwaltungen. Erschwert wird die Situation dadurch, dass sie sich auch an der lokalen Politik orientieren müssen, der sie ja ebenso unterstellt sind. Natürlich trifft all dies in unterschiedlichem Ausmaß auf Gemeinden, Landkreise und kreisfreie Städte mit ihren abgestuften Aufgaben zu.[33]

Die unterschiedliche Aufgabenpalette ist aber für die Reformdebatte und hier insbesondere für die Frage nach der Kundenorientierung nebensächlich; vielmehr ist davon auszugehen, dass die Zuordnung von Zuständigkeiten im Wesentlichen zweckdienlich ist, um die anfallenden Aufgaben zu erfüllen. Als Ansatzpunkt für Veränderungen zum Nutzen des Bürgers erscheint die innere Struktur der Kommunalverwaltungen wichtiger.

5.3 Beziehung Kunde – Kommunalverwaltung – Kommune

Oft wird in der Verwaltung nur eine Austauschbeziehung, nämlich die Beziehung Kunde – Organisation betrachtet, anstatt im Sinne der Systemorientierung das Verhalten aller involvierten Austauschpartner[34] zu untersuchen. Als Kunden bzw. **„Stadtakteure“** (Palupski 1997, S. 48), die durch eine Stadt zusammengeführt werden und die sowohl untereinander als auch mit der Stadt in Austauschbeziehungen stehen, sind vollständigerweise zu nennen (vgl. Erlinger 1993, S. 88 f.; Funke 1994b, S. 13; Kuron 1997, S. 3):

- Bürger/Pendler/Bewohner des Umlands,
- Unternehmen/Industrie/Einzelhandel/Gastronomie,
- Politische Parteien/Behörden (EU, Bund, Land)/Kirchen,
- Touristen (auch Kurzurlauber),

---

33 Die Kreise übernehmen gemäß den Bestimmungen der Landesgesetze Aufgaben, welche die Gemeinden überfordern würden (z.B. Bau und Unterhalt von überörtlichen Straßen, höheren Schulen, Sozialeinrichtungen). Kreisfreie Städte übernehmen sowohl Gemeinde- als auch Kreisaufgaben. Daneben existieren noch funktionale Verbände und Gemeinschaften aufgrund von Vereinbarungen, die nach dem Prinzip „gemeinsam-sind-wir-stark“ der Effizienzsteigerung in Spezialbereichen dienen, z.B. Abwasserzweckverbände, Kommunalverbände in Ballungsräumen, die überörtliche Planungen übernehmen und zwischen den Mitgliedern abstimmen (vgl. Holtmann 1990, S. 7).

34 Über den Austauschprozess in Kommunalverwaltungen bestehen in der Literatur kontroverse Ansichten: Klug (1981, S. 178 ff.) unterstellt, dass es Fälle gibt, in denen kein Tausch stattfindet (Markt als „Ort“ des Tausches). Daraus ergeben sich Bezeichnungen wie „Abgabe“ für die Übertragung von Leistungen (statt „Absatz“), die verdeutlichen sollen, dass sich kein Tausch vollzieht, wie z.B. im Sozial- und Gesundheitsbereich, Schul- und Straßenamt. Palupski (1997, S. 56) hingegen geht davon aus, dass Verwaltungsleistungen immer auf Märkten erbracht werden, wobei es sich um durch oder für die Verwaltung erzeugte administrative Märkte handelt. Schneider (1993, S. 45) spezifiziert als Tauschobjekte materielle Güter, Dienstleistungen, Rechte, Geld und Rechte auf Geld, Zeit, Gefühl und physischen Aufwand. Weiterführend wird auf die ausführliche Analyse kommunaler Austauschprozesse bei Homann 1995, S. 37 ff. verwiesen.

- Ausländer und deren Vereinigungen,
- Medien,
- Vereine/Verbände/Gewerkschaften,
- Wissenschaft/Bildungseinrichtungen.

Um nun, wie in der vorliegenden Arbeit geschehen soll, insbesondere die Bürgerorientierung der kommunalen Verwaltung zu fokussieren, dürfen nicht die anderen Austauschbeziehungen, wie z.B. Verwaltung – Mitarbeiter (im Sinne einer hohen Arbeitszufriedenheit als Motivationsbasis) oder Verwaltung – Politik (z.B. Genehmigung von Maßnahmen und entsprechender finanzieller Mittel) vernachlässigt werden.

5.3.1 Personalstruktur und Personalführung

Der laufende Betriebsaufwand der Behördenkapazität wird vor allem durch Umfang und Qualität des Personaleinsatzes bestimmt. Mitte 1995 waren im unmittelbaren öffentlichen Dienst ca. 4,9 Mio. Personen beschäftigt. Das sind knapp 6% der Gesamtbevölkerung, 13,6% der zu diesem Zeitpunkt Erwerbstätigen (vgl. Tabelle 4).

Diesem Personalaufwand stehen Personalausgaben in Höhe von 363 Mrd. DM jährlich gegenüber (Statistisches Bundesamt 1997, S. 11). Das sind 27,6% der Staatsausgaben und fast 45% der bundesdeutschen Steuereinnahmen.[35]

Die öffentliche Kritik an Staat und Verwaltung thematisiert zunächst den Staatsverbrauch und hier vorrangig den Personalaufwand des Behördenapparates. Somit wird der Kapazitätsaufwand des Staates zum vordergründigen Objekt kritischer Überlegungen: Denn wer kann schon nachvollziehen, dass Transferleistungen der Bundesanstalt für Arbeit gekürzt werden, wenn das Jahreseinkommen der Staatsdiener steigt und Beamtenprivilegien nach wie vor größtenteils unangetastet bleiben (Ball 1997, S. 19)? Als wichtigste **Privilegien** sind zu nennen: das Recht auf Vollzeitbeschäftigung bis zur Pension, kein Entrichten von Sozialbeiträgen, Beihilfe für Kranke, Bezahlung nach Alter und nicht nach Leistung, Rückstufungen nach Beförderungen sind nicht möglich (Canibol/ Müller 1996, S. 228 f.). Die Mängel des Systems sind offenkundig, und die Gelegenheit zum Umbau der Verwaltung scheint günstig: 30% der gegenwärtig knapp fünf Millionen Beschäftigten im öffentlichen Dienst werden bis zum Jahr 2005 in Pension gehen oder ein Anrecht auf den Vorruhestand haben. Die Fluktuation böte ausreichend Gelegenheit, den personellen Überbau schmerzlos zu reduzieren und das bürokratische System mit neuen Ansätzen zu reformieren (Machatschke 1997, S. 10).

---

35 Die Staatsausgaben betrugen 1995 insgesamt 1.313 Mrd. DM (Statistisches Bundesamt 1997, S. 11), die Steuereinnahmen vor der Verteilung 814 Mrd. DM (ebenda, S. 10).

Die Besonderheiten des Personalwesens der öffentlichen Hand leiten sich aus dem **Beamtenstatus** als zusätzlichem Dienstverhältnis zu den sonst üblichen von Angestellten und Arbeitern ab. Zwar steht nur knapp die Hälfte[36] aller im öffentlichen Dienst Beschäftigten im Beamtenverhältnis, jedoch ist eine Angleichung des weitgehend einheitlichen öffentlichen Dienstrechts der Angestellten und Arbeiter an das Beamtenrecht festzustellen. Angestellte, die älter als 40 Jahre alt sind, sind nach 15 Dienstjahren faktisch unkündbar.

Tabelle 4: Gesamtbevölkerung und Erwerbstätige (Quelle: Statistisches Bundesamt 1996, S. 2–4; 12–14 und 1997, S. 12)

Land	**Bevölkerung insgesamt**	**Erwerbstätige insgesamt**[37]	**Personal im öffentlichen Dienst**[38]
Baden-Württemberg	10.319.367	4.735.000	584.333
Bayern	11.993.484	5.788.000	703.370
Berlin	3.471.418	1.594.000	283.872
Brandenburg	2.542.042	1.112.000	172.852
Bremen	679.757	285.000	54.264
Hamburg	1.707.901	786.000	120.915
Hessen	6.009.913	2.680.000	355.402
Mecklenburg-Vorpommern	1.823.084	819.000	129.663
Niedersachsen	7.780.422	3.328.000	476.316
Nordrhein-Westfalen	17.893.045	7.300.000	901.525
Rheinland-Pfalz	3.977.919	1.707.000	220.530
Saarland	1.084.370	418.000	54.877
Sachsen	4.566.603	1.974.000	300.619
Sachsen-Anhalt	2.738.928	1.178.000	193.463
Schleswig-Holstein	2.725.461	1.248.000	188.069
Thüringen	2.503.785	1.097.000	166.396
Deutschland Gesamt	**81.817.499**	**36.048.000**	**4.906.466**

Typische Kennzeichen des Beamtenverhältnisses sind (Rau 1994, S. 211 f.):

- öffentlich-rechtliches Dienst- und Treueverhältnis (daraus folgen Pflichten zur eingeschränkten Meinungsäußerung, zur vollen Widmung dem Beruf, zur parteipolitisch neutralen Amtsausübung und Streikverbot),
- Lebenszeitprinzip als Regelstatus,

36 1995 waren bundesweit 2,4 Mio. Beamte tätig (Statistisches Bundesamt 1997, S. 4).

37 Ergebnis des Mikrozensus vom April 1995.

38 Einschließlich Bundeseisenbahnvermögen, einschließlich Soldaten und ohne das im Ausland beschäftigte Personal; Stichtag der Datenerhebung: 30.6.1995.

- Laufbahnprinzip,
- Alimentationsprinzip (danach wird der Beamte nicht entlohnt, sondern er erhält einen angemessenen Lebensunterhalt; die Besoldung und Versorgung richtet sich nach bundeseinheitlich geregelten Gesetzen),
- Leistungsprinzip in Form einer Rechtsnorm (Artikel 33 Abs. 2 des Grundgesetzes besagt: „Jeder Deutsche hat nach seiner Eignung, Befähigung und fachlichen Leistung gleichen Zugang zu jedem öffentlichen Amte.“).

In der Praxis sind insbesondere das öffentlich-rechtliche Treueverhältnis und das Leistungsprinzip problematisch in der Umsetzung. Die Rechtslage ist bei erstgenanntem eindeutig zweideutig: Zwar steht jeder Beamte, wie auch der Angestellte im öffentlichen Dienst, in eben jenem Treueverhältnis, dennoch hat er laut Artikel 2 des Grundgesetzes das Recht auf „freie Entfaltung seiner Persönlichkeit“ und damit auch auf im Grundgesetz verankerte „entgeltliche Verwertung der eigenen Arbeitskraft“. Nach individueller Interpretation der gesetzlichen Regelungen hatten 1995 ca. 11% der Beamten einen vom Dienstherrn tolerierten Zweitjob, wobei eine steigende Tendenz zu verzeichnen ist (o.V. 1997c, S. 40).[39] Ebenso ist das Leistungsprinzip mehr Wunsch als Realität: Eine Verknüpfung von erbrachter Leistung und Entlohnung widerspricht dem starren Laufbahnrecht und der Besoldung nach Dienstaltersstufen. Innerhalb der öffentlichen Verwaltung ist es möglich, dass sich das Laufbahngruppen-System und der organisationsstrukturelle Rahmen, wozu Behördenaufbau und Stellenobergrenzen („Stellenkegel“[40], siehe Abbildung 6) zählen, als ein nachhaltiges Hindernis für Personalbewegungen erweisen. Aufgrund veränderter bzw. umfänglich neuer Anforderungen, nicht nur der Bürger, wären diese aber dringend notwendig (Grunow 1988, S. 105).

Personalführung stellt eine wichtige motivationale Komponente dar, die sich in typischen Bürokratien mit überwiegend Routineaufgaben und feststehenden Bearbeitungsregeln oftmals auf reine Kontrolle beschränkt. Zu weiteren häufig vorkommenden **Führungsfehlern** in der öffentlichen Verwaltung, die Anlass für eine „innere Kündigung“ des Mitarbeiters sind, gehören (Höhn 1989, S. 5 ff.):

---

39 So viel Engagement ist erlaubt, vorausgesetzt, die Nebentätigkeit kostet den Beamten nicht mehr als ein Fünftel seiner wöchentlichen Arbeitszeit, also ungefähr acht Stunden. Dabei spielt es keine Rolle, welcher Behörde er angehört und welchen Dienstgrad er erreicht hat. Gearbeitet werden darf nur in der Freizeit und außerhalb der Amtsräume (o.V. 1997c, S. 41). Angesichts dieser Entwicklung hat es den Anschein, als ob der Dienst am Bürger vielen Beamten zur ungeliebten Pflicht geworden ist, der interessante bzw. lukrative Nebenerwerb jedoch zur Kür.

40 Um durch die Verknappung höherbewerteter Stellen die Behörden zu einer Art „Normalverteilung“ der Positionen hinsichtlich des Schwierigkeitsniveaus zu veranlassen, werden prozentuale Stellenobergrenzen für die Besoldungsgruppe in einer Laufbahn verwendet. Nach dem Anciennitätsprinzip gelangt allerdings jeder in das Spitzenamt, wenn er die für alle Stufen entsprechenden Verweilzeiten eingehalten hat (vgl. Reichard 1987, S. 252; Rau 1994, S. 213).

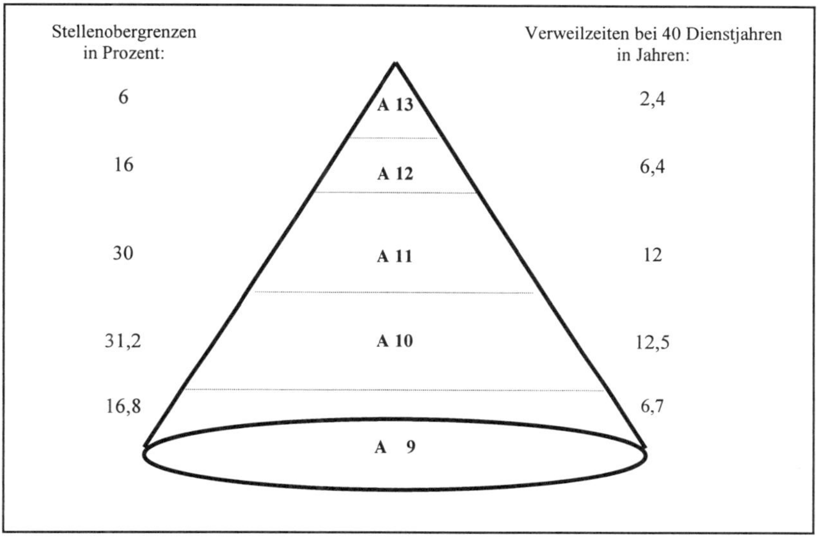

Abb. 6: Stellenkegel und Verweilzeiten im öffentlichen Dienst (Quelle: Rau 1994, S. 213)

- unzulässige Eingriffe des Vorgesetzten in den Bereich des Mitarbeiters,
- Durchregieren: Anweisungen über den Kopf des Zwischenvorgesetzten hinweg,
- Selbstinformation des Vorgesetzten (Sonderform des Durchregierens),
- willkürliche Rücknahme von übertragenen Aufgaben,
- „Teamwork" als Etikettenschwindel,
- getarnte Weisungen: Anregungen etc.,
- Demotivation der Spezialisten, weil der Vorgesetzte nicht einräumen will, nicht alles zu wissen oder zu können, verbunden mit der Unfähigkeit, Rat anzunehmen,
- fehlende oder unzureichende Information der Mitarbeiter,
- verletzende Form der Kritik,
- fehlende Anerkennung,
- demotivierende Gesprächsführung.

Aus falschen Führungspraktiken und ineffizienten bürokratischen Strukturen resultiert, dass 8,3% der öffentlich Bediensteten 1997 krankheitsbedingt fehlten, andererseits in der Privatwirtschaft nur 5,7% krank waren (o.V. 1997q, S. 5). Um die Arbeitszufriedenheit im öffentlichen Dienst zu erhöhen, und um damit auch die Bereitschaft zu kundenorientiertem Verhalten der Mitarbeiter zu wecken, sind drei Aspekte vorrangig durchzusetzen (vgl. Schneider 1995, S. 110 f.; Fuchs 1996, S. 57; Ridder 1998, S. 191):

1. die **Stärkung des Leistungsgesichtspunktes**, der Erprobungszeiten in Führungspositionen vorsieht. Dabei soll die dauerhafte Übertragung einer herausgehobenen Funktion nicht nur von der Leistungsprognose zum Zeitpunkt der Übertragung, sondern von einer tatsächlich erbrachten Leistung in der neuen Verantwortung abhängen. In diesem Zusammenhang sind auch Leistungsprämien oder Leistungszulagen denkbar.
2. Eine **Verbesserung der Mobilität** der Mitarbeiter soll eine anderweitige Verwendung der Mitarbeiter, einen Ortswechsel oder eine Verteilung der Versorgungslasten ermöglichen.
3. Die Besoldung ist durch **flexibel einsetzbare Elemente** zu ergänzen. Auch ist Teilzeitbeschäftigung zu fördern.

5.3.2 Bürgertypologien

Eine der Hauptaufgaben der Kommunalverwaltungen ist die Versorgung der Bürger mit öffentlichen Dienstleistungen. Als Adressat der Verwaltungsleistungen spielte der Bürger in der Vergangenheit eine eher untergeordnete Rolle, statt seiner Bedürfnisse wurde die Rationalität der Verwaltung fokussiert. Ein mit der kommunalen Austauschbeziehung unzufriedener Bürger verfügt grundsätzlich über folgendes Alternativenspektrum seines Handelns (Bargehr 1991, S. 17 f.):

- Er kann die Austauschbeziehung lösen, wegen der Monopolstellung jedoch mit keinem anderen Partner eine adäquate Beziehung eingehen,
- er kann sich widersetzen und den Versuch unternehmen, den Änderungsdruck für die Verwaltung dadurch zu erhöhen, indem er über Medien und damit letztlich auf politischer Ebene ein größeres Forum erreicht,
- er kann die Austauschbeziehung psychisch abwerten, das heißt, dass er der Beziehung in einem Verdrängungsprozess verglichen mit seinen zahlreichen Austauschbeziehungen eine relativ geringe Bedeutung zugesteht,
- er kann von sich aus versuchen, seinen „Ertrag“ verschiedener Austauschbeziehungen mit identischem Austauschpartner durch illegale Methoden zu steigern. Dies könnte etwa durch Steuerhinterziehung, das Nicht-Einholen von vorgeschriebenen Bewilligungen bzw. Berechtigungen oder das Unterfangen, ungerechtfertigte oder überhöhte Transferzahlungen zu erlangen (z.B. im Bereich Soziales), geschehen.

Fazit: Der Büger besitzt nur eine eingeschränkte „exit-option“ (Schneider 1993, S. 50), da er sozioökonomisch gebunden ist. Auch bleibt der städtischen Klientel häufig keine Wahl, auf die Nutzung öffentlicher Angebote zu verzichten, sei es aus Mangel an Alternativen oder aufgrund gesetzlichen Zwangs (z.B. Steuerpflicht). Daraus ergibt sich, dass der Bürger als wesentlicher Partner im kommunalen Dienstleistungsprozess in den Mittelpunkt jeglicher Maßnahmen zu stellen ist: *„Public administrators must always remember that they are dealing with people, not some lifeless abstraction“* (Garnett 1996, S. 671). Insofern sind im Rahmen einer verstärkten Kundenorientierung die Charakteristika der einzelnen

Kunden herauszuarbeiten. Folgende Bürgertypen lassen sich unterscheiden (Bargehr 1991, S. 35 f.; Schneider 1993, S. 73 f.):

- **Kompetente Pragmatiker**. Mit eher hohem Ausbildungsniveau können sie zwischen positiven und negativen Verwaltungserlebnissen unterscheiden und zeigen sich nüchtern-pragmatisch der Bürokratie gewachsen.
- **Hilflose Untertanen**. Sie machen zwar schlechte Erfahrungen mit der Verwaltung, aber hinterfragen nicht die Verwaltungsautorität. Hierzu gehören Angehörige niedriger sozialer Schichten, vereinsamte Rentner, Ausländer, Desinteressierte.
- **Unsichere Frustrierte**. Aufgrund mangelnder Kenntnisse haben sie vor allem negative Erfahrungen mit der Verwaltung gemacht, was sich bis zu rebellischen oder aggressiv-ablehnenden Verhaltensweisen steigern kann. Das Gegenteil dieser Entwicklung zeigt sich in der Entfremdung.
- **Noch-Nicht-Verwaltungssozialisierte**. Haben als junge Erwachsene unvoreingenommen erste Kontakte mit Behörden.
- **Kompetente Systemkritiker**. Leistungsorientiert und auf sozialen und beruflichen Aufstieg ausgerichtet, kritisieren sie intellektuell begründet die mangelnde Effektivität der Verwaltung, ohne grundsätzlich das bestehende politische System anzuzweifeln.

Aus dieser Differenzierung ergeben sich drei Nachfragekonstellationen (vgl. Maier/ Troeger-Weiss 1990, S. 4):

1. negative Nachfrage, bei der ein Großteil der Nachfrager der kommunalen Dienstleistung ablehnend gegenübersteht,
2. fehlende Nachfrage. Bürger stehen den Angeboten gleichgültig gegenüber oder erkennen deren Wert nicht,
3. latente Nachfrage, die durch ein starkes Bedürfnis nach einem Produkt gekennzeichnet ist, das so noch nicht vorhanden ist. Birgt die Chance, jene Dienstleistung zu entwickeln, auf die gewartet wird.

Die geschilderten Nachfragekonstellationen führen zu der Erkenntnis, dass geschulte Verwaltungsmitarbeiter und neue Wege der Kommunikationspolitik zentrale Elemente im Rahmen bürgernaher Konzepte sein sollten.

5.3.3 Mitarbeiterklassifikation in Kommunalverwaltungen

Dass an das hochkomplexe Unternehmen Stadt simultan die unterschiedlichsten Anforderungen vom involvierten Kundenpotenzial gestellt werden, konnte bereits aufgezeigt werden. Im Rahmen der Darlegung der Interaktionsbeziehung zwischen Anbieter und Nachfrager kommunaler Leistungen ist auch eine Analyse der Anbieterseite vorzunehmen. Folgende Mitarbeitertypen lassen sich klassifizieren (vgl. Schneider 1993, S. 68 f.):

- **Verwaltungsorientierter etablierter Bürokrat**. Dieser Sachbearbeitertypus verfügt über nur geringe Entscheidungs- und Ermessensspielräume, hat jedoch große Erfahrungen mit verwaltungsinternen Verfahrensabläufen. Handelt dem Dienstweg entsprechend.

- **Karriereorientierter Bürokrat**. Aufsteigertypus, der sich zu profilieren sucht. Dessen Risikoempfinden hinsichtlich der Konsequenzen bei einer Fehlentscheidung dürfte weitaus geringer sein als beim Sachbearbeitertypus.
- **Administrative Entscheidungselite**. Einem Manager ähnlich, handelt dieser politisch-administrative Schrittmacher innovativ und mit hohem Sachverstand.

Daraus ergibt sich die Schlussfolgerung, dass primär im Segment der verwaltungsorientierten etablierten Bürokraten neue Handlungsmaßstäbe, die aus der Passivität bestehender Strukturen herausführen, gesetzt werden müssen. Schließlich sind die verwaltungsorientierten Bürokraten am häufigsten in den Verwaltungen vorzufinden und kommen darüber hinaus im Rahmen des Publikumsverkehrs besonders zahlreich mit den Bürgern in Kontakt, so dass die „bürgerliche" Meinungsbildung in Bezug auf die kommunale (Dienstleistungs-) Qualität vom Verhalten der Bürokraten geprägt wird.

Es ist jedoch gerade das Image der deutschen Staatsbediensteten, das stark verbesserungswürdig ist: Nur 21% der deutschen Nichtbeamten halten die amtierenden Bürokraten für höflich, lediglich 13% halten sie für ausgelastet und nur 10% der Deutschen erachten die Staatsdiener als beweglich (Canibol/Müller 1996, S. 227).[41]

Parallel existieren daher verschiedene, zum Teil divergierende Ansprüche an eine neue Personalpolitik und die sich daraus ableitenden Forderungen an die Aus- und Fortbildung der Verwaltungsmitarbeiter im Prozess der Verwaltungsmodernisierung. Die Kommunalverwaltungen sind von zwei Entwicklungen gekennzeichnet: Einerseits ist ein deutlicher, meist pauschaler Abbau von Personal zu beobachten. Andererseits kann – gleichzeitig oder alternierend – eine Abwendung von bloßer **Personalverwaltung** hin zu einer verstärkten Betonung der Bedeutung von **Personalentwicklung** und Fortbildung in der Verwaltung festgestellt werden. Angesichts der Veränderungen im Berufsfeld öffentliche Verwaltung wird schon von einem neuen Leitbild des „öffentlichen Managers" (von Richthofen 1993, S. 589) gesprochen, der mit Eigenverantwortung, Handlungskompetenz und Teamfähigkeit die neuen komplexen Aufgaben löst.[42]

Viele der modernisierungsaktiven Kommunen erproben derzeit den „Spagat", indem sie nach Konzepten suchen, die es erlauben, beide Postulate miteinander zu verknüpfen: die Minimierung von Personalausgaben bei gleichzeitiger Maximierung des Qualifikations- und Leistungspotenzials des verbleibenden Personals beispielsweise durch Leistungsanreize (vgl. Ridder 1998, S. 191 ff.).

41 Ergebnisse einer repräsentativen Umfrage des Forschungsinstituts INRA für das Magazin Focus, bei der 1.593 Deutsche im Frühjahr 1996 befragt worden sind.

42 In der gegenwärtigen Situation der Kommunen ist diese Begrifflichkeit sicherlich noch Utopie, wenn auch eine realistische. Kapitel 9 der vorliegenden Arbeit möchte einen Beitrag dazu leisten, dass die Etablierung von derartigen „Public Managern" beschleunigt wird.

5.4 Managementprozess in der kommunalen Verwaltung

Wie die Stellung der Kommunen im Staat ist auch der innere Aufbau ihrer Verwaltungen ein Resultat des 19. Jahrhunderts: Als der Staat sie „in den Dienst nahm“, bildeten Gemeinden und Kreise spezialisierte Unterabteilungen, um die Aufgaben ordnen und erfüllen zu können. Diese Entwicklung setzte sich mit der Zunahme der Augaben und eigenständigen Aufgabensuche der Gemeinden fort. Daraus entwickelte die Kommunale Gemeinschaftsstelle ab 1949 ein Modell mit Dezernaten, Ämtern, Abteilungen, Gruppen und Sachbearbeitern. Es orientiert sich an einzelnen Politikfeldern und fächert die linearen Entscheidungswege vom Bürgermeister und Gemeinderat über die Referenten/Dezernenten abwärts zur breiter werdenden Mitarbeiterbasis immer mehr auf. Eine Sonderrolle bilden dabei – vor allem in Großverwaltungen – die so genannten Querschnittsämter für Personalwesen, Finanzen und allgemeine Verwaltungsaufgaben, die in diesen Bereichen den anderen Referaten, Dezernenten, Ämtern übergeordnet, intern aber ebenfalls als Linienorganisation aufgebaut sind (Zeilmann 1995, S. 8).

Die Problematik der mangelnden Bürgernähe liegt in eben jener Anzahl von Dezernaten und Ämtern begründet: Insbesondere in größeren Städten wird wirtschaftlich nicht vertretbar die Aufgabenbearbeitung auf zu viele Amtsstuben verteilt. Sie wirken **schwerfällig** und **intransparent**, die Wege innerhalb der Behörden sind zu weit, die Zuständigkeiten oft unklar. Ein Dienstleistungsprozess öffentlicher Verwaltungen entwickelt sich ebenso wie die privatwirtschaftliche Leistungserstellung im Gegenstrom von Realgütern und Finanzen, eingebunden in einen mehr oder weniger umfassenden Informationsstrom.

Nur vereinzelte große deutsche Verwaltungen (wie z.B. das Verteidigungsministerium) haben bereits ganzheitlich angelegte Managementprozesse implementiert, die sich durch Planung, Steuerung und Überwachung auszeichnen und durch entsprechende Informationssysteme unterstützt werden (Ball 1997, S. 45). Die überwiegende Anzahl von Verwaltungsbehörden dagegen, deren Leitungen nicht durch eine entsprechende Marktorientierung gekennzeichnet sind, können nicht die notwendigen kulturellen Voraussetzungen vorweisen, um ein modernes, unternehmerisches Management zu forcieren. So antiquiert wie die Behördenstrukturen stellen sich die Instrumente und Systeme der Behördenführung dar.

Die nachfolgende Tabelle 5 fasst die fundamentalen Unterschiede, die sich momentan noch aus Beamtenstaat und modernem privatwirtschaftlichen Management ergeben, zusammen:

Tabelle 5: Determinanten kommunaler Verwaltungen und privatwirtschaftlichen Managements im Vergleich (Quelle: eigene Darstellung)

Kommunale Verwaltungen	**Privatwirtschaftliches Management**
➧ **WIRTSCHAFTLICHKEIT** • fehlender Anreiz zur Kostenminimierung • Etatansätze müssen ausgegeben werden • Tendenz zur Ausweitung der Bürokratie • Sozialstaatprinzip	• Wettbewerb zwingt zu Effizienz • Gewinnmaximierung als vorderstes Ziel • Tendenz zu Lean Management
➧ **FINANZIERUNG** • Der Apparat wird aus Steuern finanziert • Gebühren werden unabhängig von Kosten und Leistungen festgelegt • Kredite werden ohne Risikoprüfung in Anspruch genommen	• Finanzierung aus Erlösen • Die Marktsituation bestimmt den Umfang der Erlöse • Preise frei gestaltbar • Kredite werden nach Bonität und Risiko gewährt
➧ **PERSONAL** • Keine oder nur eingeschränkte Kündigungsmöglichkeit • Laufbahndenken durch Dienstaltersstufen • Bezahlung ohne Bezug zur Leistung nach dem Alimentationsprinzip • Pensionen ohne direkten eigenen Beitrag nach Höhe des letzten Gehalts • Streikverbot und besondere Treuepflicht	• Risiko von Arbeitslosigkeit und Entlassung • Beförderung und Bezahlung nach Leistung • Leistungsanreize und Motivationsprinzip • Eigener Beitrag zur Rente • Rentenhöhe bemessen nach Durchschnittsgehalt der gesamten Arbeitsjahre
➧ **KUNDEN** • Staatliches Handeln als Hoheitsakt • Bürger als Leistungsempfänger und Anspruchsteller • Wenig Erfahrung mit Marketing	• Serviceorientiertes Handeln • Wettbewerb um die Gunst der Kunden • Marketing hat lange Tradition
➧ **FLEXIBILITÄT** • Bindung an gesetzliche Vorgaben • Dienstvorschriften und starre Hierarchie • Ausübung von Monopolmacht, starres kameralistisches Rechnungswesen	• Schnelles Reagieren auf Anforderungen des Marktes • Flache Hierarchie • Konkurrenzdruck fördert Anpassungsfähigkeit

5.5 Spezifika der Marketinganwendung in der Kommune

Oft wird argumentiert, Marketing sei im Bereich der öffentlichen Verwaltung nicht möglich, da Verwaltungen keine Märkte haben, womit die zumeist vorhandene Monopolsituation gemeint ist. Hinzu kommt, dass Kommunen – im Gegensatz zu Unternehmen – keinen Gewinn benötigen, um überleben zu können. Fest steht jedoch, dass in und zwischen Kommunalverwaltungen sowie mit zahlreichen anderen Akteuren Tausch in Form von Ideen, Waren und Dienstleistungen stattfindet. Dieser Umstand berechtigt die Anwendung von Marketing und seine organisatorische Verankerung in der Kommune (Palupski 1997, S. 81).

Generell bedarf die Ausübung von Marketing organisatorischer Träger und individueller Akteure. Im unternehmerischen Bereich lässt sich dies, ebenso wie die Zielsetzungen, eindeutig zuordnen. Dem Bestehen gegen die Konkurrenz – sicherlich eines der Hauptmotive einer marktorientierten Unternehmensführung – steht beim Stadtmarketing der kommunale **Versorgungsauftrag** gegenüber. Hier liegt bereits eine Besonderheit verglichen mit dem unternehmerischen Marketing vor. Während sich letzteres aus den originären Unternehmenszielen herleiten lässt, sind die administrativen Marketingziele auf die öffentlichen Ziele und Aufgaben zurückzuführen, die in der Regel vom Träger der Verwaltung bestimmt und ihr auferlegt werden (vgl. Eichhorn/Buchholz 1983, S. 209).

Die in Kapitel 2 erörterte Modernisierungs- und Leistungslücke führt dazu, dass zunehmend auch in hoheitlichen kommunalen Bereichen **Modernisierungsansätze** verfolgt werden. Aufgrund der Ausweitung des Marketinggedankens bietet sich ein solches Vorgehen an, wenn es um die Beziehungen zwischen den Kommunalverwaltungen und ihren Adressaten geht. Das Marketingsystem unterliegt im privatwirtschaftlichen Bereich einer Außensteuerung, wobei der Markt der Impulsgeber ist. Dieser zeichnet sich zumeist durch eine hohe Dynamik aus, die eines ständigen Anpassungsprozesses bedarf. Bürokratie unterliegt demgegenüber fast immer einer Binnensteuerung. Die Marketingdeterminanten Kreativität, Flexibilität und Innovationsbereitschaft sind selten die signifikanten Eigenschaften einer Verwaltung (Manschwetus 1995, S. 69). Wenn eine Stadtverwaltung moderne Strukturen unter dem Einfluss von Marketing anstrebt, muss diese verwaltungsinterne Handlungsroutinen beachten:

„Ein erfolgreiches Marketing in Kommunalverwaltungen setzt (...) voraus, dass sich die einzelnen kommunalen Ämter und Einrichtungen bei der Auswahl und Gestaltung der Informations- und Aktionsinstrumente des Marketing konsequent an den vorgegebenen kommunalen Aufgaben und Verwaltungszielen orientieren sowie die relevanten Rechtsvorschriften, Organisationsstrukturen und Ressourcenausstattungen (...) berücksichtigen“ (Homann 1986, S. 610).

Die **Überwindung eben jener obsoleten Organisationsstrukturen** ist für Banner dagegen das wesentliche Ziel eines erfolgreichen Stadtmarketing:

„Der Hauptgrund für die Schwierigkeit der Kommunalverwaltung, Dienstleistungsunternehmen im echten Sinn zu werden, liegt darin, dass sie sich nach wie vor wie eine klassische, vor allem auf korrekte Rechtsanwendung angelegte Bürokratie steuert“ (1993c, S. 3).

Die Implementierung kommunaler Marketingaktivitäten soll zwei Dinge gewährleisten (vgl. Gerber 1991, S. 50): Einerseits soll kostendeckend gewirtschaftet werden, um möglicherweise sogar Überschüsse zu erzielen, andererseits soll sie die optimale Bedarfsdeckung der Bevölkerung gewährleisten. Angesichts der aktuellen Situation scheint dies jedoch ein langer Weg. Die Entscheidung darüber, ob eine bestimmte Leistung überhaupt von einer staatlichen Institution erbracht werden soll, oder ob sie zielgerechter von Privaten erstellt werden kann, ist demnach *die* Grundsatzentscheidung in der Stadtverwaltung (vgl. Ganseforth/Jüttner 1990, S. 558).

Es muss vermieden werden, dass die Kommune Aufgaben beibehält oder gar an sich zieht, die ebenso gut oder billiger, rascher und nachfragegerechter von Privaten wahrgenommen werden könnten. Somit sind **Privatisierungspotenziale** sorgfältig zu prüfen. Im Hinblick auf die Frage, welche kommunalen Aufgaben prinzipiell privatisierungsfähig seien, wird in der gegenwärtigen Diskussion üblicherweise herausgestellt, dass sich insbesondere interne Hilfsdienste in größerem Umfang und Aufgaben der Leistungsverwaltung zumindest partiell eignen. Reichard benennt sechs kommunale Aufgaben, die häufig zur Privatisierung vorgeschlagen werden oder schon erfolgreich privatisiert wurden (1987, S. 40 f.):

1. Abfallbeseitigung,
2. Stadtreinigung,
3. Gebäudereinigung,
4. Energieversorgung,
5. Schlacht- und Viehhöfe,
6. öffentlicher Personennahverkehr.

Bei den öffentlichen Verwaltungen haben die lauter werdenden Forderungen nach einem stärker marktorientierten Handeln bislang zu wenig Resonanz gefunden, denn kommunale Institutionen müssen noch keine Konkurrenz fürchten. Bei den von der Kommune angebotenen Produkten und Dienstleistungen besteht vielfach eine Monopolstellung. Probleme bei einer möglichen Privatisierung sind jedoch nicht zu verschweigen. Beispielsweise darf nicht ein staatliches Monopol durch ein privates ersetzt werden (vgl. Gerber 1991, S. 51). Wettbewerb muss gewährleistet sein, denn nur so können Effektivität und Effizienz gesichert werden. Eine weitere Forderung ist, dass sich die Privatisierung für die Kommune wie für den Unternehmer rechnet. Die privatisierte Leistung muss zu einem für die Kommune und den Bürger akzeptablen Preis angeboten werden.

Der kommunale Versorgungsauftrag und die damit einhergehenden Abwägungen zu Träger und Inhalt kommunaler Leistungen sowie die bürokratischen Mechanismen in der Verwaltung sind Besonderheiten, die als Faktizitäten zu betrachten sind. Sicher lassen sich diese auch nicht kurzfristig überwinden, dennoch gibt es auf höchster politischer Ebene in der Bundesrepublik die Erkenntnis und den Willen, dass sich an den gegenwärtigen tradierten Strukturen Wesentliches ändern muss (vgl. Kanther 1996, S. 5).

Marketing in der Verwaltung zielt primär auf die kommunalen Serviceleistungen im Sinne der geforderten Kundenorientierung. Bei den Serviceleistungen besteht heute der größte Handlungsbedarf, aber auch -spielraum. Angesichts aller rechtlichen, politischen und finanziellen Zwänge, verwaltungstechnischen Hemmnisse und bürokratischen Regelungen ist jedoch entscheidend, dass sich Marketing als **Denkhaltung** durchsetzt: Es muss begriffen werden, ehe es praktiziert werden kann. So ist vornehmlich beim kommunalen Personal Aufklärungsarbeit zu leisten.

6. Kommunaler Paradigmenwechsel durch Public Management

Die öffentlichen Verwaltungen stehen gegenwärtig aufgrund veränderter Anforderungen unter Rechtfertigungs- und Leistungsdruck. Die aktuelle Kritik zielt auf die Problemlösungskompetenz obsoleter Verwaltungsstrukturen und -prozesse. Die hierarchische Organisationsform und das kameralistische Finanzierungsprinzip stellen die größten Hindernisse auf dem Weg zur kommunalen Leistungsoptimierung dar (vgl. Forschungsinstitut der Friedrich-Ebert-Stiftung 1996, S. 5; Hack/Lattwein 1996, S. 91). Als Konsequenz sollen im folgenden Kapitel neben der begrifflichen und inhaltlichen Definition die Kernelemente eines Public Management diskutiert werden, die dazu beitragen können, Kriterien der Aufgabeneffektivität, der ökonomischen Effizienz und der kundenbezogenen kommunalen Qualität stärker als bisher zum Tragen kommen zu lassen. Es handelt sich dabei um eine **Managementorientierung** im Rahmen anstehender notwendiger Reformmaßnahmen, wobei versucht wird, die Politik und das Verwaltungsumfeld in den Ausführungen nicht auszublenden (vgl. Budäus 1995b, S. 9):

„Because the need for change management methods is, and is expected to be, so acute at the state and local government levels, public administrators need to break some new ground in the use of heretofore mainly private sector techniques" (Mercer 1992, S. 139).

Den Abschluss dieses Kapitels bildet die Darlegung der wechselseitigen Einflüsse und Zusammenhänge von Mensch, Organisation und Verfahren in der Verwaltung.

6.1 Begriff, Ansatz und Gegenstand

Die begrifflichen Teilelemente „Management" und „Public" führen zur inhaltlichen Gestaltung dieses Ansatzes. **Management** wird heute im Wesentlichen in zwei Bedeutungsvarianten verwendet: Im *funktionalen* Zusammenhang, der die vier Grundfunktionen Planung, Organisation, Führung und Kontrolle untersucht, sowie im *institutionalen* Sinn, das heißt die Personen, die Managementaufgaben wahrnehmen, ihre Tätigkeiten und Rollen werden spezifiziert (vgl. Strunz 1993, S. 94; Staehle 1994, S. 69). Management vereint also eine sachbezogene Ebene mit Führungs-, Leitungs- und Verwaltungsaufgaben und eine personenbezogene Ebene, die verhaltenswissenschaftliche Ansätze in sich vereint. **Public** ist inzwischen auch in Deutschland ein Attribut geworden, das den Inhalt des Substantivs Management neu fundiert. Allgemein lässt sich sagen, dass der inhaltliche, aufgabenbezogene Gegenstand von Public Management der öffentliche Sektor ist.

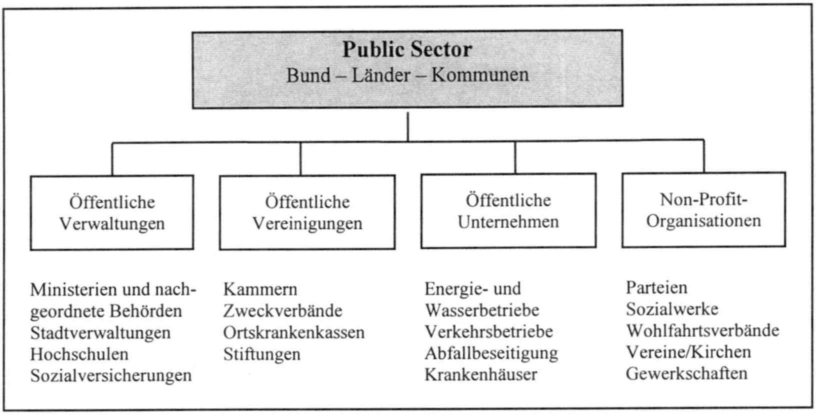

Abb. 7: Bereiche des öffentlichen Sektors (Quelle: vgl. Reichard 1987, S. 18 ff.; Damkowski/ Precht 1995, S. 25)

Genauer bedeutet dies, dass Public Management, im Gegensatz zur „reinen" Verwaltungswissenschaft, jegliche Aufgabenbereiche des öffentlichen Sektors einbezieht, weil diese weitgehend identischen bzw. ähnlichen Zielbestimmungen, Rationalitäts-, Effizienz- und Effektivitätskriterien unterliegen (Damkowski/ Precht 1995, S. 23). Was zum Bereich des *Public* zu rechnen ist, verdeutlichen die Beispiele in Abbildung 7.

Die in den 80er Jahren intensivierten internationalen Diskussionen über eine Reform öffentlicher Verwaltungen werden unter dem Begriff **Public Management**[43] bereits in den angloamerikanischen Staaten praktiziert (siehe Kapitel 4.2). Trotz aller Disparitäten, die kultur- und situationsbedingt in den unterschiedlichen Staaten zu verzeichnen sind, können folgende Aspekte als **zentrale Anliegen** eines Public Management zusammengefasst werden (Reichard 1992, S. 844):

- Konzentration auf ein professionelles und verantwortungsbewusstes Management mittels des Einsatzes privatwirtschaftlicher Managementinstrumente und -praktiken.
- Anwendung von Instrumenten und Standards der administrativen Leistungsmessung und Output-Kontrolle,

43 Bisweilen werden die in der internationalen Diskussion begründeten Termini **Public Management** und **New Public Management** (zur begrifflichen Differenzierung siehe Kapitel 1) in der deutschen Literatur synonym verwendet (vgl. Hoffmann/Dill 1993, S. 211; Reichard 1996a, S. 241 ff.; Naschold 1995, S. 48 ff.; Drescher/ Dellwig 1996b, S. 23; Hack/Lattwein 1996, S. 84; Reinermann 1996, S. 32 ff.; Schaad 1997, S. 27; Brüggemeier 1998, S. 138 ff.; Schröter/Wollmann 1998, S. 59 ff.) bzw. gleichgesetzt mit dem von der Kommunalen Gemeinschaftsstelle in Köln entwickelten **Neuen Steuerungsmodell** (1993; Schmidt-Jortzig 1995, S. 488; Diehl 1996, S. 45 ff.; Reichard 1996b, S. 33 ff.), dessen Inhalte auf der Public Management-Bewegung basieren.

- Disaggregation, Verselbständigung und Dezentralisation von Verwaltungseinheiten,
- Stärkung des Wettbewerbsgedankens (intra- und interkommunal, extern mit der Privatwirtschaft),
- größere Disziplin und Sparsamkeit in der Ressourcennutzung,

Die aktuelle Debatte zum Public Management in der Bundesrepublik wird schwerpunktmäßig von vier Hauptströmungen beeinflusst (vgl. Reichard 1987, S. 4 f.; Damkowski/Precht 1995, S. 16):

1. der **Verwaltungs- oder Regierungslehre**, die einerseits durch eine eher rechtswissenschaftliche Sicht von Regierung und Verwaltung gekennzeichnet, andererseits eher politikwissenschaftlich und verfassungspolitisch orientiert ist (vgl. Eichhorn/Buchholz 1983; Strehl/Promberger 1991; Hill 1993b);
2. **politikwissenschaftlichen Ansätzen**, die die integrativen Policy-Konzepte aufzunehmen und die Verwaltungstätigkeiten zu effektivieren suchen (vgl. Banner 1989; Naßmacher 1989; Schimanke/Stanke 1989; Ganseforth/Jüttner 1990);
3. **soziologischen und psychosozialen Ansätzen**, die teils den Schwerpunkt auf die Binnenstrukturierung von Organisationen des öffentlichen Sektors legen, teils ihr Interesse stärker auf Umfeldbeziehungen von Regierung und Verwaltung richten (vgl. Oppen 1991; Stratemann/Wottawa 1995);
4. **ökonomischen Ansätzen**, die sich sowohl makroökonomisch mit gesamtwirtschaftlichen Bezügen (insbesondere auch Rahmenbedingungen von Regierungs- und Verwaltungshandeln) als auch mikroökonomisch mit den strukturellen Konstellationen einzelner Organisationen des öffentlichen Sektors befassen. Dabei werden auf der Basis einer analytisch-systematischen Herangehensweise konzeptionelle Gestaltungsvorschläge, vornehmlich zur Effizienzsteigerung, generiert (vgl. Budäus 1981; Braun 1986; Rau 1994; Titman 1995; Naschold/Budäus et al. 1996).

Diese unterschiedlichen Strömungen haben bislang noch nicht zu einer tragfähigen, grundsätzlich akzeptierten, einheitlichen Konzeption eines Public Management geführt. Ein weiteres „Additionskonzept" (Reichard 1987, S. 5) erscheint unzureichend. Es bedarf vielmehr einer „**Great Unifying Theory**" (Damkowski/Precht 1998b, S. 487), die die einzelnen Basisdisziplinen koordiniert und integriert. Dem stehen derzeit noch die für die Kommunalverwaltungen symptomatischen Merkmale entgegen (Krajinski 1997, S. 86):

- Kommunalverwaltungen basieren auf einem staatlichen Auftrag und sind damit von der Zufriedenheit ihrer Kunden, im Unterschied zu privaten Organisationen, nur wenig abhängig.
- Kommunalverwaltungen sind heterogene Systeme, die für die Bürger nur schwer zu überschauen sind. Die Heterogenität betrifft die vielen Prozesse und Ziele sowie die verschiedenen Kundengruppen.
- Die Struktur des Systems Kommunalverwaltung, das heißt die Gesamtheit der kooperativen und organisatorischen Beziehungen zwischen ihren Elementen

und Substrukturen, erfordert eine entsprechende Ausrichtung auf den Systemzweck.

Da die Auswirkungen dieser Merkmale primär die Bürger tangieren, zum Beispiel in Gestalt fehlender Information über ihre Ansprüche, von Ratlosigkeit oder von vermeidbaren Wegen und Wartezeiten, sind Kritiken und Frustrationen auf beiden Seiten die Konsequenz. Bisherige Reformanstrengungen konzentrieren sich jedoch vielfach auf kostenorientierte Vorgänge, die für Transparenz über Ansatzpunkte für Sparmaßnahmen (Controlling, Kosten- und Leistungsrechnung) sorgen sollen. Dazu werden Instrumente entwickelt, die die interne Kosteneffektivität anhand von Wirtschaftlichkeitsbeurteilungen bei neuen Leistungsaufträgen messen helfen (vgl. Scheer/Bold/Heib 1996, S. 119 ff.). Diese „introvertierte Optimierungssicht“ (Walti 1996, S. 57) der Verwaltung berücksichtigt Kundenbedürfnisse allerdings in den seltensten Fällen, wobei doch gerade der kommunale Fertigungsprozess der Kundenbedürfnisbefriedigung dienen sollte und nicht der Gütererstellung. Insofern sind vor allem folgende **Reformthemen** für das deutsche Public Management bedeutsam (vgl. Reichard 1992, S. 844; Damkowski/Precht 1998a, S. 15 ff.; Gossmann 1998, S. B 7):

- Verbesserung der Dienstleistungen für die Bürger, das heißt Serviceorientierung, Bürgernähe und verstärktes Marketing-Denken.[44]
- Neudefinition der kommunalen Rolle und Funktionen. Dazu gehören: Aufgabenkritik, Wechsel vom „Produzenten“ zum „Gewährleister“, Contracting-Out, Public-Private-Partnerships, Marktorientierung und Wettbewerb mit Privaten.
- Fortsetzung der Dezentralisierung, das heißt der Aufgabenverlagerung auf Kommunalverwaltungen, zusammen mit einem Abbau zentralstaatlicher Kontrollen.
- Organisatorische Verselbständigung kommunaler Einrichtungen.
- Interne Managementreformen mit dem Ziel größerer Flexibilität und Responsivität. Orientierung an Corporate Management-Mustern mit Zielbildungs- und Controllingkonzepten.
- Überdenken der Beziehungen zwischen Bundes- und Kommunalebene sowie zwischen politischer Vertretung und Verwaltungsführung mit dem Ziel eindeutigerer Zuständigkeiten und dem Rückzug der Politik aus dem Tagesgeschäft.

44 Die Kommunale Gemeinschaftsstelle weist in diesem Zusammenhang darauf hin, dass die neue Dienstleistungsorientierung im Gleichgewicht zu den Werten Rechtmäßigkeit, Wirtschaftlichkeit und Sozialverträglichkeit stehen muss, wobei keiner der Werte als absolut anzusehen ist. Eine derartige kommunale Dienstleistungsmentalität darf allerdings weder neue Ansprüche noch den Verzicht politischer Entscheidungen begründen (vgl. Kommunale Gemeinschaftsstelle 1992a, S. 11), worin sich die Ambivalenz der Forderungen widerspiegelt.

6.2 Kernelemente

Im Hinblick auf die beschriebenen Reformthemen können vier Basiselemente und Erfolgsfaktoren für ein Public Management im öffentlichen Sektor deduziert werden, die im Zusammenhang mit den sach- und personenbezogenen Management-Parametern stehen, wie Abbildung 8 zeigt:

Die einzelnen Kernelemente und ihre interdisziplinären Funktionen werden in den nachfolgenden Kapiteln konkretisiert.

Abb. 8: Kernelemente des Public Management (Quelle: in Anlehnung an Damkowski/Precht 1995, S. 143 ff.)

6.2.1 Kommunales Marketing

Die strukturellen Grenzen der Verwaltung, deren Entscheidungsprozesse teilweise gegen interessengerechte Problemlösungen abgeschottet sind und deren Entscheidungsroutinen sich vielfach eher an verwaltungseigenen Kriterien der Aufgabenbewältigung als an der Lage der betroffenen Kunden orientieren, widersprechen bislang dem Marketinggedanken, der eine abnehmerorientierte Unternehmensphilosophie impliziert (vgl. Oppen 1991, S. 26):

„Ausgesprochen schwach ausgeprägt ist das Marketing-Denken dagegen noch in der öffentlichen Verwaltung, wo man über einige bescheidene Versuche, dem Bürger ‚entgegenzukommen', nicht hinausgekommen ist. Was bedeuten schon die Verlängerung der Sprechzeiten in einigen Ämtern an einem Tag in der Woche, die Einrichtung von Kummerkästen und die Abgabe von Absichtserklärungen, dass man bestrebt (...) sei, Formulare zu vereinfachen, angesichts des autoritären Stils, mit dem der Bürger allenthalben konfrontiert ist?" (Nieschlag/Dichtl/Hörschgen 1997, S. 19).

Nicht nur aus diesem Grund sollten die Vertreter der Kommune ihre „passiv-rezeptive Grundhaltung" (Schneider 1993, S. 59) aufgeben und sich mehr um die Nöte ihrer Kunden kümmern, statt den Modus ihres „bürokratischen Zentralismus" (Forschungsinstitut der Friedrich-Ebert-Stiftung 1996, S. 14) aufrechtzuerhalten. Erwiesenermaßen nehmen Bürger aus einem Gefühl der Unterlegenheit heraus manche Unbequemlichkeit im Umgang mit Behörden in Kauf oder beanspruchen aus Unkenntnis nicht ihnen rechtlich zustehende Leistungen.[45] Dies obwohl der Bürger als Steuerzahler, eben als Kunde, ein kommunales Leistungsangebot erwarten darf, das den Kriterien der Wirtschaftlichkeit standhält. Schließlich bezahlt er für seine Bedürfnisdeckung Steuern im Voraus und bei Inanspruchnahme konkreter Leistungen darüber hinaus zumeist weitere Gebühren (vgl. Ball 1997, S. 62). Wenn demnach davon auszugehen ist, dass der vom Bürger geleistete finanzielle Beitrag seine Erwartungen an den Staat determiniert, so stellt sich die Frage, was das staatliche Angebotsmonopol unternimmt, um die aktuellen Bedürfnisse und Wünsche des Bürgers zu identifizieren. Kommunales Marketing kann dazu beitragen, systematisch die **Bürgerwünsche** (was will der Kunde, wann und wie will er es?) zu erforschen sowie die entsprechende Gestaltung bzw. Anpassung von **Servicekultur** und kommunalen Leistungsinhalten vorzunehmen, um gleichzeitig die Attraktivität des staatlichen Leistungsangebots und dessen Nachfrage zu steigern (Reichard 1987, S. 59).

6.2.1.1 Kundenorientierung

Den Vorstellungen einer „schlanken" Verwaltung liegt der Versuch zugrunde, Modernisierungserfahrungen aus der Privatwirtschaft auf die öffentliche Verwaltung zu übertragen. Die unternehmerische Kundenorientierung wird dabei als *„die Ausrichtung aller zentralen Unternehmensfaktoren, angefangen von der Beschaffung bis hin zum Vertrieb, auf die Bedürfnisse der Kunden und Gegebenheiten des Marktes"* (Metzen 1994, S. 128) verstanden. Schneider stellt fest, dass

45 Bei manchen Bürgern hingegen steigert ein Unterlegenheitsgefühl gegenüber der Bürokratie Aggressionen (Endres 1988, S. 254).

im kommunalen Kontext „der Anspruch der Kundenorientierung seine Parallele in der Diskussion um ‚Bürgernähe‘ oder um das ‚Dienstleistungsbewusstsein der Verwaltung‘ findet“ (1993, S. 55).[46]

Zu den Elementen einer Kundenorientierung, die im direkten Zusammenhang mit der erbrachten Dienstleistung in der kommunalen Verwaltung stehen, gehören Verständlichkeit, Schnelligkeit, Flexibilität und umfassende Information und Beratung. Kundenorientierung erleichtert demnach die Wege *durch* eine Verwaltung. Die Kunden benötigen im Einzelnen

- gut verständliche Formulare und Unterstützung beim Ausfüllen, um die Leistung überhaupt in Anspruch nehmen zu können,
- flexible Anwendung von Vorschriften bei der Beantragung von Leistungen,
- umfängliche Beratung und Information über Zuständigkeiten und Anspruchsvoraussetzungen, die in die Einleitung von Realisierungsschritten mündet,
- schnelle Antragsbearbeitung (Bogumil/Kißler 1995, S. 47).

Im Zuge der Diskussion um eine verstärkte Kundenorientierung in den kommunalen Verwaltungen darf nicht außer Acht gelassen werden, dass mit der Auffassung des Bürgers als Kunden auch andere Implikationen verbunden sind. Ein Kunde ist vorrangig Konsument von Dienstleistungen, eher passiv und auf Bedürfnisbefriedigung aus. Der Bürger tritt gegenüber der Verwaltung als Anbieterin von Dienstleistungen insofern mit einer Anspruchshaltung auf (vgl. Tiemann 1993, S. 112). Allerdings handelt es sich bei den Leistungen einer Kommunalverwaltung nicht immer um Dienstleistungen. Der Verkauf subventionierter Theaterkarten, das Angebot von Volkshochschulkursen oder die Bereitstellung ausreichender Kindergartenplätze können zwar als Dienstleistungen aufgefasst werden, aber oktroyierte Leistungen wie die unterschiedlichen Ausweispapiere, Baugenehmigungen oder Kfz-Kennzeichen sind kaum als Dienst im ursprünglichen Sinne zu bezeichnen. Bei der Ausstellung von Strafzetteln für Vergehen im Rahmen der Straßenverkehrsordnung oder der Erteilung anderer Bußgelder kann sicher überhaupt nicht von „Leistung“ die Rede sein. Die Rollen des Bürgers, der Ansprüche gegenüber der Verwaltung geltend macht, sind somit beispielsweise zu spezifizieren als „Bauherr“, „Wohngeldempfänger“, „Verkehrssünder“ oder „Antragsteller auf einen Reisepass“ (Bogumil/Kißler 1995, S. 9).

6.2.1.2 Servicekultur

Eine Servicekultur in Verwaltungen setzt sich mit den Optimierungen der Wege *zur* Stadtverwaltung für den Bürger auseinander. Abbildung 9 zeigt die Aspekte,

46 Homann unterscheidet diesbezüglich zwischen „Bürgernähe“ und „Bürgerfreundlichkeit“. **Bürgernähe** als umfassendes Konzept im Sinne einer Kundenorientierung impliziert seines Erachtens Art und Umfang der von der Verwaltung für die Bürger zu erbringenden Leistungen sowie die Umstände der Leistungsvermittlung zwischen Verwaltung und Bürger. **Bürgerfreundlichkeit** im Sinne einer Servicekultur bezieht sich auf die Bedingungen, unter denen die Verwaltung ihre Leistungen an die Bürger abgibt (1986, S. 607 und 1995, S. 115).

anhand derer die Bürgerfreundlichkeit einer Behörde systematisch geprüft werden kann.

Insbesondere die Einrichtung von **Bürgerämtern und Bürgerbüros**[47] reflektiert den Willen der Kommunalverwaltungen, ihre Servicequalität zu verbessern. Wegbereitend für andere Kommunen war bereits Ende der 70er Jahre die Stadt **Unna**, als dort die Idee eines Bürgeramtes mit dem Zweck entstand, publikumsintensive Dienstleistungen für die Bürger an einer Stelle zu bündeln[48] (vgl. Jöris-

❶ **Publikumsverkehr**
Sprech- und Öffnungszeiten, Dezentralisierung/Außenstellen

❷ **Telefonische Anfrage/Anmeldung**
Verbindung, Auskunft, Gesprächsführung

❸ **Zufahrtswege**
Hinweisschilder, Einfahrt, Schranke/Pforte

❹ **Parkplätze**
Anzahl, Behindertenparkplatz, Entfernung zum Gebäude

❺ **Gelände/Gebäude**
Äußeres Erscheinungsbild, Beleuchtung, Fassade

❻ **Gebäude-Eingang**
Pförtner/Information, Anmeldung Türen, Decken, Fußböden, Beleuchtung, Lüftung, Hinweistafeln, Türschilder

❼ **Aufenthalt/Wartezone**
Sitzplätze, Beschäftigungmöglichkeiten, flüchtiger Kontakt mit dem Personal, Hören von Betriebsgeschehen, Wartezeit (evtl. trotz Anmeldung)

❽ **Sprechzeit**
Begrüßung, Büroeinrichtung, Freundlichkeit des Personals, Entscheidungskompetenz, Gesprächsverlauf, Behandlung des Anliegens, Eingehen auf persönliche Bedürfnisse, Verabschiedung, Erteilung eines Zwischenbescheids

❾ **Verlassen der Räumlichkeiten und Gebäude**
Beschilderung des Ausgangs, Verabschiedung an der Anmeldung/Pförtner

❿ **Verlassen des Geländes**
Pforte/Ausfahrt, Beschilderung

Abb. 9: Servicequalität öffentlicher Institutionen (Quelle: vgl. Joerger 1979, S. 263 f.; Töpfer 1992, S.24 f.)

---

47 Synonym wird in diesem Zusammenhang auch von Bürgerberatungsstelle, Bürgerladen oder Bürgerzentrum gesprochen (Bogumil/Kißler 1995, S. 66; Grenacher 1996, S. 44).

48 Bisweilen wird diese Zielstellung als „One Stop Agency" umschrieben (nach Budäus „One-Agent-Stop"; 1995a, S. 145), wie sie in **Braunatal** eingerichtet wurde, um Aufgaben mit kurzen Bürgerkontakten kompetent und bürgerorientiert abwickeln zu können. Der Ratsuchende soll schnellstmöglich vom Antragsteller unterschieden werden und entsprechend weitergeleitet werden können. Die so praktizierte zentrale Wahrnehmung von kommunalen Aufgaben soll Bürgerfreundlichkeit und -zufriedenheit erhöhen (Hill 1994b, S. 70; Grenacher 1996, S. 44).

sen/Lawitzke et. al. 1979, S. 11; Bullinger 1995, S. 79; Jänig 1997, S. 129 ff.). Die Realisierung bürgerfreundlicher Angebotsstrukturen durch Bürgerämter macht organisations-, technik- und personenbezogene Maßnahmen erforderlich. Mit Hilfe innovativer computergestützter Methoden, die den Entwicklungen auf dem Sektor der „Neuen Medien" Rechnung tragen (siehe Kapitel 9.3.2.3), und unter verstärkter Involvierung der Mitarbeiter wird versucht, die kommunalen Verwaltungen aufgabenintegrierend zu dezentralisieren (Bogumil/Kißler 1995, S. 66).

Ein zeitgemäßes kommunales Marketing begnügt sich nicht mit der Kenntnisnahme sporadischer Missfallensbekundungen einiger Bürger. Um eine **Servicekultur** in der Verwaltung etablieren zu können, ist es notwendig, die Akzeptanz der angebotenen Leistungen durch direkte Kundengespräche, standardisierte Fragebögen oder Gespräche mit Kundengruppen dezidiert zu hinterfragen. Derartige Befragungen im Rahmen von Marketingmaßnahmen liefern konkrete Hinweise für die qualitative Gestaltung von kommunalen Dienstleistungen. Darüber hinaus wird das öffentliche Leistungsangebot hinsichtlich seiner Quantitäten und der räumlichen sowie zeitlichen Verfügbarkeit evaluiert. Der in weiten Teilen des Verwaltungsangebots existierende Mangel selbstregelnder Wettbewerbskräfte verdeutlicht, dass Marketing in Kommunen eine wichtige Aufgabe darstellt.

6.2.2 Organisationsentwicklung

Der gegenwärtige Zustand der kommunalen Verwaltungen kann als organisierte Unverantwortlichkeit zusammengefasst werden, die durch eine „*aufgeblähte und somit teurere, gleichzeitig aber auch starre und langsame, eine ‚hoheitliche' Attitüde zelebrierende Bürokratie*" (Klages 1997, S. 132) gekennzeichnet ist. Die fachliche Verantwortung ist meist von der Verantwortlichkeit für die Ressourcen, die zur Erfüllung der Fachaufgaben gebraucht werden, getrennt. Dies führt dazu, dass sich die Fachebenen für die finanzielle Auswirkung ihres Handelns nur sehr eingeschränkt verantwortlich fühlen und der Spargedanke dementsprechend wenig ausgeprägt ist. Neue oder geänderte Aufgaben werden in der Regel durch die Neuanforderung von Finanzmitteln und Personal gelöst. Auf der anderen Seite sind sehr weite Verwaltungswege zurückzulegen, wenn Ressourcen umgeschichtet oder erweitert werden müssen, weil diese zentral bewirtschaftet werden. Gleichzeitig wird das Potenzial an Know-how bei den Mitarbeitern nicht voll ausgeschöpft, weil sie zwar die Fach- nicht aber die Ressourcenverantwortung tragen und somit kein prioritäres Interesse daran haben, mit Geld und Personal sparsam umzugehen. Hinzu kommt, dass das hohe Maß an Reglementierungen in Form von Vorschriften und Richtlinien, eingebunden in eine strenge Hierarchieordnung, flexibles Handeln nur sehr eingeschränkt ermöglicht und vielmehr die Mitarbeiter demotiviert (vgl. Forschungsinstitut der Friedrich-Ebert-Stiftung 1996, S. 10; Wewer 1998c, S. 223 ff.).

Dieses realitätsgetreue Szenario legt dar, dass sich die überorganisierten Verwaltungen de facto selbst lahm legen und daraus resultierend in erster Linie nur mit sich statt mit ihren Kunden beschäftigen. Insofern ist die kommunale Organisationsstruktur an gewandelte Verwaltungsaufgaben und Umweltbedingungen anzupassen, besonders im Hinblick auf Formen der Koordination, auf leitungs- und hierarchieergänzende Strukturen sowie auf zu erwartende Informationstechnologien. Dabei ist generell das Ziel einer leitbild- und mitarbeitergerechten, flexiblen Organisation zu verfolgen, die nicht zuletzt dadurch die Bedürfnisse der Bürger berücksichtigt (Reichard 1987, S. 147).

Die Organisationsentwicklung schafft demzufolge die Grundlagen, um zwei Zielebenen zu erreichen: zum einen die **Verbesserung der Leistungsfähigkeit** der Verwaltung und zum anderen die **Persönlichkeitsentfaltung** der Führungskräfte und Mitarbeiter (vgl. Wagner 1991, S. 215).

6.2.2.1 Delegation

Einhergehend mit der Implementation einer verbesserten Organisationskultur muss dafür gesorgt werden, dass ein Verantwortungsbewusstsein für die Entscheidungen auf allen kommunalen Ebenen geschaffen wird. Der Schlüsselbegriff heißt in diesem Kontext Delegation. Die zentrale Verantwortung ist umfassend auf die nachgelagerten Ebenen zu delegieren, um die politisch Verantwortlichen in die Lage zu versetzen, die Einhaltung ihrer Vorgaben zu kontrollieren (vgl. Koetz 1996, S. 219).

Delegation im Sinne der klassischen betriebswirtschaftlichen Betrachtungsweise[49] bezeichnet „das Abgeben von Aufgaben bzw. Kompetenzen[50] an nachgeordnete Stellen“ (Bühner 1992, S. 75). Damit sind zahlreiche organisatorische Aspekte verbunden: die Verteilung der Aufgaben (Arbeitsteilung und Spezialisierung), die horizontale Aufgabenverteilung (Stellen- und Abteilungsbildung), die vertikale Aufgabenverteilung (Leitungsspanne, Anzahl von Hierarchieebenen) und die bereits erwähnte Festlegung von Entscheidungsbefugnissen (Wagner 1991, S. 107; Staehle 1994, S. 429). Im Verwaltungsalltag bedeutet dies, dass zumindest in Routinefällen die Entscheidungskompetenzen bei den sachbearbeitenden Mitarbeitern liegen sollten, die einen Vorgang eigenständig betreuen. Das Kongruenzprinzip ist dabei einzuhalten, das heißt Aufgabe, Kompetenz und Verantwortung sollten sich entsprechen (vgl. Oppen 1991, S. 187 ff.; Rau 1994, S. 109).

---

49 Weiterführend sei an dieser Stelle auf das Harzburger Modell verwiesen, das unter Beibehaltung von Hierarchien das Prinzip der Delegation betont und zu einer verstärkten Anwendung von Delegation in Wirtschaft und Verwaltung beigetragen hat (vgl. Bühner 1992, S. 76 f.).

50 Diese lässt sich weiter aufschlüsseln in Ausführungskompetenz, Verfügungskompetenz (Zugriffsrecht auf Sachmittel, Informationen außerhalb des Arbeitsplatzes), Antragskompetenz (Initiativrecht), Entscheidungskompetenz (Maßnahmen- und Richtlinienkompetenz), Anordnungskompetenz (Weisungsrecht), Mitsprachekompetenz (Anhörung und Beratung) sowie Vertretungskompetenz (Rau 1994, S. 109).

Die Delegation von Verantwortung hat in der kommunalen Verwaltung einige Vorteile, die zur Entbürokratisierung sowie zur Förderung von Bürgernähe beitragen (vgl. Reichard 1987, S. 182; Bühner 1992, S. 77; Bölke 1993, S. 31):

- **Entlastung der Leitungsstellen** von sich wiederholenden Entscheidungs- und Kontrollvorgängen, die oftmals aus Zeitmangel und geringer Einzelfallkompetenz nicht effizient ausgeführt werden können,
- **Motivation der Mitarbeiter** durch größeren Handlungsspielraum,
- **Vereinfachung der Leitungsstrukturen**, z.B. Beschleunigung von Arbeitsabläufen infolge entscheidungskompetenter Sachbearbeiter,
- **geringere Willkür** besonders bei stark strukturierten Aufgaben.

6.2.2.2 Dezentralisierung

Die Umgestaltung und Modernisierung kommunaler Verwaltungen im Sinne eines Public Management macht eine wesentlich stärkere Dezentralisierung öffentlicher Aufgabenwahrnehmung obligat: „*The shrinking capacity of public bureaucracies, increasing demand for services, and continued trend toward decentralized program delivery underscore the substantial interdependence between the public and nonprofit sectors*" (Saidel 1993, S. 32). Wie bereits aufgezeigt wurde, muss dabei zunächst der Komplexitäts- und Bürokratisierungsgrad reduziert werden. Erst durch die Einrichtung entsprechender organisatorisch abgrenzbarer Einheiten in Form von Verantwortungszentren können Kosten und Leistungen transparent, erfassbar und zurechenbar gemacht werden (Budäus 1995b, S. 55). Die Dezentralisierung ist somit wesentlicher Bestandteil eines Public Management, das den Abbau der kommunalen Leistungsdefizite verfolgt.

Das herkömmliche Steuerungsmodell der Kommunalverwaltung sieht dagegen immer noch vor, dass die Verwaltungsleitung bzw. die Querschnittsverwaltung wesentliche Entscheidungsvorbehalte in Anspruch nimmt, eindeutige Produktverantwortlichkeiten häufig nicht abgrenzt und nur minimale dispositive Befugnisse der dezentralen Einheiten beim Ressourceneinsatz akzeptiert werden (vgl. Stöbe 1998b, S. 246).

Ein Schlüsselbegriff gegenwärtiger Verwaltungsreformbemühungen ist die **„dezentrale Ressourcenverantwortung"**, die intendiert, dass der einzelne Verwaltungsfachbereich ein bestimmtes Budget – das auch in das nächste Haushaltsjahr übertragen werden kann – zur Verfügung hat, aus dem er alle Sach- und Personalaufwendungen bestreitet (vgl. Diehl 1996, S. 47; Wittkämper 1996, S. 59; Brüggemeier 1998, S. 254 ff.).

Der Dezentralisierung von Ressourcenverantwortung wurde deshalb ein so hoher Stellenwert als Reformelement zugebilligt, weil sie beim aktuellen Stand der Organisations- entwicklung in der Kommunalverwaltung deren gravierendster Engpass ist. Da der Leistungsumfang, die Qualität der Leistung, die Faktorkombination im Leistungsprozess und die Erzeugungskosten von einer dezentralen Einheit zu verantworten sind, wird aus dieser Perspektive auch von

„dezentraler Produktverantwortung“ oder „dezentraler Kundenverantwortung“ (Horstmann 1996, S. 166) gesprochen.[51]

6.2.2.3 Projektorganisation

Im Rahmen der Organisationsentwicklung spielen die Elemente Team und Teamstrukturen eine essenzielle Rolle, wobei letztere sowohl Arbeitsinstrument als auch Entwicklungsziel innerhalb der kommunalen Organisation sind. Aufgrund der Variationen von Projektinhalten, -umfängen und -zielen können **befristete Projektgruppen** und **permanente Teams**[52] unterschieden werden (Damkowski/Precht 1995, S. 215). Die jeweils passende Projektorganisation, wie beispielsweise Steuerungs-, Konzept- oder Evaluationsgruppe, Qualitätszirkel oder Sensitivity-Trainingsgruppe, wird in Abhängigkeit von der kommunalen Institution, dem Budget und der Aufgabenstellung gebildet (vgl. Andersch/Belzer 1998, S. 275 f.). Der instrumentelle Charakter ist somit dominierendes Merkmal der Projektgruppen. Ausgehend von den Standardorganisationsformen[53] sind durch Verknüpfung und Koordination verschiedener Projektgruppen zusammenhängende Projektgruppenorganisationen, so genannte **Matrixstrukturen**, denkbar: Mehrere Projekte (wie Bau- oder Datenverarbeitungsprojekte) werden mittels Projektgruppen gesteuert, die quer durch die divisionale Hierarchie projektbezogene Kompetenzen ausüben. Ferner sind auch programmorientierte Varianten realistisch, bei denen bestimmte Programmkomponenten durch entsprechende „Programm-Manager“ (Reichard 1987, S. 174) gesteuert werden. Erste Ansätze dazu finden sich in der Verwaltung bei den Beauftragten, etwa dem Beauftragten für Ausländerfragen, Denkmalschutz, Naturschutz etc. Zumeist sind die Kompetenzen dieser Beauftragten jedoch relativ begrenzt (ebenda).

Teamarbeit und Projektorganisation verfolgen generell die **Ziele** (Rau 1994, S. 187):

---

51 **Detmold** entschied sich beispielsweise Anfang der 90er Jahre für einen umfassenden strukturellen Umbau seiner Verwaltung: Sowohl Delegation von Verantwortung und Dezentralisierung einhergehend mit dem Abbau von Hierarchien wurde bewältigt. Aus vormals 28 städtischen Ämtern wurden durch Umstrukturierung neun Fachbereiche, denen erhebliche haushalts- und personalwirtschaftliche sowie organisatorische Befugnisse übertragen wurden. Quintessenz der Detmolder Erfahrungen ist, dass integrale Produktverantwortlichkeiten die Fähigkeit und den Willen der Beteiligten stärken, sich persönlich für den Kunden verantwortlich zu fühlen (Horstmann 1996, S. 167 ff.).

52 Ein *Projekt* ist eine Aufgabenstellung, die zeitlich klar abgegrenzt, also nicht auf Dauer angelegt und häufig auf Teamarbeit fokussiert ist. Ein *Team* ist eine Gruppe von Mitarbeitern, die besonders eng und vertrauensvoll zusammenarbeiten soll, ohne dass hierarchische Unterschiede gemacht werden. Davon zu unterscheiden sind *Arbeitsgruppen*, die aus Personen verschiedener Fachbereiche bestehen, die fachübergreifend Daueraufgaben koordinieren (Rau 1994, S. 187).

53 Zur Unterscheidung der funktionalen, divisionalen, regionalen Organisation und der Kombination aus diesen eindimensionalen Formen bei der Matrixorganisation siehe Reichard 1987, S. 171 ff.; Wagner 1991, S. 89 ff.; Bühner 1992, S. 102 ff.; Staehle 1994, S. 708 ff.

- Entscheidungsoptimierung aufgrund
  - größerer Kreativität durch Gruppendynamik,
  - frühzeitiger Berücksichtigung aller relevanten fachlichen Aspekte, wodurch Risiken und Fehler vermieden werden,
  - Vermeidung hierarchiebedingter Barrieren,
  - höherer Zielorientierung;
- Beschleunigung der Durchsetzung komplexer Problemlösungen durch Involvierung der betroffenen Entscheider;
- Konfliktminimierung durch verbesserte und frühzeitige Information und damit auch
- Motivation durch gemeinsame Problemlösung und kooperativen Führungsstil.

Die grundsätzliche Schwierigkeit von Projektarbeit liegt darin, dass sie ein Fremdkörper in der Aufbauorganisation ist. Projekt und Projektleiter müssen von der Linie akzeptiert sein, sonst werden Informationen zurückgehalten. Den Projektmitarbeitern muss eine Perspektive geboten werden für die Zeit nach Abschluss des Projekts. Um dessen Effizienz messen zu können, sind die Aufgabenstellungen vorab klar zu formulieren (vgl. Andersch/Belzer 1998, S. 274).

6.2.3 Personalentwicklung

Qualifiziertes und motiviertes Personal ist heutzutage *die* entscheidende Ressource erfolgreicher Unternehmen, viel wichtiger als z.B. Kapital, weil es wesentlich schwieriger zu beschaffen und zu halten ist. Für den öffentlichen Sektor gilt, dass Personal gegenwärtig der teuerste und zugleich am schlechtesten gemanagte Produktionsfaktor ist. Hinzu kommt, dass das Personal einen zentralen Engpass organisatorischer Leistungsfähigkeit und Entwicklung darstellt (vgl. Reichard 1998, S. 168). Mit gutem Personal können suboptimale, in vielerlei Hinsicht defizitäre Verwaltungsstrukturen einigermaßen am Laufen gehalten werden – aber eine noch so gute Organisation wird mit schlechtem, demotiviertem Personal keine Höchstleistungen erbringen.

Die Ressource Personal wird in der öffentlichen Verwaltung bisher nicht ihrer Bedeutung entsprechend gewürdigt, wie die aktuellen Umfragen ergeben haben (vgl. Tabelle 1). Traditionell wird Personal juristisch verwaltet und opportunistisch eingesetzt. Personalfragen sind in der Regel Dienstrechtsfragen und werden juristisch abgehandelt, ansonsten herrscht das Prinzip der Konfliktvermeidung um fast jeden Preis. Dabei muss allen Beteiligten klar sein: Die Reform der kommunalen Verwaltung hängt originär von der Steigerung der Leistungsbereitschaft und der Einbeziehung der Erfahrungen der Mitarbeiter ab. Somit benötigt der öffentliche Sektor dringend moderne Konzepte des Personalmanagements und der Personalentwicklung, um die gewünschten Fortschritte erzielen zu können (vgl. Koetz 1996, S. 220 f.).

6.2.3.1 Anreizsysteme

Mangelhafte Kundenorientierung, Qualitätsdesiderate, Dienst-nach-Vorschrift-Mentalität, Langsamkeit und eine zu hohe Absentismusquote sind die Indikatoren einer äußerst problematischen Situation der Mitarbeitermotivation im kommunalen Bereich. Deswegen fordert das Public Management den Abschied vom Berufsbeamtentum mit seiner einseitigen Ausrichtung auf Treue und Loyalität und seinen eklatanten Defiziten an Leistungsorientierung. Gefragt ist für ein neues Konzept der eigenverantwortlich handelnde, in Ziel- und Ergebniskategorien denkende, leistungsmotivierte Mitarbeiter, der sich für die definierten Verwaltungsziele einsetzt:

„Both public and private sector organizations are turning to high-performance practices as a way of enhancing their employees' contributions. Work management practices define the limits within which performance can be enhanced. High-performance work practices are integrally related to employee involvement in decision making because they strengthen the commitment between employee and employer and increase the likelihood that they share the same goals and objectives" (Wise 1996, S. 393).

Leistungsbereitschaft entsteht aber erst, wenn einer gegebenen **Motivstruktur** eine adäquate **Anreizstruktur** gegenübersteht (vgl. Becker 1991, S. 280 ff.). Die von Maslow 1954 entwickelte Bedürfnispyramide legt auf fünf Ebenen die Hierarchie von Motiven, das heißt Bedürfnissen, dar (vgl. Bühner 1992, S. 83; Staehle 1994, S. 156):

- Grundbedürfnisse,
- Sicherheitsbedürfnisse,
- soziale Bedürfnisse,
- Wertschätzungsbedürfnisse,
- Entwicklungs-/Selbstverwirklichungsbedürfnisse.

Die ersten drei Kategorien sind bei Mitarbeitern der kommunalen Verwaltung zumeist als erfüllt anzusehen, wohingegen die Punkte vier und fünf bei der bisherigen Personalführung nicht genügend Beachtung gefunden haben. In Anlehnung an Herzberg, der 1959 in seiner „Zwei-Faktoren-Theorie" Motivatoren[54] und **Hygienefaktoren**[55] unterschieden hat, zählen zu den letzteren im öffentlichen Dienst (vgl. Stratemann/Wottawa 1995, S. 205; Koetz 1996, S. 209 f.): Bezahlung, Entfaltungs- und Entwicklungsaussichten, Beziehungen zu Vorgesetzten und Kollegen, Status, Art der Personalführung und äußere Arbeitsbedingungen. Als echte **Motivatoren** sind dagegen zu betrachten: Selbstbestätigung

54 Erzeugen beim Mitarbeiter Arbeitszufriedenheit. Ihre Nichtexistenz führt jedoch zu permanenter Unzufriedenheit (Bühner 1992, S. 84).

55 Ihre Existenz hat keinen positiven, sondern einen neutralen Effekt, ihre Nichtexistenz aber einen deutlich negativen (Bühner 1992, S. 84).

und Leistungserfolg, Anerkennung, Arbeitsaufgabe und -inhalte, Verantwortung und Beförderung. Es wird deutlich, dass zu den Motivatoren viele nichtmonetäre Faktoren gehören, was angesichts der Knappheit in den öffentlichen Kassen ein Umstand ist, den es zu nutzen gilt (vgl. Ridder 1998, S. 197 f.).[56] Als wichtigste nichtmonetäre **Leistungsanreize** sind zu nennen (Koetz 1996, S. 211 f.):

- Kreieren eines *Verwaltungsleitbildes*,
- Verbesserung des *Images* des öffentlichen Dienstes,
- stärkere *Anerkennung von Leistung*,
- Optimierung von *Arbeitsinhalten* (z.B. job enlargement, job enrichment[57]),
- Erneuerung des *Beurteilungswesens*,
- Verbesserung der *Fortbildung*,
- Umgestaltungen im *Arbeitsumfeld* und beim *Betriebsklima*,
- Durchführung von *Mitarbeiterbefragungen*,
- Verbesserung der *Führungsqualität*,
- neue *Organisationsformen*,
- Optimierung von *Information* und *Kommunikation*,
- Verstärkung *personalwirtschaftlicher Entscheidungsbefugnisse*,
- Einführung einer *systematischen Personalentwicklung.*

Die Herausforderung der Führungskräfte liegt nun darin, einen optimal wirksamen Instrumenten-Mix anzuwenden, um mit möglichst begrenztem Aufwand eine langanhaltende Wirkung zu erzielen. Dabei spielt die Mitarbeiterführung als wichtige motivationale Komponente eine signifikante Rolle, wie der folgende Abschnitt zeigt.

6.2.3.2 Von der Personalverwaltung zum Human Resource Management

Um Kundenorientierung und Mitarbeitermotivation zu etablieren, sind zwei Dinge Voraussetzung: erstens eine Führung, die mehr Offenheit, Flexibilität sowie Teamarbeit zunächst internalisiert und später institutionalisiert; zweitens eine Verwaltungskultur, die diesen Paradigmenwechsel fördert und zum Ausdruck bringt. Die Ressource Mensch ist dabei das zentrale Element der modernen Verwaltungsführung (vgl. Koch 1998, S. 442 ff.). Die Fragen lauten also: Wie begeistert die Verwaltungsführung die Mitarbeiter? Wie erreicht sie, dass diese sich für die Zukunft der eigenen Behörde und ihre Kunden verantwortlich fühlen?

---

56 Das Instrument der monetären Leistungsanreize ist auch im öffentlichen Dienst vorhanden, jedoch nicht von besonderer Bedeutung, da es zudem ein entsprechendes Instrumentarium der Leistungsmessung und -bewertung voraussetzt. Fehlt dieses, kann die Unzufriedenheit der Nichtberücksichtigten die positiven Effekte kompensieren (Reichard 1987, S. 205). Bisweilen bewegt es sich sogar in rechtlichen Grauzonen, wie beispielsweise bei Heraufstufungen oder überhöhten Einstufungen, vorgezogenen Alterszulagen, fingierten Überstundenregelungen, versteckten Dynamiken oder Akzeptanz von Nebentätigkeiten (Koetz 1996, S. 212 f.).

57 Siehe Wagner 1991, S. 105 f.; Wise 1996, S. 394.

Wie werden die Mitarbeiter entsprechend vorbereitet? Wie kann das fachliche und kreative Potenzial aktiviert werden (Hack/Lattwein 1996, S. 87)?

Obgleich sich das soziale Phänomen „Führung“ in der öffentlichen Verwaltung prinzipiell nicht von dem eines privaten Unternehmens unterscheidet, weist Reichard auf diverse verwaltungsbezogene Spezifika hin (1987, S. 207): Neben Zwängen des administrativen Managements (wie z.B. Gesetzesbindungen, bürokratische Strukturen, Umweltverflechtungen, politische Rationalitäten) ist die weit verbreitete Vernachlässigung personenbezogener Managementfunktionen bereits erörtert worden. Vor allem auf der unteren und mittleren Ebene, wo die alltäglichen Führungsprozesse (z.B. zwischen Sachbearbeiter und Gruppen- oder Referatsleiter) stattfinden, ist eine Verbesserung und Intensivierung der Führungsstruktur dringend notwendig. In synergetischer Beziehung zum Ansatz der Organisationsentwicklung zielt die Personalentwicklung auf die Befähigung und Förderung von Mitarbeitern und damit auf das zukünftige Leistungspotenzial. Zu den relevanten **Instrumenten** einer zeitgemäßen Personalentwicklung gehören (vgl. Damkowski/Precht 1995, S. 223; Ball 1997, S. 138):

- die **Mitarbeiterbeurteilung** als Rückmeldung des Vorgesetzten, die über die Einschätzung der eigenen Leistung und Person durch andere informiert,
- die **Aus- und Fortbildung** als Möglichkeit für den Mitarbeiter, sich neue Aufgabengebiete zu erschließen,
- die **Karriere- und Verwendungsplanung** als Information über längerfristige Entwicklungsperspektiven,
- die **Versetzung** als horizontale Verwendungsform,
- die **Beförderung** als klassischer Anreiz.

Die aufgezeigten Instrumente zu koordinieren, zählt zu den vorrangigen Aufgaben der Personalentwicklung einer managementorientierten Behörde. Anstrengungen dieser Art werden sich in profunden Personalentscheidungen und damit in verbesserter Qualität des Mitarbeiterpotenzials niederschlagen.

6.2.4 Ressourcen- und Kostenorientierung

Das beherrschende Abrechnungssystem der öffentlichen Verwaltung ist die **kameralistische Haushaltsrechnung,**[58] in der die Ausgaben und Einnahmen für

58 Im Gegensatz zur Privatwirtschaft, die mit der doppelten Buchführung arbeitet, wenden öffentliche Verwaltungen in der Regel auch heute noch die kameralistische Buchführung an. Sie zeichnet sich dadurch aus, dass für Ausgaben und Einnahmen keine Konten, sondern getrennte Listen geführt werden, unterteilt nach Soll- und Istwerten. So kann der Kämmerer nachweisen, dass er nicht mehr ausgegeben hat, als der kommunale Haushalt vorsieht. Simples Vergleichen der Gesamteinnahmen und -ausgaben ergibt Überschuss oder Defizit des Haushaltsjahres. Der Vergleich von Einnahmen und Ausgaben, Aufwand und Ertrag einzelner Leistungen, etwa der Straßenreinigung, ist dagegen nicht möglich – allein deshalb, weil alle Personalausgaben in einem „Sammelnachweis“ zusammengefasst sind. Kosten einzelner Produkte kann eine Verwaltung mit der Kameralistik folgerichtig nicht beziffern

jedes Haushaltsjahr und bei mittelfristiger Finanzplanung für mehrere Haushaltsjahre erfasst werden. Einnahmen und Ausgaben sind, wie in privaten Unternehmen, der Ausgangspunkt für Finanz- und Liquiditätsrechnungen, aber auch für ein weiter gehendes Informationssystem, das der Planung, Steuerung und Kontrolle von Ressourcen zu dienen hat. Ausgehend von der Überlegung, dass als gesetzlich normierte Ziele des Verwaltungshandelns Effektivität und Effizienz gelten sollen, ist ein Kosten- und Leistungsbewusstsein eine Grundvoraussetzung, um leistungsorientiertes Verwaltungshandeln sowohl in entgeltfinanzierten als auch in umlagefinanzierten Verwaltungen zu fördern (vgl. Mäding 1998, S. 279). Auch wenn ein privatwirtschaftlich orientiertes Rechnungswesen wegen der Unterschiede im Zielsystem und im Leistungsspektrum nicht ohne weiteres auf den öffentlichen Bereich zu übertragen ist, wird zunehmend zur Verbesserung der Wirtschaftlichkeit des Verwaltungshandelns[59] die Anwendung einer – zumindest modifizierten, dem Gemeinwohlprinzip Rechnung tragenden – Kosten- und Leistungsrechnung gefordert (vgl. Jann 1993, S. 86; Budäus 1995b, S. 70; Damkowski/Precht 1995, S. 145 ff.; Heiß 1995, S. 20; Scheer/Bold/Heib 1996, S. 121 f.). Der Bundestag hat in der vergangenen Legislaturperiode darauf reagiert und die Modernisierung des Haushaltsrechts beschlossen. So soll es künftig leichter möglich sein, Gelder ins nächste Haushaltsjahr zu übertragen. Des Weiteren wurde die Kosten- und Leistungsrechnung im Haushaltsrecht verankert (o.V. 1997k, S. 15).

6.2.4.1 Öffentliches Rechnungswesen

Es ist das Ziel eines leistungsfähigen öffentlichen Rechnungswesens, alle Strukturen, Beziehungen, Ressourcen und Vorgänge der Behörde zu erfassen und die für Zwecke von Planung und Kontrolle notwendigen Informationen aus ganzheitlicher Sicht aufzubereiten und zur Verfügung zu stellen.[60] Insofern steht die öffentliche Verwaltung vor der Aufgabe, die kameralistische Haushaltsrechnung auf der Basis der geschilderten Kritik zu einer Finanzrechnung auszubauen, insbesondere aber ein internes Rechnungswesen zu entwickeln, das über eine verursachungsorientierte Erfassung bzw. Zuordnung des Güterverbrauchs die Überwachung der Wirtschaftlichkeit gewährleistet sowie die Ermittlung der

(Gillmann/Leuthner 1994, S. 8).

59 Diese wird bislang z.B. durch das so genannte „Dezemberfieber" konterkariert, das dadurch gekennzeichnet ist, dass zum Jahresende der jeweilige Ausgabenrahmen voll ausgeschöpft wird – auch wenn die Verwendung möglicherweise nicht mehr sinnvoll ist – jedoch die Haushaltsmittel andernfalls „verfallen" (vgl. Rau 1994, S. 5; Mäding 1998, S. 281).

60 Dem entsprechen die Aufgaben des betrieblichen Rechnungswesens, die die Dokumentation (zahlenmäßige Erfassung der Güterströme), Information (Rechenschaftslegung und Information von Personen und Institutionen außerhalb des Unternehmens), Kontrolle (Überwachung der Wirtschaftlichkeit) und Disposition (Bereitstellung zahlenmäßiger Grundlagen für unternehmerische Entscheidungen) umfassen (vgl. Wöhe 1986, S. 865 ff.; Moews 1989, S. 5).

Selbstkosten von Leistungen und die Aufstellung von Kostenplänen ermöglicht (vgl. Hoffmann/Dill 1993, S. 120 f.; Ruter 1997, S. 57 ff.).

Um die Leistungen des öffentlichen Rechnungswesens – auch die des Managements – messbar zu machen und bewerten zu können, empfehlen Damkowski/Precht (1995, S. 150) als ersten großen Schritt zur Verbesserung der kommunalen Verhältnisse in Deutschland die folgenden **Maßnahmen** (vgl. Budäus 1995b, S. 71 f.):

1. Einbindung einzelner Fachbereiche in die Finanzverantwortung bei Vergrößerung der Entscheidungsspielräume durch Bildung von Fachbereichsbudgets,
2. Sonderbudgets für Einrichtungen mit Betriebscharakter,
3. Einbeziehung von Eigenbetrieben und Beteiligungen im Rahmen gesamtstädtischer Budgetierungsverfahren,
4. Zusammenfassung von Haushaltsstellen und verstärkte Deckungsfähigkeit,
5. Lockerung besonderer Freigabeverfahren durch die Kämmereien,
6. Leistungsverrechnung auch in zentralen Diensten und in Hilfsbetrieben.

Große, komplexe Behörden mit vielen unterschiedlichen Aufgaben und Leistungen erschweren die Herstellung und Gewährleistung von Kostentransparenz und erfordern so ein entsprechend differenziertes Kosteninformationssystem. Dies bedeutet zumeist nicht Fortentwicklung des Bisherigen, sondern Neuanfang, was Widerstände und Probleme innerhalb der Verwaltung erwarten lässt (vgl. Hillebrandt 1996, S. 201 f.).

6.2.4.2 Controlling

Neben den Methoden zur Informationsgewinnung und -verarbeitung ist im Rahmen eines Public Management auch ein Konzept essenziell, das die unterschiedlichen kommunalen Leitungsebenen bei ihren Steuerungsmaßnahmen unterstützt, die benötigten Informationen bereitstellt und die einzelnen Teilsysteme optimal aufeinander abstimmt. In Anlehnung an Privatunternehmen scheint das Konzept eines **Verwaltungscontrolling** geeignet zu sein (vgl. Budäus 1995b, S. 63; Reichard 1996b, S. 64). Verwaltungscontrolling bedeutet, auch die Verwaltung über Leistungs- und Kostenzahlen zu steuern, insgesamt für alle sichtbar und deutlich den Zusammenhang zwischen „Input“ (= Kosten) und „Output“ (= Leistung) herauszuarbeiten (Koetz 1993, S. 156; Parodi-Neef 1993, S. 72). Trotz der heterogenen Rahmenbedingungen im komplexen internen und externen Beziehungsgefüge „Verwaltung“ sollte die Verwendung finanzieller und humaner Ressourcen jederzeit nachvollziehbar sein (vgl. Steinberg 1996, S. 79 ff.). An Verwaltungscontrolling ist demnach die Erwartung geknüpft, mittels koordinierter organisatorischer und personeller Maßnahmen sowie mit instrumenteller Hilfe ein wirtschaftlich wirksames Verwaltungshandeln zu erreichen.[61] Skepsis

61 Damkowski/Precht unterscheiden zwischen diesem *operativen* Controlling, das sich auf den Aufbau eines effizienten Rechnungswesens und auf die Optimierung der Binnensteuerung der kommunalen Verwaltung bezieht, und dem *strategischen* Controlling, das die Informati-

vor zu großen Erwartungen äußert Budäus: „*Dabei ist dieses Konzept jedoch nicht ‚ausgearbeitet'. Es besteht lediglich auf hohem Abstraktionsniveau eine Grundvorstellung über Ansatz und konzeptionelle Wirkungsweise*" (1995b, S. 64).

Erste praktische Erfahrungen, wie beispielsweise in **Heidelberg** und **Dortmund**, haben verdeutlicht, dass die notwendigen Voraussetzungen für ein umfassendes Berichtswesen hinsichtlich der EDV-Infrastruktur sowie aufgrund fehlender Kosten- und Leistungsdaten in den Ämtern derzeit oftmals noch nicht gegeben sind. Als weiteres Hindernis erweist sich das öffentliche Dienstrecht, das eine echte Steuerung der Verwaltung weitgehend unmöglich macht. Schließlich sind personelle Konsequenzen aus nachweisbar schlechten Leistungen von den Betroffenen nicht zu befürchten. Umgekehrt können derzeit aber auch keine Belohnungen für gute Leistungen erwartet werden (vgl. Heiß 1995, S. 21; Hillebrandt 1996, S. 203 f.; Grömig 1998, S. 14).

Damit die geforderten sich selbst steuernden Fachbereiche weiterhin als einheitliche Kommunalverwaltung geführt werden können, ist der Verwaltungsführung eine zentrale Organisationseinheit zuzuordnen, die die nicht dezentralisierbaren **Controllingaufgaben** wahrnimmt. Diese umfassen für das Public Management nach Angaben der Kommunalen Gemeinschaftsstelle (1993, S. 19; vgl. Schröer 1996, S. 155; Schückhaus 1996, S. 25; Richter 1998, S. 356 ff.):

- Unterstützung des Rats/Kreistags und der Verwaltungsführung, insbesondere durch Bereitstellung der für die politischen Zielsetzungs- und Steuerungsaufgaben einschließlich der strategischen Planung erforderlichen Informationen,
- Koordination von Fachplanungen der Fachbereiche im gesamtpolitischen Kontext hinsichtlich der verabschiedeten kommunalen Entwicklung,
- Vollzugskontrolle zentraler Leitlinien der Personal-, Organisations- und Finanzpolitik,
- Planung, Vollzugskontrolle und Sicherung des Ausgleichs des Gesamthaushalts,
- Konsolidierung der Wirtschaftspläne der Fachbereiche,
- Analyse und Überprüfung der Leistungen der Fachbereiche im Rahmen des Berichtswesens,
- Steuerung und Kontrolle der zentralen Datenbanken (Finanz- und Personalinformationssystem) und Planung der fachbereichsübergreifenden informationstechnischen Infrastruktur,
- ständige Verbesserung des Steuerungsinstrumentariums,
- Beteiligungsverwaltung, zentrales Beteiligungscontrolling.

Diese Kernaufgaben haben die Wirkung, dass die Verwaltung transparenter und damit besser steuerbar wird. Kennzahlen- und Indikatorensysteme, Systeme der Budgetvorgabe und eine Aufgaben- und Organisationskritik können dazu beitra-

onsbegleitung der Führung in langen Zeithorizonten, die Wahrnehmung schwacher Signale wie z.B. ökologischer Veränderungen in der Kommune oder demographischer Trends sowie Chancen-Risiken-Profile intendiert (1995, S. 159).

gen, dass die Kommunalverwaltung als Dienstleistungsunternehmen funktioniert. Angesprochen sind mit einer solchen Entwicklung nicht nur die Kämmerer, sondern vor allem auch die Hauptamtsleiter und fachpolitischen Akteure, die nach brauchbaren Instrumentarien zur Antwort auf immer kritischer werdende Fragen in den politischen Gremien verlangen, wo sie über die kommunalen Kosten Rechenschaft ablegen müssen (König 1991, S. 441).

Das Resultat dieser Bemühungen wird die **Revitalisierung von Kommunalverwaltungen** sein, in der es nicht zuletzt darum geht, der Selbstverwaltung wieder ihren ursprünglichen Rang einzuräumen. Ökonomie und Politik können hier eine sinnvolle Symbiose eingehen, die den kommunalen Akteuren das Handwerkszeug vermittelt, das sie heute so dringend benötigen.

6.3 Interdependenzen von Strukturen, Verfahren und Personen

Die geschilderten Strukturen, Verfahren und Personen als Gestaltungsfelder zur Lösung von Adaptionsnotwendigkeiten an neue Umweltbedingungen und zur Beibehaltung bzw. Wiederherstellung der Leistungs- und Funktionsfähigkeit kommunaler Verwaltungen sind nicht separiert zu betrachten (Budäus 1995b, S. 77). Vielmehr macht das umfangreiche Aufgabenvolumen ein institutionell vielfältiges und sinnvoll vernetztes Leistungsangebot notwendig. Somit bedarf es einer **systematischen Integration** von kommunalem Marketing, Organisations- und Personalentwicklung sowie der Ressourcen- und Kostenorientierung, wie es das Public Management fordert. Dieser weitreichende Ansatz findet aufgrund der impliziten hohen Komplexität im Kontext des politischen Systems in der Umsetzung noch zu wenig Berücksichtigung (vgl. Damkowski/Precht 1998b, S. 490). Um flexiblere, weniger formalistische, mehr zur Außenwelt geöffnete kommunale Gestaltungsformen realisieren zu können, müssen die interdependenten Einflüsse von Mensch, Organisation und Instrumenten internalisiert werden.

Ausgehend von der wichtigsten Ressource „**Personal**" werden Veränderungen hinsichtlich der Personalentwicklung, aber auch im Personalmanagement essenziell, damit einem opponierenden oder sogar innovationsboykottierenden Verhalten entgegengewirkt werden kann. Das Beharrungsvermögen des administrativen Apparates wird wesentlich von Mitarbeitern geprägt, die den Nutzen eines anstehenden Wandels nicht erkennen bzw. von Führungskräften, die sich stabilere Machtpositionen durch relativen Informationsvorsprung sichern. Hinzu kommt, dass das Ignorieren neuer Ansätze für die im System befindlichen Personen nicht existenzbedrohend ist. Eine modifizierte Personalverwaltung zieht wiederum veränderte **Organisationsstrukturen** in Form von flacheren Hierarchien, Projekt- und Teamorganisation nach sich. Die Umsetzung von Personalentwicklungsmaßnahmen erfordert die Festsetzung von Lernzielen und -inhalten der einzelnen Qualifizierungsmaßnahmen, die Organisation der Maßnahmen sowie die Festlegung von Qualifikationsmethoden. Mitarbeiter, die Fortbildungsmaßnahmen beanspruchen dürfen und eine Karriereplanung vor Augen haben, werden sich wiederum entsprechend motiviert der **Kunden- und Serviceorientierung** widmen. Eine transparente Informations- und Kommunikationskultur unterstützt diesen Prozess. Die gegenwärtige Praxis des öffentlichen Dienstrechts evoziert indes keinerlei Leistungsanreize für besonders kundenfreundliches oder aber wirtschaftliches Verhalten. Doch ist es gerade die Überwindung von Ressortdenken und vermeintlichem Statusdenken, das sich in überflüssigen Ausgaben zeigt, die allen Mitarbeitern und damit letztlich den Bürgern zu einer effektiveren und effizienteren Verwaltung verhilft. Im Zuge der Einführung einer **Ressourcen- und Kostenorientierung**, insbesondere des Controlling, können wiederum Hierarchien abgeflacht werden. Die Generierung umfassender steuerungsrelevanter Informationen ist zunächst mit einem nicht unerheblichen Aufwand verbunden. Das große Maß an Freiwilligkeit und Unverbindlichkeit, Controlling einzuführen, stellt ein Problem dar. An dieser Stelle fehlen Rechtsinstrumente, die den Kommunen ein Controlling oder zumindest ein Berichtswesen abverlangen. Der Aufbau eines auf die dezentrale Verantwortungsstruktur abgestimmten integrierten Rechnungswesens kann dazu beitragen, die Leistungsfähigkeit von Planung und Kontrolle und deren Steuerungswirkungen zu verbessern. Eine so gewonnene größere Leistungsfähigkeit schlägt sich insgesamt in einem verstärkten Dienstleistungs- und Wettbewerbsbewusstsein nieder.

Angesichts des Erfolgs von Managementkonzepten in gut geführten privatwirtschaftlichen Unternehmen kann es demnach nicht überraschen, dass das Konzept des Public Management für den öffentlichen Sektor nicht ohne Reiz ist. Hieraus nun allerdings gleich einen Wechsel zu einem betriebswirtschaftlichen Paradigma für die öffentliche Verwaltung ableiten zu wollen, scheint ein zu hoher Anspruch zu sein, weil von einem Paradigma nur dann gesprochen werden könnte, wenn die bislang dominierende politisch-juristische Entscheidungsrationalität von einer **ökonomischen Entscheidungsrationalität** abgelöst werden würde (Röber 1995, S. 5).

So bleibt festzuhalten, dass das dargelegte partielle Übermaß an Rechts- bei gleichzeitigem Mangel an Ergebniskontrollen zugunsten einer Neudefinition der Ziele, die erreicht werden sollen, entsprechend zu modifizieren und von politischer Seite zu unterstützen ist (vgl. Jann 1993, S. 87).

7. Das St. Galler Management-Konzept als theoretische Implementationsbasis

Wie schon aufgezeigt werden konnte, sollte eines der Hauptanliegen im Stadtmarketingprozess sein, die Weiterentwicklung der Verwaltung zum kommunalen Dienstleistungsunternehmen zu forcieren. Zu diesem Zweck ist es notwendig, entsprechende Managementstrategien und Handlungsempfehlungen zu entwickeln. Um diesem betriebswirtschaftlichen Anspruch auf kommunaler Ebene gerecht werden zu können, sind diejenigen Parameter zu identifizieren, die den managementgeleiteten Erfolg einer Kommune determinieren. Zur theoretischen Fundierung kann diesbezüglich auf die Arbeiten von Knut Bleicher zurückgegriffen werden, der mit der Weiterentwicklung des Anfang der 70er Jahre von Hans Ulrich und Walter Krieg konzipierten St. Galler Management-Modells ein Instrument zur **Entbürokratisierung** von Organisationen geschaffen hat. Traditionelle hierarchisch-bürokratische Koordinationsmuster sind vor dem Hintergrund ihres zumeist unakzeptabel langen Realisierungszeitraums zur Problembewältigung dafür jedoch nicht geeignet. So erhebt das St. Galler Management-Konzept den Anspruch, integrative Lösungen zu generieren, die eine schnelle und sachgerechte Anpassung an sich schnell wandelnde Märkte und Technologien gewährleisten (vgl. Bleicher 1995b, S. 13 ff.; Eschenbach/Kunesch 1996).

Basierend auf den vielfältigen Dysfunktionalitäten des hierarchischen und bürokratischen „Regelungsoverkills" (Bleicher 1996, S. 273) langjährig gewachsener Strukturen in Unternehmen sind es vor allem drei Aspekte, die ein hohes Korrekturbedürfnis aufweisen: *„Die häufig verlorengegangene **Kundenorientierung**, ein gegenüber dem Wettbewerb vernachlässigtes **Qualitätsbewußtsein** und eine unzureichende **Dienstleistungshaltung**"* (ebenda, S. 382).

Das Konzept von Bleicher, ursprünglich als „Lebenshilfe" für die Bewältigung von unternehmerischen Führungsproblemen in Theorie und Praxis entstanden, scheint somit auch für die wissenschaftliche Grundlagenarbeit des Stadtmarketing aufgrund seines modularen Aufbaus eine geeignete Methode darzustellen. Ausgangspunkt der Überlegungen Bleichers ist die Tatsache, dass bisherige Managementkonzepte ein ganzheitlich zu erfassendes und in sich vernetztes System der Unternehmensführung zumeist aus einer monokausalen, insularen Sicht behandeln. Konsequenzen für das komplexe sozio-ökonomische System als Ganzes werden nicht berücksichtigt (Bleicher 1994b, S. 25). Um diese, durch strukturelle und konjunkturelle Umbrüche sowie situative Krisenlagen evozierte Unsicherheit zu überwinden, bietet das St. Galler Management-Konzept einen Orientierungsrahmen im Spannungsfeld von Stabilisierung und Veränderung. **Kennzeichen** des Konzepts sind (Bleicher 1991, S. 66):

- Fortschrittserreichung durch ein ganzheitliches Konzept,
- Betonung integrativer statt einzelner Lösungen im Management,
- Dynamisierung des Bezugsrahmens mit situativem Bezug nach Lage in der Unternehmensentwicklung,
- flexibles Angebot an Handlungsalternativen, die von den Betroffenen selbst gewählt werden,
- pragmatische Interpretation der Integrationsproblematik,
- Bereitstellung einer bewährten Vorgehensweise als Grundlage für eine individuelle Führung.

Das Konzept ist als Systematik der Gedankenführung aufzufassen, die den Entscheidern helfen soll, sich von isolierten Teillösungen zu distanzieren, indem sie anhand einer vorgegebenen Struktur Gesamtzusammenhänge verstehen und Interdependenzen von Entscheidungen des Managements in die Überlegungen miteinbeziehen. Die Einsicht in die Gesamtheit auch einzelner Entscheidungen soll Korrekturen in der Vorgehensweise ermöglichen, um damit einen konkreten Beitrag zur Entwicklung eines integrierten Managements leisten zu können (Bleicher 1996, S. 16 f.). Bevor dieser Ansatz in Kapitel 9 auf das Stadtmarketing adaptiert wird, erscheint es zweckdienlich, zunächst die Bestandteile des originären Konzepts im Überblick zu erläutern.

7.1 Managementdimensionen

Im Zuge der Evaluierung innovativer Denkansätze, die differenzierte Lösungen für die gewachsenen Herausforderungen an das Management bieten, empfiehlt Bleicher die Unterscheidung in eine **normative**, **strategische** und **operative Dimension**. Sie akzentuiert jeweils logisch voneinander abgrenzbare Problemfelder, die durch das Management zu bearbeiten sind. Im Sinne der geforderten vernetzten Managementbetrachtung wird von der wechselseitigen Durchdringung der im Folgenden zu detaillierenden Dimensionen ausgegangen, die sich in vielfältigen Vor- und Rückkoppelungsprozessen vollzieht (Bleicher 1994b, S. 44). Normatives und strategisches Management sind als konzeptionelle Basis auf die Rahmengestaltung ausgerichtet, während im operativen Management lenkend auf die Unternehmensentwicklung eingegriffen wird.

Auch wenn die von Bleicher vorgenommene Strukturierung zunächst den Eindruck einer skeletthaften Darstellung zu erwecken vermag, so akzentuiert sie dennoch die zu analysierende, beurteilende und zu gestaltende Interdependenz singulärer Sachverhalte innerhalb ihrer komplexen Beziehungen (Bleicher 1991, S. 67; Seghezzi 1994, S. 68).

Abbildung 10 visualisiert den grundsätzlichen normativen, strategischen und operativen Zusammenhang auf horizontaler und vertikaler Ebene.

7.1.1 Normatives Management

Die Dimension des normativen Managements fokussiert die generellen Ziele des Unternehmens, die Prinzipien, Normen und Strategien, die die Lebens- und Entwicklungsfähigkeit des Unternehmens gewährleisten sollen. Das Streben, geeignete Voraussetzungen für die grundsätzliche Fähigkeit zur Unternehmensentwicklung zu schaffen, überlagert nach Bleicher den notwendigen Ansatz, dies über die Gewährleistung der autonomiewahrenden Corporate Identity sicherzustellen (vgl. Bleicher 1991, S. 67). Die Entwicklungsfähigkeit impliziert eine qualifizierte Veränderung zugunsten eines positiven, sinnvollen Wandels. Ein Unternehmenskonzept bedarf zunächst einer tragenden Leitidee, die als unternehmerische **Vision** am Anfang aller Überlegungen des Managements stehen sollte:

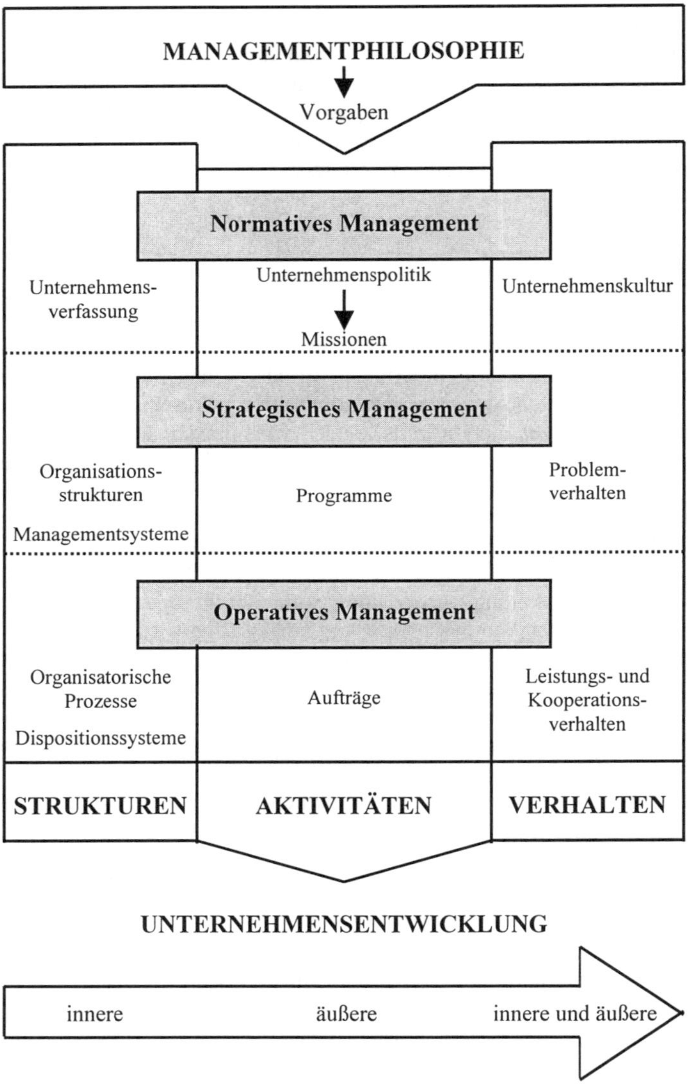

Abb. 10: Zusammenhang normativen, strategischen und operativen Managements (Quelle: Bleicher 1994b, S. 45)

„*Die unternehmerische Vision ist eine ganzheitliche vorausschauende Vorstellung von Zwecken und Wegen zu ihrer Erreichung. Sie generiert Ideen zur Erzielung eines Nutzens für die Gesellschaft. Als ‚Leitstern' prägt sie das unternehmerische Handeln*" (Bleicher 1994b, S. 102).

Die Vision nimmt ein mögliches Szenario, das in Zukunft eintreten oder herbeigeführt werden könnte, geistig vorweg. Sie stammt aus der mentalen Verarbeitung von zukunftsbezogenen Informationen, die dem Management zur Verfügung stehen und hat für die subjektive Einschätzung zukunftsweisender Entwicklungen die prägende Kraft. Dabei werden individuelle Perzeptionen der Gegenwart und Präferenzen hinsichtlich erstrebenswerter Zukunftsszenarien in den Visionenbildungsprozess involviert (vgl. ebenda, S. 132). Von einer derartigen unternehmerischen Vision ausgehend, ist Bleicher zufolge unternehmenspolitisches Handeln und Verhalten zentraler Inhalt des normativen Managements, das durch Unternehmensverfassung und Unternehmenskultur getragen wird.

Die **Unternehmensverfassung** stellt den strukturellen Rahmen zur Unterstützung des politischen Prozesses der Missionsfindung und -implementierung dar. Der Grundgedanke liegt in der Schaffung einer gewollten Ordnung, in der die Zuständigkeitsbereiche einzelner und das Zusammenwirken aller festen Regelungen unterworfen werden sollen (vgl. Bleicher 1996, S. 74). Zum einen unterliegt das Unternehmen einer Summe von Rechtsnormen, die in der Gesetzgebung schriftlich verankert sind und die die Handels-, Gesellschafts- und Mitbestimmungsrechte als Rahmen definieren. Zum anderen kann die Unternehmensverfassung durch eigene statutarische interne Regelungen ergänzt und konkretisiert werden (Bleicher 1994b, S. 294).

Abgrenzend zur Unternehmensverfassung, die explizit Werte und Normen zum Ausdruck bringt, wird durch die **Unternehmenskultur**[62] implizit der unternehmenspolitische Kurs zu Erfolg oder Misserfolg geführt. Werte und Normen, die das Verhalten der Unternehmensmitglieder prägen, beeinflussen die individuelle Einstellung zur Unternehmensentwicklung (vgl. Bleicher 1994a). Dem Management kommt bei der Entstehung der Unternehmenskultur eine außergewöhnlich prägende Rolle zu: Durch Vorbild und Vorleben der Unternehmensführung kann die Zukunftsgewandtheit, Fehlertoleranz, Kooperations- und Lernbereitschaft, positive Einstellung zu Wandel und zur Kreativität zwar nicht linear geregelt, aber dennoch indirekt beeinflusst werden. Kulturveränderungen bedingen daher eine eindeutige und einheitliche Identifikation mit veränderten Werten und Normen (vgl. Bleicher 1995a, S. 393 f.).

Die **Unternehmenspolitik**, die durch die Unternehmensverfassung formal und durch die Unternehmenskultur inhaltlich deduziert wird, strebt eine horizontal rückkoppelnde Vernetzung aller drei Dimensionen an, die unternehmenspolitische Vorstellungen an der Wertkompatibilität der Unternehmenskultur und den Optionen eines Konsenses innerhalb der verfassungsmäßigen Alternativen misst (Bleicher 1994b, S. 490).

---

62 Im Sinne eines kognitiv entwickelten Wissens und der Fähigkeiten eines Unternehmens sowie der affektiv gepägten Einstellungen seiner Mitarbeiter zur Aufgabe, zum Produkt, zu den Kollegen, zur Führung und zum Unternehmen in seiner Formung von Perzeptionen und Präferenzen gegenüber Ereignissen und Entwicklungen (Bleicher 1996, S. 185).

Somit wirkt das normative Management in seiner konstitutiven Funktion *legitimierend* für die Aktivitäten des Managements (ebenda, S. 46; Bleicher 1996, S. 74).

7.1.2 Strategisches Management

Die unternehmenspolitische Ausrichtung des Unternehmens bedarf der Konkretisierung durch unverkennbare Ziele und Maßnahmen, die ihrer Verwirklichung dienen. Neben der Bereitstellung kanalisierender **Organisationsstrukturen** und **Managementsysteme** sowie der Entwicklung des **Problemverhaltens** ihrer Mitarbeiter bilden die strategischen **Programme** die wesentlichen Segmente strategischer Unternehmensführung. Es ist die grundsätzliche Aufgabe des strategischen Managements, *ausrichtend* auf die unterschiedlichen Aktivitäten einzuwirken (Bleicher 1994b, S. 46).

Die von Unternehmensverfassung und Unternehmenskultur flankierte Unternehmenspolitik des normativen Managements gibt dem strategischen Management durch die Missionen eine langfristige Grundorientierung vor. Diese wird über die **Programme** spezifiziert. Bleicher legt zur Definition strategischer Programme ein Dimensionierungsraster dar, das die vorrangigen Aspekte einer strategischen Überlegung reflektiert. Entsprechend der kontextualen oder situativen Gegebenheit werden die Ausprägungen in dem Raster gestaltet (Bleicher 1996, S. 247 f.):

- Produktprogrammstrategien
  1. Strategien enger oder breiter Leistungsangebote
  2. Standardisierte vs. individuelle Problemlösung
- Wettbewerbsstrategien
  3. Defensives vs. offensives Strategieverhalten
  4. Imitatives vs. innovatives Strategieverhalten
- Aktivitätsstrategien
  5. Kostenorientierte Rationalisierung vs. kundenorientierte Optimierung
  6. Wertschöpfungsautarkie vs. Wertschöpfungsverbund
- Ressourcenstrategien
  7. Starres vs. flexibles Einsatzpotenzial
  8. Spezialisiertes vs. universelles Leistungsspektrum.

Die strategischen Intentionen eines Unternehmens sind durch eine adäquate Gestaltung der Organisation zu manifestieren. Die Organisationsstrukturen werden dabei von **Managementsystemen** unterstützt, die dazu beitragen, das Problem-, Leistungs- und Kooperationsverhalten prozessual in eine definierte Richtung zu lenken. Bislang war es primär das Bürokratiemodell[63], das die organisatorische

63 Nach Max Weber stützt sich bürokratische Herrschaft auf Organisationen, die durch einen kontinuierlichen, regelgebundenen Betrieb von Amtsgeschäften durch Beamte gekennzeich-

Gestaltung prägte (Bleicher 1996, S. 271 f.). Dessen inhärente Tendenz zur Überorganisation wird versucht, in entbürokratisierenden Organisationsstrukturen und einer stärkeren Personalorientierung abzubauen.

Im Laufe der Entwicklung des strategischen Managements standen bei Bleicher zunächst die harten Faktoren ökonomischer Gestaltung im Vordergrund des Interesses. Mit der Zeit erwies sich, dass strategische Vorhaben nur dann zum Erfolg führen, wenn sie weiche Faktoren in Form eines mit den strategischen Absichten korrespondierenden **Problemverhaltens** der Träger des Managements einbeziehen: Neben den Organisationsstrukturen und Managementsystemen sind es Menschen, die mit ihrem Handeln Probleme erkennen, deren Lösungen sie in strategische Programme umsetzen und operativ verwirklichen. Insofern wird mit dem St. Galler Management-Konzept verdeutlicht, dass strategische Vorhaben die Folge menschlichen Entdeckergeistes, Problembewusstseins, Beurteilungsvermögens, der Inititiative, Entscheidungsfreude und Realisierungskraft sind (ebenda, S. 323). Die Unternehmensverantwortlichen müssen dies sowohl in ihrer Führungsqualität als auch im Human Resource Management reflektieren. Durch die Harmonisierung der aufgezeigten Elemente des strategischen Managements wird die Entwicklung strategischer *Erfolgspotenziale*[64] zum Inhalt strategischer Unternehmensführung.

7.1.3 Operatives Management

Normatives und strategisches Management finden schließlich ihre Umsetzung im operativen Handeln, das unter ökonomischen Gesichtspunkten die leistungs-, finanz- und informationswirtschaftlichen Prozesse fokussiert. Zu dem Aspekt der wirtschaftlichen Effizienz operativen Managements tritt die Effektivität des Führungshandelns im sozialen Kontext des Mitarbeiterverhaltens, die sich vor allem in Kooperation und Kommunikation von sozial relevanten Inhalten ausdrückt (Bleicher 1994b, S. 47). Bei allen Versuchen, im operativen Management eine Optimierung oder Neukonzeption von **Prozessabläufen** zu erreichen, steht die

net sind, welche über genau abgegrenzte Aufgabenbereiche, Befehlsgewalten und Sanktionsmittel verfügen. Diejenigen Elemente, die die bürokratische Organisation besonders leistungsfähig machen sollen, sind in vielen Fällen jedoch die Ursache für die Ineffizienz des Gesamtsystems (z.B. durch die unverhältnismäßige und unwirtschaftliche Ausweitung bürokratischer Regeln und Verwaltung) (vgl. Weber 1972, S. 126 ff.).

64 Darunter versteht Aloys Gälweiler, auf den der Begriff zurückgeht, „das gesamte Gefüge aller jeweils produkt- und marktspezifischen erfolgsrelevanten Voraussetzungen, die spätestens dann bestehen müssen, wenn es um die Realisierung geht“ (zitiert nach Bleicher 1991, S. 68). Erweitert wurde diese Bezeichnung in strategische Erfolgs*positionen*, die Cuno Pümpin in Beziehung zu wesentlichen wettbewerbsrelevanten Aspekten des Unternehmens setzte (vgl. Bleicher 1994b, S. 46). Dazu zählen die Konzentration der Kräfte auf erfolgversprechende Aktivitäten, die relative Positionierung des Unternehmens im laufenden Wettbewerbsumfeld, die Profilierung durch neue Geschäftssysteme mit veränderten Wettbewerbsspielregeln, die Aktionserweiterung durch Partnerschaften und ein erstrebter Risikoausgleich unter Ungewissheit der Entwicklung (Bleicher 1996, S. 232).

zuvor im strategischen Management definierte Wertschöpfungskette mit ihren Schwerpunktaktivitäten und ihrer Konzentration auf spezifische Kundenbedürfnisse im Mittelpunkt. Daher ist es nur konsequent, jeden nach außen oder nach innen gerichteten Prozess vom Kunden ausgehend zu gestalten (Bleicher 1996, S. 382). Folgende **Schwerpunkte** lassen sich grundsätzlich für das operative Management festhalten (ebenda, S. 370 f.):

- die Lenkung des operativen Vollzugs,
- die modifizierte Gestaltung des Vollzugs durch strategiegeleitete Projekte und
- als Entwicklung die permanente Verbesserung von konzipierenden und vollziehenden Prozessen.

Ein derartiges „*continuous improvement*" (Morgan/Murgatroyd 1994, S. 132; Stamatis 1996, S. 54), vor allem der Qualität, der Termintreue, der Serviceleistungen gegenüber den Kunden und der kostenorientierten Rationalisierung, wird besonders im Rahmen des Total Quality Management gefordert und realisiert (vgl. Seghezzi 1994, S. 57 ff.; von Bandemer 1998b, S. 371). Um den Veränderungen von Prozessen im Zeitablauf entsprechend Rechnung zu tragen, empfiehlt Bleicher sowohl das kontinuierliche Erlernen von Fähigkeiten im effektiven Umgang mit Problemen als auch den effizienten Einsatz von knappen Ressourcen. Als Resultat dieser Entwicklung des operativen Managements stellt sich ein Erfahrungsgut ein, das im Sinne des organisationalen Lernens – als wesentlichem Inhalt des Problemverhaltens dieser Dimension – strategisches Format erreicht (vgl. Bleicher 1992a, S. 62).

Zukünftig kann davon ausgegangen werden, dass bei noch zunehmender Komplexität und Dynamik diejenigen Führungsformen die operative Dimension des Managements beherrschen werden, die auf einem hohen Zielniveau ökonomische *und* humane Belange berücksichtigen (Bleicher 1996, S. 378).

7.2 Interne und externe Effekte auf die Unternehmensentwicklung

Die erörterten Managementdimensionen sind, wie unter dem Gesichtspunkt der Vor- und Rückkoppelung schon angedeutet wurde, auch in vertikaler Sicht zu betrachten. Dabei durchdringen drei Ebenen die Dimensionen des normativen, strategischen und operativen Managements, welche die Integration zwischen der konzeptionell-gestalterischen Willensbildung und der führungsmäßigen Realisierung des Erstrebten problematisieren (Bleicher 1994b, S. 47).

In einem ersten Schritt werden die unternehmerischen Normen über Missionen in Programmen konkretisiert, die letztlich durch Vorgaben für **Aktivitäten** in Auftragsgenerierung und -abwicklung umgesetzt werden. Ein zweiter Aspekt detailliert die **Struktur** der Führungshandlungen, die sich über die drei Dimensionen der Verfassung, der Management- und der Dispositionssysteme erstreckt. Beide Parameter beeinflussen das menschliche **Verhalten** reziprok durch Werthaltungen, strategisches Denken und Lernen sowie die Leistungsorientiertheit im operativen Sinne (Bleicher 1991, S. 68).

7.2.1 Aktivitäten

Resultate des unternehmenspolitischen Prozesses sind sog. „policies", deren Zweck darin besteht, das strategische und operative Verhalten in die Richtung zu lenken, die der angestrebten Unternehmensentwicklung entspricht (vgl. Heinelt 1998, S. 19). Damit stellen sie in grundlegender und umfassender Form Vorgaben für den Vollzug von Aktivitäten dar. Hervorgegangen aus den politischen Prozessen des Interessenausgleichs, die durch die Unternehmensverfassung reguliert und durch die Unternehmenskultur verhaltensmäßig getragen werden, sind sie als **Missionen** für die Unternehmensentwicklung zu verstehen. Bleicher differenziert vier generelle Zielausrichtungen, auf denen die Missionen basieren (1996, S. 118 ff.):

1. Zielausrichtung auf *Anspruchsgruppen*, für die eine Nutzenstiftung erfolgen soll,
2. *Entwicklungsorientierung*, die sowohl die Chancen- als auch die Risikoperspektive der zukünftigen unternehmerischen Zielausrichtung impliziert,
3. *ökonomische Ausrichtung*, die sachliche Leistungsziele und finanzielle Wertziele in Betracht ziehen kann,
4. *gesellschaftliche Zielausrichtung*, die sich an ökologischen oder sozialen Zielen orientieren kann.

Diese vier Varianten unternehmenspolitischer Profilierung werden zu einem integrativen Konzept des missionarischen Wollens zur Zukunftsgestaltung der Unternehmensentwicklung – den **Programmen** – verdichtet, die eine Grundorientierung für das strategische und operative Management ermöglichen. Sie gelten für längere Zeiträume und umfassen vielfältige Teilaspekte zum Aufbau, zur Nutzung und Pflege der bereits angesprochenen strategischen Erfolgspositionen. Als Hilfsmittel für die Generierung der strategischen Programme stehen vielfältige Analyse- und Prognosemethoden zur Verfügung, wie beispielsweise die Gap-Analyse, die Portfolio-Analyse, der Produktlebenszyklus oder die Erfahrungskurventechnik.[65]

Den aus den Programmen zu deduzierenden Einzelhandlungen wird in der operativen Dimension in Form von **Aufträgen** eine weitere handlungsauffordernde Konkretisierung zuteil (Bleicher 1992a, S. 63). Angesichts der sich aus den marktregulierenden Mechanismen ergebenden Notwendigkeit, permanent wettbewerbsfähig zu sein, hebt Bleicher die Wichtigkeit der Prozessorientierung hervor:

65 Vgl. die einschlägige weiterführende Literatur wie Kreikebaum 1989, S. 137 ff.; Staehle 1994, S. 608 ff.; Pepels 1996, S. 59 ff.; Becker 1998, S. 135 ff.

„Daß in der derzeitigen Diskussion um ein effektiveres und effizienteres operatives Management der Prozeßgedanke eine tragende Rolle spielt, hat situative Ursachen im Rationalisierungsdruck vielfältig notwendiger Restrukturierungsmaßnahmen von Unternehmungen, aber auch in den abzulösenden Hypotheken der Vergangenheit einer nahezu ungebrochenen Wachstumsentwicklung" (Bleicher 1996, S. 381).

Dabei sind neben der Auftragsgenerierung und -abwicklung als vorrangige prozessuale Aktivitäten Produktentwicklung und Markteinführung, Customer Relationship sowie Logistik und Distribution zu nennen (ebenda, S. 383), die zu einer signifikanten Verbesserung der unternehmerischen Wettbewerbsfähigkeit beitragen sollen.

7.2.2 Strukturen

Das Managementhandeln erfährt in der normativen Dimension durch die **Unternehmensverfassung** eine Legitimation und Kanalisierung. Sie unterliegt, wie dargelegt, zunächst den externen gesetzlichen Regelungen sowie den eigenen internen Gestaltungsmöglichkeiten, die sich aus dem gesetzlichen Autonomieraum ergeben (Bleicher 1991, S. 68). Die interne Unternehmensverfassung wird in Statuten, in der Geschäftsordnung, in Geschäftsverteilungsplänen sowie anderen Leitlinien reflektiert, womit sie Kompetenzen für Mitarbeiter und Unternehmensorgane schafft. Darüber hinaus definiert sie Verhaltensstandards mit internen und externen Partnern. Die konstitutive Regelung der Rechte und Beziehungen der am Prozess des externen Interessenausgleichs an dem Unternehmen Beteiligten und die Art der erstrebten Konfliktregelung ist für die unternehmenspolitische Profilierung durch die Unternehmensverfassung von zentralem Gewicht. Ebenso relevant ist die Strukturierung des inneren Aufbaus des Unternehmens unter Nutzung rechtlicher Gestaltungsmöglichkeiten zur Verfolgung ökonomischer Zwecke durch das humangeprägte Sozialsystem des Unternehmens (vgl. Bleicher 1994b, S. 306 ff.).

Der strukturelle normative Aspekt der Unternehmensverfassung wird auf der nachgelagerten strategischen Ebene durch die Gestaltung von **Organisation** und **Managementsystemen** weiter konkretisiert. Um dem Ziel der geforderten entbürokratisierten Unternehmensstruktur zu entsprechen, werden Organisationsformen gesucht, die das Innovations- und Kreativitätsklima fördern und unternehmerisches Denken und Handeln der Mitarbeiter auch in großen, komplexen Unternehmen möglich machen. So obliegt es dem schon erwähnten „continuous improvement", die Dysfunktionalitäten bürokratischer Organisationen hin zu flacheren Organisationskonfigurationen zu korrigieren (Bleicher 1996, S. 381). Daraus ergibt sich ein nachhaltiger Trend zur „simultanen Symbiose" (ebenda, S. 380) des strategischen und operativen Managements, denn hierarchische Trennungen konnten zum Teil überwunden werden. Insbesondere im Personalbereich werden dergestalt die eindringlichen Forderungen nach Partizipationskonzepten Realität. Neue Managementsysteme wurden insbesondere mit dem Aufkommen des Lean Management, des Business Process Reengineering, des Total Quality Management oder der japanischen Managementlehre („Kaizen“) diskutiert und bieten Anregungen für innovative Organisationsstrukturen, die gegenwärtig in Unternehmen umgesetzt werden.[66]

Im Operativen steht die **Prozessstrukturierung** der Organisation, die durch **Dispositionssysteme** gelenkt wird, unter dem Aspekt des raum-zeitlich gebundenen Ablaufs im Vordergrund (Bleicher 1992a, S. 63). Als Motive für eine verstärkte unternehmerische Prozessorientierung gelten die bisweilen unzureichende Kundenorientierung, unternehmensinterne Strukturkrisen, zunehmender Rationalisierungsdruck und die Notwendigkeit einer kontinuierlichen Verbesserung (Bleicher 1996, S. 384).

7.2.3 Verhalten

Die vergangenheitsgeprägten **Unternehmenskulturen** bestimmen in der normativen Managementdimension das Zukunftsverhalten der Mitarbeiter eines Unternehmens im strategischen und operativen Handeln. Das Entstehen einer derartigen „Corporate Culture“ vollzieht sich immer dann besonders intensiv, wenn sie von großer Homogenität und Dauer der Gruppenzugehörigkeit getragen wird (vgl. Bleicher 1995a, S. 393). Für die Entwicklung einer starken Unternehmenskultur sind gemäß Bleicher die folgenden gestalterischen Maßnahmen als sehr förderlich anzusehen (1996, S. 188):

- kleinere, räumlich zusammenhängende Organisationseinheiten,
- kontinuierlich zusammenarbeitende Gruppen mit geringer Fluktuation,
- Beförderungen aus den eigenen Reihen,
- eine Kontinuität starker Führerschaft.

Während in der normativen Dimension die Verhaltensbegründung im Zentrum des unternehmenspolitischen Prozesses steht, erfolgt in der strategischen Dimension eine Veranschaulichung des avisierten Verhaltens hinsichtlich der Rollen der Träger und ihres **Problembewusstseins**. Insofern ist es Aufgabe des strategischen Managements, verhaltensleitend zu wirken. Die Problemorientierung eines Unternehmens drückt sich vor allem in der Involvierung der Bedürfnisse, Wünsche, Anregungen seitens der Mitarbeiter aus (vgl. Bargehr 1991, S. 144). Das derzeitig verbreitete Führungshandeln ist von Teilsystemen geprägt, wie beispielsweise Planung, Information, Kontrolle und Motivation, die bisweilen auch

66 Ausführlich werden die Zusammenhänge des ganzheitlichen Qualitätsverständnisses in einem Unternehmen (Total Quality Management), der ständigen Verbesserung (Kaizen) unter Berücksichtigung von Instrumenten wie dem betrieblichen Vorschlagswesen oder Qualitätszirkeln und der Zeit- und Kostenreduzierung (Lean Management) bei Kamiske/Brauer 1993; Hagan 1994; Munro-Faure 1994 und Töpfer/Mehdorn 1994, S. 113 ff.; Steinberg 1996, S. 47 ff.; Osborne/Gaebler 1997, S. 145 ff. diskutiert.

widersprüchlicher Natur sind. Sie scheinen wenig geeignet, das Mitarbeiterverhalten in einer angestrebten Richtung zu bündeln. Somit fällt es den leitenden Managern zu, über die Handhabung von Denk- und Dialogprozessen mit den Mitarbeitern Gesamtzusammenhänge nachvollziehbar zu machen, Interdependenzen zu verdeutlichen und Sinnangebote zu unterbreiten (vgl. Bleicher 1995a, S. 394 f.).

Zu den Elementen einer akzeptanzschaffenden Personalführung, die diese partizipativen Führungsgrundsätze zu erreichen helfen, gehören (vgl. Bargehr 1991, S. 150; Bleicher 1996, S. 559):

1. Delegation von Verantwortung,
2. Information von Mitarbeitern und
3. Motivation von Mitarbeitern.

Die operative Ebene stellt schließlich auf das **Leistungs- und Kooperationsverhalten** im Arbeitsprozess ab, das durch die Führungsqualität des Managements und die genannten Maßnahmen zu fördern ist. Die Kommunikation, der in diesem Prozess eine Schlüsselrolle zukommt, ermöglicht die umfassende Information der Mitarbeiter über deren gewünschtes Kooperations- und Leistungsverhalten. Damit wird eine Orientierungshilfe gegeben, die zugleich einen Aufforderungscharakter hat, sich im Sinne der „Corporate Culture“ zu verhalten. Dem Führungsverhalten, das sich in der täglichen Interaktion über Einzelanweisungen und Besprechungen bewähren muss, kommt demnach die Funktion zu, über alle drei Managementdimensionen hinweg verhaltensrealisierend zu wirken (Bleicher 1991, S. 69).

7.3 Konkretisierung des Integrationsprofils in der Unternehmensentwicklung

Das statisch scheinende Bild wird durch eine zusätzliche dritte Dimension, nämlich die Unternehmensentwicklung, dynamisiert, die durch die Veränderung von Potenzialen eines Unternehmens im Zeitablauf herbeigeführt wird. Die Unternehmensentwicklung wird in ihrer zunehmenden Qualifizierung gesehen, die nicht absolut, sondern relativ zu verstehen ist: Nicht eine bezifferbare absolute Zunahme der Potenziale ist maßgeblich, sondern ihre Qualifizierung gegenüber den Anforderungen der Umwelt und den Potenzialen, die der Wettbewerb zur Problemlösung einsetzen kann (Bleicher 1996, S. 83). Ein derart qualifiziertes Verständnis für Unternehmensentwicklung wird in einer Nutzenstiftung für relevante Anspruchsgruppen reflektiert, die sich mit dem Zeitablauf verändert. Im Strom der Zeit zwischen Vergangenheit und Zukunft befindet sich das Unternehmen also idealerweise in einem **Fließgleichgewicht** (vgl. Seghezzi 1994, S. 70).

Normatives, strategisches und operatives Management verbindet, dass sie die zukünftige Entwicklung eines Unternehmens, die in der Vergangenheit bereits angelegt wurde, beeinflussen wollen. Die errungenen und bereitstehenden Ressourcen und das gesellschaftliche Investment in das soziale Beziehungsnetzwerk eines Unternehmens ist in dieser Form sinnvoll zur Stiftung eines Nutzens für die menschliche Gemeinschaft einzusetzen (Bleicher 1992a, S. 63 f.). In der Unternehmensentwicklung werden die spezifischen Kontexte und Situationen deutlich, mit denen sich ein Unternehmen in einer jeweiligen Phase konfrontiert sieht und die vom Management eine normative, strategische und operative Profilierung seines Handelns erfordert. Es ist dabei sinnvoll, die eigentliche Integration der drei Ebenen mit den jeweiligen Umweltsegmenten vorzunehmen.

In der **normativen Managementdimension** werden die funktionellen Aspekte der Unternehmenszwecke in der Unternehmenspolitik untersucht, der Rahmen für eine Involvierung einzelner Anspruchsgruppen[67] und ihrer Interessen in der Unternehmensverfassung im Hinblick auf die politisch-rechtliche Umwelt fundiert und die Werthaltungen der sozio-kulturellen Entwicklung in der Unternehmenskultur definiert (vgl. Bleicher 1994b, S. 83 f.) In der **strategischen Dimension** folgt die Verknüpfung mit den marktbedingten und aus technologischem Umfeld resultierenden Segmenten. Dies wird über die Generierung strategischer Missionen und Programme und eine vielfältigen Umweltkontexten entsprechende Gestaltung von Organisationsstrukturen und Managementsystemen vollzogen. Dazu zählt auch die Sensibilisierung des Problembewusstseins der Mitarbeiter, das schließlich konkrete Auswirkungen auf den individuellen Umgang mit neuen externen und internen Problemen der Realisierung von Strategien in **Operationen** hat. Erst die Koppelung der individuellen Probleme, die aus dem Zeitablauf in der normativen, strategischen und operativen Ebene hervorgehen, macht Profilierungen substanziell (Bleicher 1996, S. 83 f.).

7.4 Kritische Würdigung

Das St. Galler Management-Konzept erhebt den Anspruch, ein **ganzheitlich umfassendes** Unternehmensführungskonzept zu sein und zudem die Anforderungen des neuen Management-Paradigmas zu erfüllen. Das Konzept verfolgt einen integrativen Ansatz, der praktikable Lösungen für Entscheidungsprobleme in Unternehmen anbieten möchte. Dieses Anliegen entspricht dem in der Praxis bestehenden Interesse an anwendbaren Instrumenten, strategischen Basiskonzepten und Verhaltensregeln.

Mit seiner systemtheoretischen Betrachtungsweise erlaubt das St. Galler Management-Konzept eine zweckbezogene Adaption an die jeweilige Systemebene.

67 Diese sog. „**stakeholder**" erfahren innerhalb unternehmerischer Kooperationsprozesse und deren Tendenz zum Ausgleich pluralistisch-mehrdimensionaler Interessenlagen zunehmend größere Aufmerksamkeit. Dem steht die monistische Befriedigung eindimensionaler Eigentümerinteressen, das heißt der „shareholder", gegenüber (vgl. Cornell/Shapiro 1987, S. 5 ff.; Staehle/Nork 1992, S. 73 ff.; Böhi 1993, S. 21 ff.; Bleicher 1994b, S. 437 ff.).

Der **Verdienst** des Konzepts besteht in dem gewissen Allgemeinheitsgrad, der es ermöglicht, das Konzept auf der Gesamtsystemebene, das heißt der Unternehmensebene, und auf den Ebenen unterschiedlich tief gestaffelter Subsysteme (Sektoren, Unternehmens- und Geschäftsbereiche, Abteilungen, Gruppen) anzuwenden. Bleicher gelingt die Darstellung einer verständlichen Methode, die komplexe unternehmerische Probleme erfassbar macht und eine Grundlage für mögliche Lösungen schafft. Die fundierte theoretische Basis kann als essenzielle Voraussetzung für die Umsetzbarkeit in die Praxis angesehen werden.

Allerdings weist das Konzept aus der Sicht einer kritischen und rationalen Wirtschaftsperspektive durchaus verschiedene **Schwächen** auf. Trotz des vorliegenden theoretischen Grundkonstrukts der Methode erscheint es schwierig, den Versuch einer praktischen Umsetzung ohne einen „Trainer" zu unternehmen, der mit Hilfe dieses Ansatzes bereits an mindestens einer vollständigen Problemlösung beteiligt war. So kann eingewendet werden, dass Aussagen zu unverbindlich bleiben. Es werden normative Empfehlungen ausgesprochen, die nicht einer Prüfung auf unternehmerische Praktikabilität unterliegen. Die Grundidee der Ganzheitlichkeit muss von den Anwendern verstanden und akzeptiert werden, das Begreifen der methodischen Schritte allein genügt nicht. Für die Bewältigung der anstehenden Aufgaben benötigen die Verantwortlichen ausreichendes Wissen und Können, um in die Lage versetzt zu werden, die Systeme, Konzepte, Strategien und Methoden in ihrem Kompetenzbereich anzuwenden.

Ganzheitliches Denken fordert von den Beteiligten Fähigkeiten, die traditionell weder gewünscht oder verlangt werden und bindet wesentliche Führungskapazitäten in der Regel auf hoher Ebene und für lange Zeit. Angesichts der gegenwärtigen Zeitschere im Management (siehe Abbildung 11) ist dies nicht unproblematisch: Steht auf der einen Seite die Nachfrage nach einer kontinuierlich zunehmenden Reaktionsgeschwindigkeit der Unternehmen bei verstärkter Dynamik, so stellt sich das Angebot an Problembewältigungszeiten insbesondere seitens größerer und etablierter Unternehmen eher gegenläufig dar.

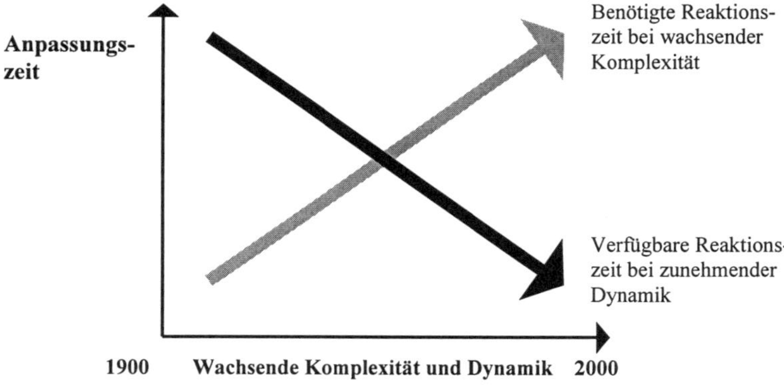

Abb. 11: Zeitschere im Management (Quelle: Bleicher 1995a, S. 391)

Bleicher selbst weist auf den weit verbreiteten Irrglauben hin, ein entscheidungsfreudiges Management könnte lediglich mit dem Einsatz des Spektrums erprobter Managementmethoden ein Unternehmen kurz- oder mittelfristig auf jeden denkbaren Erfolgskurs leiten (1995a, S. 393). Vielmehr ist das **Spannungsfeld** von Umfeld und Unternehmen verstärkt zu fokussieren, welches nicht unerhebliche Auswirkungen auf die eigen-evolutorisch bedingte Entwicklungsdynamik des Unternehmens hat (vgl. Bleicher 1994b, S. 153). Erst die Anpassungsfähigkeit an das Umfeld gewährleistet dem Unternehmen das langfristig erfolgreiche Überleben.

Der **Wert** des St. Galler Management-Konzepts liegt im Aufzeigen von Zusammenhängen, der Vorgabe von Verhaltensregeln, der Erschließung von Handlungsfeldern und der Erfüllung dieser mit individuell gültigen Bedeutungen. Die modulare Systematik des Konzepts macht es möglich, von isolierten bzw. fragmentarischen Teillösungen Abstand zu nehmen: **Gesamtzusammenhänge werden verdeutlicht** und Interdependenzen anstehender bzw. bereits vollzogener Entscheidungen strukturiert (vgl. Bleicher 1994b, S. 50 f.). Der Ansatz zeichnet sich durch größtmögliche Geschlossenheit aus. Die Methode zur Problemlösung reicht von der Ursachen- und Problemerkennung über die Entwicklung von Problemlösungsansätzen bis hin zur Implementierung, Kontrolle und Weiterentwicklung. Die Chance für so komplexe Systeme wie eine Stadt oder ganze Regionen liegt darin, dass das St. Galler Management-Konzept keinen Diktionscharakter aufweist, sondern stattdessen die **optionale Integration** verschiedener Systemebenen anbietet. Die Evaluierung individueller Konzepte, zugeschnitten auf konkrete Bedürfnisse, wird so erleichtert. Kritisch zu hinterfragen sind jedoch die erheblichen Integrationsprobleme zwischen konzeptionell-gestalterischem Wollen und führungsmäßiger Umsetzung des Erstrebten, die die normativen, strategischen und operativen Dimensionen aufwerfen. Auch wenn die Absicht besteht, einer Fragmentierung und Isolierung von Problemwahrnehmungen entgegenzuwirken, muss über Anspruch und Wirklichkeit reflektiert werden.

Eines vermag jedoch auch das St. Galler Management-Konzept nicht zu vollbringen: Wird auf der normativen Ebene nicht das entscheidende Fundament für Veränderungen geschaffen, kann trotz aller Vor- und Rückkoppelungsprozesse kein Fortschritt erzielt werden. Streben die Verantwortlichen den Erhalt asymmetrischer Macht- und Informationsverhältnisse an, werden die nachgelagerten Ebenen dem nichts entgegenzusetzen haben, weil sie in tradierten Strukturen und Kulturen auf verengte Perzeptionen und Präferenzen stoßen, die sich nur wenig für ganzheitliche Zusammenhänge öffnen.

Die Übertragung des für die Privatwirtschaft entwickelten Ansatzes auf die kommunale Ebene erfordert eine Modifizierung und Ergänzung der Theoriebestandteile, wie in Kapitel 9 diskutiert werden wird.

Teil C: Stadtmarketingaktivitäten im Kontext eines Public Management

8. Stadtmarketing in Potsdam: Bilanz und Perspektiven

In den vorausgegangenen Kapiteln sind die Stadtmarketingentwicklungen und die damit verbundenen bundesdeutschen Rahmenbedingungen analysiert worden. Nunmehr soll anhand eines konkreten Fallbeispiels untersucht werden, welche kommunalen Strukturen die strategischen Vorgehensweisen des Stadtmarketing im Einzelnen bestimmen oder beeinflussen. Dabei ist zu prüfen, wie umfänglich die Prozesse Verwaltungsmodernisierung und Stadtmarketing bislang überhaupt realisiert werden konnten und ob bereits eine Zusammenführung bzw. Kooperation stattgefunden hat.

Als Fallbeispiel wurde eine Stadt der neuen Bundesländer gewählt, da hier dezidiert die schwierigen politischen und finanziellen Modalitäten ebenso wie das Stimmungsbild der Bürger in der Umbruchphase verdeutlicht werden können.

Brandenburgs Landeshauptstadt Potsdam ist gegenwärtig ein Zerrbild seiner einstigen Bedeutung: In der Spannung zwischen Pflegeansprüchen eines kulturellen, historisch bedeutsamen Kleinods und den Anforderungen an eine moderne Regierungszentrale droht permanent die Überlastung der Sollbruchstellen kommunaler Politik. Die Stadt sieht sich im zehnten Jahr nach der Wende mit **zentralen Problemen** konfrontiert: konfligierende politische Verhältnisse, Korruptionsaffären, unzufriedene Bürger, drastische Mittelstreichungen bis hin zu Haushaltssperren, ein Negativ-Image, das durch oft wiederholte kritische Berichterstattung in den Medien zur „Self-fulfilling Prophecy" wird, wie bei der angedrohten Aberkennung des Titels „UNESCO-Weltkulturerbe" geschehen, und schließlich die Konkurrenz zur nahe gelegenen Bundeshauptstadt Berlin, nachdem sich die Brandenburger im Mai 1995 mehrheitlich gegen die Länderfusion zu einem gemeinsamen Bundesland Berlin-Brandenburg ausgesprochen haben (vgl. Karutz 1997b, S. 4). Erschwerend kam in den vergangenen Jahren hinzu, dass als Stadtoberhaupt ein Oberbürgermeister fungierte, der in der wichtigen politischen Umbruchphase die Strategie des „Aussitzens" verfolgte.

Dies alles, obwohl die strukturelle Ausgangslage mit geringer Arbeitslosigkeit und hohem Einkommensniveau deutlich besser ist als in der Mehrheit der anderen bundesdeutschen Landeshauptstädte. Bei Potsdam handelt es sich demnach um eine Stadt, die sich mit der Ambivalenz zahlreicher Potenziale einerseits und bisher nicht genutzter Chancen andererseits offensiv auseinander setzen muss.

Im nachfolgenden Kapitel werden die Veränderungsbemühungen, die sich im Potsdamer Stadtmarketingprozess widerspiegeln, skizziert und diskutiert. Hierbei wird ausgeführt, welche Profilierungsstrategien in den vergangenen Jahren gewählt worden sind, um die prekäre Situation nachhaltig zu verbessern. Gleichzeitig werden mit dem konkreten – in seiner Komplexität sehr anschaulichen – Beispiel Potsdam die Schwachpunkte kommunalen Marketinghandelns primär im Kontext des politischen Umfelds dargelegt. Die geschilderte Situation berücksichtigend, soll in dem in Kapitel 9 zu entwickelnden ganzheitlichen Stadtmarketingkonzept eine Lösungsalternative geboten werden.

Empirisch wird der Abschnitt durch eine seit 1994 währende teilnehmende Beobachtung in Workshops und Sitzungen, eine umfassende Aktenanalyse vorhandener Strategiepapiere, Protokolle, Sitzungsberichte usw., durch acht ausführliche Experteninterviews (Dauer 60 bis 90 Minuten)[1] fundiert und durch kontinuierliche Auswertung der Presseberichterstattung ergänzt. Des Weiteren standen umfangreiche Primärdaten zur Verfügung, die im Auftrag der Landesregierung Potsdam von der Unternehmensberatung Kienbaum im Jahr 1995 erhoben wurden. Diese Daten reflektieren das Stimmungsbild Potsdamer Bürger und lokaler Experten, darunter auch ansässige Unternehmer (vgl. Balderjahn/Mennicken 1994).[2]

1 Gesprächspartner waren in der Zeit zwischen November 1997 und April 1998 die Protagonisten des Stadtmarketing in Potsdam. Hierzu zählen der vom Oberbürgermeister berufene politisch Verantwortliche, Verwaltungsleitung und Verwaltungsmitarbeiter, Gründungsgesellschafter und Leiter des Innenmarketing der Stadtmarketinggesellschaft sowie ein Vertreter der Industrie- und Handelskammer. Die Gesprächsführung vollzog sich in Form einer strukturierten Abfrage anhand eines Gesprächsleitfadens (siehe Anhang). Der Explorationscharakter der Interviews wurde gewahrt, indem nicht streng chronologisch abgefragt wurde. Der Wert dieser Erhebungstechnik liegt in der Erlangung so genannter „weicher Daten“ (Einschätzungen, Meinungen), die bei den konventionellen Interviewtechniken häufig ausgeblendet werden. Daraus ergibt sich der besondere Stellenwert dieser Interviews: Der lokale Sachverstand von Entscheidungsträgern und Kennern des Wirtschaftsraumes konnte so optimal erschlossen werden.

2 Im März/April 1995 wurden 256 Bürger Potsdams über 14 Jahren, ausgewählt durch das Random-walk-Verfahren, mündlich befragt. Darüber hinaus wurden insgesamt 221 Experten im April/Mai 1995 angeschrieben. Die Rücklaufquote betrug 111, was 50% entspricht (vgl. Kienbaum Unternehmensberatung 1995c, S. 15).

8.1 Planungsprozess

8.1.1 Strukturdaten

Als Hauptstadt des Landes Brandenburg und als ehemalige preußische Residenzstadt ist Potsdam mit seinen 133.541 Einwohnern[3] (Landeshauptstadt Potsdam. Amt für Wirtschaftsförderung 1997, S. 1) ein **regionales Oberzentrum**.[4] Zum Stadtgebiet gehören neben der Altstadt die eingemeindeten Orte Babelsberg, Drewitz, Bornim, Bornstedt, Nedlitz und Sacrow sowie die 1993 eingegliederten Gemeinden Eiche und Grube. An Potsdam grenzt im Osten und Nordosten unmittelbar die Bundeshauptstadt Berlin an. Die **Infrastruktur** ist mit der Anbindung an den Berliner Autobahnring und die internationalen Berliner Flughäfen Tegel und Schönefeld, eigenem ICE-Anschluss und gut ausgebildetem öffentlichen Personennahverkehr inklusive Binnenschiffsverkehr hervorragend. Die niedrige **Erwerbslosenquote** im Jahr 1995 von 8,7%[5] (auf dem gleichen Niveau wie Stuttgart; Magdeburg liegt mit 16,4% nahezu doppelt so hoch) zusammen mit einer **Kaufkraft** je Einwohner von 25.861 DM[6] bestätigt die guten wirtschaftlichen Daten (vgl. Tabelle 6).

Einer der Faktoren für die geringe Erwerbslosenquote ist das Ausbildungsniveau der Potsdamer Bürger, welches in Abbildung 12 illustriert wird:

Die Ursache der relativen Prosperität liegt in einer stabilen **Wirtschaftsstruktur**. Private Dienstleistungen, Baugewerbe und verarbeitendes Gewerbe[7] stellen die wesentlichen Wirtschaftszweige dar (Gaulke 1992, S. 140). Eine mögliche Sorge, dass die wirtschaftliche Basis durch Schrumpfung des produzierenden Sektors nicht mehr gegeben oder unsicher sei, weil der „wertschöpfungsarme Dienstleistungssektor" dies nicht auffangen könne, ist in Potsdam wenig begründet, wie ein vom Deutschen Institut für Urbanistik erstelltes Gutachten zum Produktionsstandort Potsdam konstatiert (Grabow/Henckel/Kühn 1996, S. 5).

3 Stand 31.12.1996. Bemerkenswert ist das junge Durchschnittsalter der Potsdamer Bürger, das bei 39,2 Jahren liegt.

4 Neben den drei anderen brandenburgischen Oberzentren Frankfurt/Oder, Cottbus und Brandenburg an der Havel (vgl. Prognos GmbH/Verlag Der Tagesspiegel 1997, S. 125).

5 1996 stieg die Zahl der Erwerbslosen in Potsdam auf 9,5%, 1997 weiter auf 11,5% und gipfelte bislang im Dezember 1998 bei 13,4%. Dieser Wert der Landeshauptstadt Brandenburgs ist jedoch mit dem Bezirk Suhl der niedrigste in den neuen Bundesländern, wo zur gleichen Zeit durchschnittlich 17,4% der Bürger arbeitslos waren (vgl. o.V. 1998q, S. 18; o.V. 1999, S. 11 f.).

6 Entspricht einem Anteil von 91,6%, bezogen auf den Durchschnitt der Bundesrepublik Deutschland (Landeshauptstadt Potsdam. Amt für Wirtschaftsförderung 1997, S. 5).

7 Dieser Wirtschaftszweig ist in den vergangenen Jahren stark rückläufig: Waren 1990 noch 13% aller Beschäftigten im verarbeitenden Gewerbe tätig, ist der Anteil 1996 auf 5,7% gesunken. Die Entwicklung ist dadurch zu begründen, dass vor allem das ortsansässige produktionsorientierte Handwerk aufgrund der hohen Mietforderungen und Grundstückspreise einem starken Verlagerungsdruck ausgesetzt ist (Gramlich 1993a, S. 5).

Tabelle 6: Ausgewählte Strukturdaten 1995 der Hauptstädte der Bundesländer (Quelle: Landeshauptstadt Potsdam. Amt f. Wirtschaftsförderung 1997, S. 12)

Haupt-stadt	**Bevölkerung**		**Erwerbstätige am Arbeitsort 1995**		**Sozialversicherungspflichtig Beschäftigte am 30.6.1995**		**Arbeitslo-senquote**	**Kaufkraft je Einw.**	**Einnahmen des Verwaltungs-haushalts aus Steuern (netto)**		**Plätze in Kinder-gärten (3-6 J.)**
		Anteil der Ausl.		Anteil der Bevölk.		Anteil der Bevölk.			Gewerbe-steuer	Gem.-anteil an Lohn- u. EinkSt.	Versorgungs-grad
	insg.	%	insg.	%	insg.	%	%	DM	DM/Einw.	DM/Einw.	%
Berlin	3.471.418	12,2	1.548.000	46,2	1.254.000	36,1	13,6	29.100	393*	524*	–
Dresden	464.688	2,7	264.400	54,9	229.300	49,3	11,5	23.799	278	269	88,3
Erfurt	210.468	1,3	127.900	62,2	116.500	55,3	15,5	23.714	308	272	100,0
Magdeburg	257.656	2,9	156.400	60,7	128.000	49,7	16,4	22.933	190	285	96,0
Potsdam	**135.600**	**2,9**	**91.800**	**68,6**	**80.100**	**59,0**	**8,7**	**25.861**	**246**	**362**	**100,0**
Schwerin	114.688	1,9	71.200	56,5	63.900	55,7	12,1	23.848	–	–	100,0
Bremen	549.357	13,6	293.300	54,1	244.600	44,5	13,0	28.545	723	646	–
Düsseldorf	571.064	15,7	395.900	70,4	337.500	59,0	12,2	35.140	1.199	832	71,1
Hamburg	1.707.901	14,9	924.000	54,2	754.500	44,2	11,2	31.516	965	814	82,2
Hannover	514.915	13,8	340.400	68,0	289.500	56,2	12,1	30.775	863	666	84,2
Kiel	246.033	7,8	134.800	55,1	106.000	42,9	11,3	27.984	493	578	75,8
Mainz	185.951	18,5	107.800	59,2	95.000	51,1	8,0	34.697	908	722	101,1
München	1.227.602	22,7	787.100	64,7	650.600	53,0	6,3	37.606	1.006	854	55,3
Saarbr.	189.483	11,8	–	–	100.500	53,0	15,7	26.993	687	518	98,1
Stuttgart	562.213	23,8	396.600	68,6	344.100	61,2	8,7	34.041	963	791	87,1
Wiesbaden	265.391	17,9	143.700	54,5	117.800	44,4	7,8	34.660	983	831	76,7

* Einschließlich Zinsabschlag.

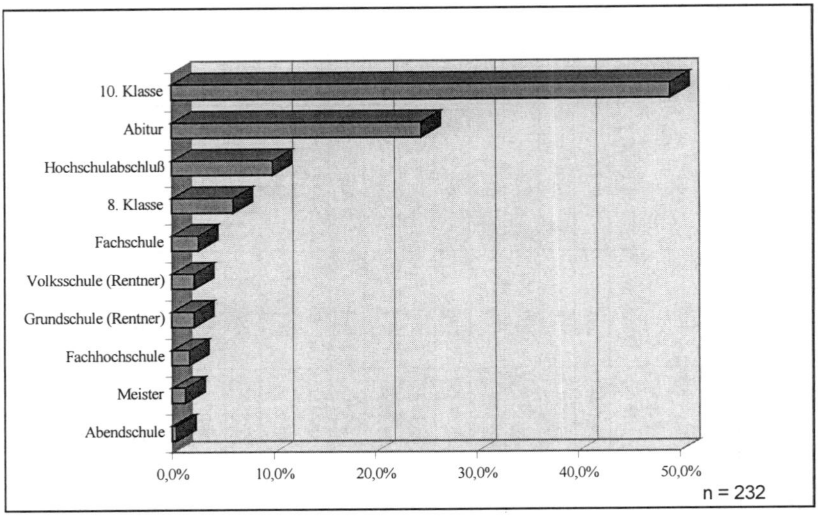

Abb. 12: Ausbildungsniveau der Potsdamer Bürger (Quelle: Ergebnisse einer Befragung von Potsdamer Bürgern durch die Kienbaum Unternehmensberatung im Frühjahr 1995)

Signifikant ist die große Beschäftigtenzahl im öffentlichen Sektor in Höhe von 23,2% aller sozialversicherungspflichtig Beschäftigten, was einer Anzahl von 17.841 Personen entspricht (Landeshauptstadt Potsdam. Amt für Wirtschaftsförderung 1997, S. 3). Obwohl es bis zum Jahr 2010 zu einer Anteilsverschiebung zwischen dem öffentlichen Dienst und den sonstigen Dienstleistungen kommen wird, hat dieser Bereich durch Potsdams Funktion als Verwaltungszentrum eine primäre Beschäftigungsrelevanz (vgl. Prognos GmbH/Verlag Der Tagesspiegel 1997, S. 82). Im Vergleich dazu sind die Dienstleistungsbereiche Tourismus[8] und Handel[9] noch ausbaufähig, zumal eine stärker diversifizierte Dienstleistungsstruktur grundsätzlich dazu beiträgt, die wirtschaftliche Situation zu stabilisieren und damit unabhängiger von konjunkturellen Schwankungen zu machen (Landeshauptstadt Potsdam. Amt für Wirtschaftsförderung 1993a u. 1993c; Grabow/Henckel/Kühn 1996, S. 5). Gegenwärtig sind bereits ca. 80% aller Arbeits-

8 Es ist darauf hinzuwirken, dass mehr Besucher in Potsdam übernachten. Die Vielzahl der Gäste sind lediglich Tagesbesucher. Lag die Bettenauslastung der Hotels 1995 erst bei 45% (vgl. Mara 1995b, S. 8; Metzner 1995c, S. 12), macht sich diesbezüglich ein Aufschwung bemerkbar, der auf die Eröffnung neuer Drei- und Viersternehotels zurückzuführen ist. Gegenüber dem Vorjahr konnten im Januar 1998 45,7% mehr Übernachtungen registriert werden (Pütz-Willems 1998, S. G 10; Weirauch 1998, S. 16).

9 Hier versprechen sich nicht nur die politischen Vertreter vom Bau des ersten Kaufhauses in der Innenstadt eine Initialzündung zur Wiederbelebung der bisher eher unattraktiven Potsdamer City als Einkaufszentrum. Weitere Handelsgroßprojekte sind das im Bau befindliche und sehr umstrittene Potsdam-Center (vgl. Kapitel 8.1.3) und das bereits fertig gestellte Stern-Center (vgl. Lukaschewitsch 1997, S. 20).

plätze im Bereich Dienstleistungen vorzufinden und ein weiterer Anstieg ist zu erwarten (Lukaschewitsch 1997, S. 20). Klare Akzente setzt Potsdam darüber hinaus bei der Ansiedlungsförderung von wissenschaftlich innovativen Hochtechnologieunternehmen. Hierzu zählen das „Potsdamer Centrum für Technologie", das „GeoForschungsZentrum" und der „Umwelttechnologiepark Potsdam".

Ferner sehen die Entwicklungsperspektiven insbesondere im **Mediensektor** viel versprechend aus, wobei der absolute Beschäftigungs- und Wertschöpfungsbeitrag dieses Sektors zuweilen überschätzt wird. Die Entscheidung, dass Sony mit der amerikanischen Tochter Columbia Tristar in den kommenden fünf bis sieben Jahren 100 Mio. DM in der Medienstadt Babelsberg investieren möchte, um eine Filmproduktion aufzubauen (vgl. o.V. 1998e, S. 21; o.V. 1998f, S. 16), ist ein positives Signal für den Ausbau der vorhandenen Kernkompetenz eines modernen Film-, TV- und Multimediastandortes (vgl. Stammer 1998, S. B 9). Diese wird durch die bevorstehende Fertigstellung des „High Tech Centers" für digitale Bild- und Tonbearbeitung auf dem Gelände der Medienstadt untermauert (vgl. o.V. 1996g, S. 17).

Was die sog. **„weichen" Standortfaktoren** betrifft, hat Potsdam ebenfalls einiges zu bieten: Eine Vielzahl von Gebäuden, die gesamte Innenstadt (Altstadt einschließlich des Holländischen Viertels) sowie Teile der Vorstädte stehen unter Denkmalschutz und das nicht erst seit der Aufnahme Potsdams in die „Liste des Kultur- und Naturerbes der Welt" der UNESCO am 1.1.1991 (vgl. o.V. 1991, S. 553). 41% der Potsdamer Bürger stehen der gegenwärtigen Stadtentwicklung jedoch eher ablehnend gegenüber, wobei 36% der Meinung sind, dass Potsdam zeitgemäßer bauen sollte. Die klare Mehrheit der Bevölkerung (51,6%) konzediert allerdings, dass sich seit der Wende im Potsdamer Stadtbild viel getan hat (vgl. Hammes 1994b, S. 8; Oswald 1996, S. 13).

Geprägt wird die Stadt durch ihre Lage inmitten einer Seen- und Waldlandschaft,[10] durch die Lennésche Kulturlandschaft, das historische Stadtbild und die weltbekannten Schloss- und Gartenanlagen von Sanssouci. Da aufgrund der kommunalen Selbstverwaltung Kulturhoheit in den Kommunen besteht, hat auch die Landeshauptstadt Potsdam zumindest diese Chance für sich erkannt, um über Sanssouci hinaus einen Identifikationswert durch kulturelle Aktivitäten zu manifestieren (vgl. Kühn 1994, S. 8). Seit Sommer 1991 findet jährlich ein **Sommerkulturprogramm**, die „Potsdamer Arkadien", statt.[11] Dazu zählen klassische open-air-Konzerte, Volkstanzaufführungen, Straßentheatergruppen, Kleinkunst aller Art und andere traditionelle Festveranstaltungen mit wechselnden Motti. Alle Veranstaltungen des Programms werden grundsätzlich kostenlos angeboten.

10 Potsdam hat eine Gesamtfläche von 100,1 qkm. Davon entfallen 29,0% auf Waldflächen, 12,2% auf Wasserflächen und 7,6% auf Grünanlagen. Weitere 17,1% werden als landwirtschaftliche Nutzflächen bewirtschaftet. In und um Potsdam gibt es 15 Seen mit einer Gesamtfläche von 2.157 Hektar, die zu Freizeit, Naherholung und Sport einladen. Die größten Seen sind der Schwielowsee und der Templiner See, von dem ca. 333 Hektar innerhalb des Stadtgebietes liegen (Metzner 1995c, S. 12).

11 Zu Image und Akzeptanz dieser Veranstaltungsreihe vgl. die umfassende Untersuchung von Balderjahn/Mennicken/Will 1996.

Im Falle des 1000jährigen Stadtjubiläums im Jahr 1993 hat es die Stadt allerdings versäumt, dem Anlass entsprechend Akzente mit überregionaler Ausstrahlung zu setzen (vgl. o.V. 1993b, S. 539; Grabner/Kiesant 1993, S. 255–285; Seiler 1994, S. 133 ff.; Matussek 1996, S. 72). So präjudizierte die Aussage des Oberbürgermeisters zum Stadtjubiläum die Situation treffend, wenn auch anders als gehofft: *„Das Jubiläum könnte uns erkennen helfen, welches Bild Potsdam von sich selbst in Zukunft der Welt vermitteln will*" (Gramlich 1993b, S. 10). Andere kulturelle Einrichtungen sind z.B. das Hans-Otto-Theater,[12] das Theater am Neuen Palais, das Kabarett „Am Obelisk" sowie diverse Kulturhäuser (vgl. Herold 1994, S. 19; Ministerium für Wissenschaft, Forschung und Kultur des Landes Brandenburg 1994, S. 32 ff.). Drastische Mittelkürzungen in den vergangenen Jahren machen auch in Potsdam den Weg für neue Formen der Kulturfinanzierung, wie das Sponsoring, frei. Seit 1994 subventioniert beispielsweise das Land Brandenburg seine Kultureinrichtungen nur noch mit jährlich ca. 200 Mio. DM, im Gegensatz zu 250 Mio. DM per anno in den Jahren 1991 bis 1993 (Boschek 1996c, S. 8).

Obwohl 52% der Potsdamer Bürger der Aussage „Ich wohne gern in Potsdam" „vollständig zustimmen" und Potsdam seinen Ruf als Kriminalitäts-Hauptstadt ablegen konnte,[13] vermelden die Potsdamer Statistiker seit 1990 kontinuierlich einen **negativen Migrationssaldo.** 1996 standen 6.457 Neu-Potsdamer einer Anzahl von 7.778 Weggezogenen (zumeist in den Landkreis) gegenüber. Der erhoffte Zuzug von Auswärtigen als Ausgleich greift bislang nicht. Auch die Bevölkerungszahl folgt diesem Trend: Sie ist allein in den Jahren von 1994 bis 1996 um beinahe 5.000 Bürger gesunken. Die Sterberate war 1996 mit 1.213 Verstorbenen um 481 Personen höher als die Rate der Neugeborenen (Landeshauptstadt Potsdam. Amt für Wirtschaftsförderung 1997, S. 1). Diese Daten erfordern Handlungsbedarf. Die Potsdamer Behörden müssen sich des Sachverhalts bewusst sein, um die Abwanderungsentwicklung langfristig zu stoppen. Die – vorhandene – Attraktivität des Wohnstandortes Potsdam gilt es

12 In den vergangenen Jahren war die provisorische „Blechdose am Alten Markt" (Metzner 1996b, S. 14) wegen seiner Übergangslösung allerdings eher öffentliches Ärgernis denn gefeierte Bühne. Dies bestätigt auch die Kienbaumbefragung: Auf die offene Frage nach Defiziten im Kulturbereich (*„Sehen Sie Defizite im Kulturbereich? Wenn ja, welche?*) war die häufigste Erstnennung (33%) der Potsdamer Bürger, dass sie ein repräsentatives Theater in Potsdam vermissten. Erst 1999 wird die Spielstätte jedoch wieder an seinen alten – rekonstruierten – Standort in der Zimmerstraße zurückkehren (Metzner 1996b, S. 14).

13 Wurden 1994 noch beinahe 90.000 Straftaten in Potsdam registriert, was bei einer Einwohnerzahl von 138.618 Bürgern den bundesdeutschen Spitzenplatz ergab (Mathes/Metzner 1994, S. 110), sank 1995 die Anzahl der Delikte um 3,4%. Dank strafferer Methoden, neuerer Technik und klarerer Schwerpunkte konnte die Aufklärungsquote 1995 auf 43%, das heißt beinahe auf Bundesdurchschnitt (45%), angehoben werden (Metzner 1996d, S. 12). Unterstützt wurde dieser Trend durch sog. Sicherheitspartnerschaften zwischen Polizei und Potsdamern, in der sich die Bürger ehrenamtlich für die Sicherheit ihrer Gemeinde engagieren, wie z.B. in Form von Patrouille-Gängen (vgl. Schümann 1997, S. B 1). So belegte Potsdam 1997 hinter den ostdeutschen Städten Rostock (Rang 2) und Magdeburg (Rang 5) „nur" noch den 6. Rang in der bundesdeutschen Kriminalitätsstatistik (o.V. 1998g, S. 2).

neu und offensiv zu definieren. In diesem Kontext gewinnt die kommunale Kommunikationspolitik (vgl. Pfeifle 1993, S. 762 f.; Endres 1988, S. 254 f.) an zunehmender Relevanz. Aufgrund der geschilderten Situationsanalyse sind zwei Szenarien der künftigen Entwicklung Potsdams denkbar, die anschaulich die **Chancen und Risiken** charakterisieren (vgl. Söstra 1993, S. 13):

1. Die sich bietenden Gestaltungsmöglichkeiten werden kreativ und entschlossen genutzt. Sorgfältig werden die bekannten Fehlentwicklungen anderer Großstadtregionen auf ihre Ursachen hin analysiert. Daraus werden Schlussfolgerungen für eine wirkungsvolle, neuartige, situationsgerechte Kommunalpolitik deduziert und realisiert. Die Entwicklung des Potsdamer Stadtmarketingkonzepts vollzieht sich nach einer durchdachten und gesellschaftlich akzeptierten Gesamtstrategie, mit der ein beispielhaftes Modell eines städtischen bürgerfreundlichen Lebensraumes Schritt für Schritt umgesetzt wird. Von dieser attraktiven Stadt strahlen Impulse, die Wirkungen auf die benachbarten Regionen vor allem in Brandenburg, aber auch darüber hinaus, mobilisieren. Die Nähe zur Bundeshauptstadt Berlin wird synergetisch genutzt.
   Oder:
2. Die integrative Kraft der handelnden politischen Akteure ist zu schwach, um vorhandene Chancen zu nutzen. Die Entwicklung des Potsdamer Stadtmarketing vollzieht sich mehr oder weniger im Selbstlauf, weil die halbherzigen, in herkömmlichen Instrumenten gefangenen Bemühungen zur Steuerung nicht greifen. In atemberaubendem Tempo werden alle Fehlentwicklungen nachvollzogen, deren Ausprägung in westdeutschen Städten Jahre gedauert hat. Ihre abträglichen Wirkungen auf die Lebensqualität potenzieren sich durch die mangelnde Zielorientierung. Die Nähe zu Berlin wird ignoriert und als Konkurrenz um Touristen und ansiedlungswillige Unternehmen betrachtet.

Mit Sorge muss konstatiert werden, dass in den letzten Jahren zu wenig geschehen ist, um die Gefahren des zweiten Szenarios umfassend zu bannen.

8.1.2 Stadtleitbild und Oberziele

Auf der Basis eines im Juni 1994 durchgeführten Workshops wurde im Mai 1995 unter der Metaplan-gestützten Moderation der Unternehmensberatung Kienbaum ein Diskussionsforum mit 50 Potsdamer Bürgern installiert (vgl. Kapitel 8.2.1). In fünf Arbeitsgruppen sollten die Grundlagen für die Potsdamer Stadtmarketingarbeit gelegt werden. In einer zweiten Runde im Juli 1995 wurde schließlich, aufbauend auf den Ergebnissen der ersten Diskussionen, ein ausführliches Leitbild für Potsdam entworfen. Dieser „Katalog von Soll-Zuständen" (Kienbaum Unternehmensberatung GmbH 1995a, S. 2) sollte bis zum Jahr 2005 realisierbar sein.

Eingeflossen in das Leitbild sind die Ergebnisse von zwei Primärerhebungen: einer mündlichen Befragung von 256 Potsdamer Bürgern im März/April 1995 zur **Stärken-Schwächen**-Ermittlung[14] und einer schriftlichen Befragung von 111 Repräsentanten des öffentlichen Lebens (sog. „Experten", die von der Stadtverwaltung und Kienbaum benannt wurden) im April/Mai 1995 mit dem Zweck der **Chancen-Risiken**-Bestimmung[15] (Balderjahn 1998, S. 10). Darüber hinaus wurden die bereits zwei Jahre zuvor erarbeiteten „Grundsätze zur Stadtentwicklungsplanung"[16] (Landeshauptstadt Potsdam. Amt für Wirtschaftsförderung 1993b, S. 2 ff.) integriert.

Das für Potsdam im Oktober 1995 durch eine erweiterte Stadtmarketing-Lenkungsgruppe verabschiedete Stadtleitbild setzt sich aus insgesamt 13 Punkten zusammen, woraus sich zahlreiche Oberziele ableiten (Kienbaum Unternehmensberatung GmbH 1995a, S. 4 ff.):

1. **Potsdam ist Gesamtkunstwerk, Geschichte und Gegenwart**
   Potsdam als *die* Stadt der Schlösser und Gärten in Deutschland ist seinem architektonischen und kulturellen Erbe verpflichtet: Das Gesamtkunstwerk Potsdam ist zu wahren und zu pflegen. Langfristig soll es sich zu einer Stadt entwickeln, in der historische Bauten und moderne, innovative Architektur einträchtig nebeneinander stehen.

2. **Repräsentative Landeshauptstadt**
   Potsdam ist als moderne und repräsentative Verwaltungsstadt zu profilieren, von der Impulse für die Entwicklung des gesamten Bundeslandes ausgehen. Dabei sind gezielt Synergien auszuschöpfen, die durch die Doppelrolle Potsdams als Oberzentrum und als Landeshauptstadt entstehen.

3. **Attraktiver Wirtschaftsstandort**
   Das Potenzial der Region der Bundeshauptstadt, sich zur Ost-West-Drehscheibe in Europa zu entwickeln, macht Potsdam interessant für internationale Unternehmen. Das anzusiedelnde Branchen-Portfolio soll schwerpunktmäßig im Bereich öffentlicher und privater Dienstleister sowie bei den Medien und im Tourismus liegen.

---

14 Zu den **Stärken** zählen vor allem die Kulturlandschaft, die Natur, der Sitz der Landesregierung und die Medien. Als **Schwächen** nannten die Bürger u.a. den Verkehr, den Ausbau der Innenstadt, die touristische Infrastruktur, das Image sowie die Informations- und Koordinationsleistung der Stadt (Kienbaum Unternehmensberatung 1995c, S. 19).

15 **Chancen** sehen die Experten in Wissenschaft und Forschung, dem Zukunftsmarkt Medien und dem großen Flächenpotenzial. **Risiken** können sich aus der Finanznot, der Stimmung in der Bevölkerung und dem Denkmalschutz ergeben (Kienbaum Unternehmensberatung 1995c, S. 39).

16 Diese Grundsätze befassen sich mit den folgenden thematischen Schwerpunkten: Landeshaupt- und Behördenstadt; Wohnstadt; Arbeitsstadt; Stadt der Wissenschaft und Forschung, Universitätsstadt, Medienstadt; Geschichts- und Kulturstadt; Kongress- und Tourismusstadt, Erholungs- und Sportstadt; Garten- und Parkstadt, Stadt am Wasser; Zentrenstruktur, Einzelhandel; Soziale und technische Infrastruktur, Umweltaspekte; Planungs- und Baukultur in ihrer Gesamtentwicklung.

4. **Stadt der Wissenschaft und Forschung**
Durch enge Verzahnung zwischen Wissenschaft und Wirtschaft ist ein laufender Wissens- und Technologietransfer herzustellen. Außerdem ist eine integrative Zusammenarbeit zwischen Hochschulforschung und außeruniversitären Forschungsstätten anzustreben.

5. **Medienstadt Potsdam – Medienstandort Babelsberg**
Das Know-how soll in Babelsberg konzentriert bleiben, indem geeignete Rahmenbedingungen geschaffen und innovative Medien sowie Pilotprojekte im Bereich neuer elektronischer Medien gefördert werden.

6. **Facettenreiche, reizvolle Tourismusstadt Potsdam**
Potsdam ist als ideales Ziel für Kurz- und Wochenendreisen, insbesondere für Kulturhungrige und Naturliebhaber, zu positionieren. Herauszustellen sind die vielfältigen Facetten, wozu neben den touristischen Attraktionen die Innenstadt, Babelsberg, die Natur und das Kultur-, Sport- und Freizeitangebot zählen. Ausgebaut werden soll der Geschäftsreisetourismus.

7. **Moderne Verkehrs- und technische Infrastruktur**
Durch die Einbettung eines bewusst gestalteten Mix aus motorisiertem Individualverkehr, Fahrradverkehr, ÖPNV, Verkehrsleitsystem und Parkraumbewirtschaftung in ein Gesamtkonzept soll erreicht werden, dass den Anforderungen aller betroffenen Gruppen angemessen Rechnung getragen wird.

8. **Kulturelle Vielfalt**
Es sind sowohl kulturelle Angebote mit internationalem Anspruch als auch populäre Kultur und potsdamspezifische Angebote zu fördern. Zu erhalten und angemessen zu unterstützen sind die freie Szene, Galerien, junges Theater, Veranstaltungen wie Werkstatt-Tage etc.

9. **Innenstadt: Handeln, wandeln und wohnen in historischem Ambiente**
Potsdam soll sich zu *dem* Einkaufszentrum der Region entwickeln. Erhöht werden muss vor allem die Anziehungskraft der Innenstadt als reizvoller Einkaufsort, wobei auf die Ansiedlung eines attraktiven Frequenzbringers zu achten ist. Darüber hinaus ist das Einkaufsumfeld (Cafés, Bistros und Restaurants) entsprechend zu verändern.

10. **Reizvolle Sport-, Freizeit- und Erholungsmöglichkeiten**
Bei der Gestaltung des Freizeit- und Erholungsangebotes soll eng mit den umliegenden Kommunen zusammengearbeitet werden. Synergien, die sich aus der Nähe zu Berlin ergeben, sollen genutzt werden. Freizeit-, Breiten- und Spitzensportangebote sollen gleichberechtigt ausgebaut werden.

11. **Lebendige Stadt für Kinder, Jugendliche und Familien**
Nach Altersgruppen differenziert sind abwechslungsreiche und moderne Angebote zu entwickeln, anziehende Veranstaltungen durchzuführen und attraktive Räume bereitzustellen.

12. **Integration statt Isolation**
Spezielle Angebote für Senioren, Behinderte und sozial Benachteiligte sollen helfen, die Integration in die Gemeinschaft aller Potsdamer zu sichern bzw. zu ermöglichen.

13. **Bürgerfreundlichkeit der Politik und der öffentlichen Verwaltung**
Die Stadtverwaltung Potsdam möchte sich als modernes bürger- und wirtschaftsfreundliches Dienstleistungsunternehmen profilieren. Die Verwaltung soll permanent bestrebt sein, die Qualität ihrer Leistungen zu überprüfen und ihre Leistungsfähigkeit zu erhöhen. Mitarbeiter sollen durch entsprechende Anreize motiviert werden, außerdem ist ein offener Dialog mit allen Personen und Institutionen anzustreben, die am Leben in Potsam mitwirken.

Die Zusammenfassung der aufgezeigten Vielschichtigkeit unter der Überschrift „Potsdam – Stadt mit hoher Lebensqualität“ (ebenda, S. 3) zeigt, dass versucht wurde, alle nur erdenklichen Aspekte im Potsdamer Leitbild zu reflektieren. Es hat dadurch den Anschein, als ob hier ein Gießkannenprinzip verfolgt wurde. In den von der Autorin geführten Expertengesprächen wurde diese Vorgehensweise seitens der Gesprächspartner mehrfach kritisch erwähnt: Das Ergebnis des Stadtleitbildes sind breit gefächerte Empfehlungen, die mangels einer konkreten Auswahl und damit der Konzentration auf spezifische Schwerpunkte zu allgemein sind. Von allem ein bisschen durchsetzen zu wollen ohne klare Schwerpunkte zu benennen, entspricht einer unrealistischen Utopie. Immerhin trug die langwierige und komplexe Recherche der involvierten Unternehmensberatung dazu bei, dass diejenigen leitbildrelevanten Aspekte legitimiert wurden, von deren Signifikanz jeder Beteiligte schon vorher überzeugt war.

Karutz (1998, S. 27) stellt treffend fest: „Was fehlt, sind Konsens und Vorstellung von dem, was Potsdam sein soll oder sein möchte.“

8.1.3 Politische Verhältnisse

„Potsdam – die unregierbare Chaos-Stadt?“ (Kowitz 1994, S. 3). Diese und ähnliche Einschätzungen verlauten seit den Potsdamer Kommunalwahlen am 5.12.1993 kontinuierlich. Der von 1990 bis Mai 1998 amtierende und als führungsschwach, wenig kreativ und menschenscheu geltende Oberbürgermeister (SPD) wurde in der erstmalig stattfindenden Direktwahl Ende 1993 im ersten Wahlgang vom PDS-Kandidaten geschlagen, so dass eine Stichwahl erforderlich wurde. Nur weil sich damals alle anderen Parteien gegen die PDS zusammenschlossen und den SPD-Kandidaten unterstützten, wurde er für acht Jahre von den Potsdamern gewählt (vgl. Metzner 1995a, S. W 3; o.V 1997p, S. 2; Winters 1998, S. 4). Dieser schlug im Gegenzug jedoch eine Zusammenarbeit mit der CDU und den anderen kleineren Parteien aus und stützte sich auf die PDS, die als stärkste Fraktion in die Stadtverordnetenversammlung eingezogen war (vgl. Tabelle 7).

Tabelle 7: Ergebnisse der Potsdamer Kommunalwahlen vom 5.12.1993 (Quelle: Landeshauptstadt Potsdam. Presse- und Informationsamt 1995, S. 4)

Partei	Anteile in %	Sitze
PDS	38,36	19
SPD	32,41	16
CDU	10,27	5
Grüne/Bündnis '90	7,02	3
Forum/BürgerBündnis	5,15	3
FDP	3,66	2
Andere	3,02	2

Es folgte im Frühjahr 1994 ein Debakel um die Beigeordnetenposten, wie die Stadträte und Dezernatsleiter bezeichnet werden, bei dem die vom Oberbürgermeister vorgeschlagenen Kandidaten keine Mehrheit erringen konnten. Nicht zuletzt die eigene Partei war ihm beim Votum in den Rücken gefallen, woraus folgte, dass der Magistrat bis zur Neuwahl der Beigeordneten im Sommer des Jahres 1994 handlungsunfähig war (vgl. Eule 1994, S. 20; Mara/Metzner 1994, S. 3). Hinzu kam eine weitere Wahlschlappe für den Oberbürgermeister, als er zur gleichen Zeit nicht wieder in das Präsidium des Brandenburgischen Städte- und Gemeindebundes gewählt wurde (Hammes 1994a, S. 7).

Die jüngste **Affäre** um den Anfang 1998 vom Dienst suspendierten SPD-Beigeordneten für Stadtentwicklung, Bauen und Wohnen, der im Verdacht steht, ein großes deutsches Bankhaus bei dem Grundstückskauf für seine Potsdamer Filiale bevorzugt zu haben, sorgte erneut für politische Unruhen in Potsdam. Der Oberbürgermeister vertraute dem Baustadtrat fast blind, obwohl dieser in seiner Funktion nicht unumstritten war. Dessen rigorosen, Denkmalschutz und kulturelles Erbe missachtenden Baupolitik war es zuzuschreiben, dass die brandenburgische Landeshauptstadt nicht nur mit der UNESCO wegen des Potsdam-Centers und seiner fragwürdigen Architektur in Konflikt geriet (vgl. Eule 1996, S. 139; Karutz 1996a, S. 10 u. 1996b, S. 5; Weirauch 1997, S. 18; Kowitz/Huber 1998, S. 3).

Für die meisten Potsdamer Bürger schien angesichts der den Ruf Potsdams schädigenden Ereignisse ein Oberbürgermeister-Wechsel dringend notwendig. Die Oppositionsfraktionen leiteten einen **Bürgerentscheid**[17] ein, der am 17. Mai

17 Nach den Bestimmungen des brandenburgischen Kommunalwahlgesetzes kann ein vom Volk für acht Jahre direkt gewählter Oberbürgermeister vor Ablauf seiner Amtszeit nur vom Volk durch einen Bürgerentscheid abgewählt werden. Dieser kann durch ein Bürgerbegehren – das innerhalb von vier Wochen von einem Zehntel der Wahlberechtigten, das heißt in Potsdam 10.500 Personen, unterzeichnet wird – oder dadurch eingeleitet werden, dass die örtliche Volksvertretung mit Zweidrittelmehrheit den Beschluss zur Abhaltung eines Volksentscheids fasst. Letzteres ist in Potsdam gescheitert (o.V. 1998b, S. 6). Da sich in Potsdam aber 12.747 Bürger für die Abwahl des Oberbürgermeisters ausgesprochen haben, stand dem Prozedere nichts mehr entgegen (o.V. 1998l, S. 15).

1998 stattfand. Als politisch brisant erwies sich, dass die eigene Partei bereits vor dem Ergebnis des Bürgerentscheids einen neuen Oberbürgermeisterkandidaten, den bisherigen brandenburgischen Umweltminister, der Öffentlichkeit vorstellte. Der amtierende Oberbürgermeister indes lehnte – obwohl ohne innerparteilichen Rückhalt – einen vorzeitigen Rücktritt zu jeder Zeit kategorisch ab und beabsichtigte, sein Mandat bis 2001 zu erfüllen (Buschardt 1998, S. 13; Mundt 1998a, S. 16; o.V. 1998h, S. 16; Winters 1998, S. 4). Mit großem Optimismus ging der Oberbürgermeister noch zwei Tage vor dem Bürgerentscheid davon aus, auch diesen politischen Tiefpunkt unbeschadet zu überstehen (vgl. Niesen

Tabelle 8: Wahlergebnisse des Potsdamer Bürgerentscheids vom 17.5.1998 (Quelle: o.V. 1998a, S. 9)

Stadtteil	**Abstimmungsberechtigte**	**Abstimmungsteilnehmer**	**Prozent**	**Gültige Ja-Stimmen**	**Gültige Nein-Stimmen**	**Ungültige Stimmen**
Bornim und Grube	1.741	664	38,14	584	78	2
Nedlitz, Bornstedt	2.722	934	34,31	840	91	3
Sacrow	123	48	39,02	43	5	0
Eiche	2.942	1.052	35,76	919	126	7
Nauener Vorstadt	2.192	747	34,08	670	74	3
Jägervorstadt	773	329	42,56	290	38	1
Berliner Vorstadt	1.489	540	36,27	467	70	3
Brandenburger Vorstadt	8.337	2.983	35,78	2.599	375	9
Potsdam West, Wildpark	6.144	2.266	36,88	1.988	272	6
Nördliche Innenstadt	7.817	2.842	36,36	2.469	358	15
Südliche Innenstadt	5.237	1.753	33,47	1.464	277	12
Klein Glienicke, Brandenburg Nord	6.947	2.459	35,40	2.229	218	12
Babelsberg Süd	7.630	2.546	33,37	2.233	302	11
Templiner Vorstadt, Forst Potsdam-Süd	1.044	394	37,74	340	53	1
Teltower Vorstadt	3.171	1.209	38,13	1.073	134	2
Schlaatz	8.185	2.516	30,74	2.159	343	14
Waldstadt I	5.160	1.999	38,74	1.741	255	3
Waldstadt II	8.527	2.799	32,83	2.408	372	19
Stern	14.559	4.841	33,25	4.177	638	26
Drewitz	5.642	1.886	33,43	1.639	233	14
Kirchsteigfeld	3.181	1.273	40,02	1.097	168	8
Briefwahl		4.988		4.295	645	48
Potsdam gesamt	**103.563**	**41.068**	**39,66**	**35.724**	**5.125**	**219**

1998b, S. 18). Die Potsdamer stimmten jedoch anders (siehe Tabelle 8): 35.724 Bürger votierten für die vorzeitige Abberufung des Oberbürgermeisters (vgl. Erbach 1998b, S. 9; Metzner 1998b, S. 9).

Zum ersten Mal in der Geschichte der Bundesrepublik wurde damit der Oberbürgermeister einer Landeshauptstadt von den Bürgern abgewählt. Das nötige Quorum von 26.000 Stimmen wurde deutlich übertroffen. Lediglich 5.125 Bürger sprachen sich für ein Verbleiben des amtierenden Oberbürgermeisters aus (vgl. o.V. 1998o, S. 1). Dieses eindeutige Resultat ist unter dem Aspekt der Identitätsstiftung und -förderung in Potsdam besonders bedeutungsvoll: Schließlich erfüllt die Landeshauptstadt als wesentliches Element zur Vermittlung von Identitätsbewusstsein eine maßgebliche Funktion für das ganze Land. Gleichzeitig ist sie Nukleus der regionalen Entwicklung und hat somit eine herausgehobene Bedeutung inne. In keiner anderen Stadt werden Landes- und Kommunalpolitik gerade durch die agierenden Personen (Ministerpräsident, Minister, Oberbürgermeister, Stadträte usw.) so direkt konfrontiert wie in der Landeshauptstadt (Dieckmann/Scheytt 1991, S. 161).

Insofern ist es umso bedauerlicher, dass in der Vergangenheit neben den stadtinternen Querelen eher ein Nicht-Verhältnis zwischen Oberbürgermeister und brandenburgischem Ministerpräsidenten (SPD), der zuvor selbst in den Medien wegen einer behaupteten Stasi-Zusammenarbeit für negative Schlagzeilen sorgte, in Potsdam vorherrschte (Winters 1998, S. 4). Die Affäre um die brandenburgische Arbeits- und Sozialministerin, der vorgeworfen wurde, zwischen 1992 und 1994 Haushaltsgelder in Millionenhöhe veruntreut zu haben, war ein weiterer Mosaikstein in einer Kette von Potsdamer und Brandenburger Skandalen (vgl. o.V. 1998j, S. 8).

8.2 Konkretisierungsphase

8.2.1 Organisationsformen

Die Erkenntnis, dass sich die Situation in Potsdam nachhaltig verändern muss, war Anfang 1994 so weit gediehen, dass auf Initiierung des Amtes für Wirtschaftsförderung in Potsdam die Vorbereitungen für einen Stadtmarketingworkshop in die Wege geleitet wurden. In Zusammenarbeit mit der Universität Potsdam und der Industrie- und Handelskammer fand am 2.6.1994 ein **Workshop** zum Thema Stadtmarketing statt, „um Aktivitäten und Kräfte zu bündeln und ein koordiniertes Handeln im Interesse der Stadt, ihrer Bewohner, der Unternehmen und der Gäste zu erreichen“.[18] Nachdem geladene Experten über den Zweck von Stadtmarketing und ihre Erfahrungen referiert hatten, wurde in fünf Arbeitsgruppen über die Stärken/Schwächen, Chancen/Risiken und die prioritär zu verwirk-

18 Zitiert aus der Terminankündigung zum Workshop Stadtmarketing des Amtsleiters für Wirtschaftsförderung vom 10.5.1994.

lichenden Ziele Potsdams diskutiert (Landeshauptstadt Potsdam. Amt für Wirtschaftsförderung 1994, S. 1).
Die Arbeitsgruppen umfassten die Themenkomplexe:
1. Wirtschaft, Medien, Wissenschaft und Forschung,
2. Stadtentwicklung, Verkehr, Infrastruktur,
3. Innenstadt, Sanierung, Einzelhandel,
4. Tourismus,
5. Kultur, Sport und Freizeit.

Ziel des Workshops war es, die Grundlagen für die Erarbeitung eines Stadtmarketingkonzepts zu schaffen. Dazu zählte, dass in den Arbeitsgruppen eine Bestandsaufnahme und eine Positionierung Potsdams im Vergleich zu anderen Städten erfolgte, um darauf basierend erste Vorstellungen zu Methoden und Instrumenten konzipieren zu können (vgl. Landeshauptstadt Potsdam. Amt für Wirtschaftsförderung 1994, S. 5). Die Erwartung, am Ende der Veranstaltung in der Lage zu sein, ein konkretes Gremium mit Vertretern aus der Stadtverwaltung, den Verbänden und der Wirtschaft zu benennen, welches die weitere Arbeit an einem Stadtmarketingkonzept koordiniert und kontinuierlich fortführt, war jedoch zu hoch gegriffen. Grundsätzlich herrschte Konsens über die Notwendigkeit der Veranstaltung. Ferner war die Bereitschaft bei allen Teilnehmern zu registrieren, sich über den Workshop hinaus am Stadtmarketingprozess zu beteiligen, sofern die übergeordnete politische Unterstützung gewährleistet wird.

In den einzelnen **Arbeitsgruppen** mit insgesamt 70 Teilnehmern aus kulturellen Einrichtungen, Wissenschaft, ansässigen Unternehmen, Einzelhandel, Verbänden und der Stadtverwaltung einschließlich Oberbürgermeister wurde deutlich, dass alle Akteure ihre je eigenen Interessen als die vordringliche Handlungspriorität formulierten. Daraus ergab sich, dass es für das weitere Vorgehen am zweckmäßigsten scheint, als neutrale Instanz einen **externen Berater** einzubeziehen, der den konzeptionellen Rahmen für das Stadtmarketing definiert. Nach einer bundesweiten Ausschreibung, bei der sich zehn Beratungsunternehmen bewarben, wurde in einem zweistufigen Auswahlverfahren im Anschluss an deren Präsentationen am 23.11.1994 die Kienbaum Unternehmensberatung mit der Entwicklung des Potsdamer Stadtmarketingkonzepts beautragt.[19] Diese vollzog sich in drei Phasen: Situationsanalyse (Stärken-/ Schwächen-, Chancen-/Risiken-Analyse), Leitbildentwicklung und Maßnahmenplanung (Balderjahn 1998, S. 10).

Um die konstruktive Fortführung des in Gang gesetzten Stadtmarketingprozesses zu gewährleisten, fiel in der Nachbereitung des Workshops die Entscheidung, einen **gemeinnützigen Verein** zu gründen. Am 1.12.1994 wurde das

19 In bester Dezemberfieber-Manier, denn die vakanten 200.000 DM waren nur bis Ende des Haushaltsjahres 1994 verfügbar. 80% des Projektes wurden aus Mitteln des Landes Brandenburg, vertreten durch das Ministerium für Stadtentwicklung, Wohnen und Verkehr, finanziert. Formal wurde das Projekt von der Stadtverwaltung, insbesondere dem Amt für Wirtschaftsförderung, durchgeführt (vgl. Kienbaum Unternehmensberatung 1995c, S. 4).

„Potsdamer Forum: Verein für Stadtmarketing e.V." mit zunächst 24 Mitgliedern formal konstituiert. Zum Zweck des Vereins heißt es in § 2 Abs. 1 der Satzung: *„Zur Schaffung bzw. Erhaltung der unverwechselbaren Identität der Stadt Potsdam hat der Verein alle notwendigen Aktivitäten für ein erfolgreiches Stadtmarketing zu initiieren, zu fördern und zu koordinieren*" (Potsdamer Forum. Verein für Stadtmarketing e.V. 1994). Der erweiterte Vorstand umfasste neun Personen aus dem öffentlichen Leben Potsdams, wobei der Oberbürgermeister als einer der beiden Vizepräsidenten amtierte.

Mit dieser Organisationsform konnte die Finanzierung aus Eigenmitteln in Form von Mitgliedsbeiträgen, Spenden und Sponsoring realisiert werden. Die Mitgliedsbeiträge pro Jahr betrugen 1.000 DM für juristische und 500 DM für natürliche Personen, darüber hinaus beteiligte sich die Stadt mit einem Zuschuss in Höhe von 25.000 DM im ersten Jahr und mit 20.000 DM in den weiteren Jahren.

Als problematisch an dieser Organisationsform erwies sich von Anfang an die fehlende Umsetzungskraft. Der ehrenamtlich arbeitende Vorstand konnte zeitlich nur begrenzte Kapazitäten zur Verfügung stellen und die schwache finanzielle Ausstattung erlaubte lediglich die Einstellung von drei Langzeitarbeitslosen, die über ein einjähriges Arbeits-Beschaffungs-Maßnahmen-Projekt finanziert wurden. Dieses Verfahren war nicht sinnvoll, denn der Mangel an professionellem Know-how war offensichtlich. Hinzu kam, dass es an Exekutive fehlte, denn mit den städtischen Gremien gab es keinen Anspruch auf Umsetzungen. Die eigenen Überlegungen und ein entsprechender Vorstoß von Tourismusanbietern und Innenstadt-Investoren kamen 1996 zu dem Ergebnis, den Verein in eine **GmbH** mit adäquatem Budget zu überführen, da andernfalls das Stadtmarketing-Vorhaben im Sand verlaufen wäre (vgl. Metzner 1997, S. 14).

Im September 1997 konnte die „Potsdam Touristik & Marketing Gesellschaft mbH" (PTM) gegründet werden. Die Stadt Potsdam ist daran zu 40% beteiligt, 60% sind private Gesellschafter, wobei gegenwärtig davon 30% treuhänderisch verwaltet werden für noch zu akquirierende Gesellschafter.[20] Die Medienstadt Babelsberg ist mit einem Anteil von 5% größter privater Einzelgesellschafter. Die PTM verfügt derzeit über ein finanzielles Potenzial von 2,35 Mio. DM pro Jahr, und durch Erbringung eigener Marketingdienstleistungen soll diese Summe auf 2,8 Mio. DM im Jahr 1998 erhöht werden (Weirauch 1998, S. 16). Die Stadt Potsdam steuert insgesamt jährlich eine Million DM bei, die ursprünglich für Einzelaktivitäten des Amtes für Wirtschaftsförderung budgetiert war. Das Amt für Tourismus und Erholung wurde aufgelöst und in die PTM eingegliedert. Mit einer Personaldecke von acht hauptberuflichen Mitarbeitern (drei vom ehemaligen Amt für Tourismus) und repräsentativen Räumlichkeiten im Holländischen

20 In Korrelation zu den Gesellschafteranteilen wurden die zehn Aufsichtsratssitze vergeben: vier an die Stadtverwaltung, wobei je zwei Vertreter von SPD und PDS gestellt wurden, und sechs an private Gesellschafter (Fremdenverkehrsverband, IG Holländisches Viertel, Studiotour Babelsberg, ein Potsdamer Hotel und zwei Immobilieninvestoren). Der Oberbürgermeister ist formal Vorsitzender des Aufsichtsrates, er hat diese Funktion jedoch an den Beigeordneten für Finanzen und Wirtschaft delegiert.

Viertel ist nach einer langen Vorlaufphase erstmals ein Forum geschaffen worden, um ernsthaft und professionell die vielfältigen Ziele des Potsdamer Stadtmarketing zu realisieren.

8.2.2 Problemlösungsverhalten

Wie aus den bisherigen Schilderungen hervorgeht, erscheinen die Voraussetzungen für ein ganzheitliches Marketing in Potsdam insgesamt eher ungünstig. Weder akuter Problemdruck noch der Anreiz öffentlichen Drucks führten in den Jahren unmittelbar nach der Wiedervereinigung zu stringenten Konzepten oder Strategien. Zwar wurden zahlreiche Einzelkonzeptionen (vgl. Tabelle 9) erstellt, diese mündeten aber nicht in eine konsequente Realisierung.

Der Mangel an Konsensfähigkeit und Entschlossenheit, die städtische Entwicklung entscheidend zu forcieren, war evident. Er wurde wiederholt von verschiedenen kommunalen Akteuren gegenüber der Stadtverwaltung artikuliert.

In Potsdam besteht offensichtlich seit vielen Jahren ein **Umsetzungsdefizit**: Zahlreiche Ideen zur Attraktivitätssteigerung bzw. Kritikpunkte der bisherigen Gestaltungspolitik liegen vor. Es ist aufgrund der besonderen politischen Situation aber nur selten gelungen, umsetzungsfähige Entscheidungen zu treffen. Dabei ist es nicht so, dass die Stadt nicht die Dringlichkeiten erkannt hätte. Nur ein übergreifendes Gesamtkonzept mit einer zielstrebigen Umsetzung konnte bisher nicht realisiert werden, wodurch sich irreversible Fehlentwicklungen zu verfestigen drohen.

Die diffuse politische Ausgangslage des Jahres 1998 führte darüber hinaus zu einem Reformstau in der Verwaltungsmodernisierung: Die Abwahl des Oberbürgermeisters am 17. Mai 1998 war zunächst Anlass für ein Gerangel um den Termin der anstehenden Neuwahl. PDS, CDU, Grüne und BürgerBündnis forderten diese so früh wie möglich, die SPD favorisierte dagegen den 27. September, zeitgleich mit der Bundestagswahl und den Kommunalwahlen in Brandenburg, womit sie sich auch durchsetzen konnte. Potsdam befand sich seit Mai in einem schwierigen Übergangszustand, in der die Verwaltung mit einem Interimsbürgermeister[21] – Potsdams Beigeordneten für Finanzen und Wirtschaft – und mit zwei unbesetzten Beigeordnetenstellen arbeiten musste (vgl. Erbach 1998c, S. 9; o.V. 1998c, S. 1; o.V. 1998l, S. 15).

21 Dieser äußerte bereits vor den Neuwahlen öffentlich, dass er in seine Niedersächsische Heimat zurückkehren wolle und beugte damit allen Spekulationen über eine eigene Oberbürgermeisterkandidatur vor. Mit seiner Aussage, dass ihm „die Sensibilität für das anspruchsvolle Amt des Potsdamer Oberbürgermeisters“ fehle und dass er als Zugereister nicht das nötige Gefühl dafür habe, Neues unter gleichzeitiger Berücksichtigung der Interessen des Weltkulturerbes zu schaffen (zitiert nach Mundt/Kowitz 1998, S. 14), wirkte er in der Interimszeit weiter destabilisierend auf Potsdam.

Tabelle 9: Ausgewählte Konzeptionen zur Entwicklung Potsdams 1991–1997 (Quelle: in Ergänzung von Landeshauptstadt Potsdam. Presse- und Informationsamt 1995, S. 2)

Verfasser	Titel	Jahr	Inhalt
Forschungsstelle für den Handel Berlin	„Zentrenkonzept für die Stadt Potsdam"	1991 (Aktualisierung 1997)	Auf der Grundlage einer Analyse des Bestands an Verkaufsflächen, einer Prognose der Bevölkerungs-, Einkommens- und Kaufkraftentwicklung werden Empfehlungen für Handelseinrichtungen nach Größen, Branchen und nach territorialer Verteilung ausgesprochen.
Deutsches Institut für Wirtschaftsforschung	„Entwicklung der Branchenstruktur in der Stadt Potsdam"	1992	Entwurf einer „optimalen" Branchenstruktur, die auf den sozialen und wirtschaftlichen Potenzialen, den räumlichen Lagebeziehungen und den städtebaulichen Zielen basiert.
Institut für Stadtforschung und Strukturpolitik	„Tourismuskonzept Potsdam"	1992	Die Rahmenbedingungen des Tourismus, die allgemeine Entwicklung im Städtetourismus, das touristische Angebot sowie die Wirtschafts- und Beschäftigungseffekte berücksichtigend, wird die touristische Entwicklung konzipiert.
CMS Unternehmensberatung	„Region Potsdam – Programm zum Aufbau einer effizienten Wirtschaftsförderung"	1993	Ziel der Untersuchung ist es, die regionalen Verflechtungen mit den angrenzenden Gebietskörperschaften zu analysieren und Grundlagen für die Zusammenarbeit mit dem Kreis Potsdam-Mittelmark auf dem Gebiet der Wirtschaft zu schaffen.
Gesellschaft für Markt- und Absatzforschung	„Die Landeshauptstadt Potsdam als Bürostandort"	1993	Darstellung und Prognose der Büroflächenentwicklung. Zu diesem Zweck werden sämtliche bestehenden Büroflächen erfasst und die in Entwicklung befindlichen Standorte bewertet.
Universität Potsdam Lehrstuhl für BWL/Marketing	„Das Image von Potsdam aus der Sicht lokaler Unternehmer"	1994	Analyse der Wahrnehmung und Bewertung der das Investitions- und Ansiedlungsverhalten von Unternehmen bestimmenden Standortfaktoren für die Region. Darüber hinaus Analyse der Bewertung Potsdams als Lebensraum für Unternehmer.
Kienbaum Unternehmensberatung	„Stadtmarketing der Landeshauptstadt Potsdam. Leitlinien und Maßnahmenschwerpunkte"	1995	Für eine aktive Gestaltung der Zukunft Potsdams muss eine klare Vorstellung vorhanden sein, wohin sich die Stadt entwickeln soll. Zu diesem Zweck wird ein Leitbild entwickelt. Außerdem werden Maßnahmenschwerpunkte generiert, um ein erfolgversprechendes Stadtmarketing für die Landeshauptstadt zu installieren.
Universität Potsdam Lehrstuhl für BWL/Marketing	„Image und Akzeptanz der Potsdamer Arkadien"	1996	Da ein facettenreiches und umfassendes Kulturangebot einen entscheidenden Faktor der Lebensqualität einer Region darstellt, der nicht nur für Bürger, sondern auch für Touristen und Investoren in der Standortwahl sehr bedeutend ist, untersucht die Studie das jährliche Potsdamer Sommerkulturprogramm.
Deutsches Institut für Urbanistik	„Zukunft des Produktionsstandortes Potsdam"	1997	Analyse der Entwicklungsperspektiven des produzierenden Gewerbes. Daneben werden Betrachtungen hinsichtlich Potenzial und Bedarf zukünftiger Gewerbeflächen angestellt sowie Strategien der Mobilisierung von Gewerbeflächen entwickelt. Es wird geprüft, ob der Bereich der unternehmensorientierten Dienstleistungen und die Medienwirtschaft eine wirtschaftsstrukturelle Ausgleichsfunktion besitzen.

Mit dem überwältigenden Sieg des ehemaligen brandenburgischen Umweltministers (SPD), einem gebürtigen Potsdamer, sind nun große Erwartungen an den neuen Oberbürgermeister verbunden (vgl. Erbach 1998a, S. 12; Mara 1998, S. 13). Parallel hat sich in den Kommunalwahlen die SPD als stärkste Partei

Tabelle 10: Ergebnisse der Potsdamer Kommunalwahlen vom 27.9.1998 (Quelle: o.V. 1998n, S. 1)

Partei	Anteile in %	Sitze
SPD	39,16	20
PDS	32,16	16
CDU	13,08	6
Grüne/Bündnis '90	7,27	4
Forum/BürgerBündnis	4,30	2
FDP	1,84	1
Andere	2,19	1

durchgesetzt und damit die ehemalige PDS-Hochburg gestürzt (vgl. Tabelle 10). Die Potsdamer haben sich mit den Wahlen eindeutig für einen **Neuanfang** ausgesprochen.[22]

Bislang war die Stimmung der Bürger in Potsdam nicht von einer positiven Grundeinstellung geprägt, sondern eher von einer „Lust an der Niedergeschlagenheit" (Matussek 1996, S. 70), die sich in einer erheblichen Diskrepanz zwischen der Einschätzung der Lebensqualität und den realen Verhältnissen widerspiegelte. Entgegen repräsentativen Meinungsumfragen (vgl. Institut für Marktforschung Leipzig 1996b, S. 24) verwahrte sich der abgewählte Oberbürgermeister in der Vergangenheit jedoch vehement gegen die Feststellung, dass der Potsdamer per se ein ewiger Nörgler sei:

„Diese ständige Wiederholung, daß die Potsdamer nicht würdigen können, was sie haben, hängt mir zum Hals raus. Erstens, weil es nicht stimmt und zweitens, weil es für die Stadt schädlich ist. (...) Miesepetrigkeit oder andere Begriffe sind wirkungslos. Sie machen nur Leuten Spaß, die offenbar ein Buhmann-Image pflegen wollen. Der Potsdamer ist wahrscheinlich einen Deut kritischer als andere Brandenburger. Diese Kritikfähigkeit ins Negative umzukehren, ist nicht statthaft." (Gramlich 1997, S. 18)

Möglicherweise hat er dabei übersehen, dass ein nicht unerheblicher Unzufriedenheitsfaktor der Bürger aus seinem Arbeitsstil resultierte: Dass der abgewählte Oberbürgermeister in seinem wichtigen Amt überfordert und nicht bereit war, Fehler einzusehen und den notwendigen Schritt, auf die eigene Bevölkerung zuzugehen, nicht unternahm, war in den Monaten vor dem Bürgerentscheid immer evidenter geworden (vgl. Erbach 1998d, S. 21). Soll Potsdam nun schnell vorankommen, muss sich der neue Oberbürgermeister zunächst darauf konzentrieren, die Stadtverwaltung zu reformieren, deren Kreativität sich in der Vergangenheit

22 Fast zwei von drei Wählern (63,5%) stimmten für „den beliebtesten Politiker Potsdams" (Metzner 1998a, S. 13; vgl. auch Erbach 1998a, S. 12).

im Reglementieren erschöpfte. Und er muss die Potsdamer motivieren, mitanzupacken und sich mit ihrer Stadt und dem preußischen Erbe zu versöhnen. Nicht zuletzt die weit verbreitete Gleichgültigkeit und Resignation der Bürger trug dazu bei, dass Potsdam stagnierte (Mara 1998, S. 13).

So bleibt die Hoffnung, dass der Weg für einen politischen Neuanfang in der Landeshauptstadt durch das klare demokratische Votum seiner Bürger frei ist. Allerdings gilt es, schwelende Alt-Konflikte, wie die Problematik des Potsdam-Centers oder die Gestaltung der Stadtmitte, beizulegen.

8.3 Realisierungsphase

Die Untersuchung der bisher in Potsdam realisierten Reformparameter zeigt, dass sich die konkreten Maßnahmen im Rahmen des Stadtmarketingprozesses auf touristische Aktivitäten konzentrieren und die Verwaltungsmodernisierung generell gesondert betrieben (vgl. Kapitel 8.3.1.2) und kommuniziert wird (vgl. Kapitel 8.3.2.2). Diese Trennung ergibt sich aus den **Zielsetzungen der PTM**, die primär auf den Tourismus abzielen (Potsdam Touristik & Marketing GmbH 1998, S. 15):

- „Unterstützung der Stadt Potsdam bei der weiteren Erhöhung ihres Bekanntheitsgrades auf nationalen und internationalen Märkten als Medien- und Kulturstadt, als Landeshauptstadt des Landes Brandenburg, Stadt der Schlösser und Gärten, umgeben von der schönen märkischen Landschaft, sowie als Dienstleistungs- und Wirtschaftsstandort,
- Beitrag zur Steigerung der Gästeankünfte und des Übernachtungsvolumens,
- bessere Auslastung der besucherschwachen Monate durch Schaffung attraktiver Angebote im Zusammenwirken mit der Tourismusbranche,
- Standardverbesserungen der Infrastruktur durch Aufzeigen von Defiziten und Problemen sowie Anbieten von Lösungsansätzen aus touristischer Sicht,
- Erarbeitung und Umsetzung der touristischen Aspekte des Stadtmarketing“.

Um den jeweiligen Maßnahmen-Mix präziser und ausführlicher fassen zu können, wird daher in den Abschnitten Leistungspolitik und Kommunikationsmanagement – wo die Trennung der touristischen und verwaltungsmodernisierenden Aktivitäten besonders signifikant ist – zwischen den Komplexen **Tourismus** und **Verwaltungsmodernisierung** differenziert.

8.3.1 Leistungspolitik

8.3.1.1 Tourismus

Der langwierige Entstehungs- und Organisationsprozess des Stadtmarketing in Potsdam hat dazu beigetragen, dass seit Mitte der 90er Jahre im touristischen

Bereich noch kein wesentlicher Akzent gesetzt wurde. Obwohl 84,3% der Potsdamer Bürger der Meinung sind, dass Touristen wichtig für die Stadt und ihre Zukunft sind und sogar 66,7% den Tourismus für die stärkste Triebfeder Potsdams halten, verlief das **Jubiläum zum 1000jährigen Bestehen**[23] Potsdams im Jahr 1993 weitgehend unbeachtet. Es fiel in eine Zeit, in der sich die Stadt neu orientieren musste und ein rigides Sparprogramm den Rahmen der Feierlichkeiten diktierte. So war über die jährlich stattfindenden Veranstaltungen wie die Potsdamer Arkadien oder die Musikfestspiele Potsdam-Sanssouci hinaus ein 14 Tage dauerndes Stadtfest im Juni und Juli – jedoch ohne nennenswerte Attraktionen – der einzige öffentliche Festtermin (vgl. Grabner/Kiesant 1993, S. 272). Das Versäumnis ist insofern bedauerlich, als dass gerade solche Gelegenheiten ein hervorragender Anlass sind, das Fremd- und Selbstbild des Standortes positiv zu beeinflussen. Dies umso mehr, da im Dezember 1993 Kommunalwahlen anstanden und eine Imageprofilierung Potsdams nicht nur notwendig, sondern zudem ein Politikum gewesen wäre (vgl. Reitemeier 1994, S. 17). Auch haben die Veranstalter des Potsdamer Jubiläums die Mechanismen von Medienberichterstattung nicht für ihre Zwecke beansprucht. So eröffnet beispielsweise die Präsenz prominenter Persönlichkeiten den Besuchern und dem Medienpublikum zahlreiche Möglichkeiten zur Identifikation (vgl. Schneider 1993, S. 186). Law weist angesichts der Konkurrenz von Standorten darauf hin, dass es sich keine Stadt leisten kann, auf derartige imagefördernde Veranstaltungen zu verzichten:

„(...) special events (...) are increasingly being used as a means of attracting tourists, and raising the profiles and changing the images of places. The large special event, whether it be a festival, a sports competition or a political convention, gains tremendous televsion coverage which can give more effective publicity than any other method. (...) The current inflation in special events is a consequence of the competition which exists between places; no city can afford to miss out on this type of attraction." (1994, S. 98).

In der Zeit von 1994 bis 1997, als der Stadtmarketingverein Potsdamer Forum Maßnahmenvorschläge erarbeitete (vgl. Kienbaum Unternehmensberatung 1995b), die in der Folge wegen mangelnder Personal- und Finanzdecke lediglich fragmentarisch umgesetzt werden konnten, ist zumindest eine touristische Leistung hervorzuheben: Potsdam erhielt ein **Wegeleitsystem**, das innerhalb des Stadtgebietes auf die ansässigen Hotels hinweist. In einem zweiten Schritt wurde es 1998 um Sehenswürdigkeiten und Parkplätze ergänzt (vgl. o.V. 1998m, S. 9). Darüber hinaus wurden jährliche Veranstaltungen wie das im April stattfindende

23 An dieser Stelle kann es zu Überschneidungen in der Frage kommen, ob ein Stadtfest oder andere Veranstaltungen (siehe unten) der kommunalen Leistungs- oder Kommunikationspolitik zuzuordnen sind. Im Sinne einer Produktinnovation bzw. -variation vertritt die Autorin die Meinung, dass die Neuschaffung derartiger städtischer Events der tourismusorientierten Leistungspolitik zuzurechnen ist. Allerdings sind die daraus resultierenden imagefördernden Werbe- und PR-Effekte von großer Relevanz für das Kommunikationsmanagement.

Tulpenfest oder der Weihnachtsmarkt vom Stadtmarketingverein gesponsort. Diese Maßnahmen waren allerdings nur von lokaler Bedeutung.

Trotz der gescheiterten Volksabstimmung zum vereinten Bundesland Berlin-Brandenburg im Jahr 1995 haben sich Berlin und Potsdam zum Zweck der Verbesserung des Regionalbewusstseins (vgl. Keim 1993, S. 15) entschlossen, von den medialen Synergieeffekten eines **gemeinsamen Messeauftritts** zu profitieren: Beispielsweise auf der weltweit größten Reisefachmesse, der *Internationalen Tourismus Börse* (ITB), in Berlin oder auf der größten europäischen Immobilienmesse *Marché International des Professionnels de l'Immobilier* (MIPIM) in Cannes, die erstmals 1996 im Verbund durchgeführt wurde. In einem unveröffentlichten Exposé heißt es hierzu:

„Berlin und Potsdam sollten auf der MIPIM 1996 glaubhaft darstellen, daß die Städte neben Regierungssitz- und (Landes-) Hauptstadtfunktionen noch weit mehr zu bieten haben. (...) Die aktuelle Medienpräsenz der Region u.a. durch die Reichstagsverhüllung Christos und den Besuch des ehemaligen Präsidenten der USA, George Bush, anläßlich des 50. Jahrestages des Potsdamer Abkommens, haben international eine positive Berichterstattung hervorgebracht, die sich für die Messebeteiligung hervorragend nutzen läßt." (Runze & Casper Werbeagentur GmbH 1995, S. 2)

Ebenso wurde 1996 nach einjähriger Erfahrung mit der von der Berliner Tourismus Marketing GmbH (BTM) herausgegebenen „Welcome Card" eine kombinierte Berlin-Brandenburgische Angebotslösung erarbeitet: Die **„Welcome Card Berlin-Potsdam"** bietet außer freier Fahrt im öffentlichen Nahverkehrsnetz der Region Eintrittsermäßigungen für über 50 kulturelle und touristische Angebote (vgl. o.V. 1996i, S. B 6). Die neugegründete Marketinggesellschaft PTM hat seit Frühjahr 1998 eine ganze Reihe von **Veranstaltungen** konzipiert, die dazu beitragen sollen, die Auslastung der 3.500 Hotelbetten (Vergleichszahl 1997: 2.450) künftig zu erhöhen (vgl. Metzner 1996c, S. 14; o.V. 1998p, S. 17; Weirauch 1998, S. 16):

- die „Langen Kerls"[24] paradierten von Mai bis September 1998 an zwei Sonnabenden im Monat vor dem Brandenburger Tor,
- das im April stattfindende Tulpenfest im Holländischen Viertel, das vorwiegend von den ortsansässigen Händlern organisiert wurde, soll mit Hilfe der PTM und der BUGA GmbH vergrößert werden,
- die Weihnachtsmärkte werden besinnlicher als bisher gestaltet: mehr Kunsthandwerk statt Rummel,

24 Die zu neuem Leben erweckte Garde ist weltweit eine Kuriosität, die Touristen aus aller Welt in die alte Residenzstadt locken und die Innenstadt als Einkaufsstraße beleben soll: Der „Soldatenkönig" Friedrich Wilhelm I. (1688–1740), Vater Friedrichs des Großen, sammelte sie einst in ganz Europa, wobei die Soldaten mindestens sechs Fuß (1,88 Meter) messen mussten (o.V. 1998p, S. 17). Allerdings hat sich gegen diese Art der Veranstaltung eine „Kampagne gegen Wehrpflicht, Zwangsdienste und Militär" gruppiert, die die vorgesehenen Termine nachhaltig gestört hat (vgl. Karutz 1998, S. 27).

- Osterfestspiele ab 1999,
- ab Pfingsten 1999 soll es erstmalig eine Frühjahrsrevue in Anknüpfung an die jährlichen Truppenbesichtigungen der preußischen Könige auf dem Lustgarten geben,
- Museumsnächte im Sommer 1999 z.B. in den Schlössern und Gärten,
- zum Termin 3. Oktober soll ab 1999 ein Erntedankfest gefeiert werden.

Ob die Pläne in dieser Form umgesetzt werden, ist gegenwärtig noch offen: Im Juni 1998 hat nach nur einem halben Jahr ein Führungswechsel in der PTM stattgefunden. Die designierte Geschäftsführerin formulierte vorab in den Medien eher vage, dass sie das von ihrem Vorgänger erarbeitete Konzept „wohl umsetzen wolle" (zitiert nach Weirauch 1998, S. 16).

Im Hinblick auf den Regierungsumzug ab Mitte 1999 wird beabsichtigt, das Standortmarketing zu verstärken, ebenso verspricht sich die PTM positive Auswirkungen, das heißt steigende Übernachtungszahlen, anlässlich der Expo 2000 in Hannover. Erste Konturen bekommt derzeit die **Bundesgartenschau** (BUGA), die im Jahr 2001 in Potsdam stattfinden wird. Vom Konzept für die BUGA mit den Projekten zur Verschönerung der Innenstadt und den erwarteten 2,5 Mio. Besuchern erhofft sich der brandenburgische Bauminister große Impulse für die Potsdamer Stadtentwicklung, zumal erstmals in der Geschichte der BUGA eine Stadt ihre Schau nicht zentral auf einen Park hin ausrichtet (vgl. Glomb 1998, S. 17). Allerdings gibt es noch einige Finanzierungsprobleme zu lösen, weil Kosten in Höhe von 270 Mio. DM errechnet wurden, die Landesregierung aber lediglich 65 Mio. DM zur Verfügung stellen wird (vgl. o.V. 1998k, S. 17). Da 51% der Potsdamer Bürger nur teilweise mit dem zufrieden sind, was in Potsdam geboten wird und immerhin 22,3% unzufrieden sind, sollte Potsdam sein touristisches und kulturelles Leistungsangebot verstärkt ausbauen. Inwieweit das z.B. mit einem Budget von 150.000 DM für ein kulturtouristisches Begleitprogramm anlässlich der BUGA zu bewerkstelligen sein wird, bleibt abzuwarten (vgl. Niesen 1998a, S. 16).

8.3.1.2 Verwaltungsmodernisierung

Die Stadtverordnetenversammlung in Potsdam beschloss im Frühjahr 1994, die Verwaltung „langfristig nach den Gesichtspunkten einer modernen Unternehmensführung umzugestalten"[25] (Landeshauptstadt Potsdam. Projekt Verwaltungsmodernisierung 1996c, S. 2). Zugleich wurde mittels des Projekts „Grundlagen einer leistungsfähigen Kommunalverwaltung" der Bertelsmann-Stiftung,

25 Wie aktuell dieses Thema in Brandenburg ist, zeigen auch die vom Innenministerium des Landes Brandenburg zwischen 1995 und 1997 geförderten acht Modellkommunen zur Erprobung des Neuen Steuerungsmodells. Dazu zählten die Landkreise Barnim und Ostprignitz-Ruppin, die Städte Cottbus, Eberswalde, Henningsdorf und Werder sowie die Ämter Michendorf und Gransee. Siehe ausführlich Jann/Reichard/Wagner 1997 und Maaß/Reichard 1997.

deren Anliegen ein interkommunaler Leistungsvergleich war, der praktische Einstieg in eine solche Entwicklung seit 1992 in Angriff genommen (vgl. Landeshauptstadt Potsdam. Projekt Verwaltungsmodernisierung 1994). Somit war die Verwaltungsreform in der Landeshauptstadt Potsdam in der ersten Phase teilweise durch einen externen Akteur begleitet, der stärker als üblicherweise z.B. die Unternehmensberater ein großes Eigeninteresse auch im konzeptionellen Bereich aufwies. Aus der Sicht der Stadt ergaben sich im Verlauf des Jahres 1995 jedoch nicht die erhofften Impulse. Vielmehr führten parallele Entwicklungen eigener Reformansätze einerseits und Anforderungen aus dem interkommunalen Leistungsvergleich andererseits zu einer Überfrachtung des Projektes. Hinzu kamen der aufwändige permanente Änderungsdienst der Vergleichsdaten, der personell zu bewältigen war, und die unterschiedlichen rechtlichen Grundlagen, die die Vergleichbarkeit der kommunalen Leistungen erschwerten (vgl. Maaß 1997a, S. 16). Insofern beanstandete die Stadtverwaltung das unbefriedigende Verhältnis von Aufwand und Nutzen, weshalb Potsdam 1996 die Teilnahme am Bertelsmann-Projekt beendete (Landeshauptstadt Potsdam. Projekt Verwaltungsmodernisierung 1997a, S. 1). Im gleichen Jahr vollzog die Potsdamer Stadtverwaltung den Übergang vom Bertelsmann-Projekt zu einem eigenständigen Reformprojekt: Die Verwaltungsmodernisierung und die Haushaltskonsolidierung waren dabei die wesentlichen Reformansätze.[26]
Die **Verwaltungsmodernisierung** strebte die Verwirklichung der folgenden Ziele an (Landeshauptstadt Potsdam. Projekt Verwaltungsmodernisierung 1996c, S. 5):

1. Erhöhung der Wirtschaftlichkeit (Effizienz) und der Wirksamkeit (Effektivität) allen Verwaltungshandelns, das heißt Steuerung durch die Verknüpfung von Leistungs- und Finanzzielen (Budgetierung), wirtschaftlicherer Einsatz von Ressourcen, Kostentransparenz und -bewusstsein,
2. Erhöhung der Leistungsmotivation der Mitarbeiter, das heißt Motivationsschub durch erhöhte Eigenverantwortung und Leistungsanreize,
3. Bürgerorientierung als ein vorrangiges Leistungskriterium für Verwaltungshandeln, das heißt die Verwaltung will Dienstleister für die Bürger sein, ein bürgerorientiertes Dienstleistungsprogramm soll erstellt werden, Qualitätsmanagement ist einzuführen.

Diese – recht allgemein gehaltenen – Ansätze sollten erreicht werden, indem (ebenda, S. 6)

- die Leistungen transparent gemacht werden (Verwaltungsleistungen sind als Produkte auszuweisen, messbar zu machen und bürgerorientiert zu bündeln),

26 Der Reformprozess wurde pilotähnlich auf folgende Fachbereiche konzentriert: Abgabewesen, Allgemeines Ordnungswesen, Gewerbewesen, Verkehrswesen, Ausländerwesen, Einwohnermeldewesen, Personenstandswesen, Soziale Hilfen, Grünflächenwesen sowie Brand-, Katastrophenschutz und Rettungswesen (Landeshauptstadt Potsdam. Projekt Verwaltungsmodernisierung 1997b, S. 1).

- Verantwortungen neu geregelt werden (der Fachkompetenz sind die erforderlichen Ressourcenkompetenzen zuzuweisen, einschließlich Budgetierung; Hierarchieebenen sind zu dezimieren),
- die Kosten der Leistungen ausgewiesen werden und wirtschaftlicher gearbeitet wird (Einführung von Kosten- und Leistungsrechnung),
- sich die Verwaltung der Leistungsbewertung durch die Bürger stellt,
- ein System zur zielbezogenen Steuerung entwickelt wird,
- sich die Verwaltung durch Schulungen, Projektteams und Job-Rotation informiert und qualifiziert,
- sich die Verwaltung dem Wettbewerb stellt (durch kommunale Soll-Ist und Ist-Ist-Vergleiche, interkommunal, mit der Privatwirtschaft).

Die **Haushaltskonsolidierung** resultierte überwiegend aus den bekannten strukturellen Mängeln und übernommenen Defiziten aus der Aufbauphase ostdeutscher Verwaltungen und zielte auf die kurzfristigen Wirkungen wie die Entlastung des Haushalts, Personalabbau sowie die Überprüfung und Einschränkung freiwilliger Leistungen.

Beide Reformprozesse beeinflussen sich, sind aber nicht gleichzusetzen. In Potsdam sprach sich die politische Führung ausdrücklich dagegen aus, den Modernisierungsansatz für die Bewältigung aktueller Finanzkrisen zu instrumentalisieren, was „dieses Vorhaben diskreditieren und ins Leere laufen lassen“ (Landeshauptstadt Potsdam. Projekt Verwaltungsmodernisierung 1996c, S. 6) und auch der langfristig angelegten Realisierung widersprechen würde. Die schon aufgezeigten Potsdamer Polit-Querelen, aber auch eine insgesamt abwartende Haltung führten dazu, dass mit der Umsetzung bisher nur in sehr kleinen Schritten begonnen werden konnte. Als besonders hinderlich hat sich erwiesen, dass die größten Impulse bisher aus der Mitte der Verwaltung selber gekommen sind und eine entsprechende Unterstützung der Verwaltungsspitze zu schwach ist (vgl. Landeshauptstadt Potsdam. Projekt Verwaltungsmodernisierung 1996b, S. 10). Dabei fällt auf der Lenkungsebene besonders das Fehlen eines projektbegleitenden Ausschusses der Stadtverordnetenversammlung auf. In den vergangenen zwei Jahren erfolgte lediglich in größeren Abständen eine Berichterstattung an den Hauptausschuss und in noch größeren Abständen an die Stadtverordnetenversammlung. Dies reflektiert die bislang zurückhaltende, wenngleich notwendige Involvierung der politischen Entscheider.

Seit 1996 können erste konkrete Ergebnisse der Reformbemühungen verzeichnet werden: Neben der **Intensivierung des Informations- und Meinungsaustausches** zwischen Führungskräften und Verwaltungsmitarbeitern fanden Workshops und projektbezogene **Schulungen**, wie beispielsweise Psychologie-Seminare für Mitarbeiter des Ordnungsamtes oder Projektmanagement- und Controlling-Seminare für Führungskräfte, statt. **Produktbeschreibungen** sind erarbeitet worden (vgl. Landeshauptstadt Potsdam. Projekt Verwaltungsmodernisierung 1996a), wobei deren Bedeutung von den Verantwortlichen zurückhaltend eingeschätzt wird: „*Ich teile die Produkteuphorie, die in vielen Kommunen ausgebrochen ist, nicht. Ein Produktkatalog ist ein Instrument, zum Beispiel für die*

Kostenartenrechnung. Aus meinem Verständnis stellt er selbst noch keine Reform dar" (Projektleiter Verwaltungsmodernisierung, zitiert nach Maaß 1997a, S. 18). Ein erster Einstieg in die **dezentrale Ressourcenverantwortung** konnte durch die Übertragung von Entscheidungsbefugnissen aus Querschnittsämtern an vereinzelte Projektbereiche, wie das Grünflächenwesen, erfolgen. Jedoch ist die tatsächliche Verfügung über finanzielle, personelle und organisatorische Ressourcen überwiegend zentralisiert geblieben. Ende 1996 wurden die gesamten Reinigungsdienstleistungen der Stadt **privatisiert**, im Sommer 1997 folgte die Teilprivatisierung des kommunalen Fremdenverkehrsamtes mit der Überführung in die halbstädtische Marketinggesellschaft PTM. Diese soll zukünftig als Dienstleister einen großen Teil ihrer Ausgaben selbst erwirtschaften (vgl. Metzner 1997, S. 13). Im Dezember 1997 wurden darüber hinaus die Potsdamer Wasserbetriebe privatisiert. Für weitere Einrichtungen, wie das Sport- und Bäderamt, werden diesbezüglich Überlegungen angestellt.[27] Was eine stärkere **Serviceorientierung** betrifft, wurde im Rathaus ein zentraler Informationsschalter eingerichtet, von wo aus der Rat suchende Bürger an die entsprechend kompetente Stelle innerhalb der Verwaltung weiterverwiesen wird. Die Planung sieht vor, bis zum Jahr 2001 alle Einrichtungen mit vielen Bürgerkontakten (Standesamt – das repräsentativer als bisher gestaltet werden soll –, Einwohnermeldeamt, Kfz-Stelle, Sozialamt und Urkundenstelle) im Rathaus zusammenzulegen. Im Einwohnermelde- und Standesamt konnte während eines einjährigen Pilotlaufes eine **Kostenrechnung** entwickelt werden. Die Einführung einer amtsweiten Kosten- und Leistungsrechnung war und ist in Potsdam von Rückschlägen gekennzeichnet: Der Tod des verantwortlichen Mitarbeiters im Frühjahr 1996 und der kurz darauf folgende schwere Unfall seines engsten Mitarbeiters führten zu einer unvorhergesehenen Personal- und Kompetenzlücke, die aufgrund genereller Entscheidungsschwächen in dieser Thematik erst durch die Neueinstellung von drei für die Kostenrechnung zuständigen Mitarbeitern im Frühjahr 1998 geschlossen werden konnte. Das Ausbleiben der Kostenrechnung in anderen als den beispielhaften Projektbereichen führte in Verbindung mit weiteren existenziellen Problemlagen dazu, dass das Reformprojekt ernsthaft gefährdet schien. Das längere Ausbleiben einer Grundsatzentscheidung zur Überwindung der kritischen Situation von September 1996 bis Februar 1997 bewirkte einen deutlichen Motivationseinbruch in allen Projektbereichen und einen sichtbaren Rückgang aller Reformaktivitäten (vgl. Landeshauptstadt Potsdam. Projekt Verwaltungsmodernisierung 1996a, S. 2). Der vom Projektleiter Verwaltungsmodernisierung im Sommer 1997 gestellte Antrag auf Einstellung des Reformvorhabens wurde jedoch abgelehnt, da die politische Führung Potsdams dem Modernisierungsprozess trotz mangelnden Fortschritts nicht gänzlich die Grundlage entziehen wollte. Wesentlicher Fortschritt hinsichtlich einer dienstleistungsorientierten Verwal-

27 Um die städtischen Finanzen zu konsolidieren, hat Potsdam ihr gehörende Anteile von Betrieben und GmbHs zum Verkauf angeboten. Im Jahr 1996 hielt die Stadt in 18 Beteiligungsgesellschaften jeweils mehr als 51% der Anteile, in sieben Betrieben sogar 100% (vgl. o.V. 1996e, S. B 5).

tung soll mit einem überarbeiteten **Personalentwicklungskonzept** erzielt werden: Zum einen trägt eine differenzierte Personalplanung dazu bei, für jeden Bereich die optimale Mitarbeiterzahl zu ermitteln, zum anderen kann so das Leistungs- und Lernpotenzial der Mitarbeiter und damit auch deren erhöhte Motivation und Arbeitszufriedenheit gesichert und gestärkt werden. Ende 1998 wurde eine Qualifikationsanalyse fertig gestellt, die Aufschluss über den Weiterbildungsbedarf und die wesentlichen Zielvorgaben zur Kompetenzbestimmung gibt.

Wie ein bundesweiter Vergleich zur Bürgerfreundlichkeit deutscher Großstädte[28] zeigt, belegt Potsdam hinsichtlich seiner **Bürgerorientierung**[29] den 34. Rang und liegt damit hinter Leipzig (17. Rang) auf dem gleichen Niveau von Cottbus, Zwickau, Dresden und Erfurt (Empirica Delasasse 1995, S. 75). Dieser Rangplatz reflektiert den Realisierungswillen der Städte in den neuen Bundesländern, Bürgernähe nicht aufzuschieben, sondern von vornherein als wesentliches Element der Neugestaltung der kommunalen Selbstverwaltung zu integrieren (vgl. Kommunale Gemeinschaftsstelle 1992a, S. 12). Aus der Untersuchung der Potsdamer Bürgerorientierungsindikatoren geht hervor, dass eine Einheitssachbearbeitung in Bürgerämtern kurzfristig realisiert werden soll, an einem Wochentag die Stadtverwaltung länger als bis 17.00 Uhr und an drei Wochentagen mittags geöffnet ist. (Empirica Delasasse 1995, S. 75). Herausragende Einzelleistungen der Potsdamer Stadtverwaltung konnten nicht ermittelt werden.

Ob sich die Potsdamer Bürger von der Stadtverwaltung in ihren Interessen vertreten sehen, erfragte die Kienbaum-Studie (*„Inwieweit trifft die folgende Aussage auf Sie zu? Die Stadtverwaltung kümmert sich um die Interessen ihrer Bürger."*). Darauf antworteten 37,0% „teils-teils", 26,8% sind der Meinung „stimmt eher nicht" und immerhin 21,7% der Befragten wissen es nicht. Der Anteil der 21-30jährigen ist in diesem letzten Segment der „Nicht-Wisser" besonders hoch (23 Nennungen). Die Aussage „stimmt eher nicht" wurde am häufigsten (22 Nennungen) von den 31-40jährigen getätigt. Daraus ergibt sich für die Kommune ein Handlungsbedarf bezüglich einer offensiveren Informationspolitik darüber, was Potsdam für seine Bürger leistet. Die **Qualität des Kontaktes** mit der Stadtverwaltung, der bei 52,9% der Befragten persönlich zustande kam und nur bei 26,2% in schriftlicher Form, wurde von Kienbaum in Bezug auf die persönliche Interaktion zwischen Bürger und Stadtbedienstetem näher untersucht. In der Frage *„Wie zufrieden waren Sie mit dem Kontakt?"* sollten die Bürger Freundlichkeit, Hilfsbereitschaft, Schnelligkeit von Entscheidungen,

---

28 Empirica Delasasse hat im November 1995 alle 84 bundesdeutschen Großstädte über 100.000 Einwohner hinsichtlich ihrer Bürgerfreundlichkeit untersucht, welche nach deren Verständnis durch die fünf Komplexe *Steuern und Gebühren*, *Infrastruktur*, *Bürgerorientierung*, *Modernisierung* und *Kostendruck* determiniert wird. Angaben zu Steuern und Gebühren, Modernisierung und Bürgerorientierung wurden mittels eines Fragebogens direkt bei den Kommunen abgefragt, wobei die Erhebung nicht um die subjektive Einschätzung der betroffenen Bürger ergänzt wurde (vgl. Empirica Delasasse 1995).

29 Indikatoren für die Bürgerorientierung sind das Vorhandensein eines Bürgeramtes, die längste Öffnungszeit, Mittagsöffnung, das Samstagsangebot und sonstige herausragende Einzelleistungen (vgl. Empirica Delasasse 1995, S. 9).

Sachkenntnis und Kompetenz, das Eingehen auf persönliche Bedürfnisse sowie die Flexibilität beurteilen. Die Freundlichkeit der Stadtbediensteten und ihre Hilfsbereitschaft wurden am positivsten bewertet: 43,0% waren in Bezug auf die **Freundlichkeit** der Mitarbeiter „eher zufrieden", 24,7% „mittel" und 12,6% „eher unzufrieden". Eine ähnliche Verteilung erfuhr die **Hilfsbereitschaft**, mit der 35,4% der Befragten „eher zufrieden" waren, 29,6% „mittel" und 15,7% „eher unzufrieden". Der größte Anteil „sehr Unzufriedener" war bei den Indikatoren **Schnelligkeit von Entscheidungen** (19,4%) und **Flexibilität** (22,1%) zu verzeichnen. Dem steht das Ergebnis einer verwaltungsintern durchgeführten Befragung zur durchschnittlichen Wartezeit in kontakt-intensiven Ämtern entgegen: Demnach beträgt diese nur acht Minuten, wobei daraus sicherlich noch keine Aussage zur generellen Entscheidungsfreudigkeit komplexer Sachverhalte wie Bauanträgen o. ä. abgeleitet werden kann.

Insgesamt kann eine nur mittlere Zufriedenheit der Potsdamer Bürger mit Tendenz zu einer eher unbefriedigenden Kontaktqualität konstatiert werden. Die latente Unzufriedenheit der politischen Situation scheint angesichts der Wahlergebnisse des vergangenen Jahres gebannt.

8.3.2 Kommunikationsmanagement

8.3.2.1 Tourismus

Der Stadtmarketingverein hatte sich 1995 zum Ziel gesetzt „die notwendigen Aktivitäten für ein erfolgreiches Stadtmarketing zu fördern, um Potsdams unverwechselbare Identität zu erhalten und zu festigen", um damit „die Entwicklung der Stadt voranzutreiben, ihre Bekanntheit und ihr Erscheinungsbild in der Öffentlichkeit zu verbessern" (Potsdamer Forum. Verein für Stadtmarketing e.V. 1995, S. 2).

Die durchgeführten Kommunikationsmaßnahmen[30] in Potsdam haben sich in den Anfängen des Stadtmarketing auf **Sponsoring** der schon genannten lokalen Veranstaltungen und **Stadtwerbung** auf Fachmessen konzentriert. An den eklektischen Ausprägungen des so wichtigen Marketinginstruments Kommunikation wurden der kommunale Strategiemangel, aber auch die fehlenden finanziellen und personellen Ressourcen deutlich. Dies bewirkte eine Verselbständigung unabgestimmter Werbeaktionen der unterschiedlichsten Institutionen wie City-Arbeitsgemeinschaften, Zusammenschlüsse Gewerbetreibender (z.B. im Holländischen Viertel) oder des Fremdenverkehrsverbandes. Eine solche Entwicklung widersprach einem gebündelten langfristigen Stadtmarketing zum Zweck der Etablierung eines positiven Images nach innen und außen.

30 Die Maßnahmen dienten gleichermaßen der Außen- wie der Binnenorientierung: Touristen sollten durch eine gesteigerte Standortbekanntheit gewonnen werden, und die Bürger sollten sich verstärkt mit ihrer Stadt identifizieren.

Nach einer im Dezember 1994 einberufenen Pressekonferenz zur Information über die Stadtmarketingentwicklung anlässlich der Gründung des „Potsdamer Forums" war die Erwartungshaltung bei Medien und Bürgern groß, die letztlich aber nicht bestätigt werden konnte. Die im Fortgang nicht vorhandene kontinuierliche **Öffentlichkeitsarbeit** führte dazu, dass Potsdam in den Medien massiven Negativ-Schlagzeilen ausgesetzt war, die das anhaltend schlechte Image der Stadt und die Unzufriedenheit seiner Bürger[31] mitbegründeten. Dazu zählten unter anderem

- *„Image von Potsdam dringend aufpolieren"* (Reitemeier 1994, S. 17);
- *Noch ist Potsdam nicht verloren* (Mara 1994, S. 1);
- *Nur Potsdam kann nicht mithalten. Tourismus in Brandenburg mit starken Zuwächsen – Defizite in der Landeshauptstadt* (Mara 1995b, S. 8);
- *Minister: Tourismus braucht ein besseres Image* (o.V. 1995a, S. 14);
- *Potsdam auf der Suche nach einer neuen Identität. Ziellos weiter „auf der Suche nach dem Geist des Ortes"* (Metzner 1995a, S. W 3);
- *Weniger Einwohner und Besucher* (Metzner 1995c, S. 12);
- *Mißmut im Speckgürtel. Über die Lust der Potsdamer an der Niedergeschlagenheit* (Matussek 1996, S. 70);
- *Potsdam verspielt seinen Ruf* (Karutz 1996b, S. 5).

Dass eine negative mediale Berichterstattung die kommunale Selbstdarstellung überlagert (vgl. Schneider 1993, S. 91), hat die PTM erkannt und möchte das Potenzial der vernachlässigten Pressearbeit bannen: Zukünftig soll ein regelmäßig stattfindender **Pressestammtisch** für die notwendige Transparenz sorgen, um die Journalisten in ihrem Urteil positiver zu stimmen. Eine professionelle PR-Beratung für die Pressearbeit vor Ort und für die überregionale Medienarbeit wird hinzugezogen. Die Bürger sollen dadurch, dass über die Potsdamer Vereine und Verbände an sie herangetreten wird, verstärkt in die Kommunikationsprozesse eingebunden werden.

Die City Identity wird durch das einprägsame **Logo**, das zum 1000jährigen Stadtjubiläum kreiert wurde (siehe Abbildung 14 in Kapitel 8.3.3), penetriert, indem es auf sämtlichen Veranstaltungsplakaten und sonstigen Publikationen erscheint. Das Logo soll die internationale Bedeutung Sanssoucis und damit der Stadt Potsdam zum Ausdruck bringen. Es greift in seiner Gestaltung die Geschichte der havelländischen „Arkadien" auf (vgl. o.V. 1992b, S. 784).

Damit zukünftige Kommunikationsmaßnahmen im Tourismusbereich noch zielgruppengerechter durchgeführt werden können, ergänzt gegenwärtig die PTM die Kienbaumbefragung um die Meinung der Potsdamer Besucher. So wurden im März 1998 die Besucher der Schlösser und Gärten stichprobenartig

31 43,5% der Potsdamer bestätigten 1995 in der Kienbaumbefragung, dass der Ruf Potsdams keineswegs so schlecht sei. Die Realitäten sind offenbar mit der subjektiven Wahrnehmung kongruent. Allerdings sagten auch 52,5% der Bürger, dass sie bei auswärtigen Freunden und Bekannten die Vorzüge Potsdams positiv hervorheben würden. Diese Haltung verdeutlicht das optimistische Potenzial der Bürger, das durch entsprechende Stadtmarketingmaßnahmen gefördert werden sollte.

zu ihrer Zufriedenheit mit den Angeboten befragt, um daraus Hinweise auf zukünftige Aktivitäten ableiten zu können. Des Weiteren wird erstmalig eine Statistik erstellt, die Auskunft darüber geben soll, aus welchen deutschen und ausländischen Regionen die Übernachtungsgäste in den letzten Jahren kamen. Hierzu werden die Hotels und Pensionen um Zulieferungen gebeten, so dass demnächst gezielt Regionen angesprochen werden können. Um den touristischen Standort Potsdam zunächst bundesweit bekannter zu machen, ist eine **Promotiontour** durch Deutschland geplant.[32] Bergler bestätigt, wie sinnvoll eine solche Kommunikationsmaßnahme ist: „Eine Region, ein Standort, die vorhandene Attraktivitätswerte nicht kontinuierlich, systematisch, glaubwürdig und attraktiv verständlich vermitteln, bleiben unprofiliert und werden so nicht zum Gegenstand der öffentlichen, privaten und unternehmerischen Diskussion" (1991, S. 37).

Der schon erwähnte Ausbau des **Besucherleitsystems** in Potsdam trägt dazu bei, durch übersichtliche Informationen die Orientierung innerhalb der Stadt für die Touristen zu vereinfachen.

8.3.2.2 Verwaltungsmodernisierung

Die Förderung der Kommunikation innerhalb der Verwaltung und mit der Öffentlichkeit vor Ort steht im Mittelpunkt der Kommunikationsmaßnahmen, die am 19.12.1996 im „Konzept zur Öffentlichkeitsarbeit" vom Projektausschuss Verwaltungsmodernisierung bestätigt wurden. Dass die sozio-emotionale Bindung der Bürger ein Vertrauensverhältnis zur lokalen Politik und ein allgemeines Gemeinschaftsgefühl erfordert, haben die Verantwortlichen in Potsdam erkannt: Ihre Überlegungen gingen davon aus, dass der Erfolg der Verwaltungsmodernisierung wesentlich davon abhängt, inwieweit eine umfassende Transparenz mittels einer aktiven **Informations- und Öffentlichkeitsarbeit** hergestellt werden kann (vgl. Landeshauptstadt Potsdam. Projekt Verwaltungsmodernisierung 1996c, S. 12).

In einem ersten Schritt wurden die Adressaten ermittelt, das heißt diejenigen Personen, die mit der Öffentlichkeitsarbeit erreicht werden sollen. Diese Adressaten ließen sich in fünf Gruppen zusammenfassen (vgl. Abbildung 13).

Im verabschiedeten Konzept wurden jeder dieser Gruppen bestimmte Kommunikationsziele zugeordnet. Bei der Mehrzahl der **allgemeinen Beschäftigten** ist in der Vergangenheit durch fehlende Öffentlichkeitsarbeit eine Informationslücke entstanden, welche mit Spekulationen, vor allem solchen im Zusammenhang mit Kündigungen, gefüllt wurde. Als wichtigstes Anliegen wurde daher festgelegt, erst einmal mit diesen Mitarbeitern Kontakt aufzunehmen, das heißt, sie freiwillig dazu zu bringen, sich mit dem Thema Verwaltungsreform zu beschäftigen und Ängste hinsichtlich Arbeitsplatzabbau auszuräumen (Lan-

32 Da nach Aussage des Leiters Innenmarketing der PTM 85% der Besucher Potsdams aus Deutschland und bislang nur 15% aus dem Ausland kommen, ist insbesondere innerhalb Deutschlands der Erlebniswert Potsdams zu kommunizieren.

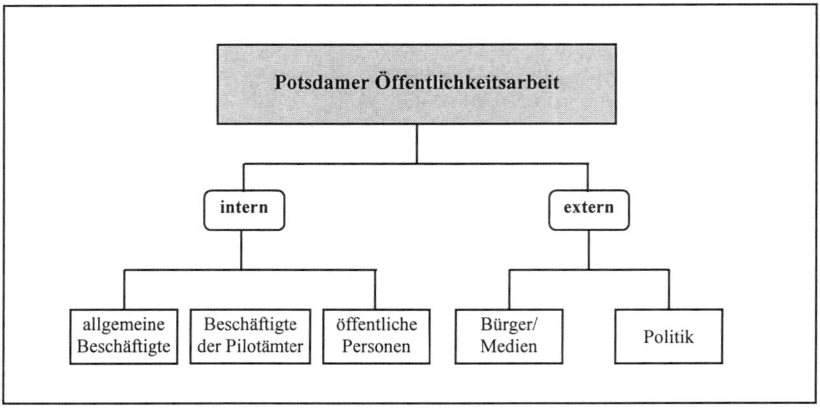

Abb. 13: Adressaten kommunaler Öffentlichkeitsarbeit in Potsdam (Quelle: Landeshauptstadt Potsdam. Projekt Verwaltungsmodernisierung 1996b, S. 5)

deshauptstadt Potsdam. Projekt Verwaltungsmodernisierung 1996b, S. 7). Die Aufrechterhaltung bzw. kontinuierliche Erneuerung der Motivation und des Verständnisses für das Reformprojekt ist das vorrangige Ziel der Kommunikationsmaßnahmen für die **Beschäftigten in den Pilotämtern**. Dies ist primär für diejenigen Mitarbeiter wichtig, für die sich die Verwaltungsreform im Anfertigen von Strichlisten oder im täglichen Ringen mit anderen Beteiligten darstellt (ebenda, S. 8). Die **öffentlichen Personen** (Verwaltungsspitze wie Oberbürgermeister und Beigeordnete, Personalrat) müssen aufgrund ihrer besonderen Rolle im Entscheidungsprozess der Reformdurchführung gesondert behandelt werden. Da schon festgestellt wurde, dass die Unterstützung der Verwaltungsmodernisierung „von oben“ bislang eher zu schwach ist, muss mit den Kommunikationsmaßnahmen bei dieser Zielgruppe vorrangig das Interesse an der Thematik geweckt werden, um im zweiten Schritt deren Unterstützung zu erwirken. Das übergeordnete Ziel ist die Identifikation mit der Verwaltungsmodernisierung (ebenda, S. 10). Die Zielgruppe **Bürger und Medien** ist an einer schnellen, reibungslosen und freundlichen Bedienung interessiert. Mit entsprechenden Kommunikationsmitteln soll das Image der Stadtverwaltung verbessert werden, indem der Wille zur Veränderung herausgestellt wird (ebenda, S. 12). Für die **Politiker** gilt Vergleichbares wie für die öffentlichen Personen. Die Besonderheit ergibt sich aus der neuen Rolle, die ihnen im Verhältnis zur Verwaltung zugedacht ist. Der Schwerpunkt der Kommunikationsmaßnahmen liegt in der Erklärung und Überzeugung dieses neuen Rollenverständnisses. Die Identifikation mit dem Verwaltungsmodernisierungsprozess ist auch bei der Zielgruppe das übergeordnete Ziel (ebenda, S. 13).
Die nachfolgende Tabelle 11 verdeutlicht die Kommunikationsmittel, mit denen die jeweiligen Ziele erreicht werden sollen.

Seit Festlegung des Konzepts 1996 erfolgte eine spürbare Intensivierung der Informations- und Öffentlichkeitsarbeit im und zum Projekt. Im Interesse der zu

Tabelle 11: Zielgruppenspezifische Zuordnung Potsdamer Kommunikationsmittel (Quelle: Landeshauptstadt Potsdam. Projekt Verwaltungsmodernisierung 1996b, S. 15)

Zielgruppe	schriftliche Mittel	mündliche Mittel	visuelle/audio-visuelle Mittel	Motivationsmittel
allgemeine Beschäftigte	➲ Reformzeitung ➲ Plakate	➲ Informationsveranstaltungen	➲ Besichtungen der Pilotämter ➲ Einarbeitung in Konzept zur einheitlich geplanten und betriebenen informationstechnischen Infrastruktur	–
Beschäftigte der Pilotämter	➲ Reformzeitung ➲ Informationsschriften	➲ Informationsveranstaltungen ➲ Workshops ➲ persönliche Gespräche	➲ Einarbeitung in Konzept zur einheitlich geplanten und betriebenen informati-onstechnischen Infrastruktur	➲ öffentliche finanzielle Prämierung bzw. Belobigung
öffentliche Personen	➲ Stadtzeitung ➲ Informationsschriften ➲ Projektdokumentation	➲ Informationsveranstaltungen ➲ Schulungen ➲ persönliche Gespräche ➲ Einladungen zu Projektausschuss-Sitzungen	➲ Einarbeitung in Konzept zur einheitlich geplanten und betriebenen informationstechnischen Infrastruktur ➲ Besichtigungen der Pilotämter	–
Bürger/Medien	➲ Pressemitteilungen ➲ eigene Artikel ➲ Pressemappe ➲ Interviews ➲ direkte Kommunikation mit dem Bürger	➲ Pressekonferenzen mit Print- und Hörfunkmedien ➲ Interviews ➲ direkte Kommunikation mit dem Bürger	➲ Regionalfernsehen	–
Politik	➲ Stadtzeitung ➲ Informationsschriften zu den vierteljährlichen Berichten vor der Stadtverordnetenversammlung ➲ Projektdokumentation ➲ Briefe an die Fraktionen	➲ Informationsveranstaltungen ➲ Workshops ➲ allgemeine Schulungen ➲ persönliche Gespräche ➲ regelmäßige Berichterstattung vor dem Hauptausschuss und der Stadtverordnetenversamlung ➲ Einladungen zu Projektausschuss-Sitzungen	➲ Verdeutlichung anhand von Beispielen ➲ Besuche	–

verbessernden Motivation der Mitarbeiter konnten seitdem erste **Maßnahmen realisiert** werden (Landeshauptstadt Potsdam. Projekt Verwaltungsmodernsierung 1997a, S. 3 f.):

- Informationsveranstaltungen in den Pilotbereichen zu Zielen, Entwicklungswegen, Instrumenten und Vorgehensweisen der Verwaltungsmodernisierung,

- regelmäßiger Informations- und Meinungsaustausch mit allen Mitarbeitern der Pilotbereiche zu den einzelnen Projektschritten und aktuellen Entwicklungen,
- intensivere Beschäftigung mit dem Projekt und Unterstützung des Vorhabens seitens der Führungskräfte der Verwaltung,
- eigenständigere Informations- und Motivationsarbeit durch die Verantwortlichen in den Pilotbereichen.

8.3.3 Distributionswege

Um dem Potsdamer Bürger kommunale Informationen zu unterschiedlichen Themengebieten leichter zugänglich zu machen, hat sich die Stadtverwaltung in Zusammenarbeit mit der PTM des innovativen Mediums **Internet** bedient und im Mai 1998 eine entsprechende Homepage initiiert und konzipiert (vgl. Abbildung 14).

Potsdam zählt damit zu einer Reihe innovativer Städte Deutschlands mit einem städtischen Netzwerk (vgl. Kapitel 9.3.2.3). In ihm werden Informationen aus den Bereichen Tourismus, Stadt und Politik, Stadtverwaltung, Wirtschaft und Veranstaltungen angeboten und in das world-wide-web (www) eingespeist.

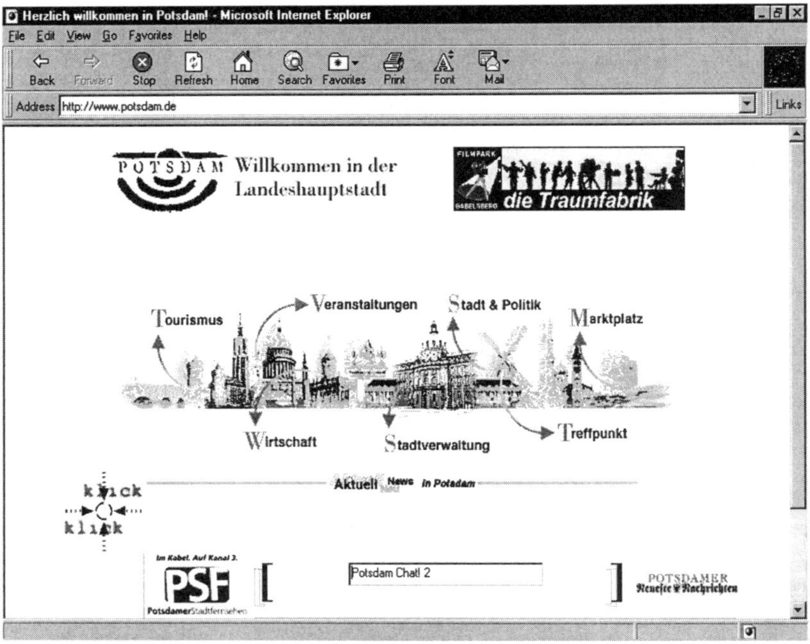

Abb. 14: Internetauftritt Potsdams (Quelle: http://www.potsdam.de)

Insofern findet an dieser Stelle zum ersten Mal eine koordinierte Zusammenarbeit zwischen touristischen und verwaltungsimmanenten Belangen statt. In einem zweiten Schritt soll auch die Möglichkeit des Abrufs von Formularen eröffnet werden. Zu begrüßen ist das Forum für Kommentare und Unterhaltung unter der Rubrik „Treffpunkt“, in der sich Potsdamer und Gäste aus aller Welt per Computer unterhalten – „chatten“ – können (vgl. o.V. 1996f, S. 12; Salomon 1998, S. 16).

Klassische Kriterien distributionspolitischer Entscheidungsparameter wie die Erreichbarkeit, Öffnungszeiten oder die Organisation des städtischen Außendienstes (vgl. Schneider 1993, S. 97) verlieren durch den Internetauftritt an Bedeutung. Die physische Distribution (technische Durchführung) mit dem Zweck der Überbrückung von Raum-, Zeit- und Quantitätsunterschieden ist mit diesem Medium ohne Zweifel verbessert worden. Allerdings muss sich zukünftig erst noch erweisen, ob diese Form der Leistungszugänglichkeit von den Potsdamern dergestalt akzeptiert wird. Die Inanspruchnahme beratungsintensiver Leistungen wie die des Sozial- oder Ausländeramts wird weiterhin von der persönlichen Abgabe bestimmt werden. Die geplante Zusammenlegung verwaltungsspezifischer Leistungen in einem zentralen **Bürgeramt** wird zur Optimierung der Abwicklung beitragen.

Was die indirekte Leistungsabgabe betrifft, so wurden insbesondere im touristischen Bereich diverse Vertriebswege erschlossen: Nach Gründung des Stadtmarketingvereins wurde anfänglich ein **Flyer** mit dem Titel „Sie können auf die Zukunft warten. Oder sie mitgestalten“ (Potsdamer Forum. Verein für Stadtmarketing e.V. 1995, S. 1) produziert, um zunächst auf den Verein und dessen Ziele aufmerksam zu machen. Seit Mitte 1998 erscheint ein monatliches **Potsdam-Magazin**, das von der PTM herausgegeben wird und u.a. über (kulturelle) Veranstaltungen informiert. In Kooperation mit dem ***Potsdamer Stadtfernsehen*** sollen aktuelle Hinweise zu städtischen Entwicklungen und Veranstaltungen verbreitet werden. Ein neu zu konzipierender „**Sales Guide**“ wird gegenwärtig von der PTM für Wiederverkäufer städtischer touristischer Angebote, wie z.B. Busreiseveranstalter, erarbeitet.

Da ein Großteil des kommunalen Angebots aus Dienstleistungen besteht, die nicht lagerfähig sind und zumeist die Präsenz des Leistungsnehmers bei der Produktion bedingen, besteht vielfach eine „Holschuld“ der leistungsnehmenden Bürger, die in Potsdam mit der Installation modernster Methoden vereinfacht werden konnte.

8.3.4 Potsdamer Preispolitik

Nachdem der Potsdamer Finanzhaushalt 1995 Kürzungen in Höhe von 20 bis 25 Mio. DM und 1996 um weitere 40 Mio. DM verkraften musste (vgl. Kowitz 1994, S. 3; o.V. 1996d, S. 16), waren **Steuer- und Gebührenerhöhungen** unausweichlich. Haushaltsdefizite sind zwar nicht durch Gebührensteigerungen auszugleichen, dennoch tragen sie zu einer Entspannung der kritischen Situation bei. So wurde die Grundsteuer um 20% angehoben, eine Zweitwohnungssteuer[33] eingeführt, die Kosten für Kindertagesstätten um ein Fünftel erhöht und die Hundesteuer auf 120 DM pro Jahr heraufgesetzt[34] (o.V. 1996d, S. 16). Letztere liegt allerdings immer noch auf einem niedrigen Niveau im bundesweiten Vergleich[35] (Empirica Delasasse 1995, S. 23). Potsdam befindet sich zwar, was die Steuer- und Gebührenbelastungen[36] für die Bürger betrifft, im Vergleich mit 84 bundesdeutschen Großstädten über 100.000 Einwohner auf einem aggregierten 42. Rang und damit im Mittelfeld (Empirica Delasasse 1995, S. 113). Im Verhältnis zu den anderen deutschen Städten und unter Berücksichtigung dieser Maßnahmen leistet sich Potsdam jedoch eine übermäßig teure Stadtverwaltung: 1.340 DM pro Jahr zahlt jeder Einwohner allein an Personalkosten für die knapp 3.000 Beschäftigten des öffentlichen Dienstes (Kowitz 1994, S. 3; Oldenburger 1998, S. 16). Mit einem Hebesatz von 400% Grundsteuer B,[37] die sich auf den im Gemeindegebiet befindlichen bebauten sowie unbebauten Grundbesitz bezieht, liegt Potsdam ebenfalls im bundesdeutschen Mittelfeld (Empirica Delasasse 1995, S. 17). Nachdem der Hebesatz 1997 auf 440% erhöht wurde, stieg er 1998 um weitere 40% auf 480% (Landeshauptstadt Potsdam. Amt für Wirtschaftsförderung 1997, S. 7).

Den genannten Steuer- und Gebührenbelastungen steht insgesamt ein **relativ hohes Einkommensniveau** gegenüber. So hatte 1994 jeder zweite Potsdamer Haushalt immerhin ein monatliches Nettoeinkommen von über 3.000 DM zur Verfügung, während nur noch 16% der 138.000 Einwohner mit weniger als 1.800 DM auskommen müssen (Metzner 1995c, S. 12). Diese Tendenz wird in der empirischen Untersuchung von Kienbaum untermauert: Von 217 Potsdamer

---

33 Diese Einnahmen sind zwar stark rückläufig, denn im Vergleich zum Vorjahr werden sich diese Einnahmen fast halbieren: 1998 werden nur noch 100.000 DM erwartet. Trotz der geringen Einnahmen rechnet sich die Steuer aber für Potsdam: Wer als Auswärtiger seine zweite Wohnung in Potsdam abmeldet, verlegt damit häufig seinen Hauptwohnsitz in die Stadt. Die positive Folge: Die Einnahmen Potsdams aus dem Gemeindeanteil an der Einkommensteuer steigen (vgl. o.V. 1998r, S. 16).

34 Für den zweiten gehaltenen Hund sind 140 DM, für den dritten und jeden weiteren 180 DM zu zahlen. Neu ist in Potsdam die erhöhte Steuer für Kampfhunde. Die Stadtverordnetenversammlung hat einen Betrag von 1.200 DM bestätigt. Mit Hilfe eines Privatunternehmens möchte Potsdam die hohe Dunkelziffer der nicht angemeldeten Hunde reduzieren, indem alle Privathaushalte diesbezüglich überprüft werden (vgl. Mundt 1998b, S. 20).

35 Der niedrigste bundesweite Hundesteuersatz beträgt 80 DM (Regensburg, Jena, Augsburg) und der höchste 276 DM in Essen und Köln.

36 Die Gebühren für den Abwasserverbrauch liegen mit 3,50 DM/m^3 (Landeshauptstadt Potsdam. Amt für Wirtschafsförderung 1997, S. 7) im Bundesdurchschnitt. Die von Empirica Delasasse ermittelte Gebühr für die Müllentsorgung – bezogen auf die billigste Möglichkeit der Müllentsorgung für einen Standardhaushalt von vier Personen – lag mit 261,26 DM im Jahr 1995 über dem bundesdeutschen Mittelwert von 231,58 DM (Empirica Delasasse 1995, S. 27).

37 Städte und Gemeinden können bei der Grundsteuer verschiedene Hebesätze als Grundlage der Steuerbemessung anwenden. Die Grundsteuer B ist eine der traditionsreichsten Formen kommunaler Besteuerung. Der niedrigste Wert lag 1995 bei 300% (in Jena und Paderborn), der höchste Wert bei 600% (in Berlin) (vgl. Empirica Delasasse 1995, S. 16).

Bürgern haben 30% zwischen 3.000 und 4.000 DM monatlich netto zur Verfügung, 17,5% sogar zwischen 4.000 und 5.000 DM. Mit einem **Mietpreisniveau** von 9 bis 12 DM/qm für sanierten Altbestand und 13 bis 18 DM/qm für freifinanzierten Wohnungsbau nimmt Potsdam einen Spitzenplatz in Brandenburg ein. Die Kaufpreisskala für Eigentumswohnungen variiert zwischen 1.700 DM/qm für Wohnungen in Plattenbauten bis hin zu 9.000 DM/qm für Neubauten (vgl. Beul 1998, S. 32).

Obwohl auch die **Eintrittspreise** für die Schlösser und Gärten 1997 erhöht wurden (o.V. 1996c, S. 14), ist im kulturellen wie auch im sozialen kommunalen Angebot eine Kostendeckung aus politischen Gründen nicht auch nur annähernd zu erreichen. Der Spielraum für Gebührensteigerungen ist in diesen Bereichen nahezu ausgereizt. Müssten die Bürger noch mehr zahlen, würden sie sie oft gar nicht mehr nutzen.

8.4 Erfolgskontrolle

Die tendenziell schwierige Kontrolle – und damit ein zu häufig völlig vernachlässigter Aspekt nicht nur im Stadtmarketing – eingeleiteter Reformmaßnahmen ist auch in Potsdam ein bislang weitgehend unbearbeitetes Gebiet.

Die vage Erkenntnis seitens der befragten Experten, dass die **Beobachtung statistischer Werte** wie die Anzahl der Arbeitsplätze im Tourismusbereich oder die Bettenauslastung ein Indikator für eine stärkere Beliebtheit der Stadt sein und damit als Ergebnis getaner (Image-) Arbeit gewertet werden kann, erscheint unzureichend und zu kurz gegriffen. Insbesondere das Stimmungsbild der eigenen Bürger ist über statistische Werte kaum zu erfassen. Aus dem Fakt eines negativen Migrationssaldos wiederum eine eklatante Unzufriedenheit der Bürger mit der Situation in Potsdam abzuleiten, wäre zu oberflächlich. So bleibt nur die Ergänzung des statistischen Controlling mit Primärerhebungen, das heißt Befragungen. In Folge dessen plant die PTM zukünftig, in Zusammenarbeit mit den *Potsdamer Neuesten Nachrichten* und der *Märkischen Allgemeinen Zeitung* **Leserbefragungen** durchzuführen: Hierbei sollen ca. 1.000 Leser zu den eingeleiteten Veränderungen in der Stadt ihre Meinung äußern. Es wird beabsichtigt, diese Befragung regelmäßig, alle zwei Jahre, zu wiederholen, um den unmittelbaren Meinungswandel erfassen zu können. Als weitere Kooperationspartner sollen für die adäquate Auswertung gewonnener Daten das lokale Wissenschafts-Know-how der ansässigen Universität, Fachhochschule und des Meinungsforschungsinstituts hinzugezogen werden.

Die optimierte Kooperation mit den Medienvertretern seitens der PTM soll dazu führen, dass ein besser gesteuertes Medienbild Potsdams generiert wird. Von regelmäßigen monatlichen Zusammenkünften mit Journalisten verspricht sich die Marketinggesellschaft eine positivere Berichterstattung dank *first-hand-information*. Insofern wird eine entsprechende Beobachtung der Presseberichterstattung ebenfalls als Erfolgskontrolle herangezogen werden.

Was die Situation in der Stadtverwaltung betrifft, so wurden vor der Implementierung von Modernisierungsmaßnahmen **Befragungen** zu den Wartezeiten im Sozial-, Einwohnermeldeamt und in der Kfz-Stelle durchgeführt. Damit konnte die Ist-Situation für einen kundenfreundlichen Indikator – die Wartezeit – in den publikumsintensiven Ämtern erfragt werden. Weder die Überprüfung dieser Werte noch die regelmäßige Durchführung umfangreicherer Kundenbefragungen sind derzeit geplant.

Hinsichtlich des Stimmungsbildes der Verwaltungsmitarbeiter, die gegenwärtig nur vage darüber informiert sind, was sie im Rahmen des neuen Personalentwicklungskonzepts erwartet, ist für Anfang 1999 eine **Mitarbeiterbefragung** vorgesehen (vgl. Oldenburger 1998, S. 16). Ob zu diesem Zeitpunkt auch Verbesserungsvorschläge zu den anstehenden Veränderungen gemacht werden können, ist noch offen.

8.5 Fazit: Lernerfahrungen

Der bundesdeutsche Trend, **Stadtmarketing** und Prozesse der **Verwaltungsmodernisierung** getrennt zu realisieren, wird in Potsdam voll bestätigt. Selbst der Beigeordnete für Finanzen und Wirtschaft, der in politischer Mehrfachfunktion gleichzeitig Vorsitzender des Aufsichtsrates der Stadtmarketinggesellschaft PTM und bis zu den Neuwahlen auch Interimsbürgermeister war, befürwortete im persönlichen Gespräch explizit die Sinnhaftigkeit einer Zusammenführung. Damit könnte auch eine stringentere Steuerung sich bislang überschneidender Themen (Bürger- und Medienansprache, Anlaufstellen, Nachvollziehbarkeit von innovativen Prozessen, Information von Stadtfremden) gewährleistet werden. Unverständlich erscheint auch, warum die zur Verwaltung gehörende „Potsdam Information“ nicht in die PTM überführt worden ist, sondern stattdessen parallel weiterbesteht.[38] Da die Potsdam Information primär Angebote für Touristen erstellt und unterbreitet, verdeutlichen sich hier Ängste, einmal innehabende Zuständigkeiten zu verlieren. Insofern bestehen eklatante Entscheidungslücken, die im Zuge eines Qualitätsfortschritts zwingend geschlossen werden müssen.

Das Eingeständnis des abgewählten Oberbürgermeisters, dass die in der Vergangenheit praktizierte „operativ-pragmatische Projektentwicklung“ der Verwaltungsmodernisierung zukünftig „sowohl konzeptionell als auch praktisch um eine strategische Dimension“ (Landeshauptstadt Potsdam. Projekt Verwaltungs-

38 Nach Auskunft des Leiters Innenmarketing der PTM ist dieses Problem bereits erkannt worden. Zum 1.1.1999 wird daher beabsichtigt, die Potsdam Information in die PTM einzugliedern. Als Konsequenz daraus ergibt sich, dass sich der Gesellschafteranteil der Stadt Potsdam an der Marketinggesellschaft auf mindestens 50% erhöhen wird und somit der – zunächst bewusst niedrig gehaltene – politische Einfluss auf die Stadtmarketingaktivitäten steigen wird.

modernisierung 1997a, S. 5) zu ergänzen ist, verdeutlicht das **Potsdamer Dilemma**:

Im Stadtmarketing wie auch in der Verwaltungsmodernisierung wurde nach Anfertigung erster Konzepte (insbesondere die der Kienbaum Unternehmensberatung bzw. Bertelsmann-Stiftung) die Zusammenarbeit mit den externen Beratern wegen Geldmangel und Ineffizienz beendet. Problematisch dabei war, dass in den erarbeiteten Konzeptpapieren ein zu breites Themenspektrum als verbesserungswürdig vorgestellt wurde. Die Handlungsempfehlungen waren insofern eher vom „Gießkannenprinzip" als von einer klaren Strategie gekennzeichnet. Die Tatsache, nach langwieriger meinungsbildender Orientierungsphase unter Involvierung externer Experten weder über adäquate personelle und finanzielle Ressourcen zu verfügen, um die Ziele kontinuierlich *umzusetzen*, noch eine schlüssige Strategie zu verfolgen, führte zu singulärem operativen Aktionismus (Stadtmarketing-Verein: Sponsoring der einen oder anderen lokalen Veranstaltung, punktuelle Messeauftritte; Stadtverwaltung: willkürliche Pilotläufe z.B. von Kostenrechnung in zwei Verwaltungsbereichen, Workshops). Der Konkretisierungs- und Realisierungsphase fehlte dadurch die notwendige **Schubkraft**, nachdem die anfängliche Veränderungseuphorie der involvierten Akteure im Planungsprozess verklungen war.

Aus diesem Verhalten ergaben sich Unsicherheiten in der Stadt: Nachdem 1994 beispielsweise in den Medien die Stadtmarketingpläne bekannt gegeben wurden, passierte in den Folgejahren zu wenig. Die Erwartungshaltung der Beteiligten, und besonders die der Bürger, war sehr groß, die Ergebnisse jedoch bescheiden. Eine intensive Kundenorientierung, ein Zugehen auf die Bürger, ließ sich nicht realisieren. Auch die in der von Kienbaum durchgeführten Bürgerbefragung ermittelten Potsdamer Mängel, wie z.B. die touristische Infrastruktur, das schlechte Image, ungenügende Informationspolitik seitens der Stadt und der vielfach kritisierte Weihnachtsmarkt, konnten zwischen 1994 und 1997 nicht nachhaltig verbessert werden. Mit der schließlich 1997 gegründeten Stadtmarketinggesellschaft PTM konnte ein wichtiger Schritt zur Etablierung eines langfristigen professionellen Stadtmarketing, das nach außen wie nach innen wirkt, vollzogen werden. Trotz der Fortschritte im „klassischen" Stadtmarketing, die seit der Gründung der PTM erzielt werden konnten, trug die prekäre und unsichere politische Situation dazu bei, dass ein Zusammenführen der schwerpunktmäßig touristischen Ziele einerseits und Verbesserungen der administrativen Gegebenheiten andererseits kurzfristig nicht zu erwarten war.

Das Rathaus ist von einer nachhaltig effektiven, bürgernahen und transparenten Verwaltung – noch immer – weit entfernt. Die Forderung nach einer radikalen Umstrukturierung nach Leipziger Vorbild (vgl. o.V. 1994b, S. 8) konnte bisher nicht erfüllt werden. Mit 2.828 Beschäftigten, vor allem durch das dichte Netz nachgeordneter Einrichtungen, leistet sich Potsdam eine teurere Verwaltung als die reichsten westdeutschen Kommunen (vgl. Oldenburger 1998, S. 16). Dennoch gibt es bislang nur einen Entwurf für ein Personalkonzept und noch gar kein Organisationsentwicklungskonzept, keine solide Sparpolitik und kaum einen nötigen Personalabbau (nur den, der sich aus der natürlichen Fluktuation ergibt). Vorrangig ist zukünftig mehr **Konsequenz bei der Einhaltung** der zahlreichen Grundsatzbeschlüsse und konzeptionellen Grundlagen zu sichern. Zugleich ist darauf hinzuwirken, dass ein größeres Engagement in der Umsetzung seitens der Verwaltungsführungskräfte erreicht und die Durchsetzung von ämterbezogenen Partikulärinteressen verhindert wird.

Ebenso wie auf dem Gebiet der politischen Unterstützung und der Einbeziehung der Politik in das Verwaltungsreformvorhaben zeichnen sich hinsichtlich der Beteiligung der obersten Potsdamer Verwaltungsspitze noch zu erschließende Entwicklungspotenziale ab, um unerwünschten Insellösungen vorzubeugen. Das Gelingen der weiteren Anstrengungen zur verstärkten Involvierung und zur Unterstützung der Reformen durch die Politik, den neugewählten Oberbürgermeister und die Verwaltungsspitze stellt einen der **kritischen Erfolgsfaktoren** für den Verwaltungsmodernisierungsprozess in Potsdam dar. Angestrebte und erklärte tief greifende Veränderungen sind ohne diese Schlüsselakteure nicht zu erreichen. Bisweilen scheinen bereits beschlossene Konzepte nach Neuwahlen aufgrund profilierungswilliger Neukonstellationen in der Kommune nicht mehr konsensfähig (Grabow/Hollbach-Grömig 1998, S. 91). Angesichts der bisherigen Verschleppung von Entscheidungen verspricht der vollzogene Wechsel des Oberbürgermeisters jedoch eine neue Zielerreichungs- und Durchsetzungsqualität.

Diese unabdingbaren Voraussetzungen eines erfolgreichen Reformprozesses werden auch von den Ergebnissen der acht brandenburgischen Modellkommunen bestätigt (vgl. Jann/Reichard/Wagner 1997, S. 20 f.). Eine **moderierende Persönlichkeit** innerhalb der städtischen Verantwortungsträger wäre ein wichtiger Schritt in die richtige Richtung, da das Stadtmarketing als „Strategie der Beziehungspflege“ (Helbrecht 1994, S. 116) bisher nicht greift. Erbach fasst die Hoffnung auf einen politischen Neubeginn Potsdams durch das eindeutige Votum des Bürgerentscheids[39] treffend zusammen:

„Der neue Oberbürgermeister [...] muß der Stadtpolitik Werte wiedergeben, die von vielen derjernigen, die [...] an die Wahlurne traten, schmerzlich vermißt wurden: Bürgersinn, Freundlichkeit, Zuversicht, Schwung und ein Miteinander all derer, die gewillt sind, für die Stadt Gutes zu tun. [...] Potsdam kann wieder lächeln.“ (1998d, S. 21)

39 Der Bürgerentscheid demonstriert die partizipativen Absichten der Potsdamer Kommunalpolitik, was sehr positiv zu werten ist. Die Bürger ihrerseits haben durch die rege Teilnahme ihre Aufgeschlossenheit gegenüber Veränderungen unter Beweis gestellt.

9. Neukonzeption des Stadtmarketing durch Integration in das Public Management

Basierend auf den Erkenntnissen der klassischen Marketingtheorie ist davon auszugehen, dass Stadtmarketing nur dann erfolgreich realisiert werden kann, wenn ein **stringentes Konzept** vorliegt. Die Existenz eines konzeptionellen Überbaus unterscheidet den Marketing-Managementansatz als strategisches Konzept der Unternehmensführung von einem ausschließlich aktionistisch-instrumentell geprägten Marketing. Ziel ist es, einen umfassenden gedanklichen Entwurf zu konzipieren, der „sich an einer Leitidee bzw. bestimmten Richtgrößen (Zielen) orientiert und grundlegende Handlungsrahmen (Strategien) wie auch die notwendigen operativen Handlungen (Instrumenteneinsatz) zu einem schlüssigen Plan (**„Policy Paper“**) zusammenfaßt“ (Becker 1998, S. 2). Der Marketingtheorie kommt die zentrale Aufgabe zu, ein „formales Denkgerüst“ zur „Bewertung von Alternativen“ (Meffert 1997, S. 54) bereitzustellen.

Die Maßnahmen und Strategien, mit denen Kommunen auf die wachsenden Zweifel hinsichtlich ihrer bisherigen Problemlösungskompetenz reagieren, sind unterschiedlich. Dennoch weisen kommunale Aktivitäten meist zwei grundsätzliche Gemeinsamkeiten auf: Breitere, den veränderten Rahmenbedingungen entsprechende, konzeptionelle Grundlagen sind nur selten vorhanden. Eine Anpassung kommunaler Eingriffsmöglichkeiten an die zunehmende Notwendigkeit, kommunale Planung infolge rückläufiger Entwicklungstendenzen stärker auf den Bestand zu richten, hat gleichfalls noch nicht stattgefunden.

Zwischen den Einsichten und Bekenntnissen, die in politischen und fachlichen Diskussionen in der Öffentlichkeit formuliert werden, und der kommunalen Realität klaffen häufig eklatante Lücken. Die Umsetzung vorhandener kommunaler Problemlagen in planungspolitische Handlungsfelder und Aufgabenbereiche ist kein Automatismus, sondern davon abhängig, ob überhaupt, zu welchem Zeitpunkt und in welcher Form diese Probleme wahrgenommen und bewertet werden. In der kommunalen Praxis kommen dabei häufig ähnliche Verhaltensmuster zum Zuge: Fragmentierung von Problemen mit dem oft unbewusst verfolgten Ziel ihrer Vereinfachung oder auch, im Sinne der Entlastung, Problemverschiebung bzw. -verdrängung. Die isolierte Problemwahrnehmung findet in einem entsprechenden Problemlösungs- und Planungsverständnis ihren Niederschlag. Planung hat vielfach an Bedeutung und politischer Akzeptanz verloren. Im Vordergrund steht häufig die Strategie des „**muddling through**“ (Bleicher 1994b, S. 264), bei der nach einfachen, symptom- und einzelfallorientierten Reiz-Reaktions-Schemata verfahren wird. Daneben werden oft Problemlösungsansätze gewählt, die in Ermangelung oder infolge nicht ausreichender Berücksichtigung fundierter Problemanalysen durch Unzulänglichkeiten gekennzeichnet sind. Die Bedeutung finanzieller Sachzwänge wurde auch am Fallbeispiel Potsdam offensichtlich.

Insbesondere die immer wieder vorgetragene Kritik an öffentlichen Institutionen, die sich vor allem auf die fehlende Kunden- bzw. Bürgerorientierung, die finanzwirtschaftlichen Misserfolge, die geringe Flexibilität und den schlechten Service bezieht (vgl. Stauss 1987, S. 13), lässt es empfehlenswert erscheinen, das **Marketing** als Problemlösungsinstrument einzusetzen: Einerseits prägt die subjektive Einstellung eines Bürgers zur Verwaltung wesentlich das Urteil über die tatsächlich von der Verwaltung erbrachten Leistungen. Wenn das Image der Verwaltung verbessert wird, können auch deren Leistungen vorurteilsfreier bewertet werden. Andererseits können viele Verwaltungsleistungen durch mehr Bürgerorientierung so gestaltet werden, dass sie der tatsächlichen Bedarfslage besser entsprechen (Bargehr 1991, S. 30).

Angesichts der kontinuierlichen Verschlechterung der Finanzsituation sind die kommunalen Verwaltungen aufgerufen schnell zu reagieren, da die unmittelbaren Folgen dieses Missstands zumeist die Bürger tragen.[40]

Würde die kommunale Verwaltung ihren Spielraum im Sinne einer Marketingorientierung nutzen, hätte dies den Vorteil, dass Leistungserstellungen vermieden würden, die an weiten Teilen der Marktpartner vorbeigehen. Marketing stellt ein Mittel dar, mit dessen Hilfe sich die Verwaltung über die Bedürfnisse der Kunden bzw. deren Bestimmungsgründe klar werden kann, um sie dann artikulieren zu können, und gegebenenfalls alternative Arten der Befriedigung vorzustellen. Der differenzierte Einsatz marketingpolitischer Instrumente lässt eine höhere Kundenzufriedenheit, abnehmende öffentliche Kritik sowie eine positive Nachfrageentwicklung erwarten (Stauss 1987, S. 14). Somit ist die Übertragbarkeit des Marketinggedankens auf die Kommune sinnvoll und notwendig: „*Governments now make more extensive use of marketing concepts and techniques, especially in areas where government services produce revenue [...]. The degree of citizen involvement [...] is an important variable.*“ (Garnett 1996, S. 670)

Die bereits aufgezeigte Präponderanz legalistisch-hierarchischer Steuerung, die das deutsche Verwaltungssystem – unter der Dominanz der Verwaltungsjuristen – traditionell prägt, legitimiert das Erfordernis, betriebswirtschaftlich inspirierte, im privaten Sektor erprobte Managementkonzepte und -verfahren auch in der öffentlichen Verwaltung einzuführen und zu erproben (Wollmann 1996, S. 32).

Unter Berücksichtigung der gewonnenen empirischen Ergebnisse wird nach forschungslogischen Gesichtspunkten im folgenden Kapitel der Versuch unternommen, ein **ganzheitliches Konzept** zu entwickeln, das die Verknüpfung von Stadtmarketing und Verwaltungsmodernisierung zu einem effizienten und effektiven Public Management ermöglicht. Auf der Basis der im vorangegangenen Kapitel geschilderten inhaltlichen und methodischen Kritik werden dabei die

40 Viele Städte haben bereits Bäder und Bibliotheken, Opernhäuser und Theater, Jugendhäuser und Kinderläden, Krankenhäuser und öffentliche Toiletten geschlossen. Schulen werden nicht renoviert, Straßen nur notdürftig repariert (Mumme 1997, S. 12). Länder und Gemeinden veräußern öffentliche Unternehmen und privatisieren Dienstleistungen über die in Kapitel 5.2 genannten kommunalen Aufgaben hinausgehenden Bereiche wie Bauwesen, Umweltschutz, Arbeitssicherheit, Außenwirtschaftsförderung und die technische Zusammenarbeit mit Entwicklungsländern (vgl. o.V. 1997l, S. 11).

wesentlichen Gestaltungskräfte des Stadtmarketing zu einem lösungsorientierten Ansatz in das St. Galler Management-Konzept integriert.
Abbildung 15 zeigt übersichtlich den modifizierten konzeptionellen Rahmen:

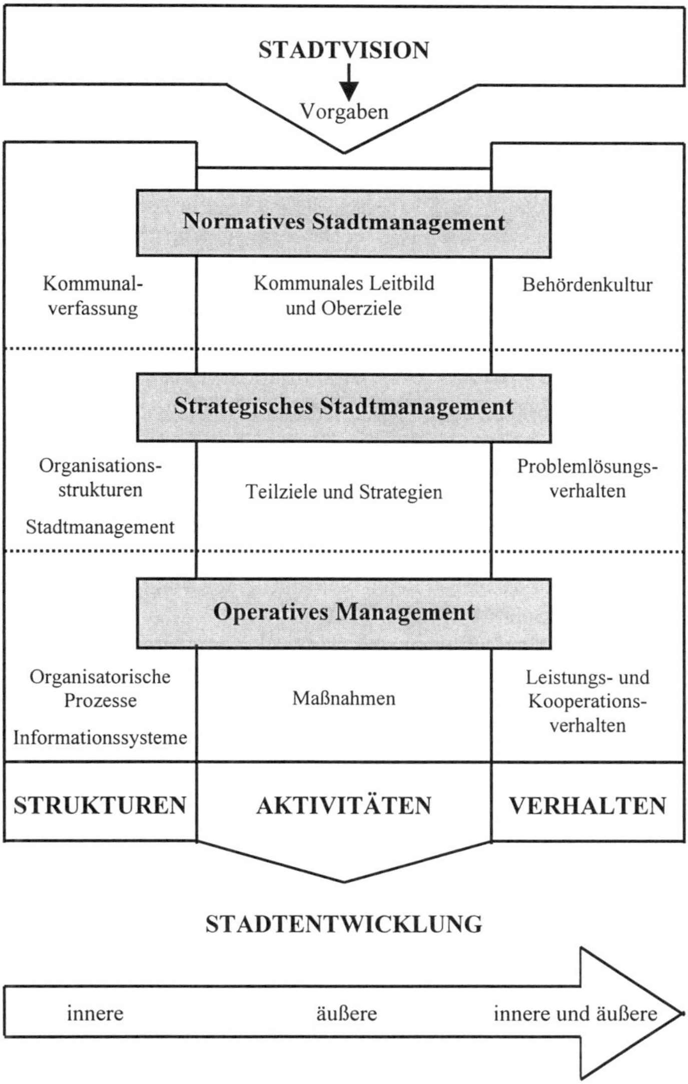

Abb. 15: Ganzheitliches Stadtmarketingkonzept (Quelle: vgl. Funke 1994b, S. 9; Balderjahn 1998, S. 2 in Anlehnung an Bleicher 1994b, S. 45)

9.1 Planungsprozess: Normatives Stadtmanagement

Die Möglichkeiten der Kommunen, ihrer neuen Rolle als „Public Manager" gerecht zu werden, sind gegenwärtig auf dem Prüfstand. Notwendige kommunale Reaktionen auf veränderte Handlungsbedarfe werden häufig auch durch existierende Grenzen und Strukturen, wie die strikte Gliederung der öffentlichen Verwaltung in sachlich und räumlich getrennte Kompetenzbereiche einerseits sowie etablierte private und öffentliche Verteilungs- und Verfügungsstrukturen andererseits, erschwert.

Dass die kommunalpolitische Situation dabei von Parametern abhängig ist, die von den regionalen Akteuren nicht beeinflusst werden können, wurde bereits dargelegt. Dabei handelt es sich primär um die normativ verbindlichen überörtlichen Rahmenbedingungen wie Gesetze, Verordnungen und Satzungen, die in der Kommune vollzogen und konkretisiert werden.

9.1.1 Kommunalverfassung

Welche Kompetenzen den Gemeinden, Kreisen und kreisfreien Städten im Einzelnen zugestanden werden, regeln die Kommunalverfassungen[41] und Gemeindeordnungen der Länder. Grundsätzlich gilt, dass der von den Bürgern gewählte Gemeinderat (Kreistag) der Verwaltung übergeordnet ist. Andere plebiszitäre Elemente sind dagegen nur schwach ausgeprägt (vgl. Rudzio 1987, S. 330).

Seit Anfang der 90er Jahre hat sich in der Bundesrepublik ein weit reichender **Wandel** der Kommunalverfassungen vollzogen, der von zwei Kernelementen gekennzeichnet ist (Schiller 1997, S. 113):

- Die Übernahme der in Bayern und Baden-Württemberg schon lange praktizierten Direktwahl und weiteren Funktionsstärkung der Bürgermeister in Hessen und Rheinland-Pfalz, insbesondere auch in Nordrhein-Westfalen (1994) und Niedersachsen (1996) als Abkehr von der norddeutschen Ratsverfassung mit ihrer Doppelspitze,
- die Einführung der zuvor lediglich in Baden-Württemberg vorhandenen direktdemokratischen Mitwirkungsformen Bürgerbegehren und Bürgerentscheid in fast allen Bundesländern, beginnend mit Schleswig-Holstein (1990), zuletzt in Bayern (Volksentscheid Oktober 1995) und 1996 in Niedersachsen (vgl. Zeilmann 1995, S. 5). Da auch alle ostdeutschen Bundesländer solche Regelungen in ihre neuen Kommunalverfassungen übernahmen, finden sich diese Muster jetzt beinahe flächendeckend in Deutschland, mit Ausnahme des Saarlands und mit Modifikationen in den Stadtstaaten.

41 Unter Kommunalverfassung werden die rechtlichen Regelungen (Normenarrangements) führungsorganisatorischen Charakters verstanden, die das kommunale politisch-administrative Geschehen steuern. Sie finden sich vor allem in den Gemeindeordnungen, aber auch in den Kommunalwahlgesetzen und im Eigenbetriebsrecht der Länder (Banner 1989, S. 37).

Diese Kommunalverfassungsreform impliziert eine wesentliche Öffnung der deutschen Kommunalpolitik für direktdemokratische, das heißt partizipative Entscheidungsformen mit großer praktischer Bedeutung. Allerdings haben die Bürger bei dieser Form der lokalen Mitbestimmung keinen Einfluss auf Fragen der inneren Verwaltungsorganisation und bestimmte Angelegenheiten der laufenden Verwaltung. Damit taugen lokale Plebiszite nur bedingt für die Verbesserung der Bürgerfreundlichkeit von Verwaltungen. In **Potsdam**, wo der Bürgerentscheid dazu führte, den Oberbürgermeister abzuwählen, kann dieser Vorgang jedoch als eindeutiges Votum für mehr Bürgerfreundlichkeit durch eine neu zu installierende politische Führung gewertet werden. [42]

Trotz dieser positiven Ansätze ist der Gesetzgeber, der im Rahmen von Artikel 28 des Grundgesetzes aufgerufen ist, funktionierende Kommunalverfassungen zu entwickeln, aufgrund der eigenen Krisenerscheinungen zunehmend weniger in der Lage, die Funktionsweise lokaler Politik- und Verwaltungsstrukturen im Sinne der Bürger den Notwendigkeiten anzupassen. Hinzu kommt, dass viele Kommunalverfassungen in Deutschland den Ansatz der sog. „Allzuständigkeit" (Janning 1996, S. 153) verfolgen. Zwar werden der Verwaltung durch die rechtlichen Rahmenbedingungen bestimmte Aufgaben klar zugewiesen. Jedoch sind in der Verwaltungspraxis die Einzeleingriffe in den Verwaltungsvollzug immer intensiver und häufiger geworden. Infolge dieser Gegebenheiten ist eine evidente Diskrepanz zwischen Verfassung und Verfassungswirklichkeit der kommunalen Selbstverwaltung entstanden: Die **Verwaltungsverantwortlichen** fühlen sich häufig als „Manager einer Großbürokratie" (Ganseforth/Jüttner 1990, S. 557) durch kleinteiliges „administratives Laienspiel" (ebenda) der ihnen übergeordneten politischen Gremien an professionellem Handeln gehindert und können daher für Misserfolge nicht automatisch zur Verantwortung gezogen werden. Die **politischen Gremien** wiederum können ihrem umfassenden kommunalverfassungsrechtlichen Auftrag zu verantwortlichem Verwaltungshandeln mangels Zeit und Kompetenz nicht gerecht werden. Zu dem genannten Verfassungsdilemma gesellt sich die schon angesprochene Flut an Gesetzen, Verordnungen, Erlassen, Satzungen und Dienstvorschriften, die versucht, jedem nur erdenklichen Einzelfall perfektionistisch gerecht zu werden, Leerformeln akribisch auszufüllen und Ermessensentscheidungen zu beschneiden. Fehlende Transparenz, unverständliche Restriktionen und Unkenntnis bürokratischer Vorgaben führen dazu, dass nur noch Experten der jeweiligen Rechtsgebiete die immer komplexeren Zusammenhänge erkennen und dementsprechend agieren können (Thränhardt 1989, S. 15).

Zur Modernisierung der öffentlichen Verwaltung gehört ganz wesentlich, die **Rechtsvereinfachung** und **Deregulierung** konsequent fortzuführen. Die wichtigste und quantitativ bedeutsamste Aufgabe der Verwaltung ist neben der Vorbereitung gesetzlicher Regelungen die Durchführung von Rechtsvorschriften und die Überwachung der Einhaltung des geltenden Rechts (Werthebach 1996, S. 6).

42 Zu Details der Brandenburger Kommunalverfassung vgl. Ellwein 1997, S. 28 ff.; Jann 1997, S. 60 f.; Stolpe 1997, S. 13 ff.

Die Qualität der öffentlichen Verwaltung hängt daher entscheidend von der Qualität der ihr vorgegebenen und ihr Handeln nach Inhalt und Umfang determinierenden Rechtsvorschriften ab. Perfektionistische Überregulierungen lähmen nicht nur private Initiativen, sondern gleichermaßen die öffentliche Verwaltung. Es gilt, staatliches Handeln im normativen Bereich auf ein sinnvolles Maß zu beschränken (vgl. Kanther 1996, S. 6).

Um zukünftig die aufgezeigte Fehlentwicklung fundamental verändern zu können, anstatt wie bisher nur weitere Symptome zu kurieren, müssen einige grundsätzliche Überlegungen angestellt werden:

1. Es gibt nicht *die* öffentliche Verwaltung. Ungezählte Bund-, Landes- und Kommunalverwaltungen, Selbstverwaltungskörperschaften und weitere juristische Personen des öffentlichen Rechts erfüllen umfangreiche öffentliche Aufgaben (vgl. Kapitel 5.2). Es muss das Verständnis wachsen, dass öffentliche Verwaltungen darüber hinaus als Wirtschaftssubjekte in den Geldkreislauf integriert sind und als Dienstleistungsbetriebe am Wirtschaftsprozess durch Faktorbeschaffung, Leistungserstellung und Produktabgabe partizipieren (vgl. Adamaschek 1998, S. 34).
2. Mit diesem Vorverständnis für staatliches und kommunales Handeln sind Antworten auf prinzipielle Fragen zu finden: Welche Aufgaben müssen von der Verwaltung überhaupt wahrgenommen werden und wie lassen sie sich wirtschaftlicher erbringen? Welche Behörde soll es auf welcher Ebene geben? Sind „Bündelungsbehörden“ (Stolpe 1997, S. 18) sinnvoll?
3. Reformen in öffentlichen Verwaltungen sind zum Scheitern verurteilt, wenn ausschließlich auf das System verwiesen und die Personalproblematik ignoriert wird. Es bedarf betriebswirtschaftlich versierter Führungskräfte und einer Qualifizierungsoffensive für die Mitarbeiter im öffentlichen Dienst mit betriebs- und volkswirtschaftlicher Ausrichtung.

Auf dem Gebiet der Rechtsetzung muss grundsätzlich **Qualität vor Quantität** gehen. Dies ließe sich erreichen, indem (Werthebach 1996, S. 7; Eichhorn 1998, S. 5):

- die Staatsaufgaben insgesamt reduziert werden,
- der Vorschriftenbestand dereguliert bzw. abgebaut wird; durch die Abschaffung von Doppelregelungen und -zuständigkeiten kann mehr Praktikabilität und Verständlichkeit erreicht werden,
- gesetzliche Zwecke mit dem geringsten Aufwand zu erreichen versucht werden,
- gesetzgeberische Vorgaben kritischer getestet und Gesetzesfolgen genauer abgeschätzt werden,
- rückwirkendes Inkrafttreten von Vorschriften vermieden wird,
- Planungs- und Genehmigungsverfahren zu beschleunigen sind,
- ein Umweltgesetzbuch zur Vollzugsfreundlichkeit herangezogen wird,
- von der Ämterverwaltung auf eine Dienstleistungsverwaltung umgestellt wird,

- die Umgestaltungen mit einem modernen Personalmanagement verknüpft werden,
- Informationstechnik stärker genutzt wird,
- das Haushaltswesen zu flexiblisieren ist.

Bislang ist eine Ebene für pflichtbewusstes und kompetentes Agieren im Rahmen eines Rasters verbindlicher kommunalpolitischer Ziele und für ein wirksames politisches Controlling in der Kommunalverfassung nicht vorgesehen. Vielmehr hat sich in den Köpfen der politischen Mandatsträger ein von der Kommunalverfassung nicht vorgesehenes Rollenverständnis eingenistet, das am ehesten geeignet erscheint, der übernommenen politischen Verantwortung gerecht zu werden. Dies ist die Selbsteinschätzung, sich einem parteipolitischen Programm gewissermaßen als Absender verpflichtet zu fühlen, aktuelle Themen und Entscheidungen vor diesem politischen Hintergrund einzuordnen und daraus entsprechende Maßnahmen abzuleiten.[43] Wer auf sich, seine Partei und sein Parteiprogramm etwas hält, muss alles tun, um sich in der kurzen Legislaturperiode so zu verhalten, dass der Wähler ihn wieder wählt. Dabei handelt es sich um einen systemimmanenten Mangel (vgl. Timmermann 1993, S. 100), der nur schwer den demokratisch legitimierten Volksvertretern vorzuwerfen ist. Allerdings wird eine wirtschaftliche Erfüllung von Aufgaben dadurch nicht gerade gefördert. Insofern erscheint das Ankämpfen gegen jegliche Art von **parteipolitischem Dirigismus** ebenso entscheidend zu sein wie die Veränderung der Kommunalverfassungen selbst.

9.1.2 Kommunales Leitbild

Leitbilder sind ein gängiges Instrument des normativen Management und können praktisch überall erarbeitet und eingesetzt werden. Das gilt auch für die verschiedenen Bereiche des öffentlichen Sektors, der mehr umfasst als die Verwaltung im engeren Sinne. Leitbilder sind ein wichtiges, aber nicht das einzige Instrument, den Wandel zu gestalten. Sie können dort sinnvoll eingesetzt werden, wo Veränderungen anstehen und vorangetrieben werden sollen. Insbesondere bevor eine Kommune ein **strategisches Gesamtkonzept** erstellt, sind grundsätzliche Überlegungen zu einem Leitbild erforderlich (vgl. Kinzel 1993, S. 176). Weitere Aspekte zur Generierung eines schlüssigen und konkreten Leitbildes sind:

Beabsichtigt die Verwaltung, nicht weiter vom wirtschaftlichen, technologischen und gesellschaftlichen Strukturwandel abgekoppelt zu sein, muss sie ihre Aufgaben und ihre Arbeitsweise von Zeit zu Zeit kritisch reflektieren und dementsprechend modifizieren. Leitbildprozesse gehören zu den wenigen Möglichkeiten, diese Neupositionierung zu veranlassen. Dass die Verwaltung kein zu-

43 Reichard beschreibt dieses Verhalten treffend mit „Wiederwahlmentalität“ (1993, S. 19).

sammenhängendes Gefüge ist, wurde bereits mehrfach angesprochen. Vielmehr ist sie ein großer „Gemischtwarenladen“ (Wewer 1998a, S. 143), der vielfältigste Leistungen bereithält. Somit stellt sich für die Verwaltungen – ähnlich wie für Wirtschaftsunternehmen – die Frage, was die einzelnen Bereiche eigentlich zusammenhält. Ein gemeinsames Leitbild, quasi als Klammer, bietet sich an. Das **Image** der kommunalen Verwaltung, ebenso wie das der Bürokratie und seiner Exekutive im Allgemeinen, ist bekanntermaßen relativ schlecht.[44] Wollen die öffentlichen Arbeitgeber attraktiv für besonders qualifizierte Nachwuchskräfte sein, müssen sie zum einen zeitgemäß ausgestattete Arbeitsplätze und motivierende Arbeitsbedingungen bieten, zum anderen den Sinn dessen, was die Verwaltung leistet, offensiver kommunizieren. Auch dafür sind Leitbilder ein passendes Instrument (ebenda).

Die Bürger zahlen hohe Steuern und Gebühren und rechnen mit angemessenen Gegenleistungen von Staat und Verwaltung. Sie wollen schnell, kompetent und freundlich bedient werden. Durch entsprechende Leitbilder – und selbstverständlich durch eine nachhaltige Kundenorientierung (vgl. Kommunale Gemeinschaftsstelle 1992a, S. 14 ff.) – kann die Verwaltung demonstrieren, dass sie das verinnerlicht hat. Nicht zu unterschätzen ist jedoch der Umstand, dass die Erarbeitung, Vermittlung und Umsetzung eines Leitbildes ein langwieriger, mühsamer Lernprozess für alle Beteiligten ist, der nicht von heute auf morgen gelingen kann. Dies belegen die einschlägigen praktischen Erfahrungen nur zu gut. Häufig wurde verkannt, dass die eigentliche Arbeit erst dann beginnt, wenn das Leitbild bekannt ist und verstanden wurde. Zuvor muss das kommunale Leitbild allerdings ausformuliert und ansprechend gestaltet werden. Ferner ist sicherzustellen, dass *alle* Beteiligten darüber informiert worden sind.

Generell bestehen zwei Möglichkeiten, ein Leitbild zu erarbeiten: **Top-down** oder **Bottom-up** (vgl. Rau 1994, S. 46). Aufgrund der geringen Anzahl involvierter Personen und des dementsprechend minimalen Konsensbedarfs hat erstere Variante den Vorteil, bei der Entwicklung relativ kostengünstig zu sein. Im Anschluss daran ist das Leitbild in die Belegschaft hinein zu vermitteln, mit dem Ziel, dass bei allen Mitarbeitern konsistente Vorstellungen erzeugt und alte Denkgewohnheiten abgelegt werden. Der Aufwand für diesen Kommunikationsprozess ist umso größer, je stärker die Mitarbeiter den Eindruck haben, dass von oben etwas oktroyiert wird, mit dem sie sich nicht identifizieren können. Insofern bedarf es kommunikativer Kompetenz der Führungskräfte zur Herausbildung und Stabilisierung positiver Erwartungen. Beim Bottom-up-Verfahren dagegen entwickelt sich das Leitbild allmählich aus Diskussionen von unten nach oben. Bei diesem partizipativen Verfahren ist der Aufwand anfangs zwar größer, aber zugleich steigt die Chance, dass das Leitbild akzeptiert wird. Intensive Aus-

44 61% der westdeutschen Bürger würden das Berufsbeamtentum am liebsten abschaffen, in den neuen Bundesländern halten sogar 72% der Bürger die Beamten für überflüssig, zumal sie zu unbeweglich, langsam, arrogant und außerdem überbezahlt seien (Canibol/Müller 1996, S. 227). Die darüber zu befindenden Juristen halten das Berufsbeamtentum mit seinen verfassungsmäßigen Aufgaben jedoch auch zukünftig für unverzichtbar (vgl. Schneider 1995, S. 110).

einandersetzungen über Konflikte in den Arbeitsabläufen, Verbesserungsmöglichkeiten und Zielvorstellungen führen zu einem veränderungssensibilisierten Bewusstsein. Somit ist teilweise der Weg zum Leitbild schon das Ziel eines derartigen Prozesses. Den Anstoß für dieses Prozedere gibt auch hier die Führungsspitze, die schließlich für die strategische Weiterentwicklung des übergeordneten Ganzen verantwortlich zeichnet (Wewer 1998a, S. 144).

Wenn Leitbilder das bewirken sollen, was mit ihnen angestrebt wird, reicht es nicht aus, dass sie – wie am Beispiel Potsdam veranschaulicht werden konnte – handwerklich gut gemacht sind. Papier ist geduldig, und solche Prozesse können durchaus auch scheitern. Damit das nicht passiert, müssen bestimmte **Bedingungen** erfüllt werden (vgl. Grömig 1998, S. 13):

- Was im Leitbild verheißen wird, muss gemeinsam erarbeitet werden. Um sich dem dort skizzierten Idealbild Schritt für Schritt anzunähern, sind konkrete Umsetzungspläne mit **Maßnahmen**, **Verantwortlichen** und **Fristen** nötig. Sonst droht die Gefahr der Stagnation und eine Umkehr der anfänglichen Aufbruchstimmung, die in tiefere Enttäuschung umschlagen könnte. Der Interaktionszusammenhang ist zu forcieren, indem diese Maßnahmenkataloge gemeinsam erarbeitet und dann arbeitsteilig realisiert werden (vgl. Helbrecht 1994, S. 194).
- Die Führungskräfte müssen in der Sprache derjeinigen, die es betrifft, verdeutlichen, dass es sich dabei nicht um eine nachrangige Tätigkeit, sondern um ein Schlüsselprojekt für die gemeinsame Weiterentwicklung handelt. Sie haben dafür zu sorgen, dass ausreichend Kapazitäten und Ressourcen für diese Aufgabe bereitstehen, und sollten sich selbst in diesem Prozess adäquat engagieren.
- Mitarbeiter, die sich mit den Aussagen des Leitbildes identifizieren, dürfen nicht darauf warten, dass es andere für sie verwirklichen. Jeder ist aufgerufen, an einem Umsetzungskatalog mitzuarbeiten und die Realisierung konsequent zu unterstützen.
- Zur Umsetzung eines Leitbildes gehört auch, bei passenden Gelegenheiten darauf Bezug zu nehmen. Dienstjubiläen, Personalversammlungen und ähnliche Anlässe bieten sich dafür an, aber auch besondere Vorkommnisse im positiven wie im negativen Sinne. Alle müssen merken: „Das Leitbild lebt!“ (Timmermann 1993, S. 101).

Obwohl vier Fünftel der vom Deutschen Institut für Urbanistik befragten 323 deutschen Städte angeben, ein Leitbild für die zukünftige Entwicklung der Stadt entworfen zu haben oder planen, dies in naher Zukunft zu tun (vgl. Grabow/Hollbach-Grömig 1998, S. 78), haben die meisten öffentlichen Institutionen, Behörden und Ämter in Deutschland noch gar kein Leitbild (Wewer 1998a, S. 148). Die Gründe dafür sind divergent. Die Führungskräfte in den Behörden sind nach wie vor überwiegend Juristen und mit den Instrumenten und Methoden modernen Managements nicht vertraut. Zudem fehlt ihnen häufig das Verständnis für „weiche“ Instrumente der Führung und Steuerung, die wie Leitbilder nicht einklagbar sind. Die Erarbeitung, Vermittlung und Umsetzung eines kommunalen Leitbildes kostet Zeit, finanzielle und humane Ressourcen. Nicht allen Mitarbeitern erscheint es darum einleuchtend, warum es sinnvoll und notwendig ist, in solche Prozesse zu investieren, wo ansonsten überall gespart werden muss. Leitbilder dürfen demzufolge die emotionalen und visionären Komponenten nicht vernachlässigen (vgl. Abbildung 16).

Die Erarbeitung eines Verwaltungsleitbildes deckt Konflikte und Probleme auf, die zuvor unter der Oberfläche schwelten, und weckt Hoffnungen und Erwartungen, dass sich nun endlich etwas ändert. Die Gefahr liegt darin, dass – falls die hohen Ziele nicht erreicht werden können – die Enttäuschung beträchtlich ist. Und wer im Leitbild seinen Kunden etwas verspricht, muss damit rechnen, beim Wort genommen zu werden. Die **Risiken** sind also durchaus groß, zumal das Idealbild, wenn es nicht klappt, immer gleich an der schlechteren Wirklichkeit gemessen wird und wenig Verständnis dafür herrscht, dass Leitbilder Ziele für längerfristige Entwicklungszeiträume vorgeben (Kuron 1996, S. 63 ff.).

Wenn die Städte ernstlich beabsichtigen, dass sich ihre öffentlichen Verwaltungen als Dienstleister verstehen, müssen sie befürworten, dass diese alle Instrumente einsetzen, die bei privaten Dienstleistern üblich sind. Alles andere ist inkonsequentes und unglaubwürdiges Verhalten. Wer nicht bereit ist, in die Veränderung des bürokratischen Apparates und insbesondere der Einstellungen und

Die Stadt wird über einen Mix multidimensionaler Botschaften wahrgenommen. Dieser besteht aus
- emotionalen,
- visionären und
- kognitiven (tatsachenbezogenen) Komponenten.

Merkmale eines kommunalen Leitbildes sind:

- **Plastizität**
  Die Zielvorstellungen sind sehr plastisch zu projizieren.
- **Identifikation**
  Die Zielvorstellungen müssen mit den kommunalen Schwerpunkten und Wertvorstellungen korrespondieren.
- **Realisierbarkeit**
  Die Zielvorstellungen müssen innerhalb eines definierten Zeitraums zu realisieren sein.
- **Qualitätsanspruch**
  Der Qualitätsanspruch soll das bislang Erreichte übertreffen.
- **Präsenz**
  Das kommunale Leitbild muß immer wieder im Bewußtsein verankert werden.

Abb. 16: Komponenten eines kommunalen Leitbildes (Quelle: Wagner 1995a, S. 17)

Verhaltensweisen der öffentlichen Bediensteten zu investieren, darf sich nicht wundern, wenn die Modernisierung der Verwaltungen misslingt. Ergo kann es ohne neue Leitbilder keine neue Behördenkultur geben.

9.1.3 Behördenkultur

Die Frage nach einer Behördenkultur ist zugleich die Frage nach dem Erscheinungsbild der öffentlichen Verwaltung in der Meinung der Bürger und der Gesellschaft, der eigentlichen Kunden von Verwaltungsleistungen (vgl. Frey 1996, S. 32). Als Behördenkultur gilt die Gesamtheit

1. der Meinungen, Einstellungen, Werte und Orientierungsmuster gegenüber der kommunalen Verwaltung und
2. innerhalb der Verwaltung sowie für die
3. Strukturen, Prozesse und Verhaltensmuster politisch-administrativen Handelns (Wewer 1998a, S. 141).

Die Einstellungen und Orientierungen gegenüber und innerhalb der Verwaltung sind ein signifikanter Indikator, in welcher Art und Weise öffentliche Aufgaben erledigt werden und wie der Umgang miteinander kultiviert wird. Eine Unternehmenskultur und so auch eine Behördenkultur sieht in den Mitarbeitern das wichtigste Potenzial, denn diese prägen mit ihrem Selbstverständnis das äußere Erscheinungsbild. Eine Behördenkultur ist positiv ausgerichtet und dann besonders wirkungsvoll, wenn ihre Wertvorstellungen und Verhaltensmaximen von der Mehrzahl der Mitarbeiter akzeptiert, umgesetzt und gelebt werden. Ein hoher Identifikationswert des Mitarbeiters mit seiner Aufgabe, seiner Organisation bzw. seinem „Unternehmen" sollte daher das Ziel einer aktiv gestalteten Behördenkultur sein (vgl. Anwander/Draf 1998, S. 153 ff.).

Genau an dieser Stelle liegen derzeit die fundamentalen Defizite. Wo findet sich eine Behördenkultur der beschriebenen Art und Weise, die nach innen und außen wirkt? Erschwerend wirkt sich aus, dass die berufliche Sozialisation der Mitarbeiter öffentlicher Verwaltungen bisher selten Werte und Normen einer behördlichen Dienstleistungskultur vermittelt (Kißler 1997, S. 108). Bei kleineren, selbständigen Behörden genügen oft Vorbild und Persönlichkeit des Behördenleiters, um eine positive Kultur in der Behörde zu erzeugen. Das häufig negative Erscheinungsbild der öffentlichen Verwaltung bezieht sich vor allem auf die Großorganisationen in der Behördenlandschaft. Diese sind meist durch eine übertriebene, oft unsinnige Aufteilung und Zuordnung von Aufgaben mit der Folge verantwortungsarmer Arbeitsprozesse gekennzeichnet. Tiefgegliederte Organisationsstrukturen mit weiten Wegen von der Behördenleitung bis zum Sachbearbeiter prägen dieses Erscheinungsbild. Handlungs- und Entscheidungsspielräume für den einzelnen Mitarbeiter sind stark limitiert oder erst gar nicht gegeben. Sämtliche Entscheidungen werden „von oben" diktiert, Impulse sind der Behördenspitze vorbehalten (Frey 1996, S. 36 f.).

Typisch für das innere Erscheinungsbild der deutschen Behörden ist mehrheitlich Intransparenz von unten wie von oben, verbunden mit langen Informationswegen. Zuständigkeitsgerangel auf den unteren Ebenen und Misstrauen auf der Führungsebene sind die Folge. Dies führt zu übertriebenen Kontrollmechanismen und einer starken Formalisierung der Arbeitsabläufe, was eine weitere Gängelung für die Mitarbeiter bedeutet. Untersuchungen in privatwirtschaftlichen Unternehmen belegen, dass sich eine funktionierende Führungskultur unter dem Aspekt des betrieblichen Potenzialmanagements als wesentliches Instrument der Leistungsstimulation erweist (vgl. Volk 1998, S. 5). Die **kulturelle Selbstblockierung** der Behörden steht im Verbund mit der normativen Fremdblockierung durch die Politik. Ihr als Dienstherrn der Verwaltung ist es bisher kaum gelungen, die bürokratische Verkrustung aufzubrechen. Ganz im Gegenteil: Solange sie ihre Steuerungsversuche ausschließlich in Form von Regelungen und Detailvorgaben appliziert und die Inputkontrollen stets noch perfekter ausgestaltet, verstärkt sie automatisch die bürokratischen Absicherungs- und Abschottungstendenzen (Hablützel 1995, S. 5).

Eine so geprägte Organisation wird sehr schnell zum Selbstzweckunternehmen, die originäre Aufgabe „Leistung für den Bürger“ tritt in den Hintergrund. Derartige Behördenkulturen sind ungenügende Grundlage für Leistungs- und Innovationsbereitschaft, sie sind vielmehr veränderungsfeindlich und motivationshemmend. Die Neuausrichtung der gegenwärtigen Behördenkultur kommt damit einer Kulturrevolution gleich. Sie muss beim Anforderungsprofil der Mitarbeiter beginnen, denn die innere Struktur – und hier insbesondere die personelle – determiniert das äußere Erscheinungsbild einer Verwaltung und deren Leistungsfähigkeit (vgl. Hill 1993b, S. 19). Erst wenn diese Grundlage geschaffen wurde, können auch zusätzliche Marketinganstrengungen zur Darstellung der Behördenleistungen eine Imageverbesserung bewirken.

Public Management birgt die große Chance, das gegenseitige Misstrauen und bürokratische Reglementierungswut zu durchbrechen. Sein Instrumentarium zwingt Politik und Verwaltung, sich von der Fixierung auf die Input-Steuerung zu lösen und über die Outputorientierung eine neue Perspektive der Zusammenarbeit zu finden. Damit kann das politische System wiederum lernfähiger und zugleich handlungsfähiger gegenüber seiner gesellschaftlichen Umwelt werden. Vielerorts ist der kulturpolitische Handlungsbedarf bereits erkannt. Das zeigen z.B. die Grundsätze der Verwaltungskultur der baden-württembergischen Landesregierung, die sich bereits seit 1985 mit einer neuen Führungsstruktur für die oberste Ebene der öffentlichen Verwaltung befasst (vgl. Parodi-Neef 1993, S. 69). Hier und überall kommt es jedoch darauf an, richtige Reformschritte und Ziele in realistischen Schritten zu verwirklichen und damit die Behördenkultur in Kongruenz zu Erkenntnissen der Privatwirtschaft zukunftsorientiert weiterzuentwickeln.

9.2 Konkretisierungsphase: Strategisches Stadtmanagement

Eine Kommune ist kein Unternehmen: Sie wird durch politische Akteure gesteuert und von dazu legitimiertern Organen demokratisch kontrolliert. Bei allen Strukturanleihen am Unternehmensmodell darf dieser Unterschied nicht vernachlässigt werden und wurde bereits eingehend analysiert. Ein Public Management-Anliegen ist es, die politische Steuerungsfähigkeit wieder herzustellen und demokratische Kontrolle zu sichern.

Das höchste Ziel des strategischen Stadtmanagement ist die Entwicklung von Wertvorstellungen der Kommune, von Führungskompetenz der organisatorisch Verantwortlichen und von administrativen Systemen, die die strategische und operationale Entscheidungsfindung auf allen hierarchischen Ebenen und quer durch alle Organisationseinheiten und funktionale Autoritätslinien der Behörde miteinander verbinden. Institutionen, die diese Phase der Managemententwicklung erreichen, sind im Begriff, den Konflikt zwischen der langfristigen Entwicklung und dem kurzfristigen Erfolg zu eliminieren. In diesem Sinn sollten sich die politischen Entscheider die **rahmensetzenden Zielvorgaben** des strategischen Management zu Eigen machen (vgl. Mercer 1992, S. 140):

„Strategic Management [...] affect change, influence it, anticipate it and help prepare for it and adapt to it. Strategic management focuses on the changing environment within which a state or local government operates. It considers the way the organization is impacted by change and develops strategies and tactics for the organization to effect desired change. It accomplishes this by influencing the organization, by providing leadership in shaping the organization's future and by managing the organization in such a manner that when change does occur, the organization can address it quickly, efficiently and effectively."

Managementreformen stellen demnach auf Strukturen und Regeln ab, die den Rollenwechsel des Politikers bzw. Bürokraten vom kleinteiligen Routineeingriff zur strategischen Steuerung fördern und die ihm die erforderlichen Instrumente zur Hand geben, die das Verwaltungshandeln transparent und nachvollziehbar gestalten.

9.2.1 Organisationsstruktur

Der organisatorische Aufbau der Kommunalverwaltung muss der jeweiligen Aufgabenstellung und den Aufgabenschwerpunkten entsprechen. Aufgabenverlagerungen und neue Inhalte erfordern eine Anpassung der Organisationsstrukturen[45] (vgl. Kobarg/Stürmer 1977, S. 1 ff.; Bockelmann 1995, S. 427 ff.; Beyer 1998b, S. 111 ff.).

45 Kommunale Organisationsstrukturen sind in diesem Zusammenhang maßgeblich von der

Drei Aspekte sind bei der Schaffung einer neuen Struktur kommunalen Handelns von besonderer Bedeutung:

1. Die Kompetenzen der Akteure „Kommune“ und „Privatwirtschaft“ sollten in den jeweiligen Aufgabenbereichen analysiert und eine für deren Nutzung optimierte Organisationsform sollte gefunden werden (vgl. Strunz 1993, S. 93 ff.; Rau 1994, S. 35 ff.).
2. Den Anforderungen Kostendeckung und – im Falle einer Kooperation mit Privaten – Rentabilität ist großes Gewicht beizumessen, um den angespannten städtischen Haushalt zu entlasten (vgl. Kommunale Gemeinschaftsstelle 1997, S. 9 ff.).
3. Der politische Charakter kommunaler Entscheidungsfindung ist zu berücksichtigen, wobei hinterfragt werden muss, welches Ausmaß der politischen Steuerung jeweils nötig und adäquat ist (vgl. Manschwetus 1995, S. 293).

Ein gelungenes Beispiel für eine umfassend modernisierte und innovative kommunale Organisationsstruktur ist **Oberhausen**: Die Stadt Oberhausen hat seit Ende der 80er Jahre die international angestoßene Diskussion über eine Strukturreform kommunaler Verwaltungen aufgenommen und bereits früh erste eigene Ansätze entwickelt. Die politischen und administrativen Akteure wurden dabei von der Überzeugung geleitet, das Rad nicht ein zweites Mal neu erfinden zu müssen. Stattdessen wurden der Vorsprung des angloamerikanischen Raums und Neuseelands sowie vor allem die niederländischen Erfahrungen produktiv genutzt (vgl. Drescher/Dellwig 1996a, S. 69 ff.). Für die strategische Neuorientierung der Verwaltung in Oberhausen wurde der Begriff „**Rathaus ohne Ämter**“ (Drescher/Dellwig 1996b) geprägt. Der Terminus bringt den tief greifenden Bruch mit bisherigen Strukturierungsverfahren zum Ausdruck und evoziert zugleich positive Assoziationen hinsichtlich mehr Bürgernähe, Flexibilität und Leistungsvermögen. Auf dieser Grundlage wurde die Stadtverwaltung 1995 in neu konzipierte Dezernate, Bereiche und Fachbereiche gegliedert, die nicht allein die Begriffe Ämter, Abteilungen und Dienststellen ablösten, sondern Verwaltungshandeln danach neuordneten, welche Leistungen bei der Nachfrage durch die Bürger, aber auch durch Unternehmen und Institutionen anfallen.

Kernbestandteile der neuen Organisationsstruktur sind die klare Zusammenfassung von Tätigkeitsbereichen, die die Bürger auch als Handlungseinheiten

---

Total Quality Management-Diskussion aus der Privatwirtschaft beeinflusst worden. Unter Total Quality Management ist eine integrierte, das gesamte Unternehmen mit allen Aktivitäten und Mitarbeitern sowie die Unternehmensumwelt einbeziehende Führungsstrategie zu verstehen, um aus den Kundenanforderungen abgeleitete Qualitätsziele vorzugeben und zu erfüllen (vgl. Kamiske/Brauer 1993, S. 143; Engelhardt/Schütz 1991, S. 396). Entscheidend für den Erfolg einer Leistung oder eines Produktes ist es dabei, ein Qualitätsbewusstsein auf allen Unternehmensebenen zu implementieren (vgl. Hagan 1994, S. 49 ff.; Morgan/Murgatroyd 1994, S. 142 ff.; Passmore/Fergusson 1994, S. 19 ff.; Stamatis 1996, S. 43 ff.). Als Beispiel für eine erfolgreiche Total Quality Managemen-Adaption gilt die Stadt **Saarbrücken**, die seit Ende der 80er Jahre ihre Neuorganisation realisiert. Bis zum Jahr 2000 soll das Modernisierungsvorhaben abgeschlossen sein (vgl. Hirschfelder 1995, S. 567 ff.).

erfahren sollen, die dezentrale Ressourcenverantwortung, die fortlaufende Verbesserung der Ablauforganisation durch die zentrale Steuereinheit in Verbindung mit einem kaufmännischen Rechnungswesen und die Kooperation mit der Öffentlichkeitsarbeit zur Darstellung guter Verwaltungsarbeit.[46] Eine wesentliche strukturelle Aufgabe, die bis zum Jahr 2000 abgeschlossen sein soll, ist die Produktdefinition als Maßstab für die Qualität erbrachter Verwaltungsdienstleistungen. Reichard (1996b, S. 77 ff.) benennt weitere erfolgreiche Beispiele deutscher Städte, wie beispielsweise **Bochum**, **Gotha**, **Herten** und **Offenbach** (vgl. Grandke/Barthel/Weimer 1993, S. 264 ff.), bei denen die Langfristigkeit und Schwerfälligkeit administrativer Planung von einer flexiblen, produktorientierten Stadtpolitik abgelöst wurde. Wie zu beobachten ist, verändern diese Städte ihre politisch-administrative Struktur (Ressortgliederung, Fachkompetenz, Verwaltungshandeln) dergestalt, dass sie kompetent und effektiv die ökonomischen Entwicklungen aufnehmen und im Hinblick auf die eigene Situation die passenden Maßnahmen[47] ergreifen.

Grimmer/Kneissler kommen in ihren verwaltungspolitischen und organisationstheoretisch-empirischen Analysen zu dem Ergebnis, dass Kommunalverwaltungen hinsichtlich ihrer Organisationsgestaltungen gelegentlich „aus der Not vielfältiger Unkenntnis die Tugend des Experimentes wagen" (1996, S. 92). In Erweiterung des administrativen Handlungssystems, zur Verbesserung der Problembearbeitungsfähigkeit und zur Kompensation von Unsicherheits-, Flexibilitäts- und Komplexitätsdilemmas ist eine solche Entwicklung nicht von vornherein zu verurteilen. Auch so können erstarrte Muster von Kommunalverwaltungen aufgebrochen und neu komponiert werden. Dass dabei Irrtümer und Fehlentwicklungen geschehen können, ist als Chance für die Gewinnung neuer Erkenntnisse anzusehen.

9.2.2 Kriterien der Kundenorientierung

Gründe dafür, dass sich die kommunale Verwaltung zukünftig als „kundenorientiertes Dienstleistungsunternehmen" zu verstehen hat, konnten bis zu dieser Stelle genügend angeführt werden. Inzwischen hält dieses Umdenken auch in den meisten Rathäusern Einzug: Kundenorientierung hat sich neben der Reorganisation des kommunalen Finanzhaushalts als *die* modernisierungspolitische

46 Zum detaillierten Oberhausener Modell mit seinem verwaltungsinternen Strukturwandel sowie seinen gegründeten Public-Private-Partnerships, den Wirtschaftsbetrieben, Grundstücks- und Entwicklungsgesellschaften vgl. Boston Consulting Group 1995, S. 163–184 u. S. 203–207; Drescher/Dellwig 1996a, S. 16 ff. u. S. 115–160; Stadt Oberhausen 1995.

47 Dazu zählen managementorientiertes Berichtswesen, das je nach Adressat (z.B. Verwaltungsführung, Betriebsleitung) individuell verdichtet ist; Personalqualifizierung; Überführung von öffentlichen Institutionen wie Alten- und Pflegeheime in Regiebetriebe oder „optimierte" Regiebetriebe bzw. strikte Ausgliederung von Einrichtungen wie Müllentsorgung, Stadtreinigung, Gebäudereinigung in Eigenbetriebe; Verzicht auf Hierarchie- ebenen; dezentrale Ergebnisverantwortung; Bürgerämter; Budgetierungskonzepte.

Strategie durchgesetzt. Bleibt die Kernfrage, welches nun eigentlich die Kriterien einer solchen Kundenorientierung sind: „[...] *der rasanten Karriere von ‚Kundenorientierung' in der aktuellen Modernisierungsrhetorik entspricht in keinster Weise eine empirisch begründete Vorstellung davon, was mit diesem Modernisierungsleitbild gemeint ist*" (Kißler 1997, S. 103). Hinzu kommt, dass es eine einheitliche Erklärung dafür, was eigentlich mit der Bezeichnung **Kundenorientierung** – und seinen Synonymen Bürgernähe, Dienstleistungsorientierung und Entbürokratisierung – gemeint ist, bisher nicht gibt (vgl. Grunow 1988, S. 24; Kapitel 6.2.1.1; Kommunale Gemeinschaftsstelle 1992a; Pippke 1996, S. 41).

Das mag verwundern, hat sich doch schon in den 70er und 80er Jahren eine ganze Reihe von Arbeitsgruppen und Kommissionen des Bundes und der Länder mit Verwaltungsvereinfachungen zugunsten des Bürgers befasst (vgl. Hoffmann-Riem 1979, S. 9 ff.; Jörissen/Lawitzke/Schäfer/Weidelich 1979; Eichel 1980, S. 91 ff.; Grunow 1988, S. 21 f.). Andererseits ist das Fehlen einer verbindlichen Definition oder eines Kriterienrasters Beweis genug, wie wenig sich deren Arbeiten auf die Verwaltungspraxis ausgewirkt hat. Auch frühere Ansätze, wie die von Grunow/Hegner (1978, S. 51 ff.) Mitte der 70er Jahre, verloren sich weitgehend in theoretischen Dimensionen und hinterließen keine konkreten Handlungsanleitungen für den Umbau kommunaler Verwaltungen. Ob dies aufgrund der Heterogenität der kommunalen Institutionen möglicherweise gar nicht zu leisten ist, bleibt zu untersuchen.

So verharren die bisherigen Erklärungsansätze in unscharfen Konturen, fügen mit Einzelbausteinen ein Mosaik zusammen, aus denen das Bild einer kundenorientierten Verwaltung resultiert. Diesen offensichtlichen Mangel berücksichtigend, soll nachfolgend die Analyse des existierenden Forschungsfelds in Form kommunaler Befragungen und wissenschaftlicher Beiträge dazu beisteuern, die Verständnislücke zu schließen. Allerdings muss dabei schon jetzt konzediert werden, dass es keine ultimativen Kriterien geben kann und wird, da nicht zuletzt die **inhaltlichen Überschneidungen** ein Definitionsproblem darstellen. Vielmehr soll die zu generierende Klassifizierung von immer wieder genannten Faktoren als Basis für weiterführende praxisnahe Untersuchungen dienen. Erst die Gewährleistung möglichst vieler Komponenten gleichzeitig wird das herrschende eindimensionale Verständnis[48] zu einer befriedigenden kommunalen Kundenorientierung führen:

„Seldom, if ever, will a single indicator of service quality be sufficient. Inevitably, individual programs have multiple elements that should be tracked. Sometimes these multiple elements have conflicting goals." (Hatry 1996, S. 538)

Die Existenz eben jener kollidierenden Interessenlagen seitens der Kunden (wie z.B. erweiterte Öffnungszeiten) und Beschäftigten (z.B. Arbeitszeitverkürzung)

48 Aus der Sicht der Verwaltung wird Kundenorientierung häufig nur als Freundlichkeit im Umgang mit dem Bürger verstanden (vgl. Hoffmann-Riem 1979, S. 15).

stellt dabei ein nicht unerhebliches Konfliktpotenzial in der Gestaltung kundenorientierter Verwaltungen dar.

9.2.2.1 Bürgernähe

Das Interesse der wissenschaftlichen Forschung hat sich in der Vergangenheit vorrangig auf die Binnenaspekte des politisch-administrativen Systems konzentriert und beschäftigt sich erst seit Anfang der 70er Jahre auch mit dem Bürgeraspekt. In dem Ausmaß, in dem staatliche Intervention zugenommen hat, Probleme der Leistungsfähigkeit und Steuerbarkeit staatlichen Handelns anschaulich wurden, öffentliche Verwaltungen den Anliegen der Bürger zunehmend weniger entsprachen und die Effektivität kommunaler Leistungen von der Bürgerpartizipation abhing, bekamen Vorstellungen von einer bürgernahen Verwaltung immer stärkeres Gewicht. Bürgernähe avancierte zu einem Kriterium, das über den Erfolg von Verwaltungshandeln entscheidet (Bogumil/Kißler 1995, S. 18; Kißler 1997, S. 100).

Die Problematik, dass dieser Begriff in der relevanten Fachliteratur häufig als Synonym für serviceorientiertes kommunales Handeln verwendet wird, wurde schon erwähnt. Doch was kann unter Bürgernähe im wahrsten Sinne des Wortes verstanden werden? Die Beispiele innovativer Modernisierungskonzepte des „1. Speyerer Qualitätswettbewerbs 1992" kommen zu dem Ergebnis, dass **Erreichbarkeit**[49], **Öffnungszeiten**, **kurze Wege**, gute Beschilderung im Rahmen eines **Wegeleitsystems** und ein **behindertengerechtes Gebäude** die wesentlichen (Service-) Kriterien darstellen (vgl. Haubner/Hill/ Klages 1993, S. 46 ff.; Gabow/Hollbach-Grömig 1998, S. 61).

Viele Kommunen haben inzwischen mit der Einrichtung von **Bürgerbüros** ein Instrument geschaffen, das die Bündelung der genannten Aufgaben ermöglicht und darüber hinaus die Transparenz von Verwaltungsvorgängen erhöht und ein besseres Interaktionsklima schafft (vgl. Bullinger 1995, S: 79). Tabelle 12 verdeutlicht, welche Module das Dienstleistungsangebot im Bürgerbüro umfassen kann.

In einer Erweiterung dieses Angebots wären auch Post- und Gelddienstleistungen denkbar, ebenso wie der Verkauf von Kleinartikeln (Lotto-Toto-Scheine, Kursbücher u.ä.). Lenk/Irps sehen eine derartige „netzförmige Dienstleistungsorganisation" (1993, S. 167), die viele selbständige kleine Anbieter einbezieht, insbesondere für ländliche Gebiete als viel versprechendes Modell.

Die **Vorteile** von Bürgerbüros sind evident – für den Bürger ebenso wie für den Mitarbeiter der Verwaltung:

49 Dazu zählt auch die telefonische Erreichbarkeit sowie das Beantworten schriftlicher Anfragen. Anschlüsse mit andauerndem Besetztton, Warteschleifen, Mitarbeiter, die nicht am Platz sind oder Routineanfragen, die erst nach Monaten beantwortet werden, zählen zu den Negativbeispielen von Erreichbarkeit. Tatsächlich planen einige Behörden zukünftig den vermehrten Einsatz von Call-Centern für verbesserte telefonische Erreichbarkeit (vgl. Stiftung Warentest 1998, S. 83).

Tabelle 12: Angebotsmodule kommunaler Bürgerbüros (Quelle: Lenk/Irps 1993, S. 167 f.; Schäfer 1996, S. 46)

MODUL 1: **Meldewesen**	• An-, Ab-, und Ummeldung • Ausstellung, Änderung von Personalausweisen und Pässen • Melderegisterauskünfte • Ausstellung von Meldebescheinigungen • Beglaubigungen • Annahme der Anträge auf Ausstellung von Führungszeugnissen
MODUL 2: **Kfz-Zulassung**	• Zulassung, Umschreibung, Stilllegung und Löschung von Fahrzeugen • Ausgabe von roten Kennzeichen zur einmaligen Verwendung • Ersatzausstellung von Fahrzeugpapieren • Änderung von Halterdaten
MODUL 3: **Bürgerinformation**	• Einfache Auskünfte und Vermittlung von Gesprächsterminen bei öffentlichen und privaten Einrichtungen • Verbraucher- und Umweltinformationen; sonstige Alltags- und Fachinformationen • Detaillierte Informationen über Ansprüche auf öffentliche Leistungen, Rechte und Pflichten • Planungsinformationen und staatsbürgerliche Information • Akteneinsicht in Verwaltungsverfahren; Auskunft zum Sachstand • Hilfe beim Ausfüllen von Formularen
MODUL 4: **Öffentliche Geldleistungen, Steuerangelegenheiten und Kommunalabgaben**	• Hundesteuer (An-, Abmeldung, Reduzierung, Befreiung) • Müllabfuhrgebühren • Straßenreinigungsgebühren • Kindergartengebühren (Befreiung, Reduzierung) • Rundfunk-, Fernseh- und Telefongebührenbefreiung • Fernsprechgebührenermäßigung • Eintragung von Änderungen auf der Lohnsteuerkarte (Steuerklassenwechsel, Freibeträge) • Annahme und Vorprüfung von Wohngeldanträgen (Miet- und Lastenzuschuss außerhalb der Sozialhilfe) • Annahme und Vorprüfung von Anträgen auf Erziehungsgeld, Kindergeld und BaFöG • Annahme von Lohn- und Einkommensteuererklärungen
MODUL 5: **Vermittlung des Zugangs zu öffentlichen und privaten Dienstleistungen und Antragsannahme**	• Ausstellung von Wohnberechtigungsscheinen • Anmeldung zur Volkshochschule • Verlust- und Fundanzeigen • Reservierung von öffentlichen Einrichtungen • Aufgebot • Annahme von Anträgen (z.B. auf Baugenehmigung, für Schwerbehindertenausweise, auf Ausstellung eines internationalen Führerscheins) • Bestelldienste • Zugang zu elektronischen Medien: Internet, E-Mail etc. • Entgegennahme von Beschwerden; Einlegung von Rechtsbehelfen
MODUL 6: **Tourismus**	• Touristische Informationen • Fremdenverkehrsinformationen; Hotelvermittlung • Verkauf von Stadtplänen, Radwanderkarten etc. • Reservierungen: Bahn, Bus, Hotel, Flug, Fähre etc. • Verkauf von Eintrittskarten (Theater, Oper, Sport, Veranstaltungen) • Fahrkartenverkauf (Deutsche Bahn, ÖPNV, örtliche Busunternehmen) • Antragsannahme von Fahrpreisrückerstattungen

- Schwellenängste werden gemindert. Der von Ängsten befreite Behördengang wird, wie Untersuchungen aus angelsächsischen Ländern beweisen, als Gewinnung von kommunaler Lebensqualität betrachtet (vgl. Damkowski/Precht 1995, S. 269).

- Der Zeitaufwand des Bürgers zur Erledigung der ohnehin schon als lästig empfundenen Verwaltungsangelegenheiten wird deutlich reduziert: dazu tragen erweiterte Öffnungszeiten, kurze Wartezeiten und die Erledigung verschiedener Angelegenheiten in einem Gebäude bei (vgl. Stratemann/Wottawa 1995, S. 42).
- Die Aufgaben der Mitarbeiter werden abwechslungsreicher, oft kann ein Vorgang auch von einer Person bis zum Abschluss betreut werden.
- Die vielfältige und ganzheitliche Aufgabe verbessert wesentlich die Arbeitsmotivation, Lernbereitschaft und die Identifikation der Mitarbeiter mit der Verwaltung (vgl. Walti 1996, S. 59).
- Die Kommunikationssituation ist deutlich entspannter, und damit ist die Voraussetzung für eine optimale Interaktion geschaffen.

Den genannten Vorteilen stehen allerdings auch erhebliche **Nachteile** gegenüber:
- Die Vielfältigkeit der Aufgaben erfordert vom Mitarbeiter ein umfangreicheres Kompetenzniveau als die bisher praktizierte enge Spezialisierung (vgl. Lenk/Irps 1993, S. 167).
- Die Integrationsleistung, die vorher vom Bürger durch das Aufsuchen verschiedener Ansprechpartner geleistet worden ist, muss jetzt verwaltungsintern erfolgen. Da es unmöglich ist, spezifisches Fachwissen über viele Teilbereiche der Verwaltung in einer einzigen Führungskraft zu bündeln, erfordert dies eine erhebliche Umstellungsleistung der Führungskräfte (vgl. Stratemann/ Wottawa 1995, S. 44).
- Breitere Aufgabengebiete der Mitarbeiter und die umfassende Beschäftigung mit dem Einzelfall sowie die Option mehrerer Vorgesetzter erhöhen die Wahrscheinlichkeit von Fehlern. Der Bürger ist zudem stärker als bisher von der subjektiven Bewertung des Sachbearbeiters abhängig (vgl. Schäfer 1996, S. 48).

Die Kommunalverwaltung kann ohne Zweifel mit dem Bürgerbüro ihr Image nachhaltig verbessern, denn der Wille, die Bürger als Kunden zu behandeln, wird damit demonstrativ unter Beweis gestellt. Aus einer Bürgerbefragung zur Kundenorientierung der Stadtverwaltung **Hagen**[50] resultiert jedoch die Erkenntnis, dass sich die Nichtverwirklichung der genannten bürgernahen Kriterien auf die Gesamtzufriedenheit mit der Stadtverwaltung seitens der Bürger kaum auswirkt. Hingegen haben schlechte Erfahrungen mit unfreundlichen Mitarbeitern oder ungenügenden Beratungs- und Informationsleistungen gravierende Negativbeurteilungen zur Folge (vgl. Kißler 1994, S. 84).

---

50 Ende 1992 wurden 2.000 zufällig ausgesuchte Hagener Bürger über 18 Jahre mittels eines Fragebogens zu ihren generellen Vorstellungen von Kundenorientierung, zur Kundenorientierung des Bügerladens und zur Kundenorientierung der sonstigen Stadtverwaltung befragt. Die Rücklaufquote betrug 48,9% (Kißler 1994, S. 78).

9.2.2.2 Freundlichkeit

Eine aktuelle Untersuchung bundesdeutscher Arbeitsämter durch die Stiftung Warentest[51] dokumentiert hinsichtlich deren **Mitarbeiterfreundlichkeit** ein erfreulich positives Ergebnis: 78% der Nutzer waren zufrieden mit der Freundlichkeit, aber schon 39% der deutschen und 53% der ausländischen Ratsuchenden äußerten den Eindruck, dass Nachfragen ihrerseits nicht auf Gegenliebe stießen (Stiftung Warentest 1998, S. 81). Diese letztgenannte Gruppe hatte häufig das Gefühl, dass ihnen grundsätzlich Leistungsmissbrauch unterstellt wurde – viele fühlten sich als lästige Bittsteller.

Auch schon eine frühere Untersuchung der Arbeitsämter im Jahr 1990 ergab für die Kriterien **Freundlichkeit** und **Hilfsbereitschaft** von Mitarbeitern gute Ergebnisse: 80% der Arbeitsamt-Besucher waren diesbezüglich zufrieden (vgl. Stiftung Warentest 1990, S. 17). In **Potsdam** war es ebenfalls die Freundlichkeit der Verwaltungsbediensteten, die aus der Kienbaumbefragung hinsichtlich der Kontaktqualität der Stadtverwaltung als bester Indikator resultierte (vgl. Kapitel 8.3.1.2). Von den Bürgern in **Gießen** wurde die Stadtverwaltung 1991 im Rahmen einer schriftlichen Befragung in der Tendenz eher freundlich beurteilt: Immerhin noch 41,7% der Befragten gaben an, dass ihre Anliegen freundlich und hilfsbereit bearbeitet werden, eine relative Mehrheit von rund 49% war der Meinung, dass dies von Fall zu Fall schwankt. Lediglich 9,5% der Befragten haben angegeben, dass sie unfreundlich behandelt wurden (Dommer 1994, S. 73). Eine 1992 durchgeführte Befragung von 10.500 **Dortmundern** (vgl. Döhla 1994, S. 29) bescheinigt mit über 65% zufriedener Zustimmung den freundlichen Trend in deutschen Verwaltungen. Da die dominierende Form des Verwaltungskontaktes die persönliche Form ist, spielen vor allem die Interaktionsabläufe zwischen Verwaltungsmitarbeitern und den Bürgern eine wesentliche Rolle in der Beurteilung der Kontaktqualität. Grunow verweist dabei auch auf die nonverbalen Äußerungen (Bewegungen, Gesten, Körpersignale), die die Wechselseitigkeit der mündlich-persönlichen Gesprächssituation nachhaltig determinieren (1988, S. 40 f.). [52]

Bei der Bürgerbefragung zur Kundenorientierung in der Stadtverwaltung **Hagen** wurde bestätigt, dass die Mitarbeiter ganz offensichtlich den Kristallisationskern der Kundenerfahrungen mit der Stadtverwaltung bilden. Sie sind nicht nur zentraler Anlass zur Kundenzufriedenheit, sondern auch Ausgangspunkt

---

51 Von Dezember 1997 bis Juni 1998 wurde das Angebot von insgesamt 11 Arbeitsämtern untersucht. Die Daten wurden mittels einer verdeckt teilnehmenden Beobachtung (jedes Amt wurde per Brief um Information wegen eines bevorstehenden Umzugs gebeten) und einer Nutzerbefragung (2.143 standardisierte Fragebogen konnten ausgewertet werden) erhoben (Stiftung Warentest 1998, S. 83). Zu Leistungsvergleichen im öffentlichen Dienst durch die Stiftung Warentest im Allgemeinen, insbesondere im Hinblick auf Aspekte der Kundenorientierung, vgl. Bogumil/Kißler 1995, S. 80 ff.

52 Die „hilflosen Untertanen“ und „unsicheren frustrierten“ Bürger (vgl. Kapitel 5.3.2) sind subtilen Machtdemonstrationen und Überlegenheitsgesten der Verwaltungsmitarbeiter besonders ausgeliefert, was zu einer negativen Nachfrage führen kann.

vielfältiger Kundenärgernisse: Zwar geben 74% der Kunden an, dass sie überwiegend freundliche Mitarbeiter angetroffen haben, aber gleichzeitig sind unfreundliche Mitarbeiter der absolut dominierende Faktor der Ärgernisse mit der Stadtverwaltung (Kißler 1994, S. 82). Dabei stellte sich heraus, dass schlechte Erfahrungen insbesondere mit den Mitarbeitern der Stadtverwaltung sowie mit ungenügenden Beratungs- und Informationsleistungen sofort auf das Gesamturteil durchschlagen. Die Befragung ergab, dass diejenigen Bürger, die mit den kommunalen Beschäftigten unzufrieden sind, zu 75% insgesamt mit der Stadtverwaltung unzufrieden sind. Dagegen liegt die Unzufriedenheit über die Leistungen der Stadtverwaltung bei allen Befragten nur bei 30% (ebenda, S. 84). Walti bekräftigt diese Erkenntnisse: Ein unzufriedener Kunde teilt seine schlechten Erfahrungen achtmal mehr Personen mit als seine guten (1996, S. 57). Dieser negative Multiplikator-Effekt verstärkt sich außerdem dadurch, dass Bürger schlechte Erlebnisse weitererzählen, auch wenn sie sie nur vom Hörensagen kennen. Für einen Rat suchenden Bürger, der mit einem unfreundlichen Mitarbeiter konfrontiert ist, ist es absolut unerheblich, ob die Angaben schlussendlich kompetent waren. Im Gedächtnis bleibt quasi als Bestätigung bereits vorhandener Vorurteile ein Gefühl nachhaltiger Unzufriedenheit haften. Will die Verwaltung für die Zukunft neue gesellschaftspolitische Akzeptanz erreichen, muss sie hier ansetzen.

Freundlichkeit lässt sich nicht anordnen, sie muss in den Ämtern verankert werden. Das lässt sich nur realisieren, wenn dieses Anliegen nachdrücklich vermittelt und verstanden wird. Hilfreich ist eine gelebte Behördenkultur, die die Tugend „Freundlichkeit" mit höchster Priorität behandelt. Diesen Überlegungen entspricht das Modell „leitbildorientierte Bürgernähe", wie es die Kommunale Gemeinschaftsstelle (1992a) vorgeschlagen hat. Freundlichkeit bekommt damit eine eigene Qualität zugewiesen, die die gesamte Verwaltungsarbeit prägen soll. Neben der geschilderten Mitarbeiterfreundlichkeit, die ihren Niederschlag auch in Hilfsbereitschaft und Engagement findet, spielen **angenehme Räumlichkeiten** und eine **freundliche Wartezone** auf der sachbezogenen Beurteilungsebene eine wichtige Rolle (vgl. Joerger 1979, S. 263; Döhla 1994, S. 37; Janning 1996, S. 177; Anwander/Draf 1998, S. 154; Stiftung Warentest 1998, S. 81).

9.2.2.3 Kompetenz

Eine gute und ausführliche **Beratung** der Bürger in ihrer Rolle als Verwaltungskunden sollte zum selbstverständlichen Service jeder Behörde gehören. Umfassend beratene Bürger können ihre Anspruchgrundlage besser einschätzen (das heißt deren Erfolgs- aber auch Misserfolgsaussichten), begehen seltener Fehler, verursachen weniger Missverständnisse und akzeptieren eher Vewaltungsentscheidungen. Diese Bürger machen der Verwaltung insgesamt weniger Arbeit.

Allerdings wird gerade die Beratung bei der aktuellen Untersuchung der Arbeitsämter zum Teil sehr kritisch beurteilt: Obwohl sich immerhin über 60% der Befragten im Großen und Ganzen gut informiert fühlen, geben nur etwas mehr als 40% an, überhaupt hilfreiche Empfehlungen des jeweiligen Sachbearbeiters

erhalten zu haben (Stiftung Warentest 1998, S. 81). Eine Beratung ist dadurch gekennzeichnet, dass sich zwei oder mehr Gesprächspartner in bestimmten Rollen gegenüberstehen. Der Berater hat einen Informationsvorspung zu einem abgegrenzten Beratungsgegenstand, und er sollte seine Informationen mit helfender, unterstützender Intention in Form von Aufklärung, Hinweisen, Ratschlägen u.ä. an die zu Beratenden weitergeben. In diesem „asymmetrischen sozialen Prozess" (Pippke 1996, S. 41) verfügt der Verwaltungsmitarbeiter über inhaltliche und kommunikative Handlungsspielräume. Der Beratungsinhalt ist nützlich für die Beratenen, die Annahme und Umsetzung der Beratung ist aber prinzipiell freiwillig. Im Einzelnen werden zur Beratung gezählt: alle Hinweise der Verwaltungsmitarbeiter, die Zweifelsfragen klären helfen, Unsicherheiten vermindern oder auf Unbekanntes hinweisen, z.B. die Erläuterung von Anspruchsgrundlagen oder Hinweise auf weiterhelfende Institutionen (vgl. Grunow 1988, S. 84).
Eine hohe **Beratungsqualität** für den Kunden setzt demnach die folgenden Anforderungen an die Verwaltungsmitarbeiter voraus (Pippke 1996, S. 41):

1. inhaltlich detailliertes Wissen über das eigene Aufgabengebiet, über den Zugriff auf weiterführende Informationen und über den Umgang mit ihnen;
2. die Fähigkeit zur verständlichen Beratung und zum Eingehen auf den Bürger sowie eine ausreichende Beratungsmotivation;
3. zeitliche Möglichkeiten zur ausführlichen und korrekten Beratung.

Dezidierte Kenntnisse des Beratungsgebietes ermöglichen auch eine **flexible** Anwendung von Vorschriften bei der Beantragung von Leistungen. Das Ausschöpfen von Ermessensspielräumen kennzeichnet den Beratungswillen des Mitarbeiters (Kißler 1994, S. 84). Die Informationsaufnahme der Bürger wird durch organisatorische Kriterien und die technischen Hilfmittel bestimmt. Formulare sind in der Regel nach verwaltungsinternen Erfordernissen gestaltet und für die Bürger zumeist nur schwer verständlich. Das Gleiche gilt für „Bescheide" und „Ladungen" – als typische obrigkeitsstaatliche Ausdrücke – und die häufig unnatürliche Sprache, die für derartige Mitteilungen und Bitten verwendet wird (vgl. Jörissen/Lawitzke/Schäfer/Weidelich 1979, S. 3). Die **Verständlichkeit** der Beratung wird also auch wesentlich von einer klaren und unmissverständlichen Amtsprache geprägt. Die Aneinanderreihung von Substantiven statt von Verben geschieht bisweilen in der Absicht, möglichst wenig Platz in Anspruch zu nehmen. Es gilt, sowohl eine dem Gegenstand des Verwaltungshandelns angemessene Leistungsfähigkeit als auch Verständlichkeit der Verwaltungssprache parallel zu erreichen (Eichel 1980, S. 92). Kein Beitrag zur Verständlichkeit ist beispielsweise die ständig repetierte Bezugnahme auf gesetzliche Vorschriften, ohne dass dem gesetzesunkundigen Bürger mitgeteilt wird, was in der genannten Vorschrift steht. Verweise auf Paragraphen gehören in Fußnoten oder ans Ende eines Textes und dürfen nicht zum Schwerpunkt kommunaler Korrespondenz werden (vgl. Grunow 1988, S. 76).

Besondere Probleme ergeben sich für Ausländer: Da schon Deutsche Schwierigkeiten haben, die Verwaltungsunterlagen zu verstehen, sind Ausländer oft gänzlich überfordert. Dies trifft auch für die mündliche persönliche Beratung zu. Jedoch ergab die Befragung der bundesdeutschen Arbeitsämter, dass trotz einschneidender Rechtsänderungen im vergangenen Jahr bisher kein einziges aktualisiertes Merkblatt der Bundesanstalt für Arbeit in einer der gängigen Einwanderersprachen vorliegt (Stiftung Warentest 1998, S. 83).

Inhaltliche und zeitliche Defizite in der Beratung lassen sich durch diverse Faktoren begründen, wie z.B. (Pippke 1996, S. 42)

- Publikumsstress, daraus resultierend zu wenig Zeit für ausführliche Erklärungen,[53]
- mangelnde Motivation,
- kein Bewusstsein über diese Defizite,
- Bürger artikulieren ihren Beratungsbedarf nicht genügend.

Der **Mitarbeitermotivation** kommt zur Vermeidung der genannten Defizite eine zentrale Rolle zu: Bei zu geringer Motivation wird der Mitarbeiter Beratungsleistungen unvollständig und oberflächlich geben, keine Rücksicht auf das Verständnis des Bürgers nehmen, nur auf Nachfrage des Bürgers reagieren oder sich gänzlich verweigern und unwissend stellen. Inhaltliche Fortbildungen, die den beratungsrelevanten Kenntnisstand des Mitarbeiters verbessern, stellen in diesem Zusammenhang eine wichtige Maßnahme dar (vgl. Walti 1996, S. 59).

9.2.2.4 Transparenz

Die Mehrheit in der Bevölkerung kritisiert die fehlende **Durch- und Überschaubarkeit** der Verwaltung im Hinblick auf Zuständigkeitsverteilung, auf Leistungsansprüche der Bürger und bei der Bewertung von Rechtschutzmöglichkeiten (vgl. Eichel 1980, S. 92).

Die kommunale Verwaltung ist nach wie vor überwiegend in Aufgabenbereiche gegliedert, nicht in Lebenszusammenhänge. Es gibt kein „Umzugsamt", in dem der Bürger alle beim Umzug anfallenden Verwaltungsvorgänge erledigen lassen könnte, sondern das Einwohnermeldeamt, das Wohnungsamt, die Kfz-Zulassungsstelle usw. Ähnlich sind die Aufgaben der Bauberatung für Bauwillige einzuschätzen. Den Bauwilligen muss erspart werden, von einem Amt zum anderen zu laufen. Es sollte nur eine Anlaufstelle für eine Bauberatung bestehen, die über ausreichende Entscheidungskompetenzen verfügt und auf die internen Verwaltungsentscheidungen koordinierend Einfluss nehmen kann. Die Verwaltung arbeitet bislang arbeitsteilig spezialisiert, und nicht zuletzt sind Gebietsreformen deshalb durchgeführt worden, um arbeitsteilige Spezialisierung und damit mehr Leistungsfähigkeit in der Verwaltung zu ermöglichen (Deckert/

53 Das Verhältnis von Mitarbeitern in den bundesdeutschen Arbeitsämtern zu Arbeitslosen beträgt in Berlin 1:700, das heißt, rechnerisch muss sich jeder Vermittler um 700 Personen kümmern. In München dagegen sind es nur 460. Der Stress ist in solchen personell unterbesetzten Ämtern groß. Da bleibt nur wenig Zeit, auf den Einzelnen einzugehen (Stiftung Warentest 1998, S. 82).

Schweiger 1997, S. B4). Viele Städte haben unter partieller Ausgliederung aus den Fachämtern und durch Zusammenfassung publikumsintensiver Tätigkeitsbereiche in **Bürgerbüros** jedoch eine effektive Anlaufstelle geschaffen, bei der die Rat suchenden Bürger mit mehr Transparenz bedient werden (vgl. Kapitel 9.2.2.1). Der Ausbau der **Presse- und Informationsämter** in den letzten Jahren hat gute Voraussetzungen geschaffen, um Verwaltung stärker als Dienst am Bürger im öffentlichen Bewusstsein zu verankern (vgl. Endres 1988, S. 254 ff.; Peter/Müller 1998, S. 206 ff.).

Verwaltungsabläufe dürfen nicht zum Selbstzweck werden, sondern müssen in ihrer Notwendigkeit für den Bürger nachvollziehbar sein. Eine entscheidende Voraussetzung dafür ist Transparenz und zwar im Sinne der **Vergleichbarkeit** von Kosten und insbesondere Leistungen zwischen verschiedenen Anbietern und zwischen unterschiedlichen Arrangements (vgl. Naschold/Budäus et al. 1996, S. 61). Aus der Sicht der steuerzahlenden Bürger ist der gegenwärtige Mangel an Kosten-Nutzen-Analysen der öffentlichen Verwaltung eine Faktizität, die Verständnislosigkeit hervorruft: „*Jeder deutsche Familienvater, der nach Abzug der in der Welt dritthöchsten Durchschnittsbelastung mit Steuern und Abgaben oft nur unter Einhaltung strengster Sparsamkeit wirtschaften kann, wird steuerverdrossen, wenn er Verwaltungshandeln beobachtet, das aus dem Vollen zu schöpfen scheint*“ (Tiemann 1993, S. 114). Das so genannte Dezemberfieber (vgl. Kapitel 6.2.4) ist eines der markanten Symptome in diesem Bereich. Obwohl der steuerzahlende Bürger die Vermeidung jeglicher Verschwendung erwarten kann, wird der Betrag öffentlicher Verschwendung in der Bundesrepublik jährlich auf ca. 50 Mrd. DM geschätzt (Tiemann 1993, S. 114). Verwaltungshandeln muss innerhalb der Verwaltung dringend besser **kontrolliert** werden, so dass Fehlverhalten Konsequenzen nach sich zieht und diejenigen, die es zu verantworten haben, zur Rechenschaft gezogen werden. Hierzu sind verantwortungsvolle und wachsame Vorgesetzte erforderlich.

Nur wenn Transparenz bezüglich der Merkmale der Leistung, der angestrebten Ziele und der Verbindungen zwischen Leistungen und kommunalen Zielen gegeben ist, kann eine Kundenorientierung durch verbesserte Steuerungsmechanismen herbeigeführt werden (vgl. Heinrich 1993, S. 281 f.). Es stellt sich die Frage, inwieweit heute überhaupt, unter den überkommenen Bedingungen der internen Leistungserstellung und hierarchischen Steuerung, Transparenz gegeben ist.

9.2.2.5 Schnelligkeit

Unnötige Erschwernisse beim Verwaltungshandeln ergeben sich für die Bürger aus weiten Wegen, langen Wartezeiten und langwierigen Bearbeitungsprozessen. Eine Untersuchung des Hessischen Rechnungshofes vom Januar 1995 ergab, dass die durchschnittliche Bearbeitungsdauer eines Bauantrages von der Prüfung bis zur Genehmigung in **Wetzlar** 87 Tage beträgt, während in **Frankfurt am Main** für den gleichen Arbeitsvorgang durchschnittlich 305 Arbeitstage benötigt werden. Der Landesdurchschnitt liegt bei 158 Tagen. Die Anzahl erteilter Baugenehmigungen variiert zwischen 20 und 75 im Jahr (Bogumil/Kißler 1995, S. 83). Derartige Effizienzunterschiede schlagen sich auch in den Bauverwaltungskosten nieder: Sie schwanken im Land Hessen zwischen DM 1.265 und DM 4.346 (ebenda). Kommunale Leistungsvergleiche helfen, die Qualität und Produktivität kommunalen Handelns zu verdeutlichen, indem sie dazu beitragen, besonders langsame Verwaltungen zu identifizieren. In Folge dessen können die individuellen Umstände, die dafür verantwortlich sind, zielgerichteter verändert werden.

Bürgerbefragungen bestätigen die Behäbigkeit bundesdeutscher Ämter: 60% der Besucher von Arbeitsämtern erschien die Wartezeit wegen ungeschickter Organisation zu lang (Stiftung Warentest 1998, S. 81). 26,1% der Bürger in **Gießen** stimmen dem Vorwurf zu, die Stadtverwaltung arbeite zu langsam, während 40,4% der Meinung sind, das schwanke von Fall zu Fall. 33,5% sind der Ansicht, dass der Vorwurf nicht zutreffe (Dommer 1994, S. 73). In **Potsdam** ist die klare Mehrheit von 78,8% der Bürger mit dem Tempo der Verwaltungsarbeit eher unzufrieden, lediglich 16,2% haben keinen Grund zur Klage.

Hierarchieabbau und Dezentralisierung, die Delegation von Aufgaben und Verantwortung innerhalb und zwischen kommunalen Verwaltungen, flache Organisationen an Stelle ausgeprägter Hierarchien und dezentrale Ressourcenverantwortung sind Kernpunkte für die Realisierung schnellerer Entscheidungen (Deckert/Schweiger 1997, S. B4). Zu fokussieren sind primär der Abbau von Überkomplexitäten und unterstützende Anstrengungen im Bereich der Mitarbeiterführung, -motivation und -entlohnung (vgl. Jann 1998a, S. 230). In diesem Zusammenhang sollte die Verwaltung materielle und immaterielle **Leistungsanreize** gewähren.[54] Versetzungen sollten leichter möglich gemacht werden, etwa wenn ein Mitarbeiter nicht die Leistung erbringt, die von ihm zu erwarten ist. Was die Bearbeitungsdauer von internen Verwaltungsangelegenheiten, wie z.B. im Personalbereich, betrifft, gibt es ebenfalls Grund zur Klage: Die Einspruchsmöglichkeiten von Personalräten ziehen Verfahren bei Einstellungen und Versetzungen oft erheblich in die Länge. Generell gilt jedoch, dass kommunale Mitbestimmung schnelle Entscheidungen nicht verhindern darf (vgl. Gillmann/Leuthner 1994, S. 8).

Die Verschlankung von kommunalen Entscheidungsstrukturen, eine „lean administration" (Bruch/Kuhnert 1994, S. 99; Forschungsinstitut der Friedrich-Ebert-Stiftung 1996, S. 13; Stöbe 1998b, S. 238 ff.), wie sie beispielsweise in den Bürgerbüros zum Teil realisiert wurde, verkürzt die Bearbeitungsdauer und

54 Mitarbeiterzufriedenheit kann nicht allein auf Aspekte des Besoldungs- und Laufbahnrechts reduziert werden. Gerade immaterielle Anreize können die Leistungsmotivation dadurch stimulieren, dass der Mitarbeiter mit Belohnungen beim Überschreiten von Normalleistungen rechnen kann, wie z.B. Verbesserung der Arbeitsbedingungen durch bestimmte Privilegien, Karriereperspektiven oder Zugehörigkeit zu exklusiven Gruppen wie Gremien mit Informationszugang. Allerdings spielen Leistungszulagen und -prämien als Ergänzung des kommunalen Vergütungssystems eine ebenso wichtige Rolle und sollten im Einzelfall anwendbar sein (vgl. Eichhorn 1991, S. 152 ff.; Bleicher 1992b; Mombaur 1994, S. 96; Storks 1994, S. 93 f.; Vesper 1994, S. 97).

vermittelt dem Bürger das Gefühl, dass er tatsächlich dem Verantwortlichen gegenübersitzt und nicht einem Phantom nachjagt. Kürzere Informations- und Entscheidungswege erhöhen insgesamt die Schnelligkeit der Antragsbearbeitung und fördern zudem die Transparenz innerhalb der Verwaltung.

9.2.2.6 Partizipation

Es ist eine Differenzierung kommunalpolitischer Beteiligungsformen zu beobachten: Auf der einen Seite stehen politische Apathie, Wahlenthaltung, Staatsverdrossenheit und abnehmende Steuermoral nicht nur bei privaten Individuen[55], auf der anderen Seite manifestiert sich eine zunehmende Anspruchshaltung des Bürgers gegenüber kommunalen Leistungen, die sich vorzugsweise in verstärkten Forderungen nach **Partizipation** und Transparenz niederschlägt (vgl. Tietz 1981, S. 130; Homann 1986, S. 607 ff.; Dieckmann 1993, S. 32; Gessenharter 1997, S. 344).

Die Rahmenbedingungen des Dienstleistungsunternehmens Stadt ändern sich unaufhaltsam, wodurch sich die Städte veranlasst sehen, ihrerseits Anpassungen an diesen Prozess vorzunehmen. Als Indikatoren des Wandels gelten die Bedürfnisse und Erwartungen (demands) der Bürger sowie ihre Bewertungen und Zufriedenheiten (supports), die zu ermitteln sind (Spitzer 1998a, S. 133). Dem **direkten Gespräch** zwischen Bürgern und Verwaltung kann als kommunikative Mess- und Erfolgskontrollstrategie aufgrund der schon angesprochenen knappen individuellen Beratungszeiten immer weniger Bedeutung beigemessen werden. Bürgeraktivierendes Handeln kommt deshalb die Funktion zu, diese kommunikative Distanz zur Übermittlung gesellschaftlicher Informations- und Wissensressourcen zu überwinden. Die Transferstrecke zwischen Bürgern und Verwaltung soll reduziert und gleichsam die Transferwahrscheinlichkeit von demands und supports erhöht werden (vgl. von Heyl/Prätorius 1979, S. 260 ff.; Herbold/Obladen 1993, S. 508 ff.). Als Lösung der komplexen Aufgabe wird von einer stetig wachsenden Zahl von Kommunen die **Bürgerbefragung** favorisiert (vgl. Ganseforth/Jüttner 1990, S. 558; Bick/Bretschneider 1994). In der konkreten Ausgestaltung können dies Befragungen des Verwaltungspublikums, der Nutzer kommunaler Einrichtungen oder der Bürger allgemein sein. Aus dem anonymen „Untertanen" (Bogumil/Kißler 1995, S. 9) wird der kundenmächtige Staatsbürger, der mit seiner Meinungsäußerung seinen Wiedereintritt in die Umweltbeobachtung des öffentlichen Sektors findet. Dadurch wird die Voraussetzung eines „bürgergesteuerten Verwaltungscontrollings" (Hill 1994a, S. 21) geschaffen und in der Konsequenz ermittelbar, ob, wieweit und mit welchen (unerwarteten) Nebenwirkungen avisierte Zielvorgaben durch öffentliche Dienstleistungen erreicht werden konnten. Der gefragte Bürger erfährt eine Aufwertung zum Berater und Qualitätspromoter der öffentlichen Verwaltung. Zugleich voll-

55 Boss (1988, S. 15 ff.) arbeitet den Zusammenhang zwischen der unternehmerischen Steuerbelastung in der Bundesrepublik und der Standortqualität beispielhaft heraus und zeigt auf, dass die Bundesrepublik unter den Industrienationen einen negativen Spitzenplatz erreicht.

zieht die öffentliche Verwaltung mit ihrer Kundenorientierung einen Wechsel von der binnenorientierten Wahrnehmung von innen nach außen hin zur umweltoffenen, von außen nach innen geleiteten Perspektive (Spitzer 1998, S. 133).

Im Kern stecken darin auch Anforderungen, die die Verwaltungswissenschaft bereits früher an kundenorientiertes Verwaltungshandeln erhoben hat – nämlich die Orientierung an substanziellen Bedürfnissen und Anliegen der Bürger und folgerichtig auch deren Einbeziehung:

„Gradually, units of government at all levels are acknowledging the importance of citizen partizipation as well as the benefits of partnering with businesses and nonprofit organizations. In effect, this trend reflects a recognition that public needs are better satisfied when decision-making responsibilities are broadly shared. But realizing the vision of participatory government will require both a commitment to open and accountable public processes and development of new skills of collaboration, facilitation, leadership, thoughtful listening, and problem solving.“ (Parr/Lampe 1996, S. 208)

Kontrovers diskutierte kommunale Vorhaben sollten einem **Bürgerentscheid** unterworfen und damit vom Bürger unmittelbar gebilligt oder abgelehnt werden (vgl. Kapitel 9.1.1). So lassen sich endlose lokale Streitigkeiten verhindern und eine bessere Legitimation der Planungskultur erreichen. Schon so mancher Bürgerprotest hat sich im Nachhinein als richtig erwiesen. Die Abwahl des Potsdamer Oberbürgermeisters ist hierfür ein gutes Beispiel. Wirkungsvoll können auch dezentrale **Bürgergespräche** sein. Jede Kommunalverwaltung sollte Zeit finden, vor Ort Einzelprobleme mit den Einwohnern zu erörtern. Der Bürgermeister oder seine Vertreter suchen durch Öffentlichkeitsarbeit Verbündete „an der Front“ und nehmen auch vermeintliche Gegner mit in die Pflicht. Außerdem ermöglichen solche intensiven und bisweilen kontroversen Gespräche, das Ohr am Volk zu haben und eine ungefilterte Stimmung zu erfahren. Der Informationsrückfluss zum Rathaus kann so erheblich verstärkt werden (vgl. Endres 1988, S. 255).

Bei näherer Betrachtung der aktuellen Diskussion um Reformen in der Verwaltung fällt auf, dass die komplementär zur Bürgerbefragung durchgeführte **Mitarbeiterbeteiligung**[56] zu einem wichtigen Aspekt geworden ist. In der Praxis finden verschiedene Strategien der Mitarbeiterbeteiligung ihre Anwendung, wobei die einzelnen Instrumente auch kombiniert und sich untereinander ergänzend eingesetzt werden. Dazu zählen die Möglichkeiten von **Mitarbeiterbefragungen** (vgl. Dotzler/Schick 1995, S. 281; Wewer 1998b, S. 160 ff.), die Arbeit von **Projektgruppen** und Ansatzpunkte für eine **Dezentralisierung** der Arbeitsorganisation (vgl. Bretschneider 1997a; Stöbe 1998a, S. 150 f.).

Goldmann (1998, S. 90) indes erachtet die Mitarbeiterbefragung nicht als ein ideales Instrument, um über gesteigerte Motivation zu mehr Arbeitsproduktivität zu gelangen, denn

56 Zu systemimmanenten Störfeldern der institutionalisierten Mitarbeiterbeteiligung im öffentlichen Dienst und ihrer Wirkung auf die Verwaltungsreformarbeit vgl. Palm 1998, S. 218 ff.

1. die eigentlichen Fragen, was die Mitarbeiter wirklich denken und deren Gründe, mehr zu leisten, bleiben unbeantwortet;
2. die Aussagen derartiger Befragungen sind wenig verlässlich. Sie spiegeln eine augenblickliche Sinnesbeschaffenheit wider, die von einer Reihe von Zufälligkeiten abhängt (wie Arbeitsbelastung, plötzlichen Maßnahmen, Hochstimmung nach einem gerade getätigten Geschäftsabschluss oder Niedergeschlagenheit nach einem unerfreulichen Telefonat);
3. die Ergebnisse beziehen sich vor allem auf so genannte Hygienefaktoren (vgl. Kapitel 6.2.3.1), wie z.B. Un- oder Zufriedenheit mit dem Arbeitsverhältnis, Arbeitsplatzgestaltung, allgemeines Betriebsklima, Sozialeinrichtungen. Diese sind naturbedingt sehr pauschal und – je nach Umfang des Fragebogens – fragmentarisch;
4. es ist keine Befragungsaktion bekannt, die irgendwelche Motivationszunahmen oder eine Korrelation mit Produktivitätssteigerungen bewirkt hätte;
5. derartige Untersuchungen werden manchmal als reine Pflichtübung durchgeführt, deren stereotyper Aufbau jedesmal in annähernd gleichartige Aussagen mündet;
6. Mitarbeiterbefragungen können schlimmstenfalls sogar demotivierend wirken, sofern Maßnahmen, Konsequenzen oder Veränderungen ausbleiben.

Stattdessen scheint die Verlagerung von Kompetenzen und Entscheidungen auf die Ausführenden, das so genannte „**Empowerment**“ (Parr/Lampe 1996, S. 202; Stöbe 1998a, S. 150), ein schlüssiger Weg: Die Mitarbeiter werden zu einer Sitzung geladen, um Ideen zu sammeln, wie die Rahmenbedingungen zu verändern sind, damit die Mitarbeiter mehr leisten. Die Vorschläge müssen innerhalb von fünf Tagen durchführbar sein und sollten an ein bestimmtes Ziel gekoppelt werden (Kunden freundlicher bedienen, Kosten sparen etc.). In einer zweiten Sitzung werden die Vorschläge ausgewertet. So kann ein Dialog stattfinden, in dem die Mitarbeiter *wirklich* gehört und so leistungsbereiter werden (Goldmann 1998, S. 90). Kreative statt reaktive Verhaltensmuster der Mitarbeiter erfahren so eine umfassende Förderung.

9.2.3 Problemlösungsverhalten

Um die im vorangegangenen Kapitel geschilderten Kriterien der Kundenorientierung erfüllen zu können, muss ein genereller Bewusstseinswandel der öffentlichen Verwaltung bewirkt werden. Dabei sind die gegenwärtigen, vielfach noch unzureichenden, das heißt bürgerfernen, kommunalen Bedingungen (= Probleme) durch ein adäquates Prozedere (= Verhalten) zu lösen. Der klassische Problemlösungsprozess im politischen Handeln ist durch vier Hauptphasen gekennzeichnet (Helbrecht/Wölfel 1994, S. 16):

1. Die Kommune steht vor einem zu lösenden Problem.
2. Experten und Entscheidungsträger erarbeiten die Lösung für dieses Problem auf der Basis ihres fundierten Wissens.

3. Fertige Lösungen werden präsentiert und beschlossen.
4. Der Bürger wird über die Lösung informiert und darf Einwände äußern.

Nach wie vor herrscht bei den Problemlösungsprozessen ein „**Paradigma der funktionalen Trennung**“ (Keim/Busch 1993, S. 4) vor: Politische und administrative Eliten erarbeiten Lösungen aus dem Elfenbeinturm der kommunalen Macht – auch wenn das eigentliche Ziel der Veränderungen eine stärkere Bürgerorientierung ist – und geben sie im Anschluss den Bürgern bekannt. Vielfach werden sogar kommunale Problemlösungen geschaffen, ohne dass das Problem aus subjektiver Sicht überhaupt bekannt ist (vgl. Oberholz 1993, S. 27). Die Dynamik der künftigen kommunalen Entwicklung und die Legitimierung ihrer begrenzten Steuerung erfordern innovative Handlungskonzepte. Es gilt, durch ein neues Planungs- und Bürgerpartizipationsverständnis eine frühzeitige Information und Beteiligung zu ermöglichen. Es wäre jedoch ein Irrtum anzunehmen, dass dieser Veränderungsprozess ohne weitere Adaption aus den Erfahrungen anderer Kommunen abzuleiten wäre oder sogar zu übernehmen sei. Bestätigt wird dies von den problemspezifischen Ansätzen der diskutierten praktischen Beispiele (vgl. Kapitel 4.2).

Für die Planung und Durchführung reorganisatorischer Maßnahmen ist es essenziell, bestimmende Einflüsse und ihre Auswirkungen auf die individuelle Situation vor Ort für das „**Problem Solving**“ (Morgan/Murgatroyd 1994, S. 37; Munro-Faure 1994, S. 195 ff.; Heinelt 1998, S. 22) zu antizipieren. Das frühzeitige Erkennen der unterstützenden und der hemmenden Faktoren im Rahmen einer Reorganisation verbessert die Möglichkeit der Überschaubarkeit und kontrollierten Steuerung der Vorgänge durch die verantwortlichen Entscheidungsträger.

Das Beispiel **Wuppertal** belegt, dass die von Reformen betroffenen Mitarbeiter dabei nicht vernachlässigt werden dürfen, soll der Prozess erfolgreich verlaufen: Unter den Schlagworten Kunden- und Teamorientierung wurde Ende 1993 in der Stadtverwaltung alles auf den Prüfstand gestellt, was bis zu diesem Zeitpunkt als verbindlich galt. Kern des Umbaus war eine völlige Umstrukturierung der Behörde, die mit rund 5.400 Beschäftigten der größte Arbeitgeber der Stadt ist. Bei der Neustrukturierung fielen unter Beteiligung des Stadtrates, des Personalrates und von etwa 800 Beschäftigten zwei Hierarchieebenen weg – und ebenso Karrierechancen (vgl. Kuhn 1996, S. 6). Um einen Ausgleich zu schaffen, definierten die Wuppertaler neue Berufsbilder. Statt streng nach Dienstordnung sollten die Mitarbeiter als Führungs-, Management- und Expertenkräfte in Teams die Aufgaben erledigen. Damit begann der interne Unmut: Die Verwaltung musste erst für alle Amts- und Abteilungsleiter und dann für alle anderen Mitarbeiter neue Zuständigkeiten und Laufbahnen festlegen, doch niemand wollte Macht und Einfluss verlieren. Das vernichtende Urteil einer Mitarbeiterbefragung: Für 88,4% von 2.048 Befragten hat sich das Betriebsklima durch die Reform verschlechtert, 87,3% sehen nicht, dass verwaltungsinterne Zuständigkeiten und Arbeitsabläufe transparenter geworden sind, zumal nur wenige Mitarbeiter aktiv in die Reform eingebunden wurden (ebenda). Diese Erfahrungen zeigen, dass eine offensive Informationspolitik im Vordergrund jeglicher Handlungen stehen sollte. Die Bediensteten müssen in die Lage versetzt werden, sich über anstehende Reorganisationen zu informieren, um sich mit der stattfindenden Gestaltung identifizieren zu können. Von Beginn an muss die Belegschaft die Möglichkeit haben, aktiv an der Meinungsbildung teilzunehmen. Nur so werden mögliche Akzeptanzbarrieren erst gar nicht aufgebaut (vgl. Grenacher 1996, S. 47). Um einer Fehleinschätzung vorzubeugen: **Kundenorientierung** einer Verwaltung darf nicht als allein selig machendes Ziel missverstanden werden. Zu groß sind sonst Gefahr und Versuchung, dass diese zu einer reinen Imagepflege degradiert wird, die sich dem Bürger anbiedert, anstatt ernsthaft Strukturprobleme der Bürokratie auszuräumen (vgl. Stöbe 1998b, S. 240). Das übereifrige Erfüllen vermeintlicher Bürgerwünsche und die Vergabe politischer Geschenke – etwa im Bereich freiwilliger Leistungen des Sozialwesens (vgl. Oppen 1991, S. 242) – haben schon in der Vergangenheit zur Aufblähung der Etats beigetragen. Ein solches Fokussieren von Mehrheiten und Stimmungen würde sich in Zeiten knapper Kassen bald selbst ad absurdum führen – und damit eher in Frustrationen beim Bürger als in eine verbesserte Verwaltungsarbeit münden.

Doch festgehalten werden kann: Die Verwaltung braucht ein neues Bewusstsein für die Außenwirkung von Verwaltungsarbeit, das kombiniert werden muss mit der Reformfähigkeit kommunaler Behörden in Richtung Wirtschaftlichkeit und Reorganisation. Ein solches Bewusstsein muss die traditionelle Binnenorientierung ablösen, denn diese hat mit dazu beigetragen, die Verwaltung in die Bedrängnis von Leistungsschwäche, Schwerfälligkeit und Kostenignoranz zu führen.

9.3 Realisierungsphase: Operatives Stadtmanagement

Strategien und Operationen liegen nicht miteinander im Konflikt, sondern sind untrennbar gekoppelt und definieren die Führungsaufgaben auf jeder Organisationsebene. Zwischen strategischer Positionierung und dem Erfolg des kommunalen Handelns besteht somit eine enge Korrelation.

Die Übertragung strategischer in operative Marketingpläne ist ein Implementierungsvorgang. Die zentrale Aufgabe ist die **Spezifizierung der Strategieinhalte** in Form von taktischen und operativen Maßnahmen, die zu realisieren sind. Diese Realisierungsphase lässt sich weiter differenzieren in die „Detailplanung", welche auf den prozessualen Charakter abzielt, in „Umsetzung", die schließlich die eigentlichen Maßnahmen darstellt und in „Kontrolle". Die dabei immer wieder konstatierte Diskrepanz zwischen der Planung und Realisierung (vgl. Wewer 1998c, S. 226) kommunalwirtschaftlicher Marketingmaßnahmen kann auf fehlende Anstrengungen zur Veränderung bestehender Verhaltensweisen und die Vernachlässigung politischer Aspekte zurückgeführt werden.

Der folgende Abschnitt ist nicht im Sinne eines „best practice" zur Ableitung eindeutiger Handlungsempfehlungen zu verstehen, sondern eher als Deduktion zu interpretieren, mit der systematisch individuelle Maßnahmen im Rahmen des operativen Stadtmanagement generiert und variiert werden können. Entscheidend dabei ist, dass im Sinne einer ergebnisorientierten kommunalen Steuerung sowohl die wirtschaftlichen als auch die qualitativen Aspekte von Vewaltungsleistungen gleichrangig betrachtet werden.

9.3.1 Prozess der kommunalen Dienstleistungserstellung

„*Die Stadt erzeugt zu 90% keinen behördentyptischen Output, sondern Dienstleistungen*“ (Banner 1993b, S. 57; Forschungsinstitut der Friedrich-Ebert-Stiftung 1996, S. 25). Obwohl dies so ist, steuert sie sich bislang zumeist wie eine klassische Bürokratie (vgl. Budäus 1995a, S. 144). Da die Mehrheit der leistungserbringenden Einheiten nach wie vor unter Monopolbedingungen arbeiten, geht vom Markt im Prinzip kein bzw. ungenügender Leistungsdruck und somit keine Existenzgefährdung aus.

Ausgangspunkt der kommunalen Leistungsbeurteilung ist zunächst der **Ablaufprozess**, in dessen Verlauf die unterschiedlichen Dienstleistungen erstellt werden. Zu diesen zählen: Kommunale Mitarbeiter lassen Kraftfahrzeuge zu, genehmigen Bauvorhaben, erstellen Bebauungspläne, bearbeiten Anträge für Sozialhilfe, stellen Wohnberechtigungsscheine, Personalausweise, Pässe, Beglaubigungen, Führungs- und Gesundheitszeugnisse aus, um nur einige der unmittelbaren Tätigkeiten zu nennen.

Dementsprechend steht die Prozessqualität bei der Erstellung einer kommunalen Dienstleistung und damit die **Qualität** der Arbeits- und Interaktionsstrukturen insgesamt im Nukleus der Betrachtungen. In Anlehnung an Donabedian (1980, S. 81 ff.) umfasst dieser Prozess aus der Perspektive des Bürgers mindestens vier Stufen (vgl. Meyer/Mattmüller 1987, S. 192; Oppen 1991, S. 13 f.; Hentschel 1992, S. 19 f.; Bruhn 1995a, S. 27; Pfeifer/Wunderlich 1995, S. 557):

1. die Zugangsbedingungen zur Verwaltung oder einer spezifischen Leistung, die abhängig sind von den Informationen über Leistungsangebote, von der zeitlichen/räumlichen Zugänglichkeit sowie von organisatorischen Inanspruchnahmebarrieren;
2. die von Seiten der Bürger zu erbringenden Interaktionsleistungen wie Zeit, Geld oder Qualifikation und Durchsetzungsvermögen, die Voraussetzung für die Kooperation mit der Verwaltung sind;
3. die Mitentscheidungschancen bei der Leistungsgestaltung in Abhängigkeit von einer ausreichenden Aufklärung über die gesetzlichen Grundlagen und Verfahrensabläufe;
4. die Kontrollmöglichkeiten einer Verwaltungsleistung, die wiederum von der Nachvollziehbarkeit von Entscheidungen und den Kenntnissen von Überprüfungsmöglichkeiten und Widerspruchsrechten abhängen.

Die **Zugangsbedingungen** werden von der Wahrnehmung des gesamten Erscheinungsbildes der Verwaltung determiniert. Dazu zählen die schon erwähnten

Räumlichkeiten, Einrichtungen und das Personal. Zusammen mit Image und Profil der Verwaltung sowie dem Vertrauen und Empfinden des Bürgers gegenüber der Verwaltung sind das wesentliche Parameter der Qualitätsbeurteilung. Der Dienstleistungsprozess findet durch die **Interaktion** zwischen Bürger und Verwaltungsmitarbeiter statt. Wichtig dabei ist die „Customer Integration" (Kleinaltenkamp 1995, S. 77 ff.) des „externen Faktors" Bürger, die durch Einsatzbereitschaft und Einfühlungsvermögen des Mitarbeiters gewährleistet wird. Die Integration des Bürgers in den Prozess der Leistungserstellung hat einen wesentlichen Einfluss auf die Qualität der Dienstleistung. Hier sind Varianten zu unterscheiden, in welcher Form die Bürger beteiligt werden können (physisch, intellektuell, emotional), in welcher Intensität (schwach, mittel, stark) und mit welcher Wirkung (neutral, positiv, negativ). Zumeist findet der Erstellungsprozess jedoch unter passiver Beteiligung des Dienstleistungsnachfragers statt. Es bleibt offen, ob jeder Bürger in einer aufgewendeten passiven Wartezeit einen Opportunitätsverlust sieht. Die individuelle Bewertung dieser Zeit ist abhängig von den mit der Verfügbarkeit von Zeit verbundenen Nutzenvorstellungen. Entscheidend ist demnach nicht die absolut verbrauchte Zeit, sondern die verloren gegangenen Handlungsalternativen (Meffert/Bruhn 1995, S. 50).

In den Wartezonen kommen in der Regel auch die Leistungsnachfrager untereinander in Kontakt. Form, Intensität und Wirkung der Interaktion zwischen den Bürgern bestimmen damit auch die Wahrnehmung der Dienstleistungsqualität selbst, da die Erwartungshaltung und Beurteilung der Leistungserfüllung im Dialog zwischen den Bürgern für den Einzelnen modifiziert werden. Es sind Maßnahmen zur positiven Beeinflussung der Bürgerkontakte untereinander zu ergreifen (z.B. Gestaltung der Ausstattung) (Bruhn 1995a, S. 29).

Bei der Leistungserstellung sollte die Vorgehensweise standardisiert, nachvollziehbar und dokumentiert sein und sowohl die Bürgersicht als auch die Sicht der am Erstellungsprozess beteiligten Mitarbeiter berücksichtigen. Ein transparentes Ablaufschema gewährleistet Orientierungspunkte für eine **Partizipation** und dient somit einer konstanten Qualität (Bruhn 1996, S. 212). Die Qualität der logistischen Abwicklung der Dienstleistung, die Bestandteil der prozessualen Dimension ist, bezieht sich auf Merkmale wie Laufzeiten, Warte- und Abfertigungszeiten, die vergleichbar und objektiv messbar sind (ebenda).

Es wird deutlich, dass im Prozess der kommunalen Leistungserstellung, sofern er sich dem Ziel der Kundenfreundlichkeit verschrieben hat, den Mitarbeitern größte Bedeutung beizumessen ist: Der – zumindest in bestimmten Bandbreiten vorhandene – Individualisierungsbedarf der kommunalen Dienstleistung verlangt hohe Flexibilität und Anpassungsfähigkeit von den Mitarbeitern des Anbieters an wechselnde Niveaus der Leistungserstellung ebenso wie an die diversen Bürgertypen.

Die Qualität des Kontakts wird von den Bürgern häufig als Maßstab zur Beurteilung der zukünftigen Dienstleistungsqualität herangezogen. Um zu vermeiden, dass derartige *Irradiationen* (vgl. Kroeber-Riel/Weinberg 1996, S. 370 ff.; Nieschlag/Dichtl/Hörschgen 1997, S. 118) dazu führen, dass im Falle eines unzureichenden oder sogar dilettantischen Kontaktes auf die Qualität der Behörde respektive ihrer Kompetenzen insgesamt geschlossen wird, sind die Verwaltungsmitarbeiter auf die Kontakte einzustellen, indem ihre Kommunikationskompetenz und Dialogfähigkeit gefördert wird.

9.3.2 Kommunaler Maßnahmen-Mix

Kernstück des operativen Stadtmanagement ist die Präzisierung von Maßnahmen. Der marketingorientierte Maßnahmen-Mix charakterisiert das Zusammenspiel von Produkt-, Kommunikations-, Distributions- und Preisinstrumenten. Allerdings müssen die einzelnen Instrumente unter Berücksichtigung der verwaltungsspezifischen Gegebenheiten entsprechend modifiziert werden (vgl. Homann 1995, S. 223 ff.). Letztlich handelt es sich dabei um die zu einem bestimmten Zeitpunkt für einen längerfristigen Zeitraum getroffene Festlegung der Marketingaktivitäten in qualitativer und quantitativer Hinsicht entweder für die Kommune als Träger der kommunalen Selbstverwaltung oder für Teilbereiche wie kommunale Einrichtungen, Verkehrsbetriebe etc. Die einzelnen Instrumente sind stets weiterzuentwickeln und zu kombinieren.

9.3.2.1 Dienstleistungspolitik

Bei den von der Kommunalverwaltung produzierten Dienstleistungen[57] handelt es sich primär um **personenbezogene Leistungen**, das heißt, die Dienstleistungen werden an dem jeweiligen Leistungsnachfrager vollzogen. Die Produktion erfolgt überwiegend im Wege einer Interaktion zwischen Verwaltungsmitarbeiter und Bürger (vgl. Klaus 1984, S. 467 ff.; Wohlgemuth 1989, S. 339 ff.; Homann 1995, S. 226). Beispiele dafür sind die persönliche Beratung im Sozialamt, Unterricht in der Volkshochschule oder die Betreuung von Senioren in der Altenbegegnungsstätte. Daneben produziert die Kommunalverwaltung auch **sachbezogene Dienstleistungen**, bei denen materielle bzw. immaterielle Güter die Leistungsobjekte darstellen, wie z.B. eine Baugenehmigung, ein Gebührenbescheid, Informationsblätter zur Verkehrserziehung oder zum Umweltschutz.[58] Einleitend wurde argumentiert, dass die tradierten Formen bürokratischer Leistungserstellung besonders deswegen unter Druck geraten sind, weil mehr oder weniger gleichzeitig die qualitativen und quantitativen Anforderungen an die Verwaltung gewachsen sind, ohne dass dieser Entwicklung durch entsprechende

57 Auf die duale Funktion von Dienstleistungen in Bezug auf die Tätigkeit (den Prozess) und zum anderen das Ergebnis (das Produkt) wurde schon an anderer Stelle hingewiesen (vgl. Kapitel 9.3.2; Eichhorn 1991, S. 152). In Abgrenzung zu den Dienstleistungen der privaten Wirtschaft und deren Spezifika vgl. Hegner 1980, S. 2 ff.; Meyer 1991, S. 197; Bruhn 1995a, S. 21 ff.; Luczak 1995, S. 108 ff.; Rück 1995, S. 8 ff.

58 Diese Betrachtungsweise entspricht der von Engelhardt/Kleinaltenkamp/Reckenfelderbäumer geforderten Überwindung der Dichotomie von Sach- und Dienstleistungen (1993, S. 395 ff.).

Veränderungen Rechnung getragen wurde. Mehr „Dienst am Bürger" bedeutet aber insgesamt bessere Leistungen für den Bürger. Bezüglich der von der Kommunalverwaltung angebotenen Dienstleistungen sind Entscheidungen über die Entwicklung neuer Leistungen (Leistungsinnovation), über die Veränderung vorhandener Leistungen (Leistungsvariation) sowie über die Aussonderung bestehender Leistungen aus dem Leistungsprogramm (Leistungselimination) zu treffen, wobei zu konzedieren ist, dass der Entscheidungsspielraum der Verwaltung aufgrund der genannten externen Einflüsse häufig eingeschränkt ist (vgl. Palupski 1997, S. 151).

Viele Anregungen für **Leistungsinnovationen** ergeben sich aus der Aufgabenumwelt der Kommunalverwaltung. Darüber hinaus kann das Verhalten anderer Verwaltungen, die neue Leistungen einführen, vorhandene Leistungen variieren oder sonstige Marketingaktivitäten einführen, Anlass sein, innovative Leistungen zu entwickeln (vgl. Damkowski 1981, S. 453). Dazu zählen besondere Formen der Eheschließung, wie sie in **Duisburg** und mittlerweile auch in anderen Städten angeboten werden: Das differenzierte Serviceangebot umfasst eine individuell gestaltete Traurede, Eheschließung an Samstagen und an außergewöhnlichen Orten (z.B. Schiff, historische Stätte, Fernsehturm) oder die Ausgestaltung eines feierlichen Rahmens (vgl. Canibol 1994, S. 304; Brandt/Raus 1997, S. 25). Die bestehenden Vorschriften, wie das Verbot der Trauung unter freiem Himmel, erweisen sich im Ausbau des Dienstleistungsangebots als hemmend. Gerade außergewöhnliche Dienstleistungen bedeuten jedoch für die Kommune höhere Einnahmen. Mögliche Ansatzpunkte für **Leistungsvariationen** sind Leistungsart, -inhalt, -qualität, Standardisierungsgrad und Leistungsabgabemenge (vgl. Palupski 1997, S. 145). Diese Veränderungen zielen primär auf die Anforderungen an die Kontaktpersonen, die Ausgestaltung der Kontaktobjekte und die Öffnungszeiten (vgl. Meyer 1985, S. 99 ff.). Daneben hat die Kommunalverwaltung die vorhandenen Verwaltungsleistungen in regelmäßigen Abständen daraufhin zu prüfen, ob sie noch den Marketing- sowie den sonstigen Verwaltungszielen entsprechen. Falls dies nicht der Fall ist, sind sie zu **eliminieren** (vgl. Homann 1995. S. 261).

Für die genannten Leistungsveränderungen sind insbesondere das verwaltungsinterne Vorschlagswesen[59] und Befragungen von großer Bedeutung.

---

59 Verbesserungsvorschläge tragen dazu bei, die kommunalen Aufgaben mit höherer Qualität oder niedrigeren Kosten zu erfüllen. Sie sollen zu Arbeitserleichterungen für die Verwaltungsmitarbeiter, zu mehr Bürgernähe, besseren Leistungen der Verwaltung und zu Ersparnissen oder Mehreinnahmen führen. Zur Förderung dieses Bottom-up-Prozesses ist es sinnvoll, ein Bonifizierungssystem für Verbesserungsvorschläge der Mitarbeiter einzurichten (Dotzler/Schick 1995, S. 281). Im Rahmen eines solchen Vorschlagswesens dokumentiert der Verwaltungsmitarbeiter seine Vorschläge auf einem Formblatt, indem er beschreibt, wo Qualitätsprobleme in der Behörde aufgetreten sind und wie diese gelöst werden können. Nach einer Prüfung genereller Voraussetzungen wird ein Berichterstatter („Gutachter") bestellt, der eine Stellungnahme über den Verbesserungsvorschlag abgibt. Danach wird in einem Prüfungsausschuss über die Annahme oder Ablehnung und die Art und Höhe der Prämie entschieden. Die Prämienhöhe orientiert sich an berechenbaren und nicht berechenbaren Einsparungen. Nicht berechenbare Einsparungen können z.B. Erleichterungen für den Bür-

Das Leistungsprinzip verlangt, dass die betreffende Verwaltung die von ihr geforderten Dienstleistungen auftragsgemäß, das heißt zielgenau, rechtmäßig, zeitgerecht etc., unter sparsamer Verwendung der ihr anvertrauten Ressourcen erbringt. Eine Verwaltung, die nach diesen Gesichtspunkten handeln will, fragt sich stets (vgl. Rosenkranz-Kaiser 1996a, S. 87):

- Sind die Ziele erfüllt, sind die Produkte quantitativ und qualitativ in Ordnung und die Bürger zufrieden?
- Ist dies zu geringstmöglichen Kosten erreicht worden?

Die Diskussion über Leistung im öffentlichen Sektor leidet darunter, dass sie sich zumeist nur auf eines der beiden Themen konzentriert. Vielfach wird die staatliche Steuerung ausschließlich unter dem Aspekt der Kostenminimierung betrachtet. Dieses Vorgehen muss zu falscher Steuerung führen, weil das Billigste nicht immer das Preiswerteste ist. Den Kosten muss demnach stets die Aktivseite gegenübergestellt werden. Erst in der Synopse von Zielerreichung, Quantitäten, Qualitäten auf der einen und Kosten auf der anderen Seite kann Leistung – also auch kommunale Leistung – beurteilt und gesteuert werden. Ebenso häufig gibt es eine Überbetonung der Outputseite, insbesondere, wenn es sich bei den avisierten Zielen und Leistungen um politisch interessante Sachverhalte handelt. Dann gewinnt die Realisierung politischer Vorstellungen nicht selten ein derartiges Übergewicht, dass die wirtschaftliche Komponente, vor allem die Kosten, keine Bedeutung mehr zu haben scheint. Leistung im Sinne von Dienstleistungsunternehmen Staat bedeutet, dass – trotz politischer Steuerung – ökonomische Gesetze zu beachten sind: Nach dem ökonomischen Prinzip muss entweder ein vorgegebenes Ziel, auch wenn es unter Umständen politischer Natur ist, mit dem geringstmöglichen Mitteleinsatz oder mit einem vorgegebenen Ressourcenrahmen ein möglichst großer Erfolg erreicht werden. Politische Steuerung und Ökonomie sind insofern kein Widerspruch. Leistung bedeutet vielmehr, dass beide Prinzipien gleichberechtigt nebeneinander zu realisieren sind (Adamaschek 1998, S. 39).

Um die Behörde wie ein Dienstleistungsunternehmen zu steuern und bürgerorientiert führen zu können, braucht die administrative Entscheidungselite zunächst also verlässliche Informationsgrundlagen über ihre Finanzsituation. Die Verwaltung, die immerhin jede zweite Mark als Steuern oder Gebühren einnimmt und wieder ausgibt (Presse- und Informationsamt des Landes Berlin 1995, S. 15), weiß als größter Unternehmer bisher weit weniger über seine Unternehmensfinanzen als mancher klein- und mittelständische Unternehmer. Daher muss zuerst eine systematische Leistungserhebung vorgenommen werden. Dabei empfiehlt es sich, wie es einige Verwaltungen bereits getan haben (vgl. Senatsver-

---

ger, Arbeitserleichterungen für Verwaltungsmitarbeiter, Erhöhung der Arbeitssicherheit, Qualitätssteigerungen oder organisatorische Verbesserungen sein. Bei einer Annahme des Vorschlags wird der betroffene Bereich der Verwaltung veranlasst, den Vorschlag umzusetzen (vgl. Senatsverwaltung für Inneres 1995b, S. 63 f.).

waltung für Inneres 1995a; Forschungsinstitut der Friedrich-Ebert-Stiftung 1996, S. 28 ff.), die einzelnen kommunalen Dienstleistungen zu **Produkten** und **Produktgruppen** zusammenzufassen. Nach der Definition des Produktkatalogs sind jedoch viele Tätigkeiten im Sinne von Arbeitsschritten notwendig, um ein Arbeitsergebnis (also die Dienstleistung) zu erbringen. In den Produktkatalog ist zwecks Vereinfachung nur das Ergebnis aufzunehmen. Ein solcher Produktkatalog würde sich von der klassischen Aufgabenbeschreibung einer Verwaltung dadurch unterscheiden, dass er systematisch die Ergebnisse des Verwaltungshandelns beschreibt und nicht die dafür notwendigen Tätigkeiten (vgl. Kommunale Gemeinschaftsstelle 1993, S. 20 f.; Spitzer 1998b, S. 332 f.). Ein zentraler Bestandteil der Produktbeschreibung sollte sein, das jeweilige kommunale **Qualitätsziel** („Warum und mit welchem Qualitätsanspruch wird ein Produkt dem Bürger angeboten?“) sowie die **Qualitätsmaßstäbe** („Durch welche Messzahl ist die Einhaltung der Qualität überprüfbar?“), das heißt also eine Messgröße, festzulegen. Als Messgrößen könnten die Wartezeit oder die Fehlerlosigkeit des Produkts herangezogen werden.

Indem Qualitätsmerkmale für die Dienstleistungsprodukte festgelegt werden, soll den leitenden Verwaltungsmitarbeitern die Möglichkeit gegeben werden, Vorgaben für die Qualität zu machen und laufend zu überwachen, ob sie eingehalten werden. Im Hinblick auf die Budgetierung und eine Vergleichbarkeit zwischen den Produkten innerhalb der Kommune ist es notwendig, sich auf Qualitätsvorgaben zu einigen und sicherzustellen, dass diese nicht unterschritten werden. Nur dann werden die Produkte vergleichbar und damit auch budgetierbar. Generell darf die Vorgabe einer Mindestqualität jedoch nicht mit Einheitsqualität verwechselt werden (vgl. Kommunale Gemeinschaftsstelle 1995, S. 11 ff.). Wichtig bei der Umsetzung von Qualitätsstrategien ist darüber hinaus, dass als Kunde nicht nur der Bürger begriffen wird, sondern auch die nachgeordneten Organisationseinheiten der Verwaltung im Falle eines komplexen Anliegens.

In der Praxis zeigt sich, dass die Diskussion von Qualitätsaspekten bei der Produkt- bzw. Leistungsbeschreibung z.B. bei Amtsleitern auf erhebliche Schwierigkeiten stößt und nicht selten auf offenen Widerstand trifft, wenn man die Festlegung eines bestimmten Grenzwertes der Qualität erreichen möchte. Erst mit der Determinierung eines Mindeststandards entsteht auch die Möglichkeit des Scheiterns. Bei den Stadtbediensteten setzt infolgedessen das handlungsleitende Motiv „Furcht vor Misserfolg“ ein (Hoffmann 1989, S. 413). Dies mag mit der Grund sein, warum viele Produktbeschreibungen in Stadtverwaltungen auf Qualitätsstandards und vor allem auf festgelegte Grenzwerte verzichten. Diese sind trotz der damit arbeitsmäßigen und emotionalen Belastung unverzichtbar, wenn die aus der Bürgerorientierung der Kommune resultierende Lebensqualität auch in einer Phase notwendiger Haushaltskonsolidierungen in einem möglichst hohen Umfang gesichert werden soll (vgl. Stratemann/Wottawa 1995, S. 83 f.).

9.3.2.2 Formen der kommunalen Kommunikationspolitik

In einer von Töpfer/Mann durchgeführten Städtebefragung[60] wurde ermittelt, dass 58% der bundesdeutschen Städte 1993 Kommunikations- und Werbeaktivitäten durchgeführt haben. 26% befanden sich zu dem Zeitpunkt im Planungsstadium und für 16% der Städte waren Kommunikationsmaßnahmen kein Thema, wobei als wichtigster Grund fehlende Finanzmittel angegeben wurden (Töpfer/Mann 1995, S. 70 f.). Die zuvor von Roth/Stiller[61] ermittelten Ergebnisse ergaben, dass sogar 88% der bundesdeutschen Städte 1993 sowohl Werbung als auch Öffentlichkeitsarbeit als Kommunikationsinstrumente einsetzten und nur 12% keines von beidem anwendeten (Roth/Stiller 1993, S. 4). Bemerkenswert ist, dass alle Großstädte über 500.000 Einwohner Kommunikationsmaßnahmen, insbesondere Werbung und Öffentlichkeitsarbeit, durchführen. Aus beiden Untersuchungen geht hervor, dass die vorrangigen Ziele von Kommunikationsmaßnahmen die Bekanntheitserhöhung der Stadt und die Imageverbesserung sind (Töpfer/Mann 1995, S. 74; Roth/Stiller 1993, S. 8). Die Verwaltung mittels Kommunikation an den Bedürfnissen der Bürger auszurichten ist dagegen nur ein nachrangiges Ziel (Töpfer/Mann ebenda).

Ein solches Vorgehen ist sicherlich ein schwer wiegender Fehler, denn „die drei wesentlichen Dinge für den Erfolg eines [...] Modernisierungsprozesses sind: Kommunikation, Kommunikation und Kommunikation" (Hill 1997, S. 12). Die Frage, die im Folgenden beantwortet werden soll, lautet demnach: Welche Formen sollten Kommunen, die sich dienstleistungsorientiert und kommunikativ präsentieren wollen, anwenden? Zunächst ist dabei zu klären, welche Kommunikationsinhalte grundsätzlich relevant sind und welche darüber hinaus optionale Serviceinformationen sein können. Tabelle 13 gibt einen Überblick (Nennungen in alphabetischer Reihenfolge).

Viele dieser als fundamental einzustufenden Informationen sind in Broschüren, Verzeichnissen oder Faltblättern, die von der öffentlichen Verwaltung, halböffentlichen Stellen oder Vereinen und Initiativen herausgegeben werden, genannt. Es gibt allerdings einige Tendenzen, die eine Zunahme eines entsprechenden Informationsbedarfs erwarten lassen (Kubicek 1995, S. 292 f.):

- die Differenzierung der Verwaltungsvorschriften und Verwaltungsorganisation bewirkt einen umfangreicheren Orientierungsbedarf,
- die Zurückführung von staatlichen Leistungen in Selbsthilfe erzeugt Informationsprobleme,

60 Im Sommer 1993 wurden alle deutschen Städte über 20.000 Einwohner (insgesamt 573) schriftlich zu ihren Kommunikationsaktivitäten befragt. Dabei wurden auch Ziele und Zielgruppen, Planung, Organisation und Kontrolle der Kommunikationspolitik der Städte und Regionen untersucht. Der Rücklauf betrug 63%, das heißt 361 Fragebogen (Töpfer/Mann 1995, S. 59).

61 Alle bundesdeutschen Städte über 70.000 Einwohner, insgesamt 123, wurden im Frühjahr 1993 schriftlich zu ihrer Stadtkommunikation befragt. Die Rücklaufquote betrug 87% (Roth/Stiller 1993, S. 4).

Tabelle 13: Informationelle Versorgung in der Kommune (Quelle: eigener Entwurf)

Basisinformationen, z.B. über	**Optionale (additive) Informationen, z.B. über**
Arbeitslosigkeit	Fahrpläne/Flugpläne
Beratung für Alleinerziehende	Fernsehprogramme
Büchereien	Ferientermine
Eheberatung	Gaststättenverzeichnis
Gesundheitsfürsorge (Aids, Hygiene, Schuluntersuchungen, Tropenmedizin etc.)	Gelbe Seiten
Gewalt in der Familie/Kindesmissbrauch	Horoskope
Krankenhäuser	Hotels
Lokale Veranstaltungen	Immobilien
Meldewesen	Kinoprogramme
Öffentlicher Personennahverkehr	Kleinanzeigen
Politische Mandatsträger	Kulturkalender (Gastspiele, Premieren etc.)
Schuldnerberatung	Partnerstädte
Schulen (Berufsinformation, Verkehrserziehung etc.)	Sportereignisse und -ergebnisse
Schwangerschaftsberatung	Stadtführungen/Sightseeing
Sicherheit (Aufklärung Schutz vor Diebstahl, Einbruch, Kriminalität etc.)	Stellenbörse
Sozialhilfe	Veranstaltungsorte
Stadtentwicklung (Bauvorhaben, Grundstückserschließungen etc.)	Verkehrsinformationen
Suchtprobleme	Wetter
Umwelt	
Verbraucherfragen	
Vewaltungswegweiser	
Wahlen	
Wissenschaftliche Einrichtungen	

- die Flexibilisierung von Öffnungszeiten hat neuen Informationsbedarf zur Folge,
- die Attraktivität des ÖPNV kann durch differenziertere und leichter zugängliche Information erhöht werden,
- öffentlich verfügbare Informationssysteme über Stellen, Arbeitsanforderungen, Fort- und Weiterbildungsmöglichkeiten können Chancen auf dem Arbeitsmarkt erhöhen,
- die zum Teil schon vorgeschriebene Partizipation der Bürger an Planungsverfahren kann erleichtert werden,

- der steigende Anteil an Freizeit und die zunehmende Differenzierung der Angebote erzeugen Informationsprobleme, vor allem hinsichtlich der nichtkommerziellen Angebote.

Die Kommunikation zwischen der kommunalen Verwaltung und den Bürgern steht somit auf dem Prüfstand. Abbildung 17 zeigt das Spannungsfeld der kommunalen Kommunikation.

Die Entwicklung einer kommunalen **Kommunikationsinfrastruktur** stand in der Vergangenheit kaum in einem Stadtentwicklungsplan oder in der Stellenbeschreibung einer Kommune. Versprechungen von besseren Informationen, mehr Beteiligung, größerer Bürgernähe und Kundenorientierung können nicht realisiert werden, wenn die Information der Bezugsgruppen der Stadt nicht systematischer betrieben wird. Infrastrukturentwicklung heißt dabei nicht, dass die Kommunen alles selbst machen oder nur alleine entscheiden sollen. Moderierung bei der Abstimmung zum Aufbau vernetzter Informations- und Kommunikationssysteme (vgl. Kapitel 9.3.2.3) wird heute vielfach von der Politik verlangt, sofern sie nicht explizit gesetzlich vorgeschrieben ist (Frey 1993, S. 16).

Die bisher vorherrschende und am weitesten verbreitete Form der Kommunikationspolitik, die **Werbung**, dient primär der außenorientierten Imagepflege zur Bekanntheitssteigerung (vgl. Antonoff 1971, S. 30 ff.; Steinmetz 1986, S. 227; Bergler 1991, S. 31). Kommunale Imagepolitik wird dabei als das „bewußte Be-

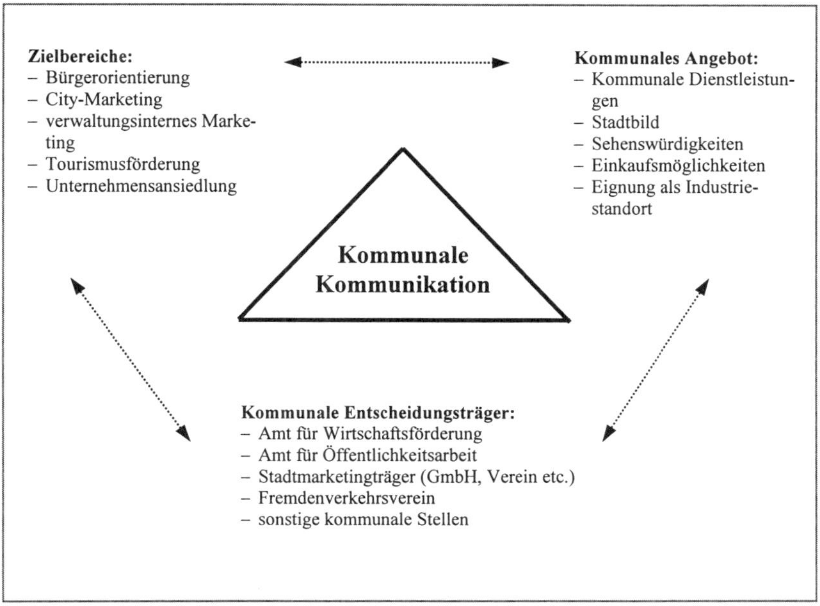

Abb. 17: Spannungsfeld der kommunalen Kommunikation (Quelle: vgl. Roth/Stiller 1993, S. 28)

mühen von Stadtverwaltungen um die Gestaltung und die Verbesserung des städtischen Vorstellungsbildes innerhalb und außerhalb der Stadtgrenzen" (Ostermann 1991, S. 411) verstanden. Imagebildung ist ein Prozess, der permanent durch kommunale Handlungen und Äußerungen beeinflusst wird. Besonders wenn negative Prädispositionen gegenüber der regionalen Identität vorliegen, muss sorgfältig darauf geachtet werden, dass eine werbliche Neuprofilierung – wie z.B. durch einen neuen **Slogan** oder ein neues **Logo** kenntlich gemacht – durch nachprüfbare Leistungen untermauert wird (vgl. Lalli/ Plöger 1991, S. 238 f.; Tietz/Rothhaar 1991, S. 435; Kutschinski-Schuster 1993, S. 83 ff.; Kraft/Seyfried 1996, S. 53).[62] Das Ziel von kommunalen Werbekampagnen ist des Weiteren die erhöhte Identifikation der Bürger mit der Stadt, die auch für die Ansiedlung[63] von signifikanter Bedeutung ist, zumal „die Opportunitätskosten der externen Akquisition von [...] Neubürgern hoch sind" (Schneider 1993, S. 91). **Printwerbung** in Tageszeitungen und Zeitschriften gehört zu den ältesten und gleichzeitig wichtigsten Werbeformen der Stadt. Der Vorteil ist die hohe Glaubwürdigkeit der Werbeträger und der gezielte zielgruppenspezifische und geographische Einsatz, als Nachteil erweist sich die kurze „Lebensdauer" und die große Informations- und Werbekonkurrenz aus dem redaktionellen Umfeld, hauptsächlich bei den Zeitschriften (Töpfer/Mann 1995, S. 22). Aus Kosten-Nutzen-Überlegungen kommt die **Rundfunk- und Fernsehwerbung** für kommunale Zwecke eher weniger in Betracht. Eine weitere, oft flankierende, Werbeform ist die **Außenwerbung**, das heißt die Plakatwerbung, Bandenwerbung in Sportstadien, die Lichtwerbung sowie die Werbung auf Verkehrsmitteln und Schildern, die sich vorzugsweise an die Zielgruppe der Bürger richtet. Der wesentliche Vorteil besteht in einer relativ hohen Reichweite bei gleichzeitig relativ geringen Kosten. Nachteilig sind die vergleichbar hohen Streuverluste, da eine Zielgruppenspezifizierung nicht möglich ist (ebenda, S. 23 f.).

Images sind niemals isolierte Größen, sondern sie entwickeln sich auch immer im Vergleich mit anderen Städten und Standorten. In diesem Zusammenhang sind die Ergebnisse von **Städtevergleichen,** Städtetests und „Städtehitlisten" durchaus als Anreiz für die Verwaltungen zu sehen, der „Bürger-Queen"[64] (Canibol/Sieger/Stadler 1995, S. 224) nachzueifern. Die meisten dieser Publikationen haben trotz deutlicher Unterschiede in der Untersuchungsmethodik dennoch

62 Bei einem vorhandenen regionalen Negativ-Image kann nicht durch die Darstellung überzogener Wunschvorstellungen eine Einstellungsänderung herbeigeführt werden. Stattdessen sind Bumerangeffekte die Folge. Belastungen werden so noch weiter verstärkt und verfestigt (vgl. Wolf 1990, S. 109; Bergler 1991, S. 38).

63 Grabow/Henckel/Hollbach-Grömig bestätigen in ihrer Untersuchung die Wichtigkeit der „weichen" Standortfaktoren wie Image der Stadt und Freundlichkeit der kommunalen Verwaltung sowohl für die Unternehmensansiedlung als auch für Bürger (1995, S. 224; vgl. auch Kotler/Haider/Rein 1994, S. 349 ff.; Belohradsky 1995, S. B5).

64 Auf der Suche nach der bürgerfreundlichsten deutschen Großstadt (vgl. Empirica Delasasse 1995) wurde **Münster** als die Stadt mit dem kinderfreundlichsten Umfeld, dem preisgerechtesten Service und einer vorbildlichen Bürgerberatung ermittelt. Die engagierte Oberbürgermeisterin setzt sich darüber hinaus für die Realisierung einer umfassenden Verwaltungsreform ein (Canibol/Sieger/Stadler 1995, S. 224 ff.).

eine gemeinsame Zielsetzung: Es soll der im Vergleich mit anderen Städten attraktivste, freundlichste oder zukunftsträchtigste Wirtschafts-, Tourismus- oder Wohnstandort ausfindig gemacht werden.[65]

Eine veränderte oder sogar neue kommunale Identität im Rahmen von Modernisierungsprozessen kann nicht verordnet werden, denn in einem solchen Fall ist das Scheitern vorprogrammiert. Sie kann nur im Dialog mit Bürgern und Verwaltungsmitarbeitern realisiert werden. Städtische **Öffentlichkeitsarbeit** ist insofern „wichtiger denn je" (Pfeifle 1993, S. 762; vgl. Hauptausschuss des Deutschen Städtetages 1998, S. 289). Öffentlichkeitsarbeit als interaktiver Prozess impliziert eine Rückkoppelung, bei der die Bürger Kommunikatoren und die Verwaltung Rezipienten sind (Biller 1982, S. 238). Dies ist entscheidend, da die Kommune dergestalt zusätzliche Informationen erhält, die das darausfolgende Handeln rationaler und effektiver werden lassen (vgl. Urschlechter 1974, S. 597; Endres 1988, S. 254 ff.; Grandjean 1997, S. 26). Die klassische Form ist **Pressearbeit**, die durch Pressemitteilungen und -konferenzen dem heterogenen Publikum grundsätzliche Anliegen vermittelt. Dabei geht es um die Schaffung von „goodwills" (Töpfer/Mann 1995, S. 24) in der internen und externen Öffentlichkeit, aufrichtiges Miteinander, eine gute und vertrauensvolle Atmosphäre, gegenseitige Toleranz und Achtung sowie Verständnis und Sensibilität für kommunale Vorhaben (vgl. Weber 1993, S. 290; Zepf 1993, S. 118; Palupski 1997, S. 159). Eine regelmäßige Pflege der Medienkontakte gewährleistet eine faire sowie positive Berichterstattung.

Die **integrierte Kommunikation** fördert ein einheitliches Bild in den Köpfen der Verwaltungsmitarbeiter. Je höher der Übereinstimmungsgrad der Informationen, desto höher ist der Integrationsgrad der Kommunikation (vgl. Esch 1992, S. 32 ff.; Kroeber-Riel 1993, S. 2; Palupski 1997, S. 161). Kommunikative Verwaltungen wie zum Beispiel in **Soest** (vgl. Wittkämper 1990, S. 75 ff.; Cortner 1997, S. 61 ff.) führen regelmäßige Dienstbesprechungen und Mitarbeitergespräche durch, bilden interne Lenkungs-, Arbeits- und Projektgruppen, setzen bei bestimmten Problembereichen Moderatoren ein, veranstalten fachübergreifende Workshops, bieten Führungskräfte- und Mitarbeiterseminare an und veranstalten regelmäßig einen Tag der offenen Tür. Im Rahmen von **Veranstaltungen** bieten sich zahlreiche Möglichkeiten der Zielgruppenansprache. Hierzu zählen: Messen und Ausstellungen, Vorträge, Präsentationen, Seminare, Events aller Art (Großveranstaltungen im kulturellen oder sportlichen Bereich, Sommerfestivals, Stadtjubiläen etc.), Talk-Shows und Hearings (vgl. Lange 1990, S. 760 f.; Töpfer/Mann 1995, S. 25). Eng verbunden mit Veranstaltungen sind **Sponsoringaktivitäten**, wobei es sich um finanzielle oder sachbezogene Zuwendungen an ei-

65 Vgl. Bodenstedt/Herber 1983; Bullinger/Meinecke 1985; Lackner 1992a, S. 471 ff.; Empirica Delasasse 1995; Focas/Genty/Murphy 1995; FOKOM Institut für Forschung und Kommunikation 1995; Korczak 1995; Institut für Marktforschung Leipzig 1996a u. 1996b. Übersichtliche Zusammenfassungen der wichtigsten Städterankings der vergangenen Jahre finden sich bei Grabow/Henckel/Hollbach-Grömig 1995, S. 169 ff. und Lackner 1992b, S. 21 ff. Über die Problematik der willkürlichen Gestaltung derartiger Messungen kann ausführlich bei Blinkert (1989a u. 1989b) nachgelesen werden.

nen ausgewählten Empfänger handelt. Als Gegenleistung wird der Sponsor genannt. Grundsätzlich sollte sorgfältig überprüft werden, inwieweit das Sponsoringobjekt der gewünschten Positionierung einer Stadt oder Region entspricht (ebenda).

Wie dargelegt wurde, stellen die anzuwendenden Kommunikationsformen und deren Gewichtung für die Kommune ein komplexes Allokationsproblem dar, das durch Budget und die aus dem Marketingkonzept resultierenden Zielsetzungen wesentlich determiniert wird (Manschwetus 1995, S. 288).

9.3.2.3 Vertriebswege

Die zentralen Gestaltungsobjekte der kommunalen Distributionspolitik umfassen den Standort des Anbieters sowie den Übermittlungskanal der Leistungen zum Kunden. Da kommunale Ämter mit Publikumsverkehr heute zu 25% dadurch in Anspruch genommen werden, dass die Mitarbeiter den Bürgern erklären, wo sie welche Informationen bekommen, lassen sich mit neuen Medien derartige Irritationen aus dem Weg räumen (vgl. Backhaus 1994). In diesem Kontext hat der **Internet**-Boom auch die deutschen Städte und Gemeinden erfasst (vgl. Bullerdiek 1997, S. 111 f.; Hauptausschuss des Deutschen Städtetages 1998, S. 289): Eine vom Deutschen Institut für Urbanistik durchgeführte Studie[66] ergab, dass 86% der bundesdeutschen Städte in der Bereitstellung von elektronischen Stadtinformationen eine kommunale Aufgabe sehen (Floeting/Gaevert 1997, S. 2). Die Städte stellen sich damit proaktiv den neuen Anforderungen, die mit der Entwicklung der Informationsgesellschaft verbunden sind und realisieren gleichzeitig serviceorientierte Vertriebswege im Sinne eines innovativen Stadtmarketing.

Wohl kaum ein Medium ist so gut geeignet wie das Internet, um weltweit auf „seine" Stadt oder Region aufmerksam zu machen, auf Vorzüge hinzuweisen und damit neue Bürger und Unternehmen anzulocken (vgl. o.V. 1996h, S. 18; Beck 1997, S. 28 ff.; Schmitz 1997, S. 27):

„Today, most businesspeople know that the Internet is here to stay. While some view the world wide web with mixed feelings, most site selectors recognize that the days of poring over tons of documents and maps and trying to piece together the hundreds of details needed to even start the process are over. Cities that assist in the site selection process are realizing that the Internet can get their message out worldwide for a fraction of the cost.“ (Scanlon 1998, S. 38)

66 Im Sommer 1997 wurden alle deutschen Städte über 50.000 Einwohnern zu ihren elektronischen Informationsangeboten schriftlich befragt. 57% der angeschriebenen Städte haben sich beteiligt. Ergänzend wurde eine Recherche im Internet zum Stand der Online-Präsenz der deutschen Städte mit mehr als 100.000 Einwohnern durchgeführt (vgl. Floeting/Gaevert 1997, S. 1 f.).

In 64% der deutschen Städte bestehen nach eigenen Angaben bereits elektronische Stadt- und Wirtschaftsinformationssysteme. Wie Stichproben ergaben, liegt der tatsächliche Anteil bereits existierender Angebote sogar noch höher, da zum Teil nachgewiesene Angebote einzelnen Stadtverwaltungen nicht bekannt waren (Floeting/Gaevert 1997, S. 3). Dabei entstand zunächst eine erste Generation von Angeboten, die sich auf eine passive Selbstdarstellung der Kommunen durch Informationen, wie z.B. Leistungen der Stadtverwaltung, Sehenswürdigkeiten der Umgebung, Öffnungszeiten von Ämtern und Ähnliches beschränkte. Vor der Verbreitung des Internet wurden diese Infomationen auf multimedialen Selbstbedienungsterminals in den Eingangsbereichen der städtischen Ämter oder an exponierten Standorten öffentlicher Institutionen angeboten. Mit so genannten „Touch-Screens" wurde eine einfache Menüsteuerung gewährleistet (vgl. Backhaus 1994, S. 302; Göbel 1994, S. 304; Hildebrand 1994, S. 300). In **Hamburg** kann sich der Bürger mit dem weiterentwickelten *Direkten Bürger-Informationssystem* (DiBIS) über T-Online zu Hause am Bildschirm auf Behördengänge vorbereiten: Über einfache Stichworte und die Eingabe seiner Wohnadresse erfährt er, wer für sein Anliegen zuständig ist – mit genauer Gebäudeadresse, Raumnummer und Öffnungszeiten. Darüber hinaus informiert das Bürger-Informationssystem über erforderliche Dokumente, eventuell anfallende Gebühren sowie öffentliche Verkehrsverbindungen (vgl. Liesenfeld/Loss 1994; Kruse 1996, S. B10).

Fortgeschrittene Formen kommunaler Netz-Präsenz setzen über diese „kommunale Visitenkarte" (Hohensee 1996, S. 147) hinaus auf einen aktiven Austausch zwischen Bürger und Verwaltung, der durch elektronische Korrespondenz mittels E-Mail gekennzeichnet ist. Damit schreitet die Entwicklung virtueller Rathäuser zügig voran. Zu den Vorreitern zählt **Mannheim**, wo Meldeunterlagen inzwischen online bestellt werden können. Wer innerhalb der Stadt umzieht, kann das Formular sogar am eigenen Computer ausfüllen und per E-Mail an das zuständige Amt schicken. Spätestens dann, wenn eine Unterschrift zu leisten ist, muss der Bürger heute noch persönlich erscheinen[67] (vgl. Maaß 1997b, S. 3; Masser/Gerhards 1997, S. 26). Den Gang zum Kraftfahrzeugmeldeamt möchte die Stadtverwaltung **Gelsenkirchen** den ortsansässigen Autohändlern künftig ersparen. Drei Autohäuser arbeiten schon mit dem Service: Sie melden sich mit einem Passwort im städtischen Computernetz an und können ihre Neu- und Gebrauchtwagen elektronisch an-, ab- und ummelden. Die Kennzeichen müssen aber nach wie vor persönlich abgeholt werden. Es wird gegenwärtig geprüft, ob

67 Das soll allerdings bald anders werden, denn im August 1998 hat der Bundestag ein Gesetz verabschiedet, das die Einführung der digitalen Signatur möglich macht. Mit einer Chipkarte einschließlich persönlichem Code und Geheimzahl soll sich zukünftig jeder via Internet ausweisen können (Röhrlich 1998, S. 182). Damit wird die Datenschutzdebatte entschärft – es bleibt noch die Problematik der Haftung bei Übertragungsfehlern, die die Juristen derzeit beschäftigt (vgl. Bullerdiek 1997, S. 137 ff.).

sämtliche städtischen Dienstleistungen im Internet angeboten werden können (Röhrlich 1998, S. 182).[68]

Die nachfolgende Abbildung 18 klassifiziert das Spektrum der kommunalen Nutzungsperspektiven des Internet und stellt die Serviceorientierung dar (vgl. Konrad-Adenauer-Stiftung e. V./Deutscher Städte- und Gemeindebund 1998, S. 103):

Stufe 3: PARTIZIPATION (Read-and-Write-Service)

12. Konkrete und permanente Einflußnahme in Stadtbelange
Beteiligungsforen für Bürger zu aktuellen Themen

Stufe 2: INTERAKTION/KOMMUNIKATION (Read-and-Write-Service)

11. Elektronische Leistungs- und Ordnungsverwaltung
Anträge ausfüllen und abschicken
10. Elektronische Korrespondenz
Versenden von E-Mails: Nachrichten, Bestellungen von Informationsmaterialien, Beschwerden etc.
9. Such-/Navigationshilfen
Stichwortsuche für Anliegen, Anträge, Veranstaltungen. Links zu zuständigen Ämtern

Service

Stufe 1: INFORMATION (Read-Only-Service)

8. Bereitstellung der Möglichkeit, sich innerhalb der Stadthomepage selbst präsentieren zu können
Kommune als Provider: Erweiterung der Informationsversorgung
7. Bereitstellung der Möglichkeit für alle Bürger, sich Stadtinformationen über das Internet zugänglich zu machen
Einrichtung von „Chat-Rooms", Internet-Cafés
6. Informationen für die Öffentlichkeit
5. Behördeninformationen
4. Wirtschaftsinformationen
3. Boulevardinformationen
2. Externe Informationen
Auch Verknüpfungen (sog. „Links") zu anderen www-Servern
1. Selbstdarstellung

Abb. 18: Inhaltliche Anforderungen an kommunale Internet-Konzeptionen (Quelle: Vgl. Masser/Gerhards 1997, S. 24)

68 Die aktuelle Studie „Kommunen im Web-Test" gibt unter der folgenden Internetadresse einen ausführlichen Überblick über die Leistungsfähigkeit der 170 bereits im Internet präsenten Rathäuser (Masser/Gerhards 1997; o.V. 1997e, S. 33): „http://www.hfv-speyer.de/klages/Webtest/WEBTES.htm".

Die neuen elektronischen Medien bieten gegenüber klassischen Vertriebswegen eine ganze Reihe von **Vorteilen** (vgl. Hildebrand 1994, S. 300 f.; Kubicek 1995, S. 293 ff.; Gieskes 1996, S. WV4; Jung/Tuckermann 1996, S. 32; Geitner 1998, S. B1):

- Die in Broschüren, Verzeichnissen und Katalogen[69] enthaltenen Informationen sind meist nach wenigen Kriterien gegliedert, haben oftmals keinen Index und erweisen sich somit bei der Informationssuche als relativ unflexibel. Ein elektronisches Informationssystem erlaubt hingegen sehr viel **flexiblere Nutzungsmöglichkeiten** durch Eingabe eines Stichwortes oder alphabetisch bzw. hierarchisch gegliederte Schlagwortlisten.
- Während die Präsentationsmöglichkeiten von Informationen in Printmedien in Text und Bild limitiert sind, bietet das Internet die Alternative, textliche Informationen durch Bilder und Töne multimedial zu ergänzen und somit in der **Anschaulichkeit** zu verbessern.
- Elektronische Informationssysteme ermöglichen es, die entsprechenden Informationen leicht, schnell und komprimiert zu **verknüpfen**. Mittels so genannter „Links" sind die Kombinationsmöglichkeiten zwischen verschiedenen Informationsbeständen beliebig erweiterbar.
- Das Internet erlaubt durch online-Verbindungen permanent **aktualisierte** Informationen.
- Bis zu einem gewissen Grad können **individuelle Informationen** errechnet werden, wie z.B. die nächstliegenden Einrichtungen in Relation zum Standort oder zur Adresse des Informationssuchenden oder spezifische Leistungsansprüche.
- Der **Austausch** von Mitteilungen wird unterstützt: Bürger können ihre Mitteilungen direkt an städtische Behörden und Institutionen senden und umgekehrt[70].
- Bestimmte **Transaktionsvorgänge**, wie etwa die Beantragung von Leistungen, das Ausfüllen, Absenden und Ausdrucken von Formularen, Reservierungen etc. können durch elektronische Medien verwirklicht werden.

Gerade was den letztgenannten Punkt betrifft, gibt es jedoch noch einige **Hindernisse** zu überwinden: Die von den Städten als wichtigste Zielgruppe eingestuften Bürger haben in der Mehrzahl bisher noch keinen Zugang zu adäquater Technik, da die Diffusion multimediafähiger, vernetzter Personalcomputer in Deutschland noch nicht besonders weit fortgeschritten ist (Floeting/Gaevert 1997, S. 10). Viele Kommunen bieten neue Dienste voreilig an: „Internetdienst-

69 Dazu zählen Hotel- und Gaststättenverzeichnisse, Stadtmarketingbroschüren, Sales Guides, Veranstaltungskalender, Pauschalreiseprogramme, Stadtpläne, zielgruppenorientierte Flyer, Handzettel und Stadtjournale.

70 Seit Januar 1999 haben die Berliner die Möglichkeit, sich per E-Mail (petmail@parlament-berlin.de) an den Petitionsausschuss des Abgeordnetenhauses zu wenden. In einfachen Fällen können die Bürger auf eine schnellere Antwort entweder ebenfalls per E-Mail oder telefonisch hoffen. Auf der Homepage (http://www.parlament-berlin.de) werden erstmals Informationen in deutscher, englischer und türkischer Sprache angeboten (Sagatz 1999, S. 10).

leistungen“ haben jedoch erst dann einen Sinn, wenn auch die internen Behördenabläufe darauf abgestimmt sind. Unsinnig ist es, eine Anfrage, die per E-Mail eingeht, auszudrucken und per Hauspost an den Adressaten zu schicken (vgl. Berchthold 1997, S. B3). Allgemein halten, wie die Umfragen ergaben, die Städte vor allem die Vereinfachung des Informationszugangs und die mit dem Angebot von Stadtinformationssystemen verbundenen Imageverbesserungen für sehr wichtig (vgl. Floeting/Gaevert 1997, S.11; Masser/Gerhards 1997, S. 5). Die Optimierung der verwaltungsinternen Kommunikation hat demgegenüber eine eher nachgeordnete Bedeutung. Eine sinnvolle Realisierung des Dienstleistungsaspekts wird langfristig aber nur durch Integration von internen und externen Informationssystemen dergestalt möglich sein, dass Transaktionen von Bürgern als Impulse für die verwaltungsinternen Abläufe wirken und umgekehrt interne Abläufe in Informations- und Transaktionsangebote der zielgruppenexternen Systeme münden (vgl. Siems 1996, S. WV4; Röhrlich 1998, S. 182).

Bislang sind nur Bruchteile dessen realisiert, was bei der Nutzung des Internet machbar scheint. Zwei Beispiele deuten das Spektrum weiterer Nutzungsperspektiven an: Die **Bundesversicherungsanstalt für Angestellte** stellt ein Programm zum Herunterladen bereit, mit dem Versicherte die komplizierte Berechnung ihrer persönlichen Rentenansprüche ohne Schwierigkeiten auf dem eigenen Computer durchführen können. In **Sachsen** wurde im Frühjahr 1997 das Internet-Konferenz-System „Tele-o-Log“ in Betrieb genommen, das moderierte Diskussionen mit einem redaktionellen Informationsangebot verbindet und die Voraussetzungen für Live-Konferenzen zwischen Politikern, Experten und prinzipiell mehreren Millionen Teilnehmern im In- und Ausland schafft[71] (Beyer 1998a, S. 267 f.).

Derzeit wird das Internet noch primär zur Optimierung der klassischen kommunalen Informationsversorgung für die Öffentlichkeit genutzt. Die Effektivität kommunaler Repräsentanz wird zukünftig von den Zugangsmöglichkeiten zum Internet in breiteren Bevölkerungsschichten abhängen (Masser/Gerhard 1997, S. 6). Ebenso kommt es darauf an, organisationsbezogene Konzepte einer neuen Verwaltung zu realisieren und dabei die Chancen, die die Informations- und Kommunikationstechnik bietet, zu nutzen. Insbesondere darf die Notwendigkeit der Involvierung der Beschäftigten zugunsten einer produktiveren Arbeit nicht aus dem Blick verloren werden (Beyer 1998a, S. 268).

9.3.2.4 Preisgestaltung in der Kommune

Die Preispolitik einer Kommune beschäftigt sich im Wesentlichen mit den Abgaben, die von einer Gemeinde festgelegt werden können. Häufig wird hier jedoch nur kurzfristig gehandelt. So werden beispielsweise die Kosten für die

---

71 Der deutsche Bundestag hat erstmals Anfang 1998 die modernen Interaktionsmöglichkeiten mit dem Volk ausprobiert: Abgeordnete aller Fraktionen diskutierten online mit Bürgern. Zukünftig sollen regelmäßig Diskussionsforen zu politischen Themen unter „http://www. bundestag.de“ stattfinden (Germis 1998, S. 4).

Müllabfuhr, Wasser oder das Parken erhöht, wenn Defizite drohen. Diese gehören in den letzten Jahren jedoch zum kommunalen Alltag, denn die Finanzlage der deutschen Kommunen hat sich dramatisch verschlechtert (vgl. nachfolgende Tabelle 14): Gemeinde und Kreise rechnen 1998 mit einem Anstieg der Neuverschuldung von 9 auf 9,8 Mrd. DM. Damit bleiben die Defizite zwar immer noch deutlich unter den zweistelligen Fehlbeträgen der Jahre 1992 bis 1995, doch sehen die Kommunen ihre Sparmöglichkeiten inzwischen als weitgehend erschöpft an (o.V. 1998d, S. 19). Die Zuweisungen der Länder an die Städte und Gemeinden sind in den alten Bundesländern 1997 um 5%, in den neuen Ländern um 3% reduziert worden. Mit der Abschaffung der den Kommunen zustehenden **Gewerbekapitalsteuer** zum 1. Januar 1998 haben die Länder wiederum mit einer Erhöhung der Gewerbesteuerumlage reagiert (Blankart 1997, S. 17). Ebenso

Tabelle 14: Kommunalfinanzen 1996–1998 im West-Ost-Vergleich (Quelle: Karrenberg/Münstermann 1998, S. 146 u. 148)

	ABL in Mrd. DM			**NBL** in Mrd. DM		
	1996	**1997**	**1998**[1)]	**1996**	**1997**	**1998**[1)]
Einnahmen davon:	**227,51**	**222,60**	**222,70**	**54,90**	**51,80**	**50,60**
Steuern	79,87	80,60	82,00	6,41	6,80	7,90
– Gewerbesteuer	31,53	33,40	28,60	2,00	2,60	2,75
– Umsatzsteuer	–	–	4,25	–	–	0,75
– Einkommensteuer	35,32	33,80	35,50	2,57	2,30	2,40
Gebühren	32,01	30,70	30,10	4,94	4,60	4,40
von Land/Bund laufend	52,31	50,60	50,60	23,50	21,70	20,70
Investitionszuweisungen	11,73	10,50	10,00	7,86	8,10	7,60
Sonstige Einnahmen	51,59	50,20	50,00	12,19	10,60	10,00
Ausgaben davon:	**231,58**	**227,30**	**228,90**	**57,42**	**53,40**	**52,80**
Personal	60,83	60,80	60,70	16,97	15,70	15,10
Sachaufwand	41,27	41,80	42,30	10,21	9,80	9,90
Soziale Leistungen	48,53	45,70	47,70	7,91	6,60	7,10
Zinsen	9,73	9,50	9,50	1,71	1,70	1,75
Sachinvestitionen	37,39	35,40	34,30	14,38	13,40	12,80
– Baumaßnahmen	28,91	27,20	25,90	12,44	11,60	11,10
– Erwerb von Sachvermögen	8,48	8,50	8,40	1,94	1,80	1,70
Sonstige Ausgaben	33,83	33,80	34,40	6,24	6,20	6,15
Finanzierungssaldo	**- 4,07**	**- 4,70**	**- 6,20**	**- 2,53**	**- 1,60**	**- 2,20**

1) Für 1998 Schätzung unter Berücksichtigung der Prognose der kommunalen Spitzenverbände, ohne besondere Finanzierungsvorgänge, ohne kommunale Krankenhäuser, ohne Stadtstaaten.

wurden Anfang 1998 die Hebesätze der **Grundsteuer** angehoben (vgl. o.V. 1998t, S. 15). Die Auswirkungen dieser Maßnahmen treffen nicht nur Hausbesitzer, sondern auch Mieter, denn die höhere Grundsteuer schlägt sich in den Nebenkosten nieder.

Damit zeichnet sich eine Entwicklung ab, die schon 1997 zu beobachten war: Statt über Ausgabenkürzungen versuchen die Städte und Gemeinden ihre Finanzhaushalte über Steuererhöhungen auszugleichen (vgl. Articus 1998, S. 141).

Die **Gewerbesteuer** richtet sich häufig gleichfalls nach der Finanzplanung und dem Loch im Gemeindehaushalt und ist nur teilweise mit einer langfristigen Politik verzahnt. Eine aktive Preispolitik bedeutet demgegenüber die Entscheidung, die Einnahmen von den Zielen der kommunalen Politik abhängig zu machen, also bei einer ökologisch orientierten Gemeindepolitik die Kosten für Wasser, Müllabfuhr etc. auch wirklich hoch anzusetzen und die Gebühren für den Parkraum deutlich zu steigern bzw. die Preise für den öffentlichen Personennahverkehr zu senken. Es spricht auch nichts dagegen, in Gebieten mit hoher Kaufkraft, aber geringem Gewerbesteueraufkommen (Taunus, Starnberger See) über Preiserhöhungen bei kommunalen Leistungen Einnahmen zu erhalten, mit denen die Attraktivität der Region gesichert werden kann (Fehrlage/Winterling 1991, S. 255).

Preispolitik impliziert demnach die aktive Preisfestlegung für die Leistungen einer Kommune zu Beträgen, die zwar sozial verträglich, aber auch leistungsgerecht und strategisch orientiert sein müssen. Steuerzahler mutmaßen fortgesetzt, dass ihnen Geldmittel in einer Höhe abgefordert werden, die übertrieben ist. Empfänger von öffentlichen Leistungen halten ihre finanzielle Begünstigung für unzureichend. Ganz generell wird unterstellt, dass die öffentliche Hand verschwenderisch mit Geld umgeht (vgl. Fox 1998, S. 4). Tatsache ist, dass 30% der für die soziale Sicherung zur Verfügung stehenden Mittel in die bundesdeutsche Bürokratie fließen. Der Deutsche Städte- und Gemeindebund kommt zu dem Egebnis, dass durch moderne Verwaltungsverfahren und die Bündelung von Leistungsansprüchen an zentralen Stellen die exorbitant hohen Verwaltungskosten auf bis zu 10% verringert werden könnten (o.V. 1998s, S. 5). Viele Kommunen beginnen erst zögerlich, die Kosten iher Leistungen oder die ihrer Betriebe zu berechnen oder gar offen zu legen. Im Rahmen des Verwaltungreformprozesses wurde in den vergangenen Jahren begonnen, erste budgetrechtliche Konsequenzen zu ziehen.[72] Generell soll an die Stelle der Inputorientierung eine Outputorientierung treten. Eine dezidierte **Kosten- und Leistungsrechnung** soll das Kostenbewusstsein aller Verwaltungsmitarbeiter stärken. An die Stelle bürokratischer Abarbeitung des Haushaltsplans soll eine effizienzorientierte finanzielle Prozesssteuerung mit einem entsprechenden **Controlling** treten (vgl. Naschold/Budäus et al. 1996, S. 42; Kommunale Gemeinschaftsstelle 1997, S. 13 f.; Richter 1998, S. 357 ff.; Richter/Dreyer 1998, S. 295 ff.). Ein wirklicher Anreiz zum

72 Gemäß einer Umfrage des Deutschen Instituts für Urbanistik aus dem Jahr 1995 praktizieren 64% der deutschen Städte Budgetierung, 28% bereiten ihre Einführung vor (Mäding 1998, S. 284).

Sparen wird aber erst dann eintreten, wenn Anteile der managementbedingten Minderaus- oder Mehreinnahmen der Kommune für eigene Zwecke verwendet, ungefragt in das Folgejahr übertragen und außerplanmäßige Ausgaben bis zur einer vereinbarten Höhe zu Lasten anderer Ausgaben im Budget getätigt werden dürfen (Mäding 1998, S. 284).

Mit den enger werdenden finanziellen Spielräumen geht es auch zunehmend darum, ob kommunale Dienstleistungen auf der Grundlage kostenbezogener Abgaben bereitgestellt werden. Eine derartige „Preispolitik" schärft den Blick für die Qualität der Dienstleistung, weil die Bereitschaft, mangelnde Qualität zu bezahlen, als gering eingestuft werden kann. In solchen Zusammenhängen entsteht Schritt für Schritt auch ein Blick dafür, dass es im öffentlichen Bereich konkurrierende Dienstleistungen gibt, und dass es nicht sinnvoll ist, in verschiedene, defizitäre Aufgaben gleichzeitig zu investieren und damit die Situation zu verschärfen. Dies gilt beispielsweise für die Infrastruktur des Individualverkehrs im Verhältnis zum öffentlichen Verkehr, für die unterschiedlichen Energieträger – insbesondere bei der Wärmeversorgung – oder für die Ausweisung und Erschließung von baulichen Reserveflächen.

Zu den marketingpolitischen Preis- und Entgeltentscheidungen in den Kommunen zählen jene, die eindeutig und primär auf die Nutzbarmachung gegebener Preisreagibilitäten der Bürger abstellen. Hier ist im innengerichteten Marketing etwa an die Angebotspreisgestaltung kommunaler Kultur- oder Freizeiteinrichtungen wie Schauspielbühnen oder Schwimmbäder zu denken, im außengerichteten Marketing dagegen beispielsweise an die konkurrenzorientierte Gestaltung von Gewerbesteuersätzen als Instrument kommunaler Gewerbeansiedlungspolitik (Wagner 1984, S. 230). Solche Betrachtungsweisen fordern veränderte Verwaltungsstrukturen, bis hin zur wirtschaftlichen **Verselbständigung** einzelner Aufgabenbereiche in Eigenbetrieben und Gesellschaften.[73] So beliebt Organisationsprivatisierungen im Prozess der Verwaltungsmodernisierung auch sind, einige Gefahren sind nicht zu unterschätzen: Der Vorteil privatrechtlicher Gesellschaftsformen wird bisweilen durch eine Untersteuerung der Stadt unterminiert. Die privatisierten ehemaligen kommunalen Eigenbetriebe führen ein weit gehendes Eigenleben ohne größere Abführungspflichten an die Stadt, nachdem eine einmalige Zahlung in Form des Kaufpreises erfolgte. Für die Stadtverwaltung verbleiben die wenigen unrentablen und unattraktiven Aufgaben (z.B. Ordnungsamt, Sozialamt). Neben der Gründung von Eigengesellschaften werden bei den Kommunen zunehmend **Public-Private-Partnerships** betrieben, die Kapital und Know-how der Privatwirtschaft mit Verwaltungskompetenz und politischer Steuerung seitens der Kommune verknüpfen. Verwaltungstätigkeiten können so gebündelt, koordiniert und kostengünstiger erbracht werden, und durch ein umfassendes Projektmanagement können erhebliche Beschleunigungseffekte erzielt werden (vgl. Witte 1996, S. 47).

73 Vgl. die detaillierten Ausführungen zu Ausgliederungen kommunaler Aktivitäten bei Witte 1996, S. 47.

Doch wie könnten adäquate Entgelte für Leistungen der Kommunen erhoben werden? Preise und Gebühren versagen bei Dienstleistungen wie etwa Straßen. Bei ihnen handelt es sich um öffentlich zugängliche Güter oder kurz „Allmendegüter“ (Blankart 1997, S. 17). Für sie wird das Ausschlussprinzip[74] nicht angewandt, obwohl die Kosten mit der Inanspruchnahme steigen. Ausgangspunkt für die Festlegung von Preisen sollte die Beanspruchung kommunaler Leistungen sein. Gegner der zentralstaatlichen Regulierung der Gemeindefinanzen plädieren in diesem Zusammenhang dafür, dass die Gemeinden zukünftig in eigener Autonomie Bemessungsgrundlagen und Sätze der Steuer festlegen sollten. Die polymorphen kommunalen Leistungen erfordern auch eine Vielgestaltigkeit der Steuer- und Gebührenleistungen. Insofern ist ein sorgfältiges Austarieren von Bemessungsgrundlagen und Sätzen erforderlich. Dies kann und will der Bundesgesetzgeber nicht leisten.[75] Er kann es nicht, weil die Information fehlt, und er will es nicht, weil die auf Bundesebene vereinigten Kommunalvertreter kartellistische Einheitslösungen wettbewerblichen Handlungsspielräumen bislang vorziehen (ebenda). Gewiss ist allerdings, dass aus politischen Gründen soziale oder kulturelle Leistungen zumeist Gegenstand staatlicher Subventionierung bleiben werden, auch wenn sich neue Wege der Finanzierung, wie Sponsoring, erschließen (vgl. o.V. 1997r, S. 11).

9.3.3 Erfolgskontrolle

Eine umfassende Erfolgskontrolle wird gegenwärtig von weniger als einem Viertel der Stadtmarketing praktizierenden deutschen Städte durchgeführt. Jede zehnte Stadt hält eine Erfolgskontrolle sogar für nicht erforderlich (Grabow/ Hollbach-Grömig 1998, S. 81). Somit ist das Erfolgscontrolling ein großer Schwachpunkt des Stadtmarketingprozesses. Dieses scheitert oft (vgl. Homburg/ Werner 1997, S. B4; Teves 1998, S. 3)

- am Fehlen wichtiger Akteure und nicht definierten Kriterien für eine wirksame Erfolgskontrolle,
- an der Überlastung der Verantwortlichkeiten in der Verwaltung, der aus Zeit und Personalmangel resultiert,
- an unklaren Kompetenzverteilungen,
- an der Uneinsichtigkeit über die Wichtigkeit des Instruments,
- an mangelndem Know-how und methodischen Schwierigkeiten,

---

74 Es darf nur derjenige Güter und Dienstleistungen in Anspruch nehmen, der den Preis dafür bezahlt (Blankart 1997, S. 17).

75 Statt Kompetenzen zu deregulieren, kommen immer neue Standards wie z.B. im Umweltschutz hinzu, die weitere finanzielle Anforderungen an die Kommunen stellen: Die Bioabfall-Verordnung verpflichtet zu Bodenuntersuchungen und Kompostierung, wodurch sich die Abfallgebühren erhöhen. Die Zahlungsverpflichtung in Höhe von 100 Mio. DM in einen gesetzlichen Klärschlamm-Entschädigungsfonds werden die Kommunen ebenfalls auf die Abwassergebühren umlegen (o.V. 1997t, S. 11).

- an der grundsätzlichen Freiwilligkeit der Beteiligung an Kontrollerhebungen und damit an fehlenden Sanktionsmöglichkeiten.

Als Ursachen wurden verschiedene Punkte angesprochen, die oben bereits als häufige Defizite und Probleme im Stadtmarketing benannt worden sind. Ganz im Gegensatz zur Produktion von Konsum- und Investitionsgütern, bei der die Produzenten die Gütekriterien anhand von Qualitätsstandards selber definieren und sie auch während der Produktion laufend objektiv überprüfen und gegebenenfalls korrigieren können, war es bisher aufgrund des fehlenden Preiswettbewerbs und der Komplexität des Dienstleistungsunternehmens Stadt nur eingeschränkt möglich, solche Standards zu definieren und ausschließlich aufgrund der internen Spezifikationsziele festzulegen und zu kontrollieren (vgl. Krämer 1996, S. WV4; Töpfer/China 1996, S. K 2; Teves 1998, S. 3). Vielmehr müssen sich die Kommunen auf Qualitätsstandards einlassen (vgl. Meffert/Bruhn 1995, S. 203), die aus der **Sicht der Bürger** determiniert werden, denn der Schlüssel der Kundenzufriedenheit liegt im Erfüllungsgrad der Kundenerwartungen. Dieser Aspekt der Erfolgsmessung und -sicherung ist allerdings viel schwieriger, da die Stadtverwaltungen bislang keinen absoluten Qualitätsstandard zu artikulieren in der Lage sind, und die intersubjektive Evaluierung des Bürgers ein und derselben Leistung zu ganz unterschiedlichen Ergebnissen führen kann (vgl. Scharitzer 1993, S. 104). Generell ist die Messung kommunaler Qualitätsfaktoren auch als Erfolgsmessung kommunaler Politik – zumindest in den Bereichen der städtischen Dienstleistungsorientierung – zu erachten (vgl. Klages 1993, S. 37 ff.; Nullmeier 1998b, S. 346).

Da eine dezidierte Erfolgskontrolle demnach ein unabdingbarer Bestandteil jedes ganzheitlichen Stadtmarketingprozesses sein sollte, der zudem ein wichtiges Korrektiv u.a. in Fragen des Zeitplans und konkreter Handlungsfortschritte darstellt, wird im Folgenden ein serviceorientiertes Verfahren in kommunalspezifischer Abwandlung detailliert vorgestellt. Angesichts der Fokussierung der vorliegenden Arbeit auf die Kundenorientierung in der kommunalen Leistungserbringung erscheint die Vermeidung einer oberflächlichen zugunsten einer fundierten Erfolgskontrolle mit entsprechendem Optimierungspotenzial für das Stadtmarketing ein wichtiger Schritt.

Parasuraman/Zeithaml/Berry (1985 und 1988) entwickelten mit dem SERVQUAL-Ansatz[76] in den achtziger Jahren ein branchenübergreifendes Instrument zur einstellungsorientierten Messung von Dienstleistungsqualität. Der SERVQUAL-Ansatz gehört zu den multiattributiven Verfahren zur Bestimmung der Dienstleistungsqualität, wobei die wahrgenommene Qualität als Diskrepanz

---

76 Kunstwort, das sich aus den Begriffen *serv*ice und *qual*ity zusammensetzt.

zwischen **erwarteter** und **tatsächlich erlebter** Leistung[77] in den Mittelpunkt der Betrachtung gerückt wird. Charakteristisch für SERVQUAL sind fünf Qualitätsdimensionen, 22 Items, die Doppelskala und das mehrstufige Auswertungskonzept. Die fünf **Dimensionen der Dienstleistungsqualität** umfassen (vgl. Hentschel 1990, S. 231; Benkenstein 1993, S. 1106; Hentschel 1995, S. 365):

- Annehmlichkeit des Umfelds („*tangibles*"), als die Gesamtheit des physischen Umfelds einer Dienstleistung, einschließlich der Räumlichkeiten, der Einrichtung und des Erscheinungsbildes des Personals;
- Verlässlichkeit („*reliability*"), als die Fähigkeit, die versprochene Leistung zuverlässig und akkurat auszuführen;
- Einsatzbereitschaft („*responsiveness*"), als die Gewilltheit und Schnelligkeit bei der Lösung von Kundenproblemen;
- Kompetenz („*assurance*"), als das Wissen, die Höflichkeit und die Vertrauenswürdigkeit der Mitarbeiter;
- Einfühlungsvermögen („*empathy*"), als die Bereitschaft, sich individuell um jeden Kunden zu kümmern.

Den in Kapitel 9.2.2 ermittelten Kriterien der kommunalen Kundenorientierung wird mit diesen Dimensionen sehr gut entsprochen. Zur Messung der wahrgenommenen Dienstleistungsqualität dient ein standardisierter Fragebogen (vgl. Abbildung 19), dessen 22 Items diese fünf Dimensionen repräsentieren. Dabei werden sowohl positiv als auch negativ formulierte Items verwendet, um auf diese Weise möglichen Verzerrungen durch einseitige Antworttendenzen oder Ermüdungseffekte vorzubeugen. Zu jedem Item werden zwei Aussagen formuliert („Doppelskala"). Mit Statements der Art „so-sollte-es-sein" werden die generellen Erwartungen der Bürger hinsichtlich der qualitätsrelevanten Aspekte der kommunalen Dienstleistung erfragt, während mit Aussagen der Form „so-ist-es" die erlebte Leistung im Hinblick auf das konkrete Dienstleistungsunternehmen erhoben wird (Hentschel 1992, S. 131). Die Bürger werden aufgefordert, die vorgegebenen Aussagen auf einer 7-Punkte-Skala von „stimme völlig zu" (7) bis „lehne entschieden ab" (1) zu bewerten. Die Differenz zwischen erwarteter und erlebter Leistung sind als dimensionsbezogene Qualitätsbeurteilungen zu interpretieren (vgl. Stauss/Hentschel 1991, S. 241).

In zwei Studien wurden anhand des SERVQUAL-Ansatzes öffentliche Institutionen untersucht: Babakus (1990) prüfte in den USA die Dienstleistungsqualität der öffentlichen Wasser-, Gas- sowie Stromversorger, indem 689 Kunden befragt wurden, und Nillesen/Reuyl (1991) erforschten die Qualität von Finanzämtern durch Befragung von 141 gewerblichen Steuerpflichtigen in den Niederlanden. Während Babakus das SERVQUAL-Konzept unmodifiziert einsetzte,

77 Dieser Ansatz ähnelt dem Idealpunktmodell von Trommsdorff, der basierend auf dem Mangel des Fishbein-Modells (vgl. Fishbein 1967, S. 389 ff.; Hentschel 1992, S. 114; Hammann/Erichson 1994, S. 285) nur Wahrscheinlichkeiten über das Vorhandensein von Merkmalen und nicht das Ausmaß wahrgenommener Ausprägungen zu messen, in seinem Modell sowohl die wahrgenommene Ausprägung der Leistung als auch die ideal empfundene Ausprägung misst (vgl. Trommsdorff 1993, S. 141).

Annehmlichkeit des Umfelds:
E 1. Die technische Ausrüstung von kommunalen Behörden sollte dem neuesten Stand entsprechen.
E 2. Die Amtsräume sollten ansprechend gestaltet sein.
E 3. Die Verwaltungsmitarbeiter sollten ordentlich angezogen sein und einen sympathischen Eindruck machen.
E 4. Die Gestaltung der Amtsräume sollte der Art der Dienstleistung angemessen sein.

Verlässlichkeit:
E 5. Wenn Behörden die Bearbeitung eines Vorgangs bis zu einem bestimmten Zeitpunkt versprechen, sollten sie diesen auch einhalten.
E 6. Bürgerprobleme sollten ernst genommen und mitfühlend und beruhigend behandelt werden.
E 7. Man sollte sich auf Behörden verlassen können.
E 8. Die Dienstleistung sollte zu dem Zeitpunkt ausgeführt sein/werden, zu dem sie versprochen wurde.
E 9. Behörden sollten eine ordentliche Bearbeitung ihrer Vorgänge gewährleisten.

Einsatzbereitschaft:
E 10. Man sollte von Verwaltungsmitarbeitern nicht erwarten, dass sie den Bürgern genau Auskunft darüber geben, wann die Dienstleistung ausgeführt sein wird. (-)
E 11. Es ist unrealistisch, als Bürger prompten Service von den Verwaltungsmitarbeitern zu erwarten. (-)
E 12. Die Verwaltungsmitarbeiter müssen nicht permanent gewillt sein, den Bürgern zu helfen. (-)
E 13. Es ist in Ordnung, wenn die Angestellten zu beschäftigt sind, um Bürgerwünsche unmittelbar zu erfüllen. (-)

Kompetenz:
E 14. Bürger sollten den Verwaltungsmitarbeitern vertrauen können.
E 15. Bürger sollten sich während des Kontakts zu den Verwaltungsmitarbeitern sicher fühlen können.
E 16. Die Verwaltungsmitarbeiter sollten höflich sein.
E 17. Die Verwaltungsmitarbeiter sollten angemessene Unterstützung in der Behörde erhalten, um ihre Tätigkeiten gut ausführen zu können.

Einfühlungsvermögen:
E 18. Von Verwaltungsmitarbeitern sollte nicht erwartet werden, dass sie jedem Bürger individuelle Aufmerksamkeit widmen. (-)
E 19. Von den Verwaltungsmitarbeitern kann nicht erwartet werden, dass sie sich persönlich um die Bürger kümmern. (-)
E 20. Es ist unrealistisch, von den Verwaltungsmitarbeitern zu erwarten, dass sie die Bedürfnisse der Bürger kennen. (-)
E 21. Es ist unrealistisch zu erwarten, dass Behörden nur das Interesse der Bürger im Auge haben. (-)
E 22. Man sollte von Behörden nicht erwarten, dass ihre Öffnungszeiten angenehm für alle Bürger sind. (-)

Anmerkung: Die mit einem (-) versehenen Items werden wegen ihrer Negativformulierung vor der Differenzbildung umkodiert (1 = 7, 2 = 6 usw.)

Abb. 19: Die 22 SERVQUAL-Items zur Messung kommunaler Dienstleistungsqualität (Quelle: zitiert nach Parasuraman/Zeithaml/Berry 1988, S. 38 ff.; vgl. Übersetzung von Hentschel 1990, S. 231)

veränderten Nillesen/Reuyl den ursprünglichen Ansatz dahingehend, dass sie nur drei der fünf Dimensionen und eine zusätzliche („*procedures*") verwendeten, des Weiteren fragten sie ca. 40 Items, also ungefähr 18 mehr als ursprünglich, ab. Als Hauptresultat der letzteren Befragung konnte ermittelt werden: Je besser die gewerblichen Steuerpflichtigen die Dienstleistungsqualität ihres Finanzamtes wahrnehmen, desto geringer ist – nach eigener Auskunft – ihre Neigung, Steuern zu hinterziehen (Nillesen/Reuyl 1991, S. 319).

Kritisch ist an dieser Stelle anzumerken,[78] dass es bei dem Vergleich zwischen erwarteter und wahrgenommener Qualität relativ häufig zu so genannter **Anspruchsinflation** kommt. Ohne Restriktionen jedmöglicher Form beachten zu müssen, neigen die Befragten dazu, ihre Erwartungen sehr hoch anzusiedeln. Konsequenz einer Auswertung auf der Basis einer Doppelskala ist tendenziell die Aussage, dass die generelle Qualität der Dienstleistung nicht zufrieden stellend sei (vgl. Haller 1993, S. 24). Darüber hinaus gestaltet sich problematisch, dass nur eine begrenzte Anzahl vorgegebener und zudem abstrakt formulierter Qualitätsmerkmale berücksichtigt werden kann. Hier besteht die Gefahr, dass die wahrgenommenen Leistungsvorteile und -probleme nicht vollständig, nicht konkret genug und in ihrer empfundenen Dringlichkeit nicht richtig erfasst weden. Deswegen und aufgrund des **Episodencharakters** vieler Dienstleistungen kommt der Erhebung und Auswertung von Kundenerlebnissen vergleichsweise große Bedeutung zu (Stauss/Hentschel 1991, S. 241).

Die theoretische Fundierung des SERVQUAL-Ansatzes ist beim **GAP-Modell** von Parasuraman/Zeithaml/Berry (1985) angesiedelt. Grundlage des GAP-Modells ist eine Zweiteilung der Interaktionsbeziehung in die Ebenen Dienstleister und Kunde (Zeithaml/Parasuraman/Berry 1992, S. 49; Bruhn 1996, S. 66). Unzureichende Leistungsqualität entsteht, wenn zwischen Soll- und Istwerten eine Lücke („Gap") besteht.

Abbildung 20 verdeutlicht die vielfältigen Interaktionsbeziehungen im GAP-Modell der kommunalen Dienstleistungsqualität.

Folgende Ursachen für Qualitätsmängel können unterschieden werden (vgl. Benkenstein 1993, S. 1107 f.; Kromschröder 1995, S. 605; Watzlik 1995, S. 92; Zeithaml/Berry/Parasuraman 1995, S. 134):

Gap 1: Divergenz zwischen der von den Bürgern erwarteten kommunalen Dienstleistung und der Wahrnehmung dieser Bürgererwartungen durch den Vewaltungsmitarbeiter.

Gap 2: Divergenz zwischen den von der Stadtverwaltung wahrgenommenen Bürgererwartungen und den von ihr angestrebten Qualitätsstandards.

Gap 3: Divergenz zwischen den von der Stadtverwaltung angestrebten Qualitätsstandards und der tatsächlich erstellten kommunalen Dienstleistung.

Gap 4: Divergenz zwischen der tatsächlich erstellten und der in der bürgergerichteten Kommunikation versprochenen Dienstleistung.

Gap 5: Divergenz zwischen erwarteter und erlebter kommunaler Dienstleistung.

Die Dienstleistungsqualität der Kommune wird vom Bürger umso höher bewertet, je besser es der Stadtverwaltung gelingt, die Lücken 1 bis 4 zu schließen.

Wenn der Zusammenhang zwischen den Gaps in der von Parasuraman/Zeithaml/Berry postulierten Weise besteht, ist es für die Stadtverwaltung von großer Bedeutung, zu wissen, von welchen Gaps die größten Hebelwirkun-

78 Vgl. die ausführlichen Kritikpunkte bei Hentschel (1990 und 1995).

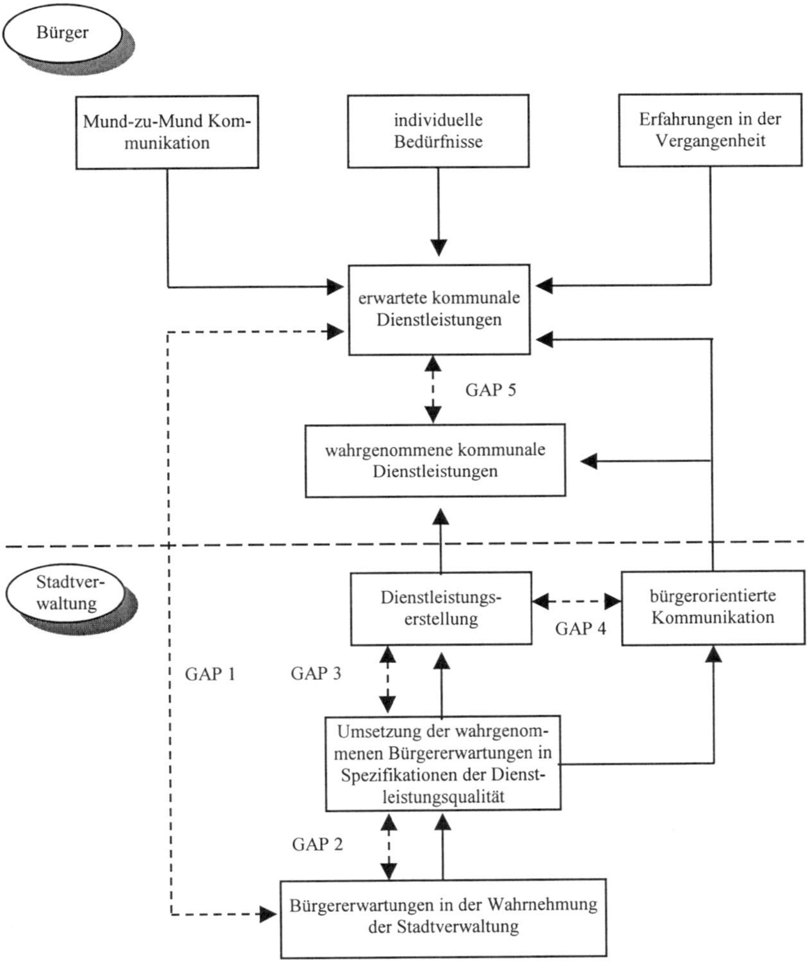

Abb. 20: GAP-Modell der kommunalen Dienstleistungsqualität (Quelle: vgl. Parasuraman/Zeithaml/Berry 1985, S. 44)

gen auf die wahrgenommene (und damit unmittelbar verhaltensrelevante) kommunale Dienstleistungsqualität ausgehen.

Als Fazit kann festgehalten werden, dass sich das GAP-Modell als Rahmenkonzept zur systematischen Suche nach Schwachstellen im Management von Dienstleistungsqualität eignet. Mit dem SERVQUAL-Ansatz liegt das notwendige Steuerungsinstrumentarium der kommunalen Qualität vor, wobei methodische Mängel mit einem geeigneten situationsspezifischen Erhebungsdesign umgangen werden können (Bruhn 1996, S. 77).

9.4 Ausblick: Public Marketing Management als kommunale Maxime

Ein anspruchsvolles Stadtmarketingkonzept kann nur dann mit Erfolg umgesetzt werden, wenn eine Reihe von Voraussetzungen erfüllt werden. Diese sind primär organisatorischer Art. Die Stadt als Dienstleistungsanbieter wird sich auf innovative Vertriebswege ihrer Leistungen einstellen müssen. Die Gemeinden haben neuartige Koordinationsleistungen zu erbringen, und eine zumindest anfänglich recht kostspielige überörtliche Serviceorganisation ist aufzubauen (vgl. Hildebrand 1994, S. 301; Heitmüller 1998, S. B10). Dienen, Leistung, unternehmerisches Handeln führen nicht zur Selbstaufgabe des Staates – weder in seiner demokratischen noch in seiner sozialstaatlichen Komponente. Der Staat bleibt Autorität, er ist aber nicht mehr autoritär. Die **Stadt als Dienstleistungsunternehmen** bedeutet also einerseits mehr Effektivität und Effizienz, andererseits aber auch eine bürgerzentrierte und partnerschaftliche Lösung öffentlicher Aufgaben.

Insofern gibt es keinen Gegensatz zwischen Hoheitsverwaltung und/oder Dienstleistungsunternehmen. Angesichts des modernen Verständnisses von einem demokratischen Staat und angesichts der Erwartungen seiner Bürger bedingen sich diese beiden Begriffe sogar gegenseitig: Es handelt sich um die längst überfällige Bereinigung von obsoleten Strukturen, die den Wandel der Zeit nicht nachvollzogen haben, die aber von den Bürgern auf lange Sicht nicht mehr akzeptiert werden. Richtungsentscheidungen sind gefragt, nicht das Ringen um Petitessen. Die Politik muss Maßnahmen ergreifen, das verloren gegangene Vertrauen der Bürger zurückzugewinnen: Sie kann sich weiter primär um parteiideologische Auseinandersetzungen und bürokratische Selbstreferenz bemühen, oder sie kann den Kommunen die Basis schaffen, um den Bürgern schnell, umfassend, unbürokratisch und unter Ausschöpfung aller Entscheidungsspielräume behilflich zu sein (vgl. Deckert/Schweiger 1997, S. B4). Das Dienstleistungsunternehmen Stadt findet seinen Sinn zwar auch, aber nicht nur in Effizienzoptimierung und Haushaltssanierung. Es gelangt zu seiner Bedeutung vornehmlich deshalb, weil es den Bürger mit aller Konsequenz in seine Rechte als Eigentümer des Staates einweist und als Kunde desselben achtet (Adamaschek 1998, S. 40 f.).

Das Konzept eines **Public Management** hat seit den frühen 80er Jahren die Reformpraxis in hoch entwickelten Industriestaaten erkennbar geprägt. Auch in der Bundesrepublik Deutschland – und hier besonders auf der kommunalen Verwaltungsebene – besitzt dieser Ansatz derzeit die nötige Zugkraft, um hinter sich verschiedene Refomkräfte zu versammeln und frühere, isolierte Reformanläufe zu reaktivieren und zusammenzuführen. Festzustellen ist, dass ein Anfang zur Überwindung der „operativen Verkrustungen“ (Damkowski/Precht 1998c, S. 502) gemacht wurde und eine „ansteigende Verantwortungsdynamik“ (ebenda) kontextgerechte Lösungen erhoffen lässt.

Weder die internationale Anwendung des Public Management-Konzepts, noch die erzielten Fortschritte in Richtung eines flexibleren und bürgerorientierteren Verwaltungshandelns dürfen jedoch den Blick für die Grenzen und bisherigen Mängel dieses Modernisierungsansatzes verstellen (vgl. Struwe 1998, S. B 8). Von grundsätzlicher Warte aus betrachtet steht in Zweifel, ob ein kommunales Leitbild z.B. dauerhaft tragfähig sein und universelle Gültigkeit beanspruchen kann, wenn es einen Erklärungsansatz von öffentlichem Verwaltungshandeln verabsolutiert. So steht hinter dem Public Management-Ansatz vor allem das Bild der Verwaltung als reines Dienstleistungsunternehmen, während konkurrierende Modelle, in denen die Verwaltung als ein offenes, in den Politikprozess eingebundenes System (Policy-Modell) oder als geschlossenes, auf Regelanwendung ausgerichtetes System (Bürokratie-Modell) erscheint, weitgehend ignoriert werden (vgl. Jann 1998c, S. 48 ff.).

Es darf bei allen Bemühungen und Forderungen an das Dienstleistungsunternehmen Stadt nicht vernachlässigt werden, dass auch bei entsprechender Organisation eine Kommune nicht zu einem Wirtschaftsunternehmen mutiert. Als politische Organisation ist die Stadt ihren Bürgern in einem umfassenden Sinn verantwortlich. Es genügt nicht die bloße Vermeidung unzufriedener Kunden. Daher kann es beim Umbau der Kommunalverwaltungen – der zwingend erforderlich ist – kein vorbehaltloses Imitieren von Strukturen und Instrumenten geben, die sich im privaten Sektor bewährt haben. Dieser ist keineswegs immer vorbildlich. Auch in der Wirtschaft gibt es Bürokratieprobleme und Missmanagement. Die Kommunen werden ihre politische und daseinsvorsorgende Aufgabe stets zu bewahren haben, auch wenn neue Wege begangen werden.

Die kritischen Einwände und der Anspruch auf eine stärkere Berücksichtigung der besonderen Umfeldbedingungen kommunaler Verwaltungen sollen jedoch nicht als Argumente für eine „Reformblockade" (Schröter/Wollmann 1998, S. 70) herangezogen werden, sondern sind als zusätzliche Motivation für eine zielstrebige Verbesserung und Modifikation der bislang unter dem Chiffre „Public Management" angebotenen Führungs- und Organisationskonzepte zu verstehen. Davon ausgehend, dass in dem bisherigen kommunalen Ansatz der Marketinggedanke nicht genügend Berücksichtigung gefunden hat, ist ein **Public Marketing Management** zu installieren. Dabei geht es darum, innerhalb der kommunalen Globalbedürfnisse (z.B. Arbeitslosenunterstützung, Wohngeld) die Bedürfnisse und Wünsche der Bürger zu erkunden, um das konkrete Leistungsangebot darauf auszurichten bzw. anzupassen. Behördenleistungen finden beim Bürger häufig keine Akzeptanz, weil es an einem wirkungsvollen Marketing zur Erkundung der Kundenbedürfnisse fehlt. Dies vor allem als Folge einer tendenziell innenorientierten Behördenkultur.

Nicht totaler Umbruch, sondern mutige Entscheidungen sind gefragt, die den kommunalen Bereich mit seinen Behörden, Wirtschaftsbetrieben und Sondereinrichtungen auf einem erfolgversprechenden, zukunftsorientierten Innovationspfad begleiten.

10. Zusammenfassende Schlussfolgerungen

Die Kommunen, ihre Führungsorganisation ebenso wie ihr Steuerungsvermögen, sehen sich derzeit einer harten Bewährungsprobe ausgesetzt. Die Probleme, die sie zu bewältigen haben, sind von steigender Komplexität und Komplizierung gekennzeichnet. Gleichzeitig reduziert sich ihr – nicht zuletzt finanzieller – Gestaltungs- und Entscheidungsspielraum zur Bewältigung der Krise. In dieser Situation gewinnt ein wirksames Innovations- und Veränderungsmanagement im Rahmen der **Verwaltungsmodernisierung** an Bedeutung. Deren Grundrichtungen sind vorgegeben, wie einleitend ausgeführt wurde: Stärkung der Effizienz und der Wirtschaftlichkeit kommunalen Handelns, die Entflechtung der Verantwortungsbereiche von Politik und Verwaltung und daraus resultierend Vereinfachung sowie Beschleunigung von Willensbildungs- und Entscheidungsprozessen.

Dabei gerät der **Bürger** in den Nukleus der kommunalen Reformdiskussionen. Oder zumindest sollte er dies. Denn oft orientieren sich die bisherigen Ansätze nur am Sparziel, an Wirtschaftlichkeitsberechnungen und Personalkürzungen. Zunehmend ist jedoch von höherer Bürgerfreundlichkeit und Kundenorientierung die Rede, wenn von Reformen gesprochen wird. Mit der vorliegenden Arbeit sollte untermauert werden, dass langfristige strukturelle Veränderungen in der herrschenden kommunalen Bürokratie nur möglich sind, wenn sich auch das Bild vom Bürger als Bittsteller – als Untertan – zum umworbenen Kunden in der Kommunalverwaltung wandelt. Warum gerade dort? Mehr noch als die Bundes- und Länder-Bürokratie ist in erster Linie die kommunale Verwaltung für den Bürger zuständig. Der Bürger in Gemeinde, Kreis und Stadt ist Nutznießer, Empfänger und Anspruchsberechtigter eines breiten Spektrums von Verwaltungsdienstleistungen:

„The customer service approach, however, does have the indisputable value of focussing bureaucrats on why they are doing what they do and who they are doing it for. Attacking the problems of bureaucracy from the outside in (by focussing the bureaucracy on the needs of the citizens) instead of from the inside out (by forcing citizens to adapt to bureaucracy's needs) makes important contributions. By centering managers' attention on outcomes, the customer service approach can provide a guide for restructuring organizations and managing the partnerships among them." (Kettl 1996, S. 11)

Zehn Jahre, nachdem sich die ersten Städte in der Bundesrepublik entschlossen haben, ein neues Instrument zur Stadtgestaltung zu erproben, sind nicht nur die Ansichten über die Zweckmäßigkeit und Effizienz von **Stadtmarketing** durchaus noch kontrovers, sondern auch die individuellen Ausgestaltungen in den Städten (vgl. Kapitel 4). Das mag daran liegen, dass die Vorstellungen sehr häufig noch diffus, die Erwartungen – vor allem was den Zeitrahmen betrifft – der unterschiedlichen Akteure teilweise völlig überzogen, „Erfolge" allenfalls in

Einzelfällen zu verzeichnen und nur in Ansätzen übertragbar sind. In nicht wenigen Fällen wird Stadtmarketing als Eingriff in die politische Selbstverwaltung betrachtet, wird Stadtmarketing als *„old wine in new bottles*" (Ashworth/ Voogd 1990a, S. 6) etikettiert, bestehen andere Vorbehalte, wie sie von Politikern, aber auch von der Wirtschaft vorgetragen werden. Die oftmals geäußerte Kritik, eine Stadt sei nicht wie ein Unternehmen zu führen und betriebswirtschaftliche Parameter können nicht blind adaptiert werden, konnte entschärft werden: In Kapitel 5 wurden dezidiert die gesetzlichen Voraussetzungen für innovative Modernisierungsprozesse in den Kommunen diskutiert. Die Selbstverwaltungsgarantie des Art. 28 GG eröffnet den Städten und Gemeinden Entscheidungs- und Handlungsspielräume zur Verbesserung ihrer Leistungsinfrastruktur mit dem Ziel, die Lebensqualität zu verbessern und zur Bindung von Bürgern und Unternehmen an die Kommune beizutragen. Diese Desiderate müssen zukünftig noch stärker als bisher genutzt werden. Ohne eine kritische Durchforstung der den Kommunen vom Staat vorgegebenen legislatorischen Rahmenbedingungen und ohne Überprüfung der gesamten Aufgaben- und Finanzverteilung zwischen Bund, Ländern und Gemeinden werden die kommunalen Reformen letztlich jedoch Stückwerk bleiben.

Der Versuch einer Synthese zwischen betriebswirtschaftlicher und politischer Sichtweise wird im **Public Management** reflektiert (vgl. Kapitel 6), wobei die Steuerung komplexer Organisationen und Aufgabenfelder im Vordergrund steht. Wie aufgezeigt werden konnte, hat der Public Management-Ansatz seinen Ursprung in der Managementlehre und führt in öffentlichen Verwaltungen mit der Differenzierung unterschiedlicher Führungs- und Sachfunktionen auch entsprechende Instrumente zur Wahrnehmung der Führungsfunktion ein, wie das kommunale Marketing, Organisations- und Personalentwicklung und die Kostenorientierung. Zur Vermeidung der Dysfunktionalitäten des Bürokratiemodells wird in diesem Zusammenhang besonders auf Eigenschaften und Verhaltensweisen der Verwaltungsmitglieder rekurriert (vgl. Kapitel 6.2.3). Die Individuen werden mit eigenen Interessen, Motiven, Zielen und unterschiedlichen Informationsgraden „ausgestattet".

Wie die Untersuchungen ergeben haben, scheint eine konzeptionelle, sich in gewandelten Stukturen und Verfahren niederschlagende Reform von Verwaltungen, nicht zuletzt wegen des Mangels einer **qualifizierten Theoriediskussion**, noch nicht vorzuliegen. Es fehlt bislang durchweg an einer theoretischen Fundierung innovativer Verwaltungsmodelle. Begrifflichkeiten wie „Konzern Stadt", „Dezentralisierung", „Personalentwicklung" und „Kundenorientierung" stehen als allgemeine Beschreibungsmerkmale neuer kommunaler Steuerungsmodelle. Dieses konstatierte Theorievakuum wurde zum Anlass genommen, ein geeignetes Konzept zu evaluieren, welches sich als Implementationsbasis für ein ganzheitliches Stadtmarketingkonzept eignet. Das **St. Galler Management-Konzept** (vgl. Kapitel 7) mit seinen dargelegten Managementdimensionen bietet sich als Fundament für ein geändertes Verständnis von Funktion, Umfang und Organisation öffentlicher Aufgabenwahrnehmung an. Dies umso mehr, da es als Instrument zur Entbürokratisierung von Institutionen konzipiert wurde. Insbesondere der modulare Aufbau bietet hinreichend Möglichkeiten, den kommunalen Erfordernissen nach einer situativ flexiblen Anwendung zu entsprechen.

In der vorliegenden Arbeit wurde des Weiteren untersucht, ob das politisch-administrative System der Kommunen nicht auch Mängel aufweist, die auf diese Weise nicht zu beheben oder möglicherweise noch verstärkt werden. Diesbezügliche Überlegungen knüpfen an die Tatsache an, dass es kommunalen Verwaltungen immer schwerer fällt, Programme und Problemlösungen zu entwickeln, die allgemein akzeptiert werden. Am **Beispiel Potsdam** (vgl. Kapitel 8) zeigt sich, dass die Politik in ihrer eigenen Zerrissenheit häufig selbst gar keine Lösung zu finden vermag bzw. ihre mühsam errungenen Kompromisse nicht durchzusetzen wagt, sobald sie auf inneren Widerstand stößt. Symptomatisch für viele deutsche Städte wird Stadtmarketing und Verwaltungsmodernisierung getrennt voneinander betrieben, anstatt von den Synergien einer ganzheitlichen Strategie explizit zu profitieren. In Potsdam wurde deutlich, dass die Stimmung in der Stadt als positive oder negative Grundvoraussetzung eine wesentliche Determinante im Stadtmarketing ist. Es ist dringend zu empfehlen, diese Stimmung vor Projektbeginn umfänglich zu ermitteln und sie im Realisierungsverlauf immer wieder zu kontrollieren.

Der Erfolg eines Stadtmanagement besteht im stringenten Konzept, seiner konsequenten Durchsetzung und Steuerung. Langfristig besteht nur die Chance auf Veränderung, wenn das vielerorts praktizierte *Laisser-faire* beendet wird. In Kapitel 9 wurde deshalb abschließend der Versuch unternommen, ein ganzheitliches Konzept – gleichsam als Handlungsbasis – zu entwickeln, das die bisherigen Defizite berücksichtigt und zugleich den Stadtmarketingansatz und die Verwaltungsmodernisierung zusammenführt. „Good government" (Hill 1993b, S. 18) kann heute nicht mehr nur Ordnungsgemäßheit und Rechtmäßigkeit des Verwaltungshandelns bedeuten. Die Wahrnehmung der öffentlichen Aufgaben einer Kommune wird auch und gerade daran gemessen, wie gut ihre Leistungen auf die Bedürfnisse der Bürger zugeschnitten sind. In Kapitel 9.2.2 konnten die wesentlichen **Kriterien einer kommunalen Kundenorientierung** detailliert herausgearbeitet werden. In dem Zusammenhang ist es erforderlich, die Einstellungen und Bedürfnisse der einzelnen Zielgruppen genau zu kennen, wobei deren emotionale und soziale Bedürfnisse nicht außer Acht gelassen werden dürfen. Verloren gegangene Motivations- und Produktivitätspotenziale kommunaler Mitarbeiter sind parallel zu erschließen, um Ineffizienzen und hohen Krankmeldungsquoten entgegenzutreten.

Mit dem Aufbau des koordinierten, homogenen Stadtmanagement im Rahmen eines Public Management wird nicht intendiert, vorhandene Aktivitäten additiv um die eine oder andere Maßnahme zu ergänzen. Stadtmarketing als bürgerorientierte Kommunalphilosophie bedarf einer besonderen **Führungs- und Handlungskonzeption**, die ihre Ziele unter systematischem Einsatz eines speziell abgestimmten Marketing-Mix (vgl. Kapitel 9.3.2) verfolgt und als Maßstab für den Erfolg den Bürger in den Mittelpunkt ihrer Überlegungen stellt. Von der Kontrolle des eigenen Handelns (vgl. Kapitel 9.3.3) über das Messen und Vergleichen mit anderen Verwaltungen und die Orientierung an den Besten („Benchmarking") bis hin zum Streben nach ständiger Verbesserung und Orientierung hinsichtlich weiterführender Ziele reicht schließlich die Evolutionskette kundenorientierten kommunalen Handelns.

Stadtmarketing wird zum **Public Marketing Management** und damit zum geeigneten Konzept zur Realisierung von mehr Bürgernähe und bürgerfreundlicher Verwaltung. Die Restrukturierung der Beziehung von Verwaltungen zu ihrem Umfeld, vor allem zu den Bürgern, befindet sich jedoch noch in den Anfängen. Neue Informations- und Kommunikationstechniken, insbesondere das Internet, erhalten im Rahmen der innovativen Ansätze eine Schlüsselrolle. Das extensive Aufgabenvolumen macht eine institutionell vielfältige und sinnvoll vernetzte kommunale Informationsinfrastruktur unverzichtbar (vgl. Kapitel 9.3.2.3).

Auf die Gefahr eines möglichen Scheiterns modernisierender kommunaler Maßnahmen wurde mit den Betrachtungen zum politischen Denken in Legislaturperioden hingewiesen. Politische Kultur, die mancherorts von Politikverdrossenheit geprägt ist, Kooperationsklima der zahlreichen Akteure und Mentalitäten sind Rahmenbedingungen im Stadtmarketing, die seine Machbarkeit grundlegend determinieren. Damit sind es vor allem die weichen Faktoren der städtischen Befindlichkeit, die sich als wesentliche Erfolgs- oder Misserfolgsfaktoren im Stadtmarketing herauskristallisieren.

Wenn es mit dieser Arbeit gelungen ist, innerhalb von Verwaltungen reflexive Prozesse in Gang zu setzen und angesichts der geschilderten bürokratischen Hindernisse das Bewusstsein für eine kommunale Kundenorientierung zu fördern, werden dementsprechende Innovationen und Modernisierungsmaßnahmen nicht lange auf sich warten lassen. Wie bei allen Neuentwicklungen wird es nur durch einen evolutionären Prozess aus Angebot, Nutzung und Nichtnutzung, Nutzer-Feedback und Angebotsmodifikation zu neuen typischen Organisationsmustern kommen.

Die Städte und ihre Verwaltungen ändern sich in vielen Bereichen. Eine inhaltlich-konzeptionelle Patentlösung kann es nicht geben. Aber:

„Building government capacity for the new millennium depends on creating good systems, but the systems are worthless without the right people in them, driven by the right incentives." (Kettl 1996, S. 15)

Literaturverzeichnis

Abel, Matthias/Hatzfeld, Ulrich (1991): Consulting im öffentlichen Bereich, in: Der Städtetag, 44. Jg. (1991), Heft 11/1991, S. 759–762.

Adamaschek, Bernd (1998): Hoheitsverwaltung und/oder Dienstleistungsunternehmen, in: von Bandemer, Stephan/Blanke, Bernhard/Nullmeier, Frank/Wewer, Göttrik (Hrsg.): Handbuch zur Verwaltungsreform, Opladen 1998, S. 32–41.

Allison, Graham T. (1983): Public and Private Management: Are They Fundamentally Alike in All Unimportant Aspects, in: Golembiewski, Robert T./Gibson, Frank K. (Hrsg.): Readings in Public Administration, 4. Aufl., Boston, S. 1–19.

Andersch, Bernd/Belzer, Volker (1998): Projektmanagement, in: von Bandemer, Stephan/Blanke, Bernhard/Nullmeier, Frank/Wewer, Göttrik (Hrsg.): Handbuch zur Verwaltungsreform, Opladen 1998, S. 269–277.

Antonoff, Roman (1971): Wie man seine Stadt verkauft. Kommunale Werbung und Öffentlichkeitsarbeit. Düsseldorf 1971.

Anwander, Gerhard/Draf, Dieter (1998): Bürgerfreundlich verwalten: Ein Leitfaden für Behördenkultur, in: Bayerische Verwaltungsschule (Hrsg.): Fortbildung & Praxis Band 8. Stuttgart, München, Hannover et al. 1998.

Articus, Stephan (1998): Städtische Ausgaben- und Finanzhoheit bedroht, in: Der Städtetag, 51. Jg. (1998), Heft 3/1998, S. 141–142.

Ashworth, Gregory J./Voogd, Henk (1990a): Can Places be sold for Tourism?, in: Ashworth, Gregory J./Goodall, Brian (Hrsg.): Marketing Tourism Places, London 1990, S. 1–16.

Ashworth, Gregory J./Voogd, Henk (1990b): Selling the City. London 1990.

Babakus, E. (1990): Dimensions of Service Quality: Method Artifacts?, in: Bearden, W. et al. (Hrsg.): Enhancing Knowledge Development in Marketing. American Marketing Association Educator's Proceedings, Band 1/1990, American Marketing Association, Chicago 1990, S. 290.

Backhaus, Hagen (1994): Beratung in Sachen Multimedia: Infosysteme sollen Verwaltung entlasten, in: Stadt und Gemeinde, 49. Jg. (1994), Heft 7/1994, S. 302.

Balderjahn, Ingo (1994): Stadtmarketing: Ein Konzept für Potsdam? Vortragsreihe Nr.1/1994, Lehrstuhl für Betriebswirtschaftslehre mit dem Schwerpunkt Marketing. Universität Potsdam 1994.

Balderjahn, Ingo (1995): Marketing für Brandenburg. Ausgewählte Ergebnisse einer empirischen Studie. Lehrstuhl für Betriebswirtschaftslehre mit dem Schwerpunkt Marketing. Universität Potsdam 1995.

Balderjahn, Ingo (1996): Marketing für Wirtschaftsstandorte, in: Der Markt, 35. Jg. (1996), Heft 3/1996, S. 119–131.

Balderjahn, Ingo (1998): Grundgedanken und Beispiele zur Entwicklung von Leitbildern für Städte. Vortragsreihe Nr. 9/1998, Lehrstuhl für Betriebswirtschaftslehre mit dem Schwerpunkt Marketing. Universität Potsdam 1998.

Balderjahn, Ingo/Aleff, Hans-Jörg (1996): Die Wirtschaftsregion Brandenburg: Grundlagen für ein Standortmarketing, Berlin 1996.

Balderjahn, Ingo/Mennicken, Claudia (1994): Das Image von Potsdam aus der Sicht lokaler Unternehmer. Lehr- und Forschungsbericht Nr.1/1994, Lehrstuhl für Betriebswirtschaftslehre mit dem Schwerpunkt Marketing. Universität Potsdam 1994.

Balderjahn, Ingo/Mennicken, Claudia/Will, Simone (1996): Image und Akzeptanz der Potsdamer Arkadien – Eine empirische Analyse im Kulturmarketing. Lehr- und Forschungsbericht Nr. 4/1996, Lehrstuhl für Betriebswirtschaftslehre mit dem Schwerpunkt Marketing. Universität Potsdam 1996.

Baldersheim, Harald (1993): Die „Free Commune Experiments" in Skandinavien: Ein vergleichender Überblick, in: Banner, Gerhard/Reichard, Christoph (Hrsg.): Kommunale Managementkonzepte in Europa. Anregungen für die deutsche Reformdiskussion. Köln 1993, S. 27–41.

Ball, Robert (1997): Die innovative Behörde. Praxisgerechte Wege zu einer dienstleistungsorientierten öffentlichen Verwaltung. Wiesbaden 1997.

Balleis, Siegfried (1997): Eine Stadt muß wie ein Dienstleistungsunternehmen handeln. Frankfurter Allgemeine Zeitung, 15.8.1997, Nr. 188, S. 38.

Banner, Gerhard (1989): Kommunalverfassungen und Selbstverwaltungsleistung, in: Schimanke, Dieter (Hrsg.): Stadtdirektor oder Bürgermeister. Beiträge zu einer aktuellen Kontroverse, Berlin 1989, S. 37–61.

Banner, Gerhard (1993a): Die internationale Entwicklung im kommunalen Management und ihre Rezeption in Deutschland, in: Banner, Gerhard/Reichard, Christoph (Hrsg.): Kommunale Managementkonzepte in Europa. Anregungen für die deutsche Reformdiskussion. Köln 1993, S. 185–197.

Banner, Gerhard (1993b): Konzern Stadt, in: Hill, Hermann/Klages, Helmut (Hrsg.): Qualitäts- und erfolgsorientiertes Verwaltungsmanagement. Aktuelle Tendenzen und Entwürfe, Berlin 1993, S. 57–67.

Banner, Gerhard (1993c): Von der Behörde zum Dienstleistungsunternehmen – ein neues Steuerungsmodell für Städte, in: Schriftenreihe des Niedersächsischen Städtetages, Heft 23. Göttingen 1993.

Bargehr, Brigitte (1991): Marketing in der öffentlichen Verwaltung: Ansatzpunkte und Entwicklungsperspektiven. Stuttgart 1991.

Bauer, Manfred (1996): Stadtmarketing – Methodik der Stadtentwicklung, in: Verwaltungsführung, Organisation und Personal („VOP"), 18. Jg. (1996), Heft 5/1996, S. 56–58.

Beck, Bill (1997): Selecting a Distribution Site: Is out the way in?, in: Area Development Site & Facility Planning, Heft 3/1997, S. 28–32.

Becker, Fred (1991): Strategische Anreizsysteme – Mitarbeiter zukunftsorientiert motivieren, in: Ackermann, Karl-Friedrich/Scholz, Hartmut (Hrsg.): Personalmanagement für die 90er Jahre. Neue Entwicklungen – Neues Denken – Neue Strategien. Stuttgart 1991, S. 279–308.

Becker, Jochen (1998): Marketing-Konzeption. Grundlagen des strategischen und operativen Marketing-Managements, 6., vollst. überarb. u. erw. Aufl., München 1998.

Belohradsky, Emmanuelle (1995): „ISO 9000 sorgt für Dokumente ohne Kaffeeflecken" – Deutschlands große PR-Agenturen entdecken das Qualitätsmanagement: Bessere Kommunikation oder Werbegag? Die Welt, 13.3.1995, S. B5.

Benkenstein, Martin (1993): Dienstleistungsqualität. Ansätze zur Messung und Implikationen für die Steuerung, in: Zeitschrift für Betriebswirtschaft („ZfB"), 63. Jg. (1993), Heft 11/1993, S. 1095–1116.

Bentz, Thomas (1995): Mehr Kompetenzen für Bürger und Kommunen. Unternehmer sind abhängig von der Phantasie der Politik, in: Focus, 2. Jg. (1995), Nr. 45 v. 6.11.1995, S. 52.

Berchthold, Willi (1997): Computer in die Verwaltung. Wie Wirtschaft und Kommunen kompatibel werden, in: Frankfurter Allgemeine Zeitung (Hrsg.): Kommunale Dienstleistungen. Verlagsbeilage v. 18.11.1997, Nr. 268, S. B3.

Bergler, Reinhold (1991): Der Standort als Imagefaktor, in: prmagazin (ohne Jahrgang), Heft 7/1991, S. 31–39.

Bernhart, Josef Johann (1996): Erfahrungen mit Total Quality Management. In der öffentlichen Verwaltung sind erste Ansätze vorhanden; in Verwaltungsführung, Organisation und Personal („VOP"), 18. Jg. (1996), Heft 1–2/1996, S. 58–61.

Bertram, Michael (1997): Marketing für Städte – Schlüssel zur dauerhaften Entwicklung, in: Pfaff-Schley, Herbert (Hrsg.): Stadtmarketing und kommunales Audit: Chance für eine ganzheitliche Stadtentwicklung, Berlin, Heidelberg 1997, S. 15–24.

Beul, Miriam M. (1998): Potsdam: Große Potentiale vorhanden – Immobilienmarkt noch ohne Profil. Handelsblatt, 2./3.1.1998, Nr. 1, S. 32.

Beyer, Lothar (1998a): Informations- und Kommunikationstechnik, in: von Bandemer, Stephan/Blanke, Bernhard/Nullmeier, Frank/Wewer, Göttrik (Hrsg.): Handbuch zur Verwaltungsreform, Opladen 1998, S. 256–269.

Beyer, Lothar (1998b): Reengineering, in: von Bandemer, Stephan/Blanke, Bernhard/ Nullmeier, Frank/Wewer, Göttrik (Hrsg.): Handbuch zur Verwaltungsreform, Opladen 1998, S. 106–115.

Beyer, Rolf (1995): Die Institutionalisierung von Stadtmarketing. Praxisvarianten, Erfahrungen, Fallbeispiele. Schriften des Deutschen Seminars für Städtebau und Wirtschaft, Arbeitshilfe Nr. 15, Bonn 1995.

Bick, Wolfgang/Bretschneider, Michael (Hrsg.) (1994): Lebensqualität und städtische Dienstleistungen aus Bürgersicht. Ergebnisse der kommunalen Umfrageforschung aus 14 Städten (Materialien des Deutschen Instituts für Urbanistik 6/94), Berlin, Oktober 1994.

Biller, Martin (1982): Kommunale Öffentlichkeitsarbeit: Definitionen, Begriffe, Akteure, in: Verwaltungsrundschau, 28. Jg. (1982), Heft 7/1982, S. 237–241.

Blankart, Charles B. (1997): Mehr Steuerautonomie für die Kommunen. Frankfurter Allgemeine Zeitung, 20.9.1997, Nr. 219, S. 17.

Blanke, Thomas (1998): Verwaltungsmodernisierung. Direktionsrecht des Arbeitgebers, Mitwirkungsrechte des Personalrats und Tarifautonomie. Baden-Baden 1998.

Bleicher, Knut (1991): Das neue St. Galler-Konzept integrierten Managements: Software für eine dynamische Philosophie, in: Gablers Magazin, 5. Jg. (1991), Heft 11–12/1991, S. 66–70.

Bleicher, Knut (1992a): Kodifizierung und Kommunikation unternehmenspolitischer Konzepte in Leitbildern, in: Die Unternehmung, 46. Jg. (1992), Heft 2/1992, S. 59–78.

Bleicher, Knut (1992b): Strategische Anreizsysteme. Flexible Vergütungssysteme für Führungskräfte. Stuttgart 1992.

Bleicher, Knut (1994a): Leitbilder, 2. Aufl., Stuttgart/Zürich 1994.

Bleicher, Knut (1994b): Normatives Management: Politik, Verfassung und Philosophie des Unternehmens. Frankfurt/M., New York 1994.

Bleicher, Knut (1995a): Change Management: Vertrauen als kritischer Faktor einer Bewältigung des Wandels, in: Zeitschrift Führung und Organisation („zfo"), 64. Jg. (1995), Heft 6/1995, S. 390–395.

Bleicher, Knut (1995b): Möglichkeiten und Grenzen der Selbstorganisation: Organisation als Erfolgsfaktor, in: Gablers Magazin, 9. Jg. (1995), Heft 9/1995, S. 13–16.

Bleicher, Knut (1996): Das Konzept Integriertes Management, 4., rev. u. erw. Aufl., Frankfurt/M., New York 1996.

Blinkert, Baldo (1989a): Noch einmal zum Wohnwert von Städten, in: Der Städtetag, 42. Jg. (1989), Heft 10 (1989), S. 634–636.

Blinkert, Baldo (1989b): Welche Städte haben den höchsten Wohnwert?, in: Der Städtetag, 42. Jg. (1989), Heft 7 (1989), S. 436–441.

Blombach, Diethard (1989): Der Verkehrsverbund Rhein-Ruhr: Marketing im öffentlichen Nahverkehr, in: Braun, Günther E./Töpfer, Armin (Hrsg.) (1989): Marketing im kommunalen Bereich. Der Bürger als „Kunde" seiner Gemeinde, Stuttgart 1989, S. 108–130.

Blume, Michael (1993): Tilburg: Modernes, betriebswirtschaftlich orientiertes Verwaltungsmanagement, in: Banner, Gerhard/Reichard, Christoph (Hrsg.): Kommunale Managementkonzepte in Europa. Anregungen für die deutsche Reformdiskussion, Köln 1993, S. 143–160.

Bockelmann, Karl (1995): Tendenzen der Verschiebung zwischen öffentlichen, privatwirtschaftlichen, organisierten und privaten Dienstleistungen, in: Bullinger, Hans-Jörg (Hrsg.): Dienstleistung der Zukunft. Märkte, Unternehmen und Infrastrukturen im Wandel. Ergebnisse der Tagung des Bundesministeriums für Bildung, Wissenschaft, Forschung und Technologie (BMBF) v. 28./29.6.1995 in Berlin. Wiesbaden 1995, S. 427–434.

Bodenstedt, Walter/Herber, Michael (1983): Die kulturelle Attraktivität deutscher Städte für Image und Fremdenverkehr. Versuch einer vergleichenden Darstellung mit Hilfe ausgewählter Indikatoren, in: Der Städtetag, 36. Jg. (1983), Heft 11/1983, S. 722–726.

Böhi, Daniel (1993): Stakeholder-Management bei Swissair, in: Die Unternehmung, 47. Jg. (1993), Heft 1/1993, S. 21–31.

Bölke, Lutz (1993): Marktgesetzlichkeiten auch im öffentlichen Dienst, in: Verwaltungsführung, Organisation und Personal („VOP"), 15. Jg. (1993), Heft 1/1993, S. 31–36.

Bogumil, Jörg/Kißler, Leo (1995): Vom Untertan zum Kunden? Möglichkeiten und Grenzen von Kundenorientierung in der Kommunalverwaltung. Berlin 1995.

Boschek, Heinz (1996a): Berlin sieht sich als Drehscheibe zwischen Ost und West. Handelsblatt, 26.9.1996, Nr. 187, S. 8.

Boschek, Heinz (1996b): Berlin zeigt Schwächen bei seiner Vermarktung: Nur die frechen Taxi-Fahrer haben New Yorker Niveau. Handelsblatt, 17.9.1996, Nr. 180, S. 9.

Boschek, Heinz (1996c): Milliarden für Theater und Museen: Öffentliche Investitionen in die „weichen Faktoren". Kulturpolitik soll den Standort Ost stärken. Handelsblatt, 4.4.1996, Nr. 68, S. 8.

Boss, Alfred (1988): Unternehmensbesteuerung und Standortqualität. Ein internationaler Vergleich, in: Kieler Diskussionsbeiträge Nr. 145/146. Institut für Weltwirtschaft, Kiel, November 1988.

Boston Consulting Group (1995): Strategische Neuausrichtung der Wirtschaftsbetriebe Oberhausen. Abschlußbericht, Mai 1995.

Brandt, Jürgen C./Raus, Viktor (1997): Serviceleistungen durch Standesbeamte, in: Der Städtetag, 50. Jg. (1997), Heft 1/1997, S. 25–26.

Braun, Günther E. (1986): Stand und Entwicklungsperspektiven der öffentlichen Betriebswirtschaftslehre, in: Betriebswirtschaftliche Forschung und Praxis („BFuP"), 38. Jg. (1986), Heft 2/1986, S. 181–198.

Bretschneider, Michael (1997a): Die Mitarbeiterbefragung in der Kommunalverwaltung. Eine Methodenanalyse von Praxisbeispielen (Materialien des Deutschen Instituts für Urbanistik 5/97), Berlin, 1997.

Bretschneider, Michael (1997b): Stadtprobleme 1997 aus Bürger- und Verwaltungssicht. Ergebnisse der kommunalen Umfrageforschung und der Difu-Befragung beim Panel der Stadtentwickler (Materialien des Deutschen Instituts für Urbanistik 7/97), Berlin, 1997.

Brokenshire, Peter (1993): Kommunen als konkurrierende Anbieter auf dem Markt für öffentliche Dienstleistungen: Das britische Experiment, in: Banner, Gerhard/ Reichard, Christoph (Hrsg.): Kommunale Managementkonzepte in Europa. Anregungen für die deutsche Reformdiskussion, Köln 1993, S. 99–111.

Bruch, Heike/Kuhnert, Birgit (1994): Total Quality Management als Kernelement von Lean Administration, in: Zeitschrift Führung und Organisation („zfo"), 63. Jg. (1994), Heft 2/1994, S. 99–103.

Brüggemeier, Martin (1998): Controllling in der öffentlichen Verwaltung. Ansätze, Probleme und Entwicklungstendenzen eines betriebswirtschaftlichen Steuerungskonzepts. 3. verb. u. aktualisierte Aufl., München/Mering 1998.

Bruhn, Manfred (1995a): Qualitätssicherung im Dienstleistungsmarketing – eine Einführung in die theoretischen und praktischen Probleme, in: Bruhn, Manfred/Stauss, Bernd (Hrsg.): Dienstleistungsqualität. Konzepte – Methoden – Erfahrungen. 2. überarb. u. erw. Aufl., Wiesbaden 1995, S. 19–46.

Bruhn, Manfred (1995b): Sicherstellung der Dienstleistungsqualität durch integrierte Kommunikation, in: Bruhn, Manfred/Stauss, Bernd (Hrsg.): Dienstleistungsqualität. Konzepte – Methoden – Erfahrungen. 2. überarb. u. erw. Aufl., Wiesbaden 1995, S. 161–187.

Bruhn, Manfred (1996): Qualitätsmanagement für Dienstleistungen. Grundlagen, Konzepte, Methoden. Berlin, Heidelberg, New York 1996.

Bruhn, Manfred/Tilmes, Jörg (1994): Social Marketing. Einsatz des Marketing für nichtkommerzielle Organisationen. 2. Aufl., Stuttgart, Berlin, Köln 1994.

Bruksch, Regina (1994): Erfahrungen aus vier Modellprojekten zum Stadtmarketing in Städten von Sachsen-Anhalt. Bonn 1994.

Budäus, Dietrich (1981): Betriebswirtschaftslehre öffentlicher Unternehmen und Verwaltungen – Ansätze und Probleme eines Bezugsrahmens einzelwirtschaftlicher Analyse und Gestaltung öffentlicher Leistungsprozesse, in: Zeitschrift für öffentliche und gemeinwirtschaftliche Unternehmen („ZögU"), 4. Jg. (1981), Heft 4/1981, S. 395–419.

Budäus, Dietrich (1993): Kommunale Verwaltungen in der Bundesrepublik Deutschland zwischen Leistungsdefizit und Modernisierungsdruck, in: Banner, Gerhard/Reichard, Christoph (Hrsg.): Kommunale Managementkonzepte in Europa. Köln 1993, S. 163–176.

Budäus, Dietrich (1995a): Bedeutung öffentlicher Dienstleistungen für die Produktivität privater Wirtschaftsprozesse, in: Bullinger, Hans-Jörg (Hrsg.): Dienstleistung der Zukunft. Märkte, Unternehmen und Infrastrukturen im Wandel. Ergebnisse der Tagung des Bundesministeriums für Bildung, Wissenschaft, Forschung und Technologie (BMBF) v. 28./29.6.1995 in Berlin. Wiesbaden 1995, S. 136–147.

Budäus, Dietrich (1995b): Public Management. Konzepte und Verfahren zur Modernisierung öffentlicher Verwaltungen, 3. Aufl., Berlin 1995.

Bueble, Benno (1993): Brauchen wir „lean management" in der öffentlichen Verwaltung?, in: Verwaltungsführung, Organisation und Personal („VOP"), 15. Jg. (1993), Heft 4/1993, S. 221–223.

Bühner, Rolf (1992): Betriebswirtschaftliche Organisationslehre, 6. verb. u. erg. Aufl., München, Wien 1992.

Bullerdiek, Thorsten/Greve, Manfred (1997): Öffentliche Verwaltung im Internet. München 1997.

Bullinger, Dieter/Meinecke, Bernd (1985): Standortentscheidungen von Unternehmen und privaten Haushalten. Erfahrungen bei der Erhebung und Verknüpfung objektiver und subjektiver Faktoren, in: Informationen zur Raumentwicklung (ohne Jahrgang), Heft 5 (1985), S. 407–418.

Bullinger, Hans-Jörg (1995): Dienstleistungsmärkte im Wandel – Herausforderung und Perspektiven, in: Bullinger, Hans-Jörg (Hrsg.): Dienstleistung der Zukunft. Märkte, Unternehmen und Infrastrukturen im Wandel. Ergebnisse der Tagung des Bundesministeriums für Bildung, Wissenschaft, Forschung und Technologie (BMBF) v. 28./29.6.1995 in Berlin. Wiesbaden 1995, S. 45–95.

Burmann, Christoph (1997): Städte- und Regionenmarketing, in: Meffert, Heribert (Hrsg.): Lexikon der aktuellen Marketing-Begriffe. Frankfurt/M. 1997, S. 245–249.

Buschardt, Wulf (1998): Die Spekulationen blühen bereits: Wer wird Platzeck beerben? Berliner Morgenpost, 22.2.1998, S. 13.

Canibol, Hans-Peter (1994): Ende der Bürokratie – Aus der Beamten-Hochburg Berlin soll in Kürze die bürgerfreundlichste Kommune werden, in: Focus, 1. Jg. (1994), Nr. 39 v. 26.9.1994, S. 304–306.

Canibol, Hans-Peter/Müller, Eva (1996): Buhmann Beamter, in: Focus, 3. Jg. (1996), Nr. 18 v. 29.4.1996, S. 226–234.

Canibol, Hans-Peter/Sieger,H./Stadler, R. (1995): Nepper, Schlepper, Bürgermeister. Focus-Städtetest: Wo sind die Steuern und Gebühren am höchsten? Abzocker Nummer Eins: Die Stadtväter von Kassel. Am billigsten ist es in Erfurt, in: Focus, 2. Jg. (1995), Nr. 49 v. 4.12.1995, S. 254–262.

Cima-Stadtmarketing GmbH (1994): Stadtleitbild Zittau. Zittau im Jahr 2005. München, 22.3.1994.

Cornell, Bradford/Shapiro, Alan C. (1987): Corporate Stakeholders and Corporate Finance, in: Financial Management, 16. Jg. (1987), Heft 1/1987, S. 5–14.

Cortner, Heinz (1997): Modernisierungsprozeß in der Kreisverwaltung, in: Hill, Hermann (Hrsg.): Die kommunikative Organisation. Change management und Vernetzung in öffentlichen Verwaltungen. Köln, Berlin, Bonn, München 1997, S. 59–67.

Damkowski, Wulf (1981): Verwaltungsinnovation zwischen Reform und Rationalisierung, in: Zeitschrift für Organisation („ZO"), 50. Jg. (1981), Heft 8/1981, S. 453–460.

Damkowski, Wulf/Precht, Claus (1995): Public Management. Neuere Steuerungskonzepte für den öffentlichen Sektor. Stuttgart, Berlin, Köln 1995.

Damkowski, Wulf/Precht, Claus (1998a): Public Management in Deutschland: Neuere Entwicklungen und eine Zwischenbilanz, in: Damkowski, Wulf/Precht, Claus (Hrsg.): Moderne Verwaltung in Deutschland. Public Management in der Praxis. Stuttgart, Berlin, Köln 1998, S. 15–33.

Damkowski, Wulf/Precht, Claus (1998b): Trennendes und Verbindendes im Public Management, in: Damkowski, Wulf/Precht, Claus (Hrsg.): Moderne Verwaltung in Deutschland. Public Management in der Praxis. Stuttgart, Berlin, Köln 1998, S. 487–501.

Damkowski, Wulf/Precht, Claus (1998c): Zusammenfassung und Ausblick, in: Damkowski, Wulf/Precht, Claus (Hrsg.): Moderne Verwaltung in Deutschland. Public Management in der Praxis. Stuttgart, Berlin, Köln 1998, S. 502–503.

David, Petra (1993): Erste Erfahrungen mit Stadtmarketing in einer ostdeutschen Großstadt, in: Töpfer, Armin (Hrsg.): Stadtmarketing – Herausforderung und Chance für Kommunen. Baden-Baden 1993, S. 247–255.

Deckert, Klaus/Schweiger, Stefan (1997): Einfach, schnell und transparent. Die Vision von einer schlanken Verwaltung, in: Frankfurter Allgemeine Zeitung (Hrsg.): Kommunale Dienstleistungen. Verlagsbeilage v. 18.11.1997, Nr. 268, S. B4.

Deimer, Josef/Kostenbader, Thomas (1997): Privatisierung kommunaler Aufgaben – Positionen und Erfahrungen der Städte, in: Coenenberg, Adolf G./Baum, Heinz G. et al. (Hrsg.): Controlling öffentlicher Einrichtungen, Stuttgart 1997, S. 21–28.

Derlien, Hans-Ulrich (1974): Theoretische und methodische Probleme der Beurteilung organisatorischer Effizienz der öffentlichen Verwaltung, in: Die Verwaltung, 7. Jg. (1974), Heft 1/1974, S. 1–22.

Der Regierende Bürgermeister von Berlin (1994): Konzeption und Aufgabenstellung der Partner für Berlin Gesellschaft für Hauptstadt-Marketing mbH. Kurzprotokoll einer Sitzung im Senatsgästehaus am 28.3.1994. Berlin, 24.6.1994.

Dieckmann, Jochen (1991): Unternehmen Stadt, in: Der Städtetag, 44. Jg. (1991), Heft 11/1991, S. 739.

Dieckmann, Jochen (1992): Die Zukunft des Stadtmarketings. Schriftfassung eines Vortrags anläßlich des Symposiums „Stadtmarketing" am 19.3.1992 in Kassel, S. 207–213.

Dieckmann, Jochen (1993): Voraussetzungen und Konsequenzen von Marketing in Kommunen, in: Töpfer, Armin (Hrsg.): Stadtmarketing – Herausforderung und Chance für Kommunen. Baden-Baden 1993, S. 23–35.

Dieckmann, Jochen/Scheytt, Oliver (1991): Die Landeshauptstadt – Kristallisationsort von Land und Region, in: Der Städtetag, 44. Jg. (1991), Heft 2/1991, S. 161–164.

Diehl, Hildebrand (1996): Dienstleistungsunternehmen Stadt, ein Weg aus der Krise?, in: Scheer, August-Wilhelm/Friederichs, Johann (Hrsg.): Innovative Verwaltungen 2000. Schriften zur Unternehmensführung, Band 57, Wiesbaden 1996, S. 41–50.

Döhla, Rainer (1994): Leben in Dortmund – Bewertungen und Prioritäten der Bürgerinnen und Bürger aus dem Jahre 1992, in: Bick, Wolfgang/Bretschneider, Michael (Hrsg.): Lebensqualität und städtische Dienstleistungen aus Bürgersicht. Ergebnisse der kommunalen Umfrageforschung aus 14 Städten (Materialien des Deutschen Instituts für Urbanistik 6/94), Berlin, Oktober 1994, S. 29–38.

Dommer, Eckhard (1994): Lebensqualität und kommunale Dienstleistungen aus der Sicht der Bürger der Stadt Gießen 1991, in: Bick, Wolfgang/Bretschneider, Michael (Hrsg.): Lebensqualität und städtische Dienstleistungen aus Bürgersicht. Ergebnisse der kommunalen Umfrageforschung aus 14 Städten (Materialien des Deutschen Instituts für Urbanistik 6/94), Berlin, Oktober 1994, S. 71–80.

Donabedian, A. (1980): The Definition of Quality and Approaches to its Assessment, Exploration in Quality, Assessment and Monitoring. Vol. I, Ann Arbor, Michigan, 1980.

Dotzler, Hans-Jürgen/Schick, Siegfried (1995): Systematische Mitarbeiterkommunikation als Instrument der Qualitätssicherung, in: Bruhn, Manfred/Stauss, Bernd (Hrsg.): Dienstleistungsqualität. Konzepte – Methoden – Erfahrungen. 2. überarb. u. erw. Aufl., Wiesbaden 1995, S. 277–293.

Drescher, Burkhard Ulrich/Dellwig, Magnus (1996a): Oberhausen macht sich fit für die Zukunft, in: Schückhaus, Ulrich (Hrsg.): Kommunen in Not – Wege aus der Krise. Reformansätze aus der kommunalen Praxis, Stuttgart 1996, S. 67–93.

Drescher, Burkhard Ulrich/Dellwig, Magnus (1996b): Rathaus ohne Ämter. Verwaltungsreform, Public Private Partnership und das Projekt Neue Mitte Oberhausen. Frankfurt/M., New York 1996.

Duss, Rainer (1993): Entstehungsprozeß und Schwerpunkte des Stadtmarketing-Konzeptes Karlsruhe, in: Töpfer, Armin (Hrsg.): Stadtmarketing – Herausforderung und Chance für Kommunen. Baden-Baden 1993, S. 200–210.

Eichel, Hans (1980): Bürgernahe Verwaltung, in: Verwaltungsrundschau, 26. Jg. (1980), Heft 3/1980, S. 91–93.

Eichhorn, Peter (1991): Immaterielle Leistungsanreize im öffentlichen Dienst, in: Verwaltungsführung, Organisation und Personal („VOP"), 13. Jg. (1991), Heft 3/1991, S. 152–156.

Eichhorn, Peter (1998): Sachverständigenrat „Schlanker Staat" kuriert Symptome. Ein Plädoyer für ein „New Public Management". Blick durch die Wirtschaft, 20.7.1998, Nr. 136, S. 5.

Eichhorn, Peter/Buchholz, Werner (1983): Marketing in öffentlichen Verwaltungen, in: Betriebswirtschaftliche Forschung und Praxis („BFuP"), 35. Jg. (1983), Heft 3/1983, S. 209–221.

Ellwein, Thomas (1997): Konstruktionsalternativen für die Verwaltung des Landes Berlin-Brandenburg, in: Jann, Werner (Hrsg.): Berlin-Brandenburg. Chance der Erneuerung von Landesverwaltungen. Schriftenreihe des Kommunalwissenschaftlichen Instituts der Universität Potsdam, Band 2, Berlin 1997, S. 27–44.

Empirica Delasasse (1995): Bürgerfreundlichkeit deutscher Großstädte. Köln, Dezember 1995.

Endres, Alfred (1988): Bürgernähe und Öffentlichkeitsarbeit, in: Der Städtetag, 41. Jg. (1988), Heft 4/1988, S. 254–256.

Engelhardt, Werner H./Kleinaltenkamp, Michael/Reckenfelderbäumer, Martin (1993): Leistungsbündel als Absatzobjekte. Ein Ansatz zur Überwindung der Dichotomie von Sach- und Dienstleistungen, in: Zeitschrift für betriebswirtschaftliche Forschung („zfbf"), 45. Jg. (1993), Heft/1993, S. 395–426.

Engelhardt, Werner H./Schütz, Peter (1991): Total Quality Management, in: Wirtschaftswissenschaftliches Studium („WiSt"), Heft 8, August 1991, S. 394–399.

Erlebach, Dietmar/Schückhaus, Ulrich (1994): Rüstzeug. Stadtmarketing und die Zukunft der Kommunen, in: Der Gemeinderat, 37. Jg. (1994), Heft 2/1994, S. 16–17.

Erbach, Michael (1998a): Die meisten Kreuzchen bekam Matthias Platzeck. Potsdamer Neueste Nachrichten, 29.9.1998, Nr. 227, S. 12.

Erbach, Michael (1998b): Die Sacrower wählten Gramlich als Erste ab: Spannendes Finale des Bürgerentscheids. Potsdamer Neueste Nachrichten, 18.5.1998, Nr. 114, S. 9.

Erbach, Michael (1998c): Fraktionen im Stadtparlament wollen konstruktiv mitarbeiten: Streit um Wahltermin und Besetzung der Beigeordneten. Potsdamer Neueste Nachrichten, 19.5.1998, Nr. 115, S. 9.

Erbach, Michael (1998d): Potsdam kann wieder lächeln. Potsdamer Neueste Nachrichten, 18.5.1998, Nr. 114, S. 21.

Erlinger, Robert (1993): Zielgruppenspezifische Imagefaktoren einer Stadt, in: Cima-Stadtmarketing GmbH (Hrsg.): „Kommunikation – Erfolgsfaktor für Kommunalentwicklung". Der Treffpunkt für Kommunalpolitik, Verwaltung und Wirtschaft. Dokumentation des Cima-Forums am 29./30.4.1993, Wiesbaden, S. 87–90.

Eule, Klaus-Dieter (1994): Potsdam ist unregierbar, und der Oberbürgermeister klebt an seinem Sessel. Neue Zeit, 6.5.1994, S. 20.

Eule, Klaus-Dieter (1996): Stürzt Horst Gramlich über das Potsdam-Center? Welt am Sonntag, Nr. 48 v. 1.12.1996, S. 139.

Esch, Franz-Rudolf (1992): Integrierte Kommunikation – ein verhaltenswissenschaftlicher Ansatz, in: Thexis, 9. Jg. (1992), Heft 6/1992, S. 32–40.

Eschenbach, Rolf/Kunesch, Hermann (1996): Strategische Konzepte. Management-Ansätze von Ansoff bis Ulrich, 3., völlig überarb. u. wesentl. erw. Aufl., Stuttgart 1996.

Fechner, Bernhard (1995): Stadtmarketing in Zittau – Eine Bilanz nach zwei Jahren. Seminardokumentation „Stadtmarketing – Was leistet das Instrument wirklich?", Deutsches Institut für Urbanistik, Berlin, 24.-26.4.1995.

Fehrlage, Arne/Winterling, Klaus (1991): Kann eine Stadt wie ein Unternehmen vermarktet werden?, in: Stadt und Gemeinde, 46. Jg. (1991), Heft 7/1991, S. 254–258.

Fiedler, Jobst (1996): Verwaltungsreform in einer deutschen Großstadt – Versuch einer kritischen Evaluation des Reformprozesses in Hannover, in: Reichard, Christoph/ Wollmann, Hellmut (Hrsg.): Kommunalverwaltung im Modernisierungsschub? Stadtforschung aktuell, Band 58, Basel, Boston, Berlin 1996, S. 113–134.

Fiedler, Jobst (1998): Aufgabenkritik und Konzentration auf Kernaufgaben, in: von Bandemer, Stephan/Blanke, Bernhard/Nullmeier, Frank/Wewer, Göttrik (Hrsg.): Handbuch zur Verwaltungsreform, Opladen 1998, S. 93–106.

Fishbein, M. (1967): A Behavior Theory Approach to the Relations between Beliefs about an Object and the Attitude towards the Object, in: Fishbein, M. (Hrsg.): Readings in Attitude Theory and Measurement, New York et al 1967, S. 389–400.

Floeting, Holger/Gaevert, Steffi (1997): Städte im Netz. Elektronische Bürger-, Stadt- und Wirtschaftsinformationssysteme der Kommunen, in: Deutsches Institut für Urbanistik (Hrsg.): Aktuelle Information. Berlin, Oktober 1997.

Focas, Caralampo/Genty, Paul/Murphy, Peter (1995): Top Towns. The Guinness Guide to finding the best places to live in the UK. Middlesex 1995.

Fokom Institut Forschung und Kommunikation GmbH (Hrsg.) (1995): Der Freizeitwert großer deutscher Städte für Berufseinsteiger und Berufsaussteiger – eine empirische Untersuchung. Düsseldorf, 18.5.1995.

Forschungsinstitut der Friedrich-Ebert-Stiftung (Abt. Wirtschaftspolitik) (1996): Innovative Kommunalverwaltung. Wege zu mehr Effizienz und Bürgernähe. Reihe „Wirtschaftspolitische Diskurse" Nr. 96. Dokumentation einer Tagung der Friedrich-Ebert-Stiftung am 18.6.1996 in Neu-Isenburg. Bonn 1996.

Fosler, R. Scott/Berger, Renee A. (Hrsg.) (1982): Public-Partnerships in American Cities. Lexington 1982.

Fox, Klaus-Peter (1998): Derivateinsatz im öffentlichen Bereich nicht durch überbordende Regelungen ersticken. Blick durch die Wirtschaft, 14.7.1998, S. 4.

Franke, Günter (1993): Agency-Theorie, in: Handwörterbuch der BWL, Teilband 1: A–H, 5. völlig neu gestaltete Aufl., Stuttgart 1993, S. 37–42.

Frauns, Elke/Junker, Rolf (1995): Citymanagement Hamm. Abschlußbericht. Seminardokumentation „Stadtmarketing – Was leistet das Instrument wirklich?", Deutsches Institut für Urbanistik, Berlin, 24.-26.4.1995.

Frey, Hans-Erich (1993): Kommunikation im „Unternehmen Stadt", in: Cima-Stadtmarketing GmbH (Hrsg.): „Kommunikation – Erfolgsfaktor für Kommunalentwicklung". Der Treffpunkt für Kommunalpolitik, Verwaltung und Wirtschaft. Dokumentation des Cima-Forums am 29./30.4.1993, Wiesbaden, S. 16–29.

Frey, Michaela (1996): Hergebrachte Verwaltungskultur und Neues Steuerungsmodell: Ergebnisse einer empirischen Untersuchung, in: Die innovative Verwaltung, Heft 1/1996, S. 32–37.

Friedemann, Jens (1994): Kommunalpolitiker entdecken das Standortmanagement. Frankfurter Allgemeine Zeitung, 18.11.1994, Nr. 268, S. 47.

Friedemann, Jens (1996): Kommunalpolitiker liebäugeln mit privaten Rechtsformen. Die Strategien der Städte. Frankfurter Allgemeine Zeitung, 25.10.1996, Nr. 249, S. 49.

Frömbling, Simone (1993): Zielgruppenmarketing im Fremdenverkehr von Regionen, in: Meffert, Heribert (Hrsg.): Schriften zu Marketing und Management, Band 21. Frankfurt/M., Berlin, Bern, New York, Paris, Wien 1993.

Fuchs, Jürgen (1996): Karriere in der innovativen Verwaltung: viel vermögen statt viel besitzen, in: Scheer, August-Wilhelm/Friederichs, Johann (Hrsg.): Innovative Verwaltungen 2000. Schriften zur Unternehmensführung, Band 57, Wiesbaden 1996, S. 51–58.

Funke, Ursula (1994a): Aalen: Stadtmarketing und Corporate Identity, in: Hill, Hermann (Hrsg.): Die begreifbare Stadt. Wege zum Dialog mit dem Bürger. Köln, Berlin, Bonn, München 1994, S. 114–132.

Funke, Ursula (1994b): Vom Stadtmarketing zur Stadtkonzeption. Stuttgart, Berlin, Köln 1994.

Funke, Ursula/Popitz, Peter (1993): Marketing-Konzept der Stadt Frankenthal: Entwicklung aus eigener Kraft, in: Töpfer, Armin (Hrsg.): Stadtmarketing – Herausforderung und Chance für Kommunen, Baden-Baden 1993, S. 185–199.

Fußhöller, Markus/Honert, Siegfried/Kendschek, Hardo (1995): Stadtmarketing – Ein Leitfaden für die Praxis. Schriften des Deutschen Seminars für Städtebau und Wirtschaft, Arbeitshilfe Nr. 14, Bonn 1995.

Ganseforth, Heinrich/Jüttner, Wolfgang (1990): Kommunale Selbstverwaltung – zwischen Parlamentarismus und Marketing, in: Der Städtetag, 43. Jg. (1990), Heft 8/1990, S. 555–561.

Garnett, James L. (1996): Communicating Effectively, in: Perry, James L. (Hrsg.): Handbook of Public Administration, 2. Aufl., San Francisco 1996, S. 665–681.

Gaulke, Klaus-Peter (1992): Entwicklung der Branchenstruktur in der Stadt Potsdam. Gutachten des Deutschen Instituts für Wirtschaftsforschung im Auftrag des Magistrats der Stadt Potsdam, Dezernat Stadtentwicklung, Wirtschaft und Gewerbe. Berlin, Oktober 1992.

Gaulke, Klaus-Peter/Heuer, Hans (1992): Unternehmerische Standortwahl und Investitionshemmnisse in den neuen Bundesländern. Fallbeispiele aus sechs Städten. Deutsches Institut für Wirtschaftsforschung, Heft 125, Berlin 1992.

Geitner, Thomas (1998): Neue Medien im Wettbewerb, in: Frankfurter Allgemeine Zeitung (Hrsg.): Kommunale Dienstleistungen. Verlagsbeilage v. 31.8.1998, Nr. 201, S. B1.

Gerber, Michael (1991): Standortmarketing – ein Konzept zur Wirtschaftsförderung im regionalen Bereich. Das Beispiel des Wirtschaftsraumes Kronach, in: Maier, Jörg (Hrsg.): Arbeitsmaterialien zur Raumordnung und Raumplanung, Universität Bayreuth, Lehrstuhl für Wirtschaftsgeographie und Regionalplanung, Heft 107, Bayreuth 1991.

Germis, Carsten (1998): http://www.bundestag.de und das Gespräch mit dem Bürger. Der Tagesspiegel, 12.2.1998, Nr. 16248, S. 4.

Gessenharter, Wolfgang (1997): Kommunalpolitik zwischen Globalisierung und Demokratisierung: Warum neue Beteiligungsmodelle auf kommunaler Ebene?, in: Das Rathaus, 50. Jg. (1997), Heft 9/1997, S. 342–349.

GEWOS GmbH (1991): City-Marketing Velbert. Zusammenführung der Ergebnisse. Hamburg/Bochum April 1991.

Gieskes, Hanna (1996): Stadtplanung im Zeitalter des Internet. Je dichter die Netze werden, desto mehr schwindet die Bedeutung der Metropolen. Die Welt, 17.10.1996, S. WV4.

Gillmann, Barbara/Leuthner, Roman (1994): „Mitbestimmung hemmt schnelle Entscheidungen“. Handelsblatt, 10.5.1994, Nr. 90, S. 8.

Glomb, Ronald (1998): Landeshauptstadt Potsdam: Buga-Vorbereitungen starten durch. Berliner Morgenpost, 26.4.1998, S. 17.

Göbel, Gabriele (1994): Durchgehend geöffnet. Selbstbedienungsterminals entlasten das Personal von Routineaufgaben und verbessern den Bürger-Service, in: Stadt und Gemeinde, 49. Jg. (1994), Heft 7/1994, S. 303–304.

Gold, John R. (1994): Locating the Message: Place Promotion as Image Communication, in: Gold, John R./Ward, Stephen V. (Hrsg.) (1994): Place Promotion. The Use of Publicity and Marketing to sell Towns and Regions. West Sussex 1994, S. 19–37.

Goldmann, Heinz (1998): Verblüffend einfach. Über den Sinn und Unsinn von Mitarbeiterbefragungen. Wirtschaftswoche, 52. Jg. (1998), Heft 34 v. 13.8.1998, S. 90.

Gossmann, Rainer (1998): Gemeinsam zu neuer Stärke. Das Public-Private-Partnership-Modell in Duisburg, in: Frankfurter Allgemeine Zeitung (Hrsg.): Kommunale Dienstleistungen. Verlagsbeilage v. 31.8.1998, Nr. 201, S. B7.

Gouthier, Matthias (1995): Stadtmarketing ein Schwerpunkt. Handelsblatt, 27.4.1995, Nr. 82, S. 5.

Grabner, Sigrid/Kiesant, Knut (Hrsg.) (1993): 1000 Jahre Potsdam. Das Buch zum Stadtjubiläum mit dem Festprogramm. 3. Aufl., Frankfurt/M., Berlin 1993.

Grabow, Busso (1996): Kommunale Wirtschaftspolitik, in: Bundesministerium für Wirtschaft (BMWi): Standort Deutschland. WorkshopPaket: Handlungsfelder für kommunale Entscheider und (mittelständische) Unternehmer, Bonn 1996, S. 37–60.

Grabow, Busso/Henckel, Dietrich/Hollbach-Grömig, Beate (1995): Weiche Standortfaktoren (Schriften des Deutschen Instituts für Urbanistik, Band 89), Stuttgart, Berlin, Köln 1995.

Grabow, Busso/Henckel, Dietrich/Kühn, Gerd (1996): Gutachten „Zukunft des Produktionsstandortes Potsdam“. Zusammenfassung der Ergebnisse (vorläufige Fassung). Deutsches Institut für Urbanistik. Berlin, November 1996.

Grabow, Busso/Hollbach-Grömig, Beate (1998): Stadtmarketing – eine kritische Zwischenbilanz (Difu-Beiträge zur Stadtforschung, Band 25), Berlin 1998.

Grätz, Christian (1983): Kommunale Wirtschaftsförderung – Kritische Bestandsaufnahme ihrer Funktionen und Organisation. Bochum 1983.

Gramlich, Horst (1993a): Begrüßungsrede anläßlich der Wirtschaftskonferenz zur 1000-Jahr-Feier Potsdams, Potsdam 1993, S. 5–6.

Gramlich, Horst (1993b): Rückschau und Ausblick, in: Grabner, Sigrid/Kiesant, Knut (Hrsg.): 1000 Jahre Potsdam. Das Buch zum Stadtjubiläum mit dem Festprogramm, 3. Aufl., Frankfurt a. M./Berlin 1993, S. 9–10.

Gramlich, Horst (1997): „Die Potsdamer sind nicht nörgelig, sondern kritisch“. Berliner Morgenpost, 14.9.1997, S. 18.

Grandjean, Marita (1997): „Gläserne Rathäuser“ nur mit zentralen Presseämtern, in: Der Städtetag, 50. Jg. (1997), Heft 1/1997, S. 26–27.

Grandke, Gerhard/Barthel, Christian/Weimer, Michael (1993): Schlanke Verwaltung für fettes Stadtsäckel, in: Der Städtetag, 46. Jg. (1993), Heft 4/1993, S. 264–268.

Grenacher, Heinz (1996): Bürgerbüro als Service am Kunden, in: Verwaltungsführung, Organisation und Personal („VOP“), 18. Jg. (1996), Heft 6–7/1996, S. 43–47.

Grimmer, Klaus/Kneissler, Thomas (1996): Mehr Verwaltung – weniger Kompetenz? Verwaltungspolitische und organisationstheoretisch-empirische Analysen zu neuen Organisationsformen in der Kommunalverwaltung, in: Reichard, Christoph/Wollmann, Hellmut (Hrsg.): Kommunalverwaltung im Modernisierungsschub? Stadtforschung aktuell, Band 58, Basel, Boston, Berlin 1996, S. 78–97.

Grömig, Erko (1997): Zum Stand der Verwaltungsmodernisierung in den Kommunen, in: Das Rathaus, 50. Jg. (1997), Heft 4/1997, S. 132–134.

Grömig, Erko (1998): Die dienstleistungsorientierte Kommune, in: Das Rathaus, 51. Jg. (1998), Heft 1/1998, S. 12–16.

Grunow, Dieter (1988): Bürgernahe Verwaltung. Theorie, Empirie, Praxismodelle. Frankfurt/M. 1988.

Grunow, Dieter/Hegner, Friedhart (1978): Bürgernähe der Verwaltung – Möglichkeiten und Grenzen, in: Laux, Eberhard (Hrsg.): Das Dilemma des öffentlichen Dienstes. Anspruch, Erwartungen, Realitäten. Bonn 1978, S. 51–100.

Hablützel, Peter (1995): Paradigmawechsel in der Staatsdiskussion: New Public Management. Schriftfassung eines Beitrags auf dem Kongreß für Öffentliches Dienstleistungs-Management „Public Management: Reformerwartungen, Reformerfahrungen“ in Berlin am 28./29.9.1995.

Haag, Theodor (1993): Stadtmarketing-GmbH als effiziente Organisationsform, in: Töpfer, Armin (Hrsg.): Stadtmarketing – Herausforderung und Chance für Kommunen. Baden-Baden 1993, S. 359–381.

Haaß, Heinrich (1993): Stadtmarketing und Städtebau: Analysen, Vergleiche und Modelle für die Praxis. Göttingen 1993.

Hack, Dieter/Lattwein, Roland (1996): Alle Macht dem Team: Dezentralisierung – Paradigmenwechsel im Public Management, in: Scheer, August-Wilhelm/Friederichs, Johann (Hrsg.): Innovative Verwaltungen 2000. Schriften zur Unternehmensführung, Band 57, Wiesbaden 1996, S. 79–91.

Haedke, Gunter/Arbter, Jutta (1993): Meilensteine auf dem Weg zum Stadtmarketing, in: Töpfer, Armin (Hrsg.): Stadtmarketing – Herausforderung und Chance für Kommunen. Baden-Baden 1993, S. 231–247.

Häußermann, Hartmut/Siebel, Walter (1990): The Polarization of Urban Development in the Federal Republic of Germany and the Question of a New Municipal Policy, in: International Journal of Urban and Regional Research, Band 14 (1990), Nr. 3/1990, S. 369–382.

Häußermann, Hartmut/Siebel, Walter (1993): Die Politik der Festivalisierung und die Festivalisierung der Politik. Große Ereignisse in der Stadtpolitik, in: Häußermann, Hartmut/Siebel, Walter (Hrsg.): Festivalisierung der Stadtpolitik. Stadtentwicklung durch große Projekte, Leviathan Sonderheft 13/1993, Opladen 1993, S. 7–31.

Hagan, Jack (1994): Management of Quality. Strategies to Improve Quality and the Bottom Line. Milwaukee 1994.

Haller, Sabine (1993): Methoden zur Beurteilung von Dienstleistungsqualität. Überblick zum State of the Art, in: Zeitschrift für betriebswirtschaftliche Forschung („zfbf“), 45. Jg. (1993), Heft 1/1993, S. 19–40.

Hammann, Peter (1986): Ansätze zu einem Marketing für kommunale Standorte, in: Trommsdorff, Volker (Hrsg.): Handelsforschung 1986 – Jahrbuch der Forschungsstelle für den Handel Berlin (FfH) e.V., Band 1, Berlin 1986, S. 161–184.

Hammann, Peter (1990): Grundprobleme eines regionalen Marketing am Beispiel der Industrieregion Ruhr, in: Meissner, Günther H. (Hrsg.): Spannungsfelder im Marketing: regionale, nationale und internationale Dimensionen. Dortmund 1990 (Schriftenreihe des Lehrstuhls für Marketing, Universität Dortmund, Heft 6), S. 63–74.

Hammann, Peter (1994): Kommunales und regionales Marketing, in: Tietz, Bruno/Köhler, Richard/Zentes, Joachim (Hrsg.): Handwörterbuch des Marketing, 2. Aufl., Stuttgart 1994.

Hammann, Peter/Erichson, Bernd (1994): Marktforschung, 3. überarb. u. erw. Aufl., Stuttgart, Jena, New York 1994.

Hammes, Katharina (1994a): Schlappe für Gramlich im Gemeindebund. Berliner Morgenpost, 21.5.1994, S. 7.

Hammes, Katharina (1994b): Stadterhaltung: Pleite für Potsdam. Berliner Morgenpost, 29.5.1994, S. 8.

Hartmann-Wendels, Thomas (1989): Principal-Agent-Theorie und asymmetrische Informationsverteilung, in: Zeitschrift für Betriebswirtschaft („ZfB"), 59. Jg. (1989), Heft 7/1989, S. 714–734.

Hatry, Harry P. (1996): Tracking the Quality of Services, in: Perry, James L. (Hrsg.): Handbook of Public Administration, 2. Aufl., San Francisco 1996, S. 537–554.

Hatzfeld, Ulrich/Junker, Rolf (1994): Grundlagen des Stadtmarketing, in: Handbuch Kommunale Politik, Stuttgart 1994.

Haubner, Oliver/Hill, Hermann/Klages, Helmut (1993): „1. Speyerer Qualitätswettbewerb 1992". Auf der Suche nach Spitzenverwaltungen, in: Verwaltungsführung, Organisation und Personal („VOP"), 15. Jg. (1993), Heft 1/1993, S. 46–50.

Hauptausschuß des Deutschen Städtetages (1998): Leitsätze zur städtischen Presse- und Öffentlichkeitsarbeit des Deutschen Städtetages 1998, in: Der Städtetag, 51. Jg. (1998), Heft 4/1998, S. 289.

Healey, Patsy/Cameron, Stuart/Davoudi, Simin/Graham, Stephen/Madani-Pour, Ali (Hrsg.) (1995): Managing Cities, The New Urban Context. West Sussex 1995.

Hegner, Friedhart (1980): Öffentliche Leistungen als personale öffentliche Leistungen. Entwicklungen in der Bundesrepublik Deutschland. Internationales Institut für Management und Verwaltung, Diskussionspapier Nr. 63. Berlin, September 1980

Heimann, Hubert (1998): Erfolgreiches City-Management Solingen: Neue Chancen für die Innenstadt. Schriftfassung eines Vortrags anläßlich des „2. Internationalen Stadt- und Regio- Marketing Forum Berlin '98" am 29.1.1998 in Berlin.

Heinelt, Hubert (1998): Vom Verwaltungsstaat zum Verhandlungsstaat, in: von Bandemer, Stephan/Blanke, Bernhard/Nullmeier, Frank/Wewer, Göttrik (Hrsg.): Handbuch zur Verwaltungsreform, Opladen 1998, S. 18–25.

Heinrich, Winfried (1993): Drei kritische Erfolgsfaktoren öffentlicher Verwaltung, in: Hill, Hermann/Klages, Helmut (Hrsg.): Qualitäts- und erfolgsorientiertes Verwaltungsmanagement. Aktuelle Tendenzen und Entwürfe, Berlin 1993, S. 281–300.

Heiß, Hans Jürgen (1995): Stadtverwaltung als Dienstleistungsunternehmen, in: Verwaltungsorganisation, 29. Jg. (1995), Heft 5/1995, S. 20–24.

Heitmüller, Hans-Michael (1998): Standortqualität verlangt Strategien. EDV unterstützt Kommunen beim Regional-Marketing, in: Frankfurter Allgemeine Zeitung (Hrsg.): Kommunale Dienstleistungen. Verlagsbeilage v. 31.8.1998, Nr. 201, S. B10.

Helbrecht, Ilse (1994): Stadtmarketing. Konturen einer kommunikativen Stadtentwicklungspolitik, in: Wollmann, Hellmut/Hellstern, Gerd-Michael (Hrsg.): Stadtforschung aktuell, Band 44, Basel, Boston, Berlin 1994.

Helbrecht, Ilse/Wölfel, Roland (1994): Den Bürger einbinden!, in: Der Gemeinderat, 37. Jg. (1994), Heft 5/1994, S. 16–17.

Hentschel, Bert (1990): Die Messung wahrgenommener Dienstleistungsqualität mit SERVQUAL. Eine kritische Auseinandersetzung, in: Marketing ZFP, 12. Jg. (1990), Heft 4/1990, S. 230–240.

Hentschel, Bert (1992): Dienstleistungsqualität aus Kundensicht. Vom merkmals- zum ereignisorientierten Ansatz. Wiesbaden 1992.

Hentschel, Bert (1995): Multiattributive Messung von Dienstleistungsqualität, in: Bruhn, Manfred/Stauss, Bernd (Hrsg.): Dienstleistungsqualität. Konzepte – Methoden – Erfahrungen. 2. überarb. u. erw. Aufl., Wiesbaden 1995, S. 347–378.

Herbold, Ralf/Obladen, Hans-Peter (1993): Bürger besser beteiligen, in: Der Städtetag, 46. Jg. (1993), Heft 9/1993, S. 508–515.

Herold, Thea (1994): Ein Jahr nach „Potstausend“: Die Kunstszene der brandenburgischen Landeshauptstadt könnte vieles bieten, was Berlin nicht hat. Der Tagesspiegel, 10.9.1994, Nr. 15028, S. 19.

Hildebrand, Erny (1994): Multimedia im Fremdenverkehr: Service rund um die Uhr, in: Stadt und Gemeinde, 49. Jg. (1994), Heft 7/1994, S. 300–301.

Hill, Hermann (1993a): Staatskommunikation. Begriff, Erscheinungsformen und Entwicklungschancen, in: Verwaltungsführung, Organisation und Personal („VOP“), 15. Jg. (1993), Heft 5/1993, S. 285–288.

Hill, Hermann (1993b): Verwaltung neu denken, in: Verwaltungsführung, Organisation und Personal („VOP“), 15. Jg. (1993), Heft 1/1993, S. 15–20.

Hill, Hermann (1994a): Die begreifbare Stadt, in: Hill, Hermann (Hrsg.): Die begreifbare Stadt. Wege zum Dialog mit dem Bürger. Köln, Berlin, Bonn, München 1994, S. 16–24.

Hill, Hermann (1994b): Was die Verwaltung von der Wirtschaft lernen kann. Welt am Sonntag, 16.10.1994, Nr. 42, S. 70.

Hill, Hermann (1996): Vergeßt die Bürger nicht!, in: Schückhaus, Ulrich (Hrsg.): Kommunen in Not – Wege aus der Krise. Reformansätze aus der kommunalen Praxis. Stuttgart 1996, S. 3–17.

Hill, Hermann (1997): Die kommunikative Organisation. in: Hill, Hermann (Hrsg.): Die kommunikative Organisation. Change management und Vernetzung in öffentlichen Verwaltungen. Köln, Berlin, Bonn, München 1997, S. 11–16.

Hillebrandt, Klaus-Peter (1996): Einführung der Kosten- und Leistungsrechnung am Beispiel des Hauptamtes der Stadt Dortmund, in: Schückhaus, Ulrich (Hrsg.): Kommunen in Not – Wege aus der Krise. Reformansätze aus der kommunalen Praxis. Stuttgart 1996, S. 191–204.

Hirschfelder, Raimund (1995): Das Total Quality Management-Programm der Landeshauptstadt Saarbrücken, in: Bullinger, Hans-Jörg (Hrsg.): Dienstleistung der Zukunft. Märkte, Unternehmen und Infrastrukturen im Wandel. Ergebnisse der Tagung des Bundesministeriums für Bildung, Wissenschaft, Forschung und Technologie (BMBF) v. 28./29.6.1995 in Berlin. Wiesbaden 1995, S. 567–591.

Höhn, Reinhard (1989): Die innere Kündigung in der öffentlichen Verwaltung: Ursachen-Folgen-Gegenmaßnahmen. Stuttgart/München 1989.

Hoffmann, Helmut/Dill, Günter (1993): Berlin 2000. Beiträge zum Neubau der Verwaltung. Band 1: Regierungs- und Verwaltungsmanagement, Wirtschaftsförderung und

Standortmarketing. Konrad-Adenauer-Stiftung, Bereich Forschung und Beratung. Interne Studien und Berichte Nr. 53/1993. Sankt Augustin, November 1993.

Hoffmann-Riem, Wolfgang (1979): Einleitung: Bürgernahe Verwaltung als Aufgabe für Theorie und Praxis, in: Hoffmann-Riem, Wolfgang (Hrsg.): Bürgernahe Verwaltung? Analysen über das Verhältnis von Bürger und Verwaltung, Neuwied, Darmstadt 1979, S. 9–22.

Hoffmann, Friedrich (1989): Erfassung, Bewertung und Gestaltung der Mitarbeiterqualität. Ein anwendungsorientierter Ansatz, in: Zeitschrift Führung und Organisation („zfo"), 58. Jg. (1986), Heft 6/1986, S. 410–414.

Hohensee, Matthias (1996): Hund anmelden. Deutsche Städte bauen virtuelle Rathäuser. Die Internet-Angebote sollen mehr Bürgernähe erzeugen, in: Wirtschaftswoche, 50. Jg. (1996), Heft 10 v. 29.2.1996, S. 147–148.

Holcomb, Briavel (1994): City make-overs: Marketing in the Post-Industrial City, in: Gold, John R./Ward, Stephen V. (Hrsg.) (1994): Place Promotion. The Use of Publicity and Marketing to sell Towns and Regions. West Sussex 1994, S. 115–131.

Holtmann, Eberhard (1990): Kommunalpolitik im politischen System der Bundesrepublik, in: Aus Politik und Zeitgeschichte, Heft 25/1990, S. 3–25.

Holzrichter, Elke/Lappe, Winfried (1998): Führungskräfte-Auswahl und Führungskräfte-Qualifizierung am Beispiel der Stadt Duisburg, in: Damkowski, Wulf/Precht, Claus (Hrsg.): Moderne Verwaltung in Deutschland. Public Management in der Praxis. Stuttgart, Berlin, Köln 1998, S. 454–465.

Homann, Klaus (1986): Mehr Bürgernähe in Kommunalverwaltungen durch Marketing, in: Der Städtetag, 39. Jg. (1986), Heft 9/1986, S. 607–610.

Homann, Klaus (1995): Marketing für Kommunalverwaltungen. Eine abnehmerorientierte Marketingkonzeption für den kommunalen Bereich. Berlin 1995.

Homburg, Christian/Werner, Harald (1996): Ein Meßsystem für Kundenzufriedenheit, in: Absatzwirtschaft (ohne Jahrgang), Nr. 11/1996, S. 92–100.

Homburg, Christian/Werner, Harald (1997): Behörden auf dem Prüfstand, in: Frankfurter Allgemeine Zeitung (Hrsg.): Kommunale Dienstleistungen. Verlagsbeilage v. 18.11.1997, Nr. 268, S. B4.

Honert, Siegfried (1991): Stadtmarketing und Stadtmanagement, in: Der Städtetag, 44. Jg. (1991), Heft 6/1991, S. 394–401.

Horstmann, Axel (1996): Weniger Hierarchie und mehr Verantwortung – Innovation folgt aus Mitarbeiterkompetenz, in: Schückhaus, Ulrich (Hrsg.): Kommunen in Not – Wege aus der Krise. Reformansätze aus der kommunalen Praxis, Stuttgart 1996, S. 163–174.

Http://www.potsdam.de.

Institut für Kommunikationsgeschichte und angewandte Kulturwissenschaften der Freien Universität Berlin (Hrsg.) (1995): Berlin wirbt! Metropolenwerbung zwischen Verkehrsreklame und Stadtmarketing 1920–1950. Ausstellungskatalog zur gleichnamigen Ausstellung im Kunstforum der Grundkreditbank v. 4.8.-3.9.1995.

Institut für Marktforschung Leipzig (1996a): Ergebnisse des subjektiven Städtevergleichs (Befragungsergebnisse). Leipzig, September 1996.

Institut für Marktforschung Leipzig (1996b): Vergleich der Lebensqualität in den 20 größten Städten der neuen Bundesländer. Leipzig, September 1996.

Jacobs, Jane (1961): The Death and Life of Great American Cities. New York 1961.

Jacobs, Siegfried (1991): City-Marketing. Die Anwendung der Marketing-Technologie zur Erhöhung der Einkaufsattraktivität von Innenstädten, in: Marketing ZFP, 13. Jg. (1991), Heft 2/1991, S. 121–130.

Jäger, Peter (1989): Die Kliniken der Landeshauptstadt Wiesbaden: Marketing und Corporate Identity, in: Braun, Günther E./Töpfer, Armin (Hrsg.): Marketing im kommunalen Bereich. Der Bürger als „Kunde" seiner Gemeinde. Stuttgart 1989, S. 170–193.

Jänig, Christian (1997): Stadtmarketing durch kommunales Energiemanagement am Beispiel der Stadt/Stadtwerke Unna GmbH, in: Pfaff-Schley, Herbert (Hrsg.): Stadtmarketing und kommunales Audit: Chance für eine ganzheitliche Stadtentwicklung, Berlin, Heidelberg 1997, S. 129–174.

Jann, Werner (1993): Neue Wege in der öffentlichen Verwaltung, in: Hill, Hermann/Klages, Helmut (Hrsg.): Qualitäts- und erfolgsorientiertes Verwaltungsmanagement. Aktuelle Tendenzen und Entwürfe, Berlin 1993, S. 77–90.

Jann, Werner (1997): Kommunal- und Funktionalreform in Brandenburg: Lehren für das neue Bundesland Berlin-Brandenburg?, in: Jann, Werner (Hrsg.): Berlin-Brandenburg. Chance der Erneuerung von Landesverwaltungen. Schriftenreihe des Kommunalwissenschaftlichen Instituts der Universität Potsdam, Band 2. Berlin 1997, S. 53–78.

Jann, Werner (1998a): Hierarchieabbau und Dezentralisierung, in: von Bandemer, Stephan/Blanke, Bernhard/Nullmeier, Frank/Wewer, Göttrik (Hrsg.): Handbuch zur Verwaltungsreform, Opladen 1998, S. 230–238.

Jann, Werner (1998b): Neues Steuerungsmodell, in: von Bandemer, Stephan/Blanke, Bernhard/Nullmeier, Frank/Wewer, Göttrik (Hrsg.): Handbuch zur Verwaltungsreform, Opladen 1998, S. 70–80.

Jann, Werner (1998c): Verwaltungswissenschaft und Managementlehre, in: von Bandemer, Stephan/Blanke, Bernhard/Nullmeier, Frank/Wewer, Göttrik (Hrsg.): Handbuch zur Verwaltungsreform, Opladen 1998, S. 47–57.

Jann, Werner/Reichard, Christoph/Wagner, Dieter (1997): Zusammenfassung der wissenschaftlichen Begleitforschung für kommunale Projekte zur Verwaltungsmodernisierung im Land Brandenburg. Erste Zwischenbilanz. Kommunalwissenschaftliches Institut, Universität Potsdam, März 1997.

Janning, Hermann (1996): Neue Steuerungsmodelle im Spannungsverhältnis von Politik und Verwaltung, in: Reichard, Christoph/Wollmann, Hellmut (Hrsg.): Kommunalverwaltung im Modernisierungsschub? Stadtforschung aktuell, Band 58, Basel, Boston, Berlin 1996, S. 152–168.

Joerger, Gernot (1979): Checkliste: Ist unsere Behörde bürgernah organisiert?, in: Der Städtetag, 32. Jg. (1979), Heft 5/1979, S. 263–264.

Jörissen, Josef/Lawitzke, Paul/Schäfer, Wolfgang/Weidelich, Friedhelm (1979): Bürgernähe in der Kommunalverwaltung. Das Einwohnermeldeamt als Ausgangspunkt einer Organisationsentwicklung zu einem Bürgeramt. Unna, Mai 1979.

Jung, Stefan/Tuckermann, Harald (1996): City-Netze: Virtuelle Gemeinschaft, in: Wirtschaftswoche, 25.4.1996, Nr. 18, S. 32.

Junker, Rolf/Schulte, Wilm (1992): City-Management Hamm, in: Der Städtetag, 45. Jg. (1992), Heft 9/1992, S. 659–664.

Kahlenborn, Walter/Dierkes, Meinolf/Krebsbach-Gnath, Camilla/Mützel, Sophie/Zimmermann, Klaus W. (1995): Berlin – Zukunft aus eigener Kraft. Ein Leitbild für den Wirtschaftsstandort Berlin. Berlin 1995.

Kaiser, Claudia (1996): Stadtmarketing – eine Bestandsaufnahme in deutschen Städten, in: Deutsches Institut für Urbanistik (Hrsg.): Aktuelle Information. Berlin, Februar 1996.

Kamiske, Gerd F./Brauer, Jörg-Peter (1993): Qualitätsmanagement von A–Z. München, Wien 1993.

Kanther, Manfred (1996): Innovationen in Verwaltungen, in: Scheer, August-Wilhelm/Friederichs, Johann (Hrsg.): Innovative Verwaltungen 2000, Wiesbaden 1996, S. 3–9.

Karrenberg, Hanns/Münstermann, Engelbert (1998): Gemeindefinanzbericht 1998. Städtische Finanzen '98 – Im Zeichen des Steuerverfalls, in: Der Städtetag, 51. Jg. (1998), Heft 3/1998, S. 143–233.

Karutz, Hans-Rüdiger (1996a): Ein Betongebirge grüßt Schloß Sanssouci. Die brandenburgische Landeshauptstadt riskiert mit einem Neubaukomplex seinen Platz auf der Unesco-Welterbeliste. Die Welt, 5.9.1996, S. 10.

Karutz, Hans-Rüdiger (1996b): Potsdam verspielt seinen Ruf. Die Welt, 13.12.1996, S. 5.

Karutz, Hans-Rüdiger (1997a): Kohls Bote schaut sich um. Staatsminister Pfeifer soll sich um den Problemfall Potsdam-Center kümmern. Die Welt, 4.3.1997, S. B6.

Karutz, Hans-Rüdiger (1997b): Von der Last eines Landes mit seiner Hauptstadt. Weshalb die königliche Residenz Potsdam nicht aus den Startlöchern zu kommen scheint. Die Welt, 23.5.1997, S. 4.

Karutz, Hans-Rüdiger (1998): „Lange Kerls" entfachen Streit. Die Welt, 2.6.1998, S. 27.

Keim, Karl-Dieter/Busch, Peter (1993): Stadt 2000 – Metropolen- und Großstadtentwicklung, in: Friedrich-Ebert-Stiftung (Hrsg.): Reihe Eurokolleg, Nr. 26/1993, S. 1–10.

Keller, Erwin (1991): Modellvorhaben City – Marketing Velbert, in: ILS-Schriften Nr. 56, 1991, S. 34–43.

Kendschek, Hardo (1997): Einmischung durch Kooperation – Dialogorientierte Stadtentwicklung durch Stadtmarketing, in: Pfaff-Schley, Herbert (Hrsg.): Stadtmarketing und kommunales Audit: Chance für eine ganzheitliche Stadtentwicklung, Berlin, Heidelberg 1997, S. 217–223.

Kettl, Donald F. (1996): Governing at the Millennium, in: Perry, James L. (Hrsg.): Handbook of Public Administration, 2. Aufl., San Francisco 1996, S. 5–18.

Kienbaum Unternehmensberatung GmbH (1995a): Stadtmarketing der Landeshauptstadt Potsdam. Leitbild. Potsdamer Bürger in Zusammenarbeit mit der Kienbaum Unternehmensberatung GmbH. Berlin, Düsseldorf, 8.11.1995.

Kienbaum Unternehmensberatung GmbH (1995b): Stadtmarketing der Landeshauptstadt Potsdam. Maßnahmenschwerpunkte. Potsdamer Bürger in Zusammenarbeit mit der Kienbaum Unternehmensberatung GmbH. Berlin, Düsseldorf, 8.11.1995.

Kienbaum Unternehmensberatung GmbH (1995c): Stadtmarketing Potsdam. Zwischenpräsentation zu Zielen, Stärken/Schwächen, Chancen/Risiken. Berlin, Düsseldorf, 30.6.1995.

Kinzel, Hans Georg (1993): Ein neues Profil für die Verwaltung, in: Kommunalpolitische Blätter, (ohne Jahrgang), Heft 3/1993, S. 176–179.

Kißler, Leo (1994): Hagen: Bürgerumfrage zur Kundenorientierung der Stadtverwaltung, in: Hill, Hermann (Hrsg.): Die begreifbare Stadt. Wege zum Dialog mit dem Bürger. Köln, Berlin, Bonn, München 1994, S. 73–90.

Kißler, Leo (1997): „Kundenorientierung" der Kommunalverwaltung – eine dritte Säule der lokalen Demokratie, in: Bogumil, Jörg/Kißler, Leo (Hrsg.): Verwaltungsmodernisierung und lokale Demokratie. Risiken und Chancen eines Neuen Steuerungsmodells für die lokale Demokratie. Baden-Baden 1997, S. 95–112.

Klages, Helmut (1993): Möglichkeiten der Qualitätsmessung und -bewertung in der öffentlichen Verwaltung, in: Hill, Hermann/Klages, Helmut (Hrsg.): Qualitäts- und erfolgsorientiertes Verwaltungsmanagement. Aktuelle Tendenzen und Entwürfe, Berlin 1993, S. 37–56.

Klages, Helmut (1997): Zwischenbilanz der Verwaltungsmodernisierung in Deutschland, in: Verwaltung und Management, 3. Jg. (1997), Heft 3/1997, S. 132–139.

Klaus, Peter G. (1984): Auf dem Weg zu einer Betriebswirtschaftslehre der Dienstleistungen: Der Interaktionsansatz, in: Die Betriebswirtschaft, 44. Jg. (1984), Heft 3/1984, S. 467–475.

Kleinaltenkamp, Michael (1995): Kundenorientierung und mehr, in: Absatzwirtschaft, 38. Jg. (1995), Heft 8/1995, S. 77–83.

Klützow, Frits (1996): Von der Not und Tugend des Arbeitens unter betriebswirtschaftlichen Gesichtspunkten in niederländischen Kommunen, in: Schückhaus, Ulrich (Hrsg.): Kommunen in Not – Wege aus der Krise. Reformansätze aus der kommunalen Praxis, Stuttgart 1996, S. 95–111.

Klug, Friederich (1981): Die absatzpolitische Position der Tätigkeit von Gemeinde-Verwaltungen. Absatzpolitische Instrumente und institutionelle Nebenbedingungen öffentlicher Dienstleistungen, in: Archiv für öffentliche und gemeinnützige Unternehmen, 13. Band, 1981, S. 176–189.

Knauf, Jürgen T. (1998): Benchmarking kleinerer Städte und Gemeinden: Kommunale Verwaltungsleistungen im Vergleich, in: Das Rathaus, 51. Jg. (1998), Heft 3/1998, S. 165–169.

Kobarg, Bernd/Stürmer, Wilhelmine (1977): Organisation einer Kreisverwaltung (Struktur-, Führungs- und Ablauforganisation), in: Timmermann, Manfred (Hrsg.): Management in der öffentlichen Verwaltung. Steigerung der Leistungsfähigkeit durch Management-Know-how und Beratungserfahrung, München 1977, B 3.3, S. 1–34.

Koch, Rainer (1998): Kontraktmanagement und Personalführung in öffentlichen Verwaltungen – systemgerechte Entwicklung von Managementinstrumenten als Realisierungsbedingung von New-Public-Management-Reformen, in: Damkowski, Wulf/Precht, Claus (Hrsg.): Moderne Verwaltung in Deutschland. Public Management in der Praxis. Stuttgart, Berlin, Köln 1998, S. 442–453.

König, Herbert (1991): Controlling als kommunales Führungsinstrument?, in: Stadt und Gemeinde, (ohne Jahrgang), Heft 12/1991, S. 439–441.

Koetz, Axel G. (1993): Auf dem Weg zum „Als-Ob"-Wettbewerb, in: Hill, Hermann/Klages, Helmut (Hrsg.): Qualitäts- und erfolgsorientiertes Verwaltungsmanagement. Aktuelle Tendenzen und Entwürfe, Berlin 1993, S. 145–166.

Koetz, Axel G. (1996): Motivation im öffentlichen Dienst, in: Schückhaus, Ulrich (Hrsg.): Kommunen in Not – Wege aus der Krise. Reformansätze aus der kommunalen Praxis. Stuttgart 1996, S. 205–225.

Kolz, Heinz/Essling, Heinz (1986): Standort-Marketing – ein Konzept zur kommunalen Wirtschaftsförderung, in: Der Städtetag, 39. Jg. (1986), Heft 10/1986, S. 677–680

Kommunale Gemeinschaftsstelle (KGSt) (1992a): Bürgernahe Verwaltung in den neuen Bundesländern. Leitbild. Bericht Nr. 2/1992. Köln, 1992.

Kommunale Gemeinschaftsstelle (KGSt) (1992b): Wege zum Dienstleistungsunternehmen Kommunalverwaltung. Fallstudie Tilburg. Bericht Nr. 19/1992. Köln, 1992.

Kommunale Gemeinschaftsstelle (KGSt) (1993): Das Neue Steuerungsmodell. Begründung, Konturen, Umsetzung. Bericht Nr. 5/1993. Köln, 1993.

Kommunale Gemeinschaftsstelle (KGSt) (1995): Qualitätsmanagement. Bericht Nr. 6/1995. Köln, 1995.

Kommunale Gemeinschaftsstelle (KGSt) (1997): Rechnungsprüfung und Neues Steuerungsmodell. Bericht Nr. 2/1997. Köln, 1997.

Konrad-Adenauer-Stiftung e. V./Deutscher Städte- und Gemeindebund (Hrsg.) (1998): Kommune online. Multimedia-Leitfaden für Kommunen und Regionen. Von der bürokratischen zur interaktiven Verwaltung. Berlin 1998.

Koppelmann, Udo (1993a): Marketing für Kommunen. Strategische Möglichkeiten und Grenzen. Unveröffentlichtes Skript, Seminar für Allgemeine Betriebswirtschaftslehre, Beschaffung und Produktpolitik. Universität zu Köln, März 1993.

Koppelmann, Udo (1993b): Produktmarketing. Entscheidungsgrundlage für Produktmanager. 4., vollständig überarb. u. erw. Aufl., Berlin, Heidelberg, New York 1993.

Korczak, Dieter (1995): Lebensqualität-Atlas. Umwelt, Kultur, Wohlstand, Versorgung, Sicherheit und Gesundheit in Deutschland. Opladen 1995.

Kotler, Philip/Haider, Donald/Rein, Irving (1994): Standortmarketing. Wie Städte, Regionen und Länder gezielt Investitionen, Industrien und Tourismus anziehen. Düsseldorf, Wien, New York, Moskau 1994.

Kotler, Philip/Levy, Sidney L. (1969): Broadening the Concept of Marketing; Journal of Marketing, 33. Jg. (1969), S. 10–15.

Kowitz, Heike (1994): Potsdam – die unregierbare Chaos-Stadt? Berliner Morgenpost, 3.6.1994, S. 3.

Kowitz, Heike/Huber, Andrea (1998): Der Koloß von Potsdam. Der Streit um das „Potsdam-Center“ eskaliert. Nun droht dem neuen Geschäftsviertel ein Baustopp. Berliner Morgenpost, 5.8.1998, S. 3.

Krämer, Andreas (1996): Dienstleister entdecken die Qualitätsmessung. Die Welt, 17.10.1996, S. WV4.

Krähmer, Rolf (1992): Das Tilburger Modell der Verwaltungsorganisation und Verwaltungsführung. Düsseldorf 1992.

Kraft, Hans-Peter/Seyfried, Erwin (1996): Intensive Kommunikation als Standortvorteil. Verwaltung und Unternehmen stärken Region durch Dialog, in: Verwaltungsführung, Organisation und Personal („VOP“), 18. Jg. (1996), Heft 8/1996, S. 52–55.

Krajinski, Roman (1997): Bürgerberatungs- und Informationssystem der Stadt Magdeburg, in: Hill, Hermann (Hrsg.): Die kommunikative Organisation. Change Management und Vernetzung in öffentlichen Verwaltungen, Köln, Berlin, Bonn, München 1997, S. 83–95.

Kreikebaum, Hartmut (1989): Wettbewerbsanalysen für Marketingentscheidungen, in: Bruhn, Manfred (Hrsg.): Handbuch des Marketing. Anforderungen an Marketing-Konzeptionen aus Wissenschaft und Praxis, München 1989, S. 131–156.

Kroeber-Riel, Werner (1993): Integrierte Marketing-Kommunikation, in: Thexis, 10. Jg. (1993), Heft 2/1993, S. 2–5.

Kroeber-Riel, Werner/Weinberg, Peter (1996): Konsumentenverhalten, 6., völlig überarb. Aufl., München 1996.

Kromschröder, Bernhard (1995): Qualität von Versicherungsdienstleistungen, in: Bullinger, Hans-Jörg (Hrsg.): Dienstleistung der Zukunft. Märkte, Unternehmen und Infrastrukturen im Wandel. Ergebnisse der Tagung des Bundesministeriums für Bildung, Wissenschaft, Forschung und Technologie (BMBF) v. 28./29.6.1995 in Berlin. Wiesbaden 1995, S. 592–607.

Kruse, Friedhelm (1996): Die Hansestadt Hamburg praktiziert Bürgernähe. Frankfurter Allgemeine Zeitung, 12.3.1996, Nr. 61, S. B10.

Kruzewicz, Michael/Schuchardt, Wilgart (1989): Public-Private-Partnership – Neue Formen lokaler Kooperation in industrialisierten Verdichtungsräumen, in: Der Städtetag, 42. Jg. (1989), Heft 12/1989, S. 761–765.

Kubicek, Herbert (1995): Stadtinformation – Private Dienstleistung und/oder öffentlicher Versorgungsauftrag, in: Bullinger, Hans-Jörg (Hrsg.): Dienstleistung der Zukunft. Märkte, Unternehmen und Infrastrukturen im Wandel. Ergebnisse der Tagung des Bundesministeriums für Bildung, Wissenschaft, Forschung und Technologie (BMBF) v. 28./29.6.1995 in Berlin. Wiesbaden 1995, S. 290–303.

Kühn, Elvira (1994): Denkmalpfleger wollen Mythos Sanssouci knacken. Der Tagesspiegel, 24.5.1994, S. 8.

Kühnlein, Gertrud (1996): Fortbildung als Modernisierungsinstrument? Personalpolitik und Qualifizierungsstrategien in Kommunalverwaltungen, in: Reichard, Christoph/ Wollmann, Hellmut (Hrsg.): Kommunalverwaltung im Modernisierungsschub? Stadtforschung aktuell, Band 58, Basel, Boston, Berlin 1996, S. 203–219.

Kuhn, Lothar (1996): Kommunalreform: Die gesamte Verwaltung wurde neu strukturiert – Nun droht der Stadt ein Prozeß: Der Wuppertaler Weg führte die Mitarbeiter in die Sackgasse. Handelsblatt, 3.9.1996, Nr. 170, S. 6.

Kuron, Irene (1996): Kommunales Marketing, in: Bundesministerium für Wirtschaft (BMWi): Standort Deutschland. WorkshopPaket: Handlungsfelder für kommunale Entscheider und (mittelständische) Unternehmer, Bonn 1996, S. 61–70.

Kuron, Irene (1997): Stadtmarketing: Chance zur ganzheitlichen Stadtentwicklung, in: Pfaff-Schley, Herbert (Hrsg.): Stadtmarketing und kommunales Audit: Chance für eine ganzheitliche Stadtentwicklung, Berlin, Heidelberg 1997, S. 1–14.

Kutschinski-Schuster, Birgit (1993): Corporate Identity für Städte. Eine Untersuchung zur Anwendbarkeit einer Leitstrategie für Unternehmen auf Städte. Essen 1993.

Lackner, Wolfgang (1992a): Städte-Ranking: Ein Instrument kommunaler Wirtschaftsförderung?, in: Der Städtetag, 45. Jg. (1992), Heft 6/1992, S. 471–475.

Lackner, Wolfgang (1992b): Städte-Ranking und kommunale Wirtschaftsförderung. Arbeitsbericht des Instituts für Städtebau und Landesplanung der Universität Karlsruhe, Januar 1992.

Lalli, Marco/Plöger, Wolfgang (1991): Corporate Identity für Städte, in: Marketing ZFP, 13. Jg. (1991), Heft 4/1991, S. 237–248.

Landesgewerbeamt Baden-Württemberg (1994): Leitfaden City-Marketing Baden-Württemberg. Stuttgart 1994.

Landeshauptstadt Potsdam. Amt für Wirtschaftsförderung (1993a): Ausgewählte Schwerpunkte der wirtschaftlichen Entwicklung in Potsdam. Unveröffentlichtes Papier. Potsdam 1993.

Landeshauptstadt Potsdam. Amt für Wirtschaftsförderung (1993b): Grundsätze zur Stadtentwicklungsplanung. Potsdam, Dezember 1993.

Landeshauptstadt Potsdam. Amt für Wirtschaftsförderung (1993c): Welche Perspektiven hat die Wirtschaft in Potsdam? Dokumentation der Wirtschaftskonferenz anläßlich der 1000-Jahr-Feier Potsdams, Potsdam 1993.

Landeshauptstadt Potsdam. Amt für Wirtschaftsförderung (1994): Workshop Stadtmarketing. Redebeiträge. Potsdam, 2.6.1994.

Landeshauptstadt Potsdam. Amt für Wirtschaftsförderung (1997): Ausgewählte Fakten und Zahlen. Ausgabe 3, Potsdam, 30.9.1997.

Landeshauptstadt Potsdam. Presse- und Informationsamt (1995): Rathaus Ratgeber. Daten/Informationen 1995. Potsdam 1995.

Landeshauptstadt Potsdam. Projekt Verwaltungsmodernisierung (1994): Bertelsmann-Projekt. Übersicht über bisherige Workshops, Beratungen, Seminare, Arbeitsschritte etc. Potsdam, 11.4.1994.

Landeshauptstadt Potsdam. Projekt Verwaltungsmodernisierung (1996a): Produkthandbuch. Handlungsanleitung besonders für neue Projektbereiche. Potsdam, 25.9.1996.

Landeshauptstadt Potsdam. Projekt Verwaltungsmodernisierung (1996b): Projekt Modernisierung der Stadtverwaltung Potsdam. Konzept zur Öffentlichkeitsarbeit. Potsdam, Februar 1996.

Landeshauptstadt Potsdam. Projekt Verwaltungsmodernisierung (1996c): Projekt Modernisierung der Stadtverwaltung Potsdam. Rahmenkonzept. Potsdam, Januar 1996.

Landeshauptstadt Potsdam. Projekt Verwaltungsmodernisierung (1997a): Bericht des Oberbürgermeisters über Stand und Entwicklungsprobleme des Projektes Verwaltungsmodernisierung in der Stadtverwaltung Potsdam. Stadtverordnetenversammlung am 5.5.1997. Potsdam, 28.4.1997.

Landeshauptstadt Potsdam. Projekt Verwaltungsmodernisierung (1997b): Schwerpunkte der Projektarbeit für 1997. Potsdam, 19.2.1997.

Lange, Helmut (1990): Stadtgeschichte in der Selbstdarstellung der Städte, in: Der Städtetag, 43. Jg. (1990), Heft 11/1990, S. 760–762.

Laux, Eberhard (1993): Unternehmen Stadt?, in: Die Öffentliche Verwaltung, 46. Jg. (1993), Heft 12/1993, S. 523–524.

Law, Christopher M. (1994): Urban Tourism. Attracting Visitors to Large Cities. London 1994.

Lenk, Klaus/Irps, Renate (1993): Mehr Dienstleistungsqualität im ländlichen Raum durch Bürgerbüros, in: Verwaltungsführung, Organisation und Personal („VOP“), 15. Jg. (1993), Heft 3/1993, S. 164–169.

Liesenfeld, Joachim/Loss, Kay (1994): Modernisierung der öffentlichen Verwaltung. Materialien und Berichte der ISDN-Forschungskommission des Landes Nordrhein-Westfalen Nr. 17, Düsseldorf, Dezember 1994.

Luczak, Holger (1995): Dienstleistung – Basis für Wirtschaftsprozesse, in: Bullinger, Hans-Jörg (Hrsg.): Dienstleistung der Zukunft. Märkte, Unternehmen und Infrastrukturen im Wandel. Ergebnisse der Tagung des Bundesministeriums für Bildung, Wissenschaft, Forschung und Technologie (BMBF) v. 28./29.6.1995 in Berlin. Wiesbaden 1995, S. 107–113.

Lukaschewitsch, Matthias (1997): „Potsdam wird Dienstleistungsstadt“. Berliner Morgenpost, 2./3.10.1997, S. 20.

Maaß, Christian (1997a): Reformen in der Landeshauptstadt. Potsdam auf dem Weg zum Neuen Steuerungsmodell, in: 8 Modellkommunen. Newsletter Nr. 5/1997, Kommunalwissenschaftliches Institut, Universität Potsdam, S. 16–19.

Maaß, Christian (1997b): Verwaltungsreform online. Das Neue Steuerungsmodell im Internet, in: 8 Modellkommunen. Newsletter Nr. 5/1997, Kommunalwissenschaftliches Institut, Universität Potsdam, S. 2–6.

Maaß, Christian/Reichard, Christoph (1997): Von Konzepten zu wirklichen Veränderungen? Erfahrungen mit der Einführung des Neuen Steuerungsmodells in Brandenburgs Modellkommunen. Kommunalwissenschaftliches Institut, Universität Potsdam 1997.

Machatschke, Michael (1997): Das Kreuz mit der deutschen Kameralistik. Die Welt, 23.12.1997, S. 10.

Mäding, Heinrich (1998): Verwaltungsreform, Haushalt und Demokratie; von Bandemer, Stephan/Blanke, Bernhard/Nullmeier, Frank/Wewer, Göttrik (Hrsg.): Handbuch zur Verwaltungsreform, Opladen 1998, S. 279–288.

Maier, Jörg (1990): Planungsmanagement und Planungsmarketing. Denk- und Handlungsrichtungen der Regionalplanung in den 90er Jahren, in: Akademie für Raumforschung und Landesplanung (ARL) (Hrsg): Regional- und Landesplanung für die 90er Jahre. Wissenschaftliche Plenarsitzung. Forschungs- und Sitzungsberichte Nr. 186, Hannover 1990, S. 101–107.

Maier, Jörg/Troeger-Weiss, Gabi (1990): Marketing in der räumlichen Planung. Ansätze und Wege zu einer marktorientierten Regional- und Kommunikationsplanung/-politik, in: Beiträge der Akademie für Raumforschung und Landesplanung Nr. 117, Hannover 1990.

Maier, Jörg/Wimmer, Frank (1992/1993): Regionales Marketing. Eine empirische Grundlagenuntersuchung zum Selbst- und Fremdimage der Region Oberfranken, in: Bayerisches Staatsministerium für Landesentwicklung und Umweltfragen, Bamberg/ Bayreuth 1992/1993.

Manschwetus, Uwe (1995): Regionalmarketing. Möglichkeiten und Grenzen des Marketing-Managementansatzes als Instrument der Regionalentwicklung. Dissertation, Freie Universität Berlin 1995.

Mara, Michael (1994): Noch ist Potsdam nicht verloren. Der Tagesspiegel, 1.6.1994, Nr. 14927, S. 1.

Mara, Michael (1995a): Berlin will Potsdam unter die Arme greifen. Damit die Kommune nach der Fusion nicht einbricht: Diepgen schlägt Bildung einer Hauptstadt-Kommission vor. Der Tagesspiegel, 10.10.1995, Nr. 15413, S. 12.

Mara, Michael (1995b): Nur Potsdam kann nicht mithalten. Tourismus in Brandenburg mit starken Zuwächsen – Defizite in der Landeshauptstadt. Der Tagesspiegel, 7.2.1995, Nr. 15174, S. 8.

Mara, Michael (1998): Hat mit dem „Deichgraf“ das Jammern ein Ende? Der Tagesspiegel, 28.9.1998, Nr. 16471, S. 13.

Mara, Michael/Metzner, Thorsten (1994): Die Potsdamer Art der Zwangsvereinigung mit rosa-roten Brüderküssen. Der Tagesspiegel, 27.5.1994, Nr. 14922, S. 3.

Masser, Kai/Gerhards, Ralf (1997): Kommunen im Web-Test, in: Die innovative Verwaltung, Heft 3/1997, S. 24–27.

Mathes, Werner/Metzner, Wolfgang (1994): Aufschwung Ost bei den Verbrechen. Stern Nr. 24/1994, S. 110–113.

Matussek, Matthias (1996): Mißmut im Speckgürtel. Über die Lust der Potsdamer an der Niedergeschlagenheit, in: Der Spiegel, (ohne Jahrgang), Heft 41 v. 7.10.1996, S. 70–81.

Meffert, Heribert (1989): Städtemarketing – Pflicht oder Kür?, in: Planung und Analyse, 16. Jg. (1989), Heft 8/1989, S. 273–280.

Meffert, Heribert (1997): Marketing. Grundlagen der Absatzpolitik, 8., überarb. u. erw. Aufl., Wiesbaden 1997.

Meffert, Heribert/Bruhn, Manfred (1995): Dienstleistungsmarketing: Grundlagen, Konzepte, Methoden. Mit Fallbeispielen. Wiesbaden 1995.

Meissner, Hans-Günther (1995): Stadtmarketing – Eine Einführung, in: Beyer, Rolf/Kuron, Irene (Hrsg.): Stadt- und Regionalmarketing – Irrweg oder Stein der Weisen? Material zur Angewandten Geographie, Band 29, Bonn 1995, S. 21–27.

Mercer, James L. (1992): Public Management in Lean Years. Operating in a Cutback Management Environment. Westport 1992.

Metzen, Heinz (1994): Schlankheitskur für den Staat. Lean Management in der öffentlichen Verwaltung. Frankfurt/M. 1994.

Metzner, Thorsten (1995a): Potsdam auf der Suche nach einer neuen Identität. Ziellos weiter „auf der Suche nach dem Geist des Ortes". Der Tagesspiegel, 19.2.1995, Nr. 15186, S. W3.

Metzner, Thorsten (1995b): „Wenn schon Berlin, dann Potsdam!" Der Tagesspiegel, 21.3.1995, Nr. 15216, S. 12.

Metzner, Thorsten (1995c): Weniger Einwohner und Besucher. Potsdamer Jahresbericht: geringe Arbeitslosigkeit und hohe Nettoeinkommen. Der Tagesspiegel, 22.7.1995, Nr. 15334, S. 12.

Metzner, Thorsten (1996a): Auflagen für Stadtentwicklung. UNESCO setzt Potsdam vorerst nicht auf die Rote Liste gefährdeter Kulturdenkmäler. Der Tagesspiegel, 5.12.1996, Nr. 15826, S. 21.

Metzner, Thorsten (1996b): Kölner Architekt baut bis 1999 Hans-Otto-Theater um. Der Tagesspiegel, 2.8.1996, Nr. 15702, S. 14.

Metzner, Thorsten (1996c): Plötzlich gibt es zuviele Betten. In Potsdam wird ein Hotel nach dem anderen eröffnet. Probleme vor allem bei den teuren Häusern. Der Tagesspiegel, 4.8.1996, Nr. 15704, S. 14.

Metzner, Thorsten (1996d): Potsdam nicht länger Ganoven-Hauptstadt. Der Tagesspiegel, 10.4.1996, Nr. 15591, S. 12.

Metzner, Thorsten (1997): Bedrohung für das Welterbe „abgewendet". Der Tagesspiegel, 4.4.1997, Nr. 15941, S. 14.

Metzner, Thorsten (1997): Potsdam-Tourismus unter Verschluß. Geheimniskrämerei um die noch 1997 geplante Privatisierung des städtischen Amtes. Der Tagesspiegel, 30./31.3.1997, Nr. 15937, S. 13.

Metzner, Thorsten (1998a): Hohe Beteiligung und eine klare Entscheidung. Der Tagesspiegel, 28.9.1998, Nr. 16471, S. 13.

Metzner, Thorsten (1998b): Unsicherheit bis zur letzten Minute: Wie der Tag des Bürgerentscheids gegen Horst Gramlich in Potsdam verlief. Potsdamer Neueste Nachrichten, 18.5.1998, Nr. 114, S. 9.

Meyer, Anton (1985): Produktdifferenzierung durch Dienstleistungen, in: Marketing ZFP, 7. Jg. (1985), Heft 2/Mai 1985, S. 99–107.

Meyer, Anton (1991): Dienstleistungs-Marketing, in: Die Betriebswirtschaft, 51. Jg. (1991), Heft 2/1991, S. 195–209.

Meyer, Anton/Mattmüller, Roland (1987): Qualität von Dienstleistungen. Entwurf eines praxisorientierten Qualitätsmodells, in: Marketing ZFP, 9. Jg. (1987), Heft 3/August 1987, S. 187–195.

Ministerium für Wissenschaft, Forschung und Kultur des Landes Brandenburg (1994): Wissenschaft, Forschung und Kultur im Land Brandenburg, Referat Presse- und Öffentlichkeitsarbeit, 1. Aufl., Potsdam 1994.

Moews, Dieter (1989): Kosten- und Leistungsrechnung. 3., völlig überarb. u. erw. Aufl., München 1989.

Mombaur, Peter Michael (1994): Besoldung nach erbrachter Leistung, in: Kommunalpolitische Blätter, 46. Jg. (1994), Heft 2/1994, S. 96.

Morgan, Colin/Murgatroyd, Stephen (1994): Total Quality Management in the Public Sector. Buckingham 1994.

Müller, Wolfgang-Hans (1990): Der Fremdenverkehr im kommunalen Marketing, in: Der Städtetag, 43. Jg. (1990), Heft 3/1990, S. 225–232.

Müller, Wolfgang-Hans (1991): Territoriales (regionales und kommunales) Marketing, in: Wibera Wirtschaftsberatung AG (Hrsg.): Projektentwicklung im Bau- und Immobiliensektor. Sonderdruck Nr. 223. Vortrag auf dem Managementkongreß des Institute for International Research, Frankfurt/M. am 14./15.11.1991.

Mumme, Gerhard (1997): Kommunen in Not: Die Kassen sind leer, die Schulden wachsen. Die Bürger verlieren an Lebensqualität, in: Die Woche (ohne Jahrgang), Nr. 28 v. 4.7.1997, S. 12.

Mundt, Jürgen (1998a): Kandidaten-Karussell fürs Amt des Oberbürgermeisters dreht sich. Berliner Morgenpost, 8.3.1998, S. 16.

Mundt, Jürgen (1998b): Steuer bezahlt? Stadt will alle Hundehalter befragen lassen Morgenpost, 30.7.1998, S. 20.

Mundt, Jürgen/Kowitz, Heike (1998): Hans-Joachim Bosse will nach Niedersachsen zurück. Berliner Morgenpost, 14.7.1998, S. 14.

Munkelt, Irmtrud (1996): Marketingkonzepte für Kommunen: Mehr Markt, weniger Stadt?, in: Absatzwirtschaft (ohne Jahrgang), Nr. 1/1996, S. 28–34.

Munro-Faure, Lesley und Malcolm (1994): Total Quality Management – A Primer for Implementation. New York 1994.

Naschold, Frieder (1995): Modernisierung des Staates. Zur Ordnungs- und Innovationspolitik des öffentlichen Sektors, 3. Aufl., Berlin 1995.

Naschold, Frieder/Budäus, Dietrich et al. (1996): Leistungstiefe im öffentlichen Sektor. Erfahrungen, Konzepte, Methoden. Berlin 1996.

Naschold, Frieder/Oppen, Maria/Tondorf, Karin/Wegener, Alexander (1994): Neue Städte braucht das Land. Public Governance: Strukturen, Prozesse und Wirkungen kommunaler Innovationsstrategien in Europa. Berlin 1994.

Nassmacher, Hiltrud (1989): Kommunale Entscheidungsstrukturen, in: Schimanke, Dieter (Hrsg.): Stadtdirektor oder Bürgermeister. Beiträge zu einer aktuellen Kontroverse. Basel, Boston, Berlin 1989, S. 62–83.

Nedo, Hannelore (1995): Marketingkommunikation Standort – Und führe uns in Versuchung, in: Werben & Verkaufen, 33. Jg. (1995), Nr. 23 v. 9.6.1995, S. 72–75.

Nelles, Roland (1994): Amtsstuben als Dienstleistungsunternehmen. Die Welt, 24.9.1994, S. B6.

Nieschlag, Robert/Dichtl, Erwin/Hörschgen, Hans (1997): Marketing, 18., durchgesehene Aufl., Berlin 1997.

Niesen, Hans-Peter (1998a): Buga à la carte. Kulturtouristisches Beiprogramm soll mehr Touristen anlocken. Berliner Morgenpost, 20.12.1998, S. 16.

Niesen, Hans-Peter (1998b): Gramlich optimistisch: Ich bin am Montag noch Oberbürgermeister. Berliner Morgenpost, 15.5.1998, S. 18.

Nillesen, J. P. H/Reuyl, J. C. (1991): Service Quality in a Monopoly: Zeithaml's Service Quality Model for „Public" Markets, in: Wiele, T. van der/Timmer, J. G. (Hrsg.): Proceedings of the „Workshop on Quality Management in Services" (Brüssel 16./17.5.1991). Strategic Quality Management Institute, Rotterdam 1991, S. 305–324.

Nullmeier, Frank (1998a): Input, Output, Outcome, Effektivität und Effizienz, in: von Bandemer, Stephan/Blanke, Bernhard/Nullmeier, Frank/Wewer, Göttrik (Hrsg.): Handbuch zur Verwaltungsreform, Opladen 1998, S. 314–322.

Nullmeier, Frank (1998b): Kennzahlen und Indikatoren, in: von Bandemer, Stephan/Blanke, Bernhard/Nullmeier, Frank/Wewer, Göttrik (Hrsg.): Handbuch zur Verwaltungsreform, Opladen 1998, S. 339–347.

Nullmeier, Frank (1998c): Wettbewerb und Konkurrenz, in: von Bandemer, Stephan/ Blanke, Bernhard/Nullmeier, Frank/Wewer, Göttrik (Hrsg.): Handbuch zur Verwaltungsreform, Opladen 1998, S. 80–92.

Nustede, Hans-Peter (1989): Wirtschaftsförderung als spezielles Marketing für den Kreis Unna, in: Braun, Günther E./Töpfer, Armin (Hrsg.): Marketing im kommunalen Bereich, Stuttgart 1989, S. 302–314.

Oberholz, Andreas (1993): In der Werbung für kommunale Dienstleistungen haben Städte große Defizite. Blick durch die Wirtschaft, 19. 3.1993, S. 27.

Oldenburger, Peter (1998): Neues Personalkonzept: Verwaltung als Dienstleister. Frischer Wind in den Amtsstuben – städtische Mitarbeiter sollen besser motiviert werden. Berliner Morgenpost, 9.8.1998, S. 16.

Oppen, Maria (1991): Vom Verwaltungsapparat zum Dienstleistungsunternehmen? Klientenorientierte Gestaltungsvarianten sozialpolitischer Administration. Berlin 1991.

Osborne, David/Gaebler, Ted (1997): Der innovative Staat. Mit Unternehmergeist zur Verwaltung der Zukunft. Wiesbaden 1997.

Ostermann, Marianne (1991): Kommunale Imagepolitik, in: Der Städtetag, 44. Jg. (1991), Heft 6/1991, S. 411–415.

Oswald, Ansgar (1996): Kommerzpark mit Aussicht. Potsdamer Spagat: Eine Stadt zwischen gestern und morgen. Süddeutsche Zeitung, Nr. 239, S. 13.

o.V. (1987a): Die Innenstadt-Entwicklungen und Perspektiven, in: Der Städtetag, 40 Jg. (1987), Heft 10/1987, S. 597–599.

o.V. (1987b): Stadtkultur in der Öffentlichkeitsarbeit, in: Der Städtetag, 40. Jg. (1987), Heft 11/1987, S. 665–666.

o.V. (1991): Potsdam ist ein Gesamtkunstwerk, in: Der Städtetag, 44. Jg. (1991), Heft 8/1991, S. 553–555.

o.V. (1992a): Stadtmarketing – mehr als Mode?, in: Der Städtetag, 45. Jg. (1992), Heft 1/1992, S. 1.

o.V. (1992b): Straßenbahn wirbt mit 1000-Jahre-Logo, in: Der Städtetag, 45. Jg. (1992), Heft 2/1992, S. 784.

o.V. (1993a): Aufschwung Ost – auch in den neuen Verwaltungen der Städte?, in: Der Städtetag, 46. Jg. (1993), Heft 6/1993, S. 387–390.

o.V. (1993b): Potsdam – zwischen Tradition und Innovation. Die Landeshauptstadt feiert ihr tausendjähriges Bestehen, in: Der Städtetag, 46. Jg. (1993), Heft 8/1993, S. 539–541.

o.V. (1994a): Die Qual der Wahl: Viele Kommunen betreiben Stadtmarketing zusammen mit externen Betreuern, in: Der Gemeinderat, 37. Jg. (1994), Heft 6/1994, S. 18–23.

o.V. (1994b): Findet Potsdam aus seiner Krise heraus? Der Tagesspiegel, 1.6.1994, Nr. 14927, S. 8.

o.V. (1995a): Minister: Tourismus braucht ein besseres Image. Werbekampagne in Potsdam gestartet. Bisher 5,2 Millionen Übernachtungen. Der Tagesspiegel, 28.11.1995, Nr. 15462, S. 14.

o.V. (1995b): Partner für Berlin – Gestörtes Verhältnis, in: Manager Magazin, 25. Jg. (1995), Heft 10/Oktober 1995, S. 38–42.

o.V. (1996a): Berlin-Brandenburg: Standortwettbewerb zu Lasten der abgelegenen Regionen – Stolpe verzichtet möglicherweise auf Sperenberg. Koordinierungsrat kann Interessengegensatz nicht überwinden. Handelsblatt, 21.5.1996, Nr. 97, S. 6.

o.V. (1996b): Der Osten wird bunt, in: Der Spiegel, (ohne Jahrgang), Heft 41 v. 7.10.1996, S. 50–67.
o.V. (1996c): Höhere Eintrittspreise in Sanssouci. Der Tagesspiegel, Nr. 15825, 4.12.1996, S. 14.
o.V. (1996d): In Potsdam werden Steuern und Gebühren erhöht. Der Tagesspiegel, 3.3.1996, Nr. 15555, S. 16.
o.V. (1996e): Potsdam verkauft städtische Beteiligungen. Die Welt, 12.4.1996, S.B5.
o.V. (1996f): Potsdam wirbt ab sofort auch im Internet. Der Tagesspiegel, 29.6.1996, Nr. 15668, S. 12.
o.V. (1996g): Studio Babelsberg: Filmstadt zwischen High-tech und Touristen-Rummel. Handelsblatt, 12.2.1996, Nr. 30, S. 17.
o.V. (1996h): Tourismus- und Standortwerbung im Netz: Nicht nur die Großen sind vertreten. Handelsblatt, 6.8.1996, Nr. 150, S. 18.
o.V. (1996i). „Welcome Card" auch in Potsdam. Die Welt, 7.2.1996, S. B6.
o.V. (1997a): Abbau der Bürokratie soll Standort Deutschland retten. Gutachten „Schlanker Staat" fordert mehr Privatisierung. Der Tagesspiegel, 18.8.1997, Nr. 16074, S. 1.
o.V. (1997b): Dank Gewerbesteuer höhere Einnahmen der Gemeinden. Frankfurter Allgemeine Zeitung, 27.12.1997, Nr. 300, S. 57.
o.V. (1997c): „Das geht niemanden etwas an." Nach Feierabend zeigen sich viele Bürokraten sehr flexibel: Sie gehen in der Privatwirtschaft einer Nebentätigkeit nach, in: Der Spiegel (ohne Jahrgang), Nr. 44 v. 27.10.1997, S. 40–49.
o.V. (1997d): „Das nimmt ein bitteres Ende." Erst wollten die Politiker die Privilegien der Beamten abbauen, dann haben sie erneut vor den Staatsdienern kapituliert, in: Der Spiegel (ohne Jahrgang), Nr. 44 v. 27.10.1997, S. 28–38.
o.V. (1997e): Der Gang zum Rathaus per Computer. Immer mehr Städte gehen online: Bürgerservice und Vorteile für die Kommune. Der Tagesspiegel, 24.10.1997, Nr. 16140, S. 33.
o.V. (1997f): Effizienteres Marketing für den Standort Deutschland. Handelsblatt, 21./22.3.1997, Nr. 57, S. 10.
o.V. (1997g): Kommunen verringern Defizit. Handelsblatt, 21./22.3.1997, Nr. 57, S. 5.
o.V. (1997h): Kommunen wollen Arbeitsvermittlung übernehmen. Frankfurter Allgemeine Zeitung, 14.8.1997, Nr. 187, S. 11.
o.V. (1997i): Langen auf 400 Webseiten. Stadt präsentiert sich v. 1. Januar an im Internet. Frankfurter Allgemeine Zeitung, 27.12.1997, Nr. 300, S. 57.
o.V. (1997j): Marketing und Werbung sollen „Weimar 99" zum Erfolg verhelfen. Frankfurter Allgemeine Zeitung, 6.10.1997, Nr. 231, S. 20.
o.V. (1997k): Maßnahmen gegen das „Dezemberfieber". Frankfurter Allgemeine Zeitung, 1.11.1997, Nr. 254, S. 15.
o.V. (1997l): „Öffentliche Dienstleistungen privatisieren". Rexrodt: Die private Wirtschaft ankurbeln. Frankfurter Allgemeine Zeitung, 14.8.1997, Nr. 187, S. 11.
o.V. (1997m): Öffentlichkeitsarbeit: Lübeck beschließt wöchentliche Publikation, in: Der Städtetag, 50. Jg. (1997), Heft1/1997, S. 29.
o.V. (1997n): Öffentlichkeitsarbeit: Trierer „Rathaus Zeitung", in: Der Städtetag, 50. Jg. (1997), Heft1/1997, S. 29.
o.V. (1997o): Offensive für Innovation und Wachstum: Internationale Unternehmensberater wollen Bonn Nachhilfe in Sachen Standortpolitik geben. Die Welt, 13.6.1997, S. 16.

o.V. (1997p): Potsdamer Oberbürgermeister Gramlich droht die Abwahl. Frankfurter Allgemeine Zeitung, 23.12.1997, Nr. 298, S. 2.
o.V. (1997q): Statt als Staatsdiener sollen Beamte sich als Diener des Bürgers sehen. Handelsblatt, 21/22.3.1997, Nr. 57, S. 5.
o.V. (1997r): Viele Gemeinden werden auch 1998 ihre Gebühren erhöhen. Frankfurter Allgemeine Zeitung, 27.12.1997, Nr. 300, S. 11.
o.V. (1997s): Vor einseitigem Personalabbau in kommunalen Verwaltungen gewarnt. Frankfurter Allgemeine Zeitung, 9.8.1997, Nr. 183, S. 4.
o.V. (1998a): 35724 Potsdamer wählten Horst Gramlich ab. Potsdamer Neueste Nachrichten, 18.5.1998, Nr. 114, S. 9.
o.V. (1998b): Antrag auf Bürgerentscheid zur Abwahl Gramlichs gescheitert: Zweidrittelmehrheit in Potsdamer Stadtverordnetenversammlung verfehlt. Frankfurter Allgemeine Zeitung, 6.3.1998, Nr. 55, S. 6.
o.V: (1998c): Bosse droht Stolpe-Regierung mit „Schlammschlacht". Potsdamer Neueste Nachrichten, 19.5.1998, Nr. 115, S. 1.
o.V. (1998d): Die Finanzlage der deutschen Kommunen verschlechtert sich wieder. Frankfurter Allgemeine Zeitung, 21.1.1998, Nr. 16, S. 19.
o.V. (1998e): Die Japaner liebäugeln mit Babelsberg. Sony will in den traditionsreichen Studios vor den Toren Berlins deutsche Filme produzieren. Der Tagesspiegel, 12.2.1998, Nr. 16248, S. 21.
o.V. (1998f): Filmproduktion von Sony nun auch in Babelsberg. Frankfurter Allgemeine Zeitung, 14.2.1998, Nr. 38, S. 16.
o.V. (1998g): Frankfurt am Main bleibt die gefährlichste Stadt. Die Welt, 4.6.1998, S. 2.
o.V. (1998h): Gramlich: „Verwaltungsfähig." Der Tagesspiegel, 27.2.1998, Nr. 16263, S. 16.
o.V. (1998i): Händlerprotest gegen größeres Potsdam Center. Der Tagesspiegel, 27.2.1998, Nr. 16263, S. 16.
o.V. (1998j): In Potsdam häufen sich die Affären. Handelsblatt, 6./7.2.1998, Nr. 26, S. 8.
o.V. (1998k): Keine Abstriche am Konzept für die Buga. Potsdam erwartet 2,5 Millionen Gäste. Der Tagesspiegel, 26.3.1998, Nr. 16290, S. 17.
o.V. (1998l): Oberbürgermeister von Potsdam kann abgewählt werden. Berliner Morgenpost, 20.3.1998, S. 15.
o.V. (1998m): Parken & Leitsystem für Busse. PTM müht sich um Verbesserungen für den Tourismus. Potsdamer Neueste Nachrichten, 29.9.1998, Nr. 227, S. 9.
o.V. (1998n): Potsdamer PDS kündigt härtere Gangart gegen Platzeck an. Potsdamer Neueste Nachrichten, 29.9.1998, Nr. 227, S. 1.
o.V. (1998o): Potsdam wählt Oberbürgermeister Gramlich ab. Potsdamer Neueste Nachrichten, 18.5.1998, Nr. 114, S. 1.
o.V. (1998p): Preußens Gloria – die Parade der Langen Kerls. Berliner Morgenpost, 10.5.1998, S. 17.
o.V. (1998q): Sozialbericht: Situation in Potsdam „relativ günstig". Berliner Morgenpost, 10.5.1998, S. 18.
o.V. (1998r): Stadt will 1998 42,5 Mio. Mark Gewerbesteuer kassieren. Berliner Morgenpost, 9.8.1998, S. 16.
o.V. (1998s): Städtebund fordert Reform: Die Bürokratie frißt ein Drittel der Ausgaben im sozialen Bereich. Potsdamer Neueste Nachrichten, 9.7.1998, Nr. 157, S. 5.
o.V. (1998t): Viele Städte und Gemeinden erhöhen die Grundsteuern. Frankfurter Allgemeine Zeitung, 20.2.1998, Nr. 43, S. 15.

o.V. (1999): Bundesanstalt bleibt bei optimistischer Prognose. Jagoda: Instrumente nutzen/Beschäftigung erstmals stabil/Arbeitslosigkeit 1998 leicht gesunken. Frankfurter Allgemeine Zeitung, 9.1.1999, Nr. 7, S. 11–12.

Palm, Hermann (1998): Verwaltungsreform und Mitbestimmung, in: von Bandemer, Stephan/Blanke, Bernhard/Nullmeier, Frank/Wewer, Göttrik (Hrsg.): Handbuch zur Verwaltungsreform, Opladen 1998, S. 216–221.

Palupski, Rainer (1997): Marketing kommunaler Verwaltungen. München, Wien 1997.

Parasuraman, Anantharanthan/Zeithaml, Valerie A./Berry, Leonard L. (1985): A Conceptual Model of Service Quality and its Implications for Future Research, in: Journal of Marketing, 49. Jg. (1985), Heft 1/1985, S. 41–50.

Parasuraman, Anantharanthan/Zeithaml, Valerie A./Berry, Leonard L. (1988): SERVQUAL: A Multiple-Item Scale for Measuring Consumer Perceptions of Service Quality, in: Journal of Retailing, 64. Jg. (1988), Heft 1/1988, S. 12–40.

Parr, John/Lampe, David (1996): Empowering Citizens, in: Perry, James L. (Hrsg.): Handbook of Public Administration, 2. Aufl., San Francisco 1996, S. 196–209.

Parodi-Neef, Silvana (1993): Betriebswirtschaftliches Denken in einer Landesverwaltung, in: Hill, Hermann/Klages, Helmut (Hrsg.): Qualitäts- und erfolgsorientiertes Verwaltungsmanagement. Aktuelle Tendenzen und Entwürfe, Berlin 1993, S. 69–75.

Partner für Berlin Gesellschaft für Hauptstadt-Marketing mbH (Hrsg.) (1995a): Berlin – Die Stadt. Berlin 12.5.1995.

Partner für Berlin Gesellschaft für Hauptstadt-Marketing mbH (1995b): Das Stärken-Schwächen-Profil Berlins. Bericht anläßlich der Pressekonferenz am 18.12.1995.

Partner für Berlin Gesellschaft für Hauptstadt-Marketing mbH (1995c): Marketing-Konzeption 1996. Kurzfassung anläßlich der Pressekonferenz am 18.12.1995.

Passmore, Jon et al. (1994): Customer Service in a competitive Environment. Chartered Institute of Housing, Coventry 1994.

Pepels, Werner (1996): Kommunikationsmanagement. Marketing-Kommunikation vom Briefing bis zur Realisation. Stuttgart 1996.

Peter, Joachim/Müller, Ewald (1998): Presse- und Öffentlichkeitsarbeit in der Kommune. Das Praktiker-Handbuch. 2. vollst. überarb. u. erw. Aufl. 1998.

Peters, Wilhelm/Müller, Klaus W. (1987): Marketing im öffentlichen Personennahverkehr, in: Der Städtetag, 40. Jg. (1987), Heft 11/1987, S. 682–687.

Petzold, Kurt/Müller, Wolfang-Hans (1989): Kommunales Marketing, in: Wibera Wirtschaftsberatung AG (Hrsg.): Kommunales Marketing, Sonderdruck Nr. 207, Januar 1989.

Pfeifer, Tilo/Wunderlich, Matthias (1995): Ein neuer Maßstab – Qualitätsmanagementsysteme für Forschungseinrichtungen, in: Bullinger, Hans-Jörg (Hrsg.): Dienstleistung der Zukunft. Märkte, Unternehmen und Infrastrukturen im Wandel. Ergebnisse der Tagung des Bundesministeriums für Bildung, Wissenschaft, Forschung und Technologie (BMBF) v. 28./29.6.1995 in Berlin. Wiesbaden 1995, S. 554–566.

Pfeifle, Ulrich (1993): Städtische Presse- und Öffentlichkeitsarbeit wichtiger denn je, in: Der Städtetag, 46. Jg. (1993), Heft 12/1993, S. 762–764.

Pieper, Markus (1994): Das interregionale Standortwahlverhalten der Industrie in Deutschland. Konsequenzen für das kommunale Standortmarketing. Göttingen 1994.

Pippke, Wolfgang (1996): Hohe Qualität in der Bürgerberatung, in: Verwaltungsführung, Organisation und Personal („VOP“), 18. Jg. (1996), Heft 3–4/1996, S. 41–46.

Potsdam Touristik & Marketing GmbH (1998): Für Potsdam. Die Arbeit der Potsdam Touristik & Marketing GmbH. Unveröffentlichter Entwurf. Potsdam 1998.

Potsdamer Forum. Verein für Stadtmarketing e.V. (1994): Satzung. Potsdam, 1.12.1994.

Potsdamer Forum. Verein für Stadtmarketing e.V. (1995): Sie können auf die Zukunft warten. Oder sie mitgestalten. Flyer, Potsdam 1995.

Presse- und Informationsamt des Landes Berlin (Hrsg.) (1995): Berlin Unternehmen Verwaltung: Mut zur Reform. Auf dem Weg zu einer neuen Unternehmenskultur des öffentlichen Dienstes, 1. Aufl., Berlin, September 1995.

Preusser, Richard (1989): Mehr Spaß und Erlebnis: Marketing für öffentliche Bäder, in: Braun, Günther E./Töpfer, Armin (Hrsg.): Marketing im kommunalen Bereich. Der Bürger als „Kunde" seiner Gemeinde. Stuttgart 1989, S. 194–204.

Priebs, Axel (1998): Neubau der Region, in: von Bandemer, Stephan/Blanke, Bernhard/Nullmeier, Frank/Wewer, Göttrik (Hrsg.): Handbuch zur Verwaltungsreform, Opladen 1998, S. 122–131.

Prinz, Heinz (1995): Stadtmarketing: Modebegriff oder modernes Instrument zur Standortprofilierung, in: Verwaltungsorganisation, 29. Jg. (1995), Heft 11/1995, S. 27–30.

Prognos GmbH/Verlag Der Tagesspiegel GmbH (Hrsg.) (1997): Wirtschaftsregion Berlin und Brandenburg. Ausgabe 1997/1998, Berlin 1997.

Pütz-Willems, Maria (1998): Tagungsmöglichkeiten in Potsdam: Ein Spitzenangebot mit „deutschen Kontrasten". Handelsblatt, 27./28.3.1998, Nr. 61, S. G10.

Rabe, Heiko (1995): Stadtmarketing – Merkmale, Schwachpunkte und Perspektiven. Schriftfassung eines Vortrages anläßlich der Tagung „Stadtmarketing – ein neues Konzept für die Stadtentwicklung?" an der Freien Universität Berlin, Fachbereich Politische Wissenschaft, am 29.9.1995 in Berlin.

Räder, Bertram/Preuß, Joachim (1993): Bürgernähe durch Integrationsmanagement in der öffentlichen Verwaltung, in: Cima-Stadtmarketing GmbH (Hrsg.): „Kommunikation – Erfolgsfaktor für Kommunalentwicklung". Der Treffpunkt für Kommunalpolitik, Verwaltung und Wirtschaft. Dokumentation des Cima-Forums am 29./30.4.1993, Wiesbaden, S. 47–49.

Raffee, Hans/Fritz, Wolfgang/Wiedmann, Peter (1994): Marketing für öffentliche Betriebe. Stuttgart, Berlin, Köln 1994.

Rau, Thomas (1994): Betriebswirtschaftslehre für Städte und Gemeinden. München 1994.

Rehberger, Reinold (1995): Stadtmarketing – In der Konzernzentrale Rathaus sind die Politiker abgemeldet, in: Werben & Verkaufen, 33. Jg. (1995), Nr. 3 v. 20.1.1995, S. 66–71.

Reichard, Christoph (1987): Betriebswirtschaftslehre der öffentlichen Verwaltung. 2., völlig neubearb. u. erw. Aufl., Berlin, New York 1987.

Reichard, Christoph (1992): Kommunales Management im internationalen Vergleich, in: Der Städtetag, 45. Jg. (1992), Heft 12/1992, S. 843–848.

Reichard, Christoph (1993): Internationale Entwicklungstrends im kommunalen Management, in: Banner, Gerhard/Reichard, Christoph (Hrsg.): Kommunale Managementkonzepte in Europa. Anregungen für die deutsche Reformdiskussion. Köln 1993, S. 3–24.

Reichard, Christoph (1996a): Die „New Public Management"-Debatte im internationalen Kontext, in: Reichard, Christoph/Wollmann, Hellmut (Hrsg.): Kommunalverwaltung im Modernisierungsschub? Stadtforschung aktuell, Band 58, Basel, Boston, Berlin 1996, S. 241–274.

Reichard, Christoph (1996b): Umdenken im Rathaus. Neue Steuerungsmodelle in der deutschen Kommunalverwaltung, 5. Aufl., Berlin 1996.

Reichard, Christoph (1998): Personalmanagement, in: von Bandemer, Stephan/Blanke, Bernhard/Nullmeier, Frank/Wewer, Göttrik (Hrsg.): Handbuch zur Verwaltungsreform, Opladen 1998, S. 166–173.

Reinermann, Heinrich (1996): Zum WAS und WIE der Neuen Steuerungsmodelle, in: Scheer, August-Wilhelm/Friederichs, Johann (Hrsg.): Innovative Verwaltungen 2000. Schriften zur Unternehmensführung, Band 57, Wiesbaden 1996, S. 31–40.

Reitemeier, Dirk (1994): „Image von Potsdam dringend aufpolieren." Berliner Morgenpost, 28.6.1994, S. 17.

Richter, Walter (1998): Controlling im „Konzern" Stadt, in: von Bandemer, Stephan/Blanke, Bernhard/Nullmeier, Frank/Wewer, Göttrik (Hrsg.): Handbuch zur Verwaltungsreform, Opladen 1998, S. 356–362.

Richter, Walter/Dreyer, Matthias (1998): Cost Center und Profit Center im Kontext kommunaler Aufgabenfelder, in: von Bandemer, Stephan/Blanke, Bernhard/Nullmeier, Frank/Wewer, Göttrik (Hrsg.): Handbuch zur Verwaltungsreform, Opladen 1998, S. 295–302

Ridder, Hans-Gerd (1998): Materielle und immaterielle Leistungsanreize, in: von Bandemer, Stephan/Blanke, Bernhard/Nullmeier, Frank/Wewer, Göttrik (Hrsg.): Handbuch zur Verwaltungsreform, Opladen 1998, S. 191–199.

Ridley, Frederick (1993): Verwaltungsmodernisierung in Großbritannien, in: Hill, Hermann/Klages, Helmut (Hrsg.): Qualitäts- und erfolgsorientiertes Verwaltungsmanagement. Aktuelle Tendenzen und Entwürfe, Berlin 1993, S. 251–257.

Riebel, Jochen (1989): Image-Untersuchung der Stadt Frankenthal, in: Braun, Günther E./Töpfer, Armin (Hrsg.): Marketing im kommunalen Bereich. Der Bürger als „Kunde" in seiner Gemeinde, Stuttgart 1989, S. 30–56.

Riebel, Jochen (1993): Imageanalyse: Was sind wesentliche Analyse- und Gestaltungsfelder für das Stadtimage?, in: Töpfer, Armin (Hrsg.): Stadtmarketing – Herausforderung und Chance für Kommunen. Baden-Baden 1993, S. 145–153.

Röber, Manfred (1992): Stadtmarketing – Analyse eines neuen Ansatzes in der Stadtentwicklungspolitik, in: Verwaltungsrundschau, 38. Jg. (1992), Heft 10/1992, S. 355–358.

Röber, Manfred (1995): Über einige Mißverständnisse in der verwaltungswissenschaftlichen Modernisierungsdebatte: ein Zwischenruf. Schriftfassung eines Vortrages anläßlich der Tagung „Stadtmarketing – ein neues Konzept für die Stadtentwicklung?" an der Freien Universität Berlin, Fachbereich Politische Wissenschaft, am 29.9.1995 in Berlin.

Röhrlich, Dagmar (1998): Ein Tisch für den Abend. Deutsche Städte und Gemeinden drängen ins Internet, in: Wirtschaftswoche, 52. Jg. (1998), Heft 12 v. 12.3.1998, S. 180–182.

Rosenkranz-Kaiser, Jutta (1996a): Der Kunde ist Triebfeder für Wachstum, in: Bundesministerium für Wirtschaft (BMWi): Standort Deutschland. WorkshopPaket: Handlungsfelder für kommunale Entscheider und (mittelständische) Unternehmer, Bonn 1996, S. 87–88.

Rosenkranz-Kaiser, Jutta (1996b): Die Personalarbeit der Zukunft: Dezentrales Unternehmertum, Teamarbeit und anreizorientierte Führungskonzepte, in: Bundesministerium für Wirtschaft (BMWi): Standort Deutschland. WorkshopPaket: Handlungsfelder für kommunale Entscheider und (mittelständische) Unternehmer, Bonn 1996, S. 80–81.

Roth, Peter/Stiller, Rainer (1993) Leitlinien und strategische Ansätze für die Kommunikationspolitik der Kommunen. Fachhochschule München, Fachbereich Betriebswirtschaft. München, Juli 1993.

Rudzio, Wolfgang (1987): Das politische System der Bundesrepublik Deutschland, 2. aktualisierte Aufl., Opladen 1987.

Rück, Hans R.G. (1995): Dienstleistungen – ein Definitionsansatz auf Grundlage des „Make or buy"-Prinzips, in: Kleinaltenkamp, Michael (Hrsg.): Dienstleistungsmarketing. Konzeptionen und Anwendungen. Wiesbaden 1995, S. 1–31.

Rühl, Wolfgang (1989): Das Ruhrgebiet: Ein starkes Stück Deutschland, in: Braun, Günther E./Töpfer, Armin (Hrsg.): Marketing im kommunalen Bereich. Stuttgart 1989, S. 315–330.

Runze & Casper Werbeagentur GmbH (1995): Messestand der Region Berlin/Potsdam auf der MIPIM 1996. Unveröffentlichtes Exposé. Berlin 28.7.1995.

Ruter, Rudolf X. (1997): Neue Wege im Rechnungswesen und Controlling öffentlicher Einrichtungen. Erfahrungsbericht aus der Praxis, in: Coenenberg, Adolf G./Baum, Heinz G. et al. (Hrsg.): Controlling öffentlicher Einrichtungen, Stuttgart 1997, S. 57–70.

Sagatz, Kurt (1999): Der „Pet-Man" hilft gegen die Bürokratie. Berliner können sich künftig per Internet an den Petitionsausschuß des Abgeordnetenhauses wenden. Der Tagesspiegel, 7.1.1999, Nr. 16568, S. 10.

Saidel, Judith R. (1993): The Board Role in Relation to Government, in: Young, Dennis R./Hollister, Robert M./Hodgkinson, Virginia A. (Hrsg.): Governing, Leading and Managing Nonprofit Organizations, San Francisco 1993, S. 32–51

Salomon, Uwe (1998): „Intranet" bietet weltweit Infos über Potsdam an. Berliner Morgenpost, 12./13.4.1998, S. 16.

Saper, Roger (1996): Städte verstärken ihr Marketing. Handelsblatt, 3.5.1996, Nr. 86, S. B7.

Scanlon, Cynthia (1998): Web sitings: The Internet as a Partner in the Site Search, in: Area Development Site & Facility Planning, Heft 3/1998, S. 38–45.

Schaad, Martin (1997): Ja zur Verwaltungsreform, aber nicht im Übereifer. Der Tagesspiegel, 12.3.1997, Nr. 15920, S. 27.

Schäfer, Roland (1996): Mehr Bürgerfreundlichkeit durch Aufgabenbündelung, in: Verwaltungsführung, Organisation und Personal („VOP"), 18. Jg. (1996), Heft 9/1996, S. 45–48.

Scharitzer, Dieter (1993): Das Dienstleistungs-„Produkt", in: Der Markt, 32. Jg. (1993), Nr. 125, S. 94–107.

Schauenberg, Bernd (1991): Organisationsprobleme bei dauerhafter Kooperation, in: Ordelheide, Dieter/Rudolph, Bernd/Büsselmann, Elke (Hrsg.): Betriebswirtschaftslehre und ökonomische Theorie, Stuttgart 1991, S. 329–356.

Scheer, August-Wilhelm/Friederichs, Johann (Hrsg.): Innovative Verwaltungen 2000. Wiesbaden 1996.

Scheer, August-Wilhelm/Bold, Markus/Heib, Ralf (1996): Geschäftsprozeßmodellierung als Instrument zur Gestaltung von Controlling-Systemen in der öffentlichen Verwaltung, in: Scheer, August-Wilhelm/Friederichs, Johann (Hrsg.): Innovative Verwaltungen 2000, Wiesbaden 1996, S. 119–130.

Schiller, Andreas (1994): Unternehmen Rathaus, in: Immobilien Manager, Heft 4/August 1994, S. 54–58.

Schiller, Theo (1997): Verwaltungsmodernisierung und direkte Demokratie: Vorüberlegungen, in: Bogumil, Jörg/Kißler, Leo (Hrsg.): Verwaltungsmodernisierung und lokale Demokratie. Risiken und Chancen eines Neuen Steuerungsmodells für die lokale Demokratie. Baden-Baden 1997, S. 113–122.

Schimanke, Dieter/Stanke, Michael (1989): Kommunale Führungsorganisation als politische Institution, in: Schimanke, Dieter (Hrsg.): Stadtdirektor oder Bürgermeister. Beiträge zu einer aktuellen Kontroverse, Basel, Boston, Berlin 1989, S. 218–232.

Schmidt-Jortzig, Edzard (1995): Mehr Leistung für den Bürger: Schlanke Kommunalverwaltung, in: Das Rathaus, 48. Jg. (1995), Heft 10/1995, S. 484–492.

Schmitz, Ulrich (1997): Handelskammern betreiben Standortwerbung im Internet. Gute Argumente für Investoren. Handelsblatt, 18.2.1997, Nr. 34, S. 27.

Schneider, Karl-Heinz (1995): Die öffentliche Verwaltung unter Legitimationszwang?, in: Das Rathaus, 48. Jg. (1995), Heft 3/1995, S. 109–111.

Schneider, Ulrike (1993): Stadtmarketing und Großveranstaltungen, in: Hübl, Lothar (Hrsg.): Beiträge zur angewandten Wirtschaftsforschung, Band 26. Berlin 1993.

Schneider, Ulrike (1994): Die Stadt als Unternehmen – ein Weg aus der Krise. Reformen gibt es nicht zum Nulltarif, in: Hannover Uni Magazin, Heft 1/1994, S. 30–33.

Schöneich, Michael (1988): Kultur für wen – Kultur wozu?, in: Der Städtetag, 41. Jg. (1988), Heft 6/1988, S. 388–390.

Scholler, Heinrich (1990): Grundzüge des Kommunalrechts in der Bundesrepublik Deutschland, 4. Aufl., Heidelberg 1990.

Scholz, Carola (1989): Frankfurt – Eine Stadt wird verkauft. Frankfurt/M. 1989.

Scholz, Rupert (1997): Dem schlanken Staat gehört die Zukunft. Wie deutsche Verwaltungen und öffentlicher Dienst effektiver arbeiten können, in: Frankfurter Allgemeine Zeitung (Hrsg.): Kommunale Dienstleistungen. Verlagsbeilage v. 18.11.1997, Nr. 268, S. B1.

Schröer, Helmut (1996): Die Stadt Trier – eine mittlere Kommune auf dem Weg zum modernen Dienstleistungsunternehmen, in: Schückhaus, Ulrich (Hrsg.): Kommunen in Not – Wege aus der Krise. Reformansätze aus der kommunalen Praxis, Stuttgart 1996, S. 139–161.

Schröter, Eckhard/Wollmann, Hellmut (1998): New Public Management, in: von Bandemer, Stephan/Blanke, Bernhard/Nullmeier, Frank/Wewer, Göttrik (Hrsg.): Handbuch zur Verwaltungsreform, Opladen 1998, S. 59–70.

Schückhaus, Ulrich (1996): Politikeinbindung und Politikentwicklung im Rahmen der Neuen Steuerungsmodelle, in: Schückhaus, Ulrich (Hrsg.): Kommunen in Not – Wege aus der Krise. Reformansätze aus der kommunalen Praxis, Stuttgart 1996, S. 19–36.

Schückhaus, Ulrich/Graf, Hans-Adam/Dormeier, Candy (1993): Stadt- und Regionalmarketing. Einsatzmöglichkeiten und Nutzen. Kienbaum Unternehmensberatung GmbH, Düsseldorf, Februar 1993.

Schümann, Timm (1997): Potsdams Bürger auf Streifengang. Die Welt, 20.3.1997, S. B1.

Schuler, Fritz/Mehler, Klaus (1994): Stadtmarketing: Knochenarbeit für Citymanager, in: Der Handel. Das Wirtschaftsmagazin für Handelsmanagement (ohne Jahrgang), Heft 11/1994, S. 39.

Schwartz, Helge (1982): Kommunale Strategien der Gewerbeerhaltung und -akquisition. Ein Beitrag zur Theorie des Kommunalmarketing. Frankfurt /M. 1982.

Seghezzi, Hans Dieter (1994): Qualitätsmanagement. Ansatz eines St. Galler Konzepts Integriertes Qualitätsmanagement. Stuttgart 1994.

Seiler, Michael (1994): Potsdam: Kultur-Landschaft Potsdam, in: Hill, Hermann (Hrsg.): Die begreifbare Stadt. Wege zum Dialog mit dem Bürger. Köln, Berlin, Bonn, München 1994, S. 133–139.

Senatsverwaltung für Inneres (Hrsg.) (1995a): Bericht zum Berliner Produktkatalog. Berlin, 24.5.1995.

Senatsverwaltung für Inneres (Hrsg.) (1995b): Neues Berliner Verwaltungsmanagement. Teilprojekt Qualitätsmanagement. Berlin, 5.7.1995.

Siems, Dorothea (1996): Die technologische Revolution im öffentlichen Dienst. Bürger verlangen weniger Bürokratie und besseren Service. Die Welt, 17.10.1996, S. WV4.

Smyth, Hedley (1994): Marketing the City. The Role of Flagship Developments in Urban Regeneration. London 1994.

Söstra (1993): Vorschläge und Anregungen für eine situationsgerechte Regionalpolitik zur Gestaltung des Wirtschafts- und Sozialraums Brandenburg-Berlin. Berichte und Informationen Nr. 4/Februar 1993, Berlin.

Spitzer, Malte (1998a): Bürgeraktivierung und Verwaltungsmodernisierung, in: von Bandemer, Stephan/Blanke, Bernhard/Nullmeier, Frank/Wewer, Göttrik (Hrsg.): Handbuch zur Verwaltungsreform, Opladen 1998, S. 131–139.

Spitzer, Malte (1998b): Produkte als Informationsträger, in: von Bandemer, Stephan/ Blanke, Bernhard/Nullmeier, Frank/Wewer, Göttrik (Hrsg.): Handbuch zur Verwaltungsreform, Opladen 1998, S. 332–339.

Staehle, Wolfgang H. (1994): Management. Eine verhaltenswissenschaftliche Perspektive, 7. Aufl., München 1994.

Staehle, Wolfgang H./Nork, Manuela E. (1992): Umweltschutz und Theorie der Unternehmung, in: Steger, Ulrich/Prätorius, Gerhard (Hrsg.): Handbuch des Umweltmanagements: Anforderungs- und Leistungsprofile von Unternehmen und Gesellschaft, München 1992, S. 67–82.

Stamatis, Dean H. (1996): Total Quality Service. Principles, Practices, and Implementation. Delray Beach 1996.

Stammer, Karin (1998): Die Medienwirtschaft wird gefördert: Anlegerfonds für Babelsberg-Produktionen, in: Frankfurter Allgemeine Zeitung (Hrsg.): Brandenburg. Verlagsbeilage v. 18.5.1998, Nr. 114, S. B9.

Statistisches Bundesamt (1996): Die Bundesländer in Zahlen 1996/97. Wiesbaden, November 1996.

Statistisches Bundesamt (1997): Amtliche Schlüsselnummern und Bevölkerungsdaten der Gemeinden und Verwaltungsbezirke in der Bundesrepublik Deutschland, Ausgabe 1996. Wiesbaden, Mai 1997.

Stauch, Siegfried/Reh, Hans-Joachim (1989): Ein großes kommunales Versorgungsunternehmen: Marketing für Strom, Gas und Wasser, in: Braun, Günther E./Töpfer, Armin (Hrsg.): Marketing im kommunalen Bereich. Der Bürger als „Kunde“ seiner Gemeinde. Stuttgart 1989, S. 131–152.

Stauss, Bernd (1987): Ein bedarfswirtschaftliches Marketingkonzept für öffentliche Unternehmen. Baden-Baden 1987.

Stauss, Bernd/Hentschel, Bert (1991): Dienstleistungsqualität, in: Wirtschaftswissenschaftliches Studium („WiSt“), 20. Jg. (1991), Heft 5/1991, S. 238–244.

Steinberg, Claus (1996): Reengineering kommunaler Unternehmen: Leistungssteigerung und Herstellung der Kostentransparenz in kommunalen Dienstleistungs- und Versorgungsunternehmen durch systematisches Prozeßmanagement, Lean Organization, Controlling und Berichtswesen sowie Qualitätsmanagement. Stuttgart 1996.

Steinmetz, Frank (1986): Standortwerbung – aber wie?, in: Der Städtetag, 39. Jg. (1986), Heft 3/1986, S. 227–228.
Stiftung Warentest (1990): Arbeitsämter: Beratung meist nach Schema F, 25.Jg. (1990), Heft 11/1990, S. 16–20.
Stiftung Warentest (1992): Wie fahrradfreundlich sind die Städte?, 27. Jg. (1992), Heft 3/1992, S. 10.
Stiftung Warentest (1994): Öffentlicher Personennahverkehr: Wie attraktiv sind Bus und Bahn?, 29. Jg. (1994), Heft 10/1994, S. 86–90.
Stiftung Warentest (1998): Arbeitsämter: Guter Rat ist selten, 33. Jg. (1998), Heft 8/1998, S. 80–83.
Stöbe, Sybille (1998a): Mitarbeiterbeteiligung, in: von Bandemer, Stephan/Blanke, Bernhard/Nullmeier, Frank/Wewer, Göttrik (Hrsg.): Handbuch zur Verwaltungsreform, Opladen 1998, S. 150–160.
Stöbe, Sybille (1998b): Schlanke Verwaltung (Lean Administration), in: von Bandemer, Stephan/Blanke, Bernhard/Nullmeier, Frank/Wewer, Göttrik (Hrsg.): Handbuch zur Verwaltungsreform, Opladen 1998, S. 238–247.
Stolpe, Manfred (1997): Das neue Bundesland als Chance für aktive und bürgernahe Politik, in: Jann, Werner (Hrsg.): Berlin-Brandenburg. Chance der Erneuerung von Landesverwaltungen. Schriftenreihe des Kommunalwissenschaftlichen Instituts der Universtität Potsdam, Band 2, Berlin 1997, S. 13–19.
Storks, Michael (1994): Nicht nur die Entlohnung zählt, in: Kommunalpolitische Blätter, 46. Jg. (1994), Heft 2/1994, S. 93–95.
Stratemann, Ingrid/Wottawa, Heinrich (1995): Bürger als Kunden. Wie Sie Reformkonzepte für den öffentlichen Dienst mit Leben füllen. Frankfurt/M., New York 1995.
Strehl, Franz/Promberger, Kurt (1991): Verwaltungsreform – Eine unendliche Geschichte, in: Verwaltungsführung, Organisation und Personal („VOP“), 13. Jg. (1991), Heft 6/1991, S. 347–352.
Strodtmann, Anne (1994): Stadt der Gleichgültigen. Bedeutende Soziologen erklären die Großstadt im Wandel. Der Tagesspiegel, 17.7.1994, Nr. 14973, S. 17.
Strünck, Christoph/Heinze, Rolf G. (1998): Public Private Partnership, in: von Bandemer, Stephan/Blanke, Bernhard/Nullmeier, Frank/Wewer, Göttrik (Hrsg.): Handbuch zur Verwaltungsreform, Opladen 1998, S. 115–122.
Strunz, Herbert (1993): Verwaltung. Einführung in das Management von Organisationen. München 1993.
Struwe, Jochen (1998): Abspecken fördert die Produktivität. Effiziente Verwaltung unter demokratischer Kontrolle, in: Frankfurter Allgemeine Zeitung (Hrsg.): Kommunale Dienstleistungen. Verlagsbeilage v. 31.8.1998, Nr. 201, S. B8.
Teves, Nikolaus (1998): Die schwierige Qualitätsmessung von Dienstleistungen. Der Kunde hat zu Beginn häufig nur ein schwer bewertbares Bild vom erwarteten Ergebnis. Blick durch die Wirtschaft, 30.1.1998, Nr. 21, S. 3.
Thomas, Derek (1993): Surrey County Council: Leistungssteigerung durch Strukturreform und Wettbewerb, in: Banner, Gerhard/Reichard, Christoph (Hrsg.): Kommunale Managementkonzepte in Europa. Anregungen für die deutsche Reformdiskussion, Köln 1993, S. 113–128.
Thomas, Roland (1994): Mobilisierung privaten Engagements in der kommunalen Wirtschaftspolitik, in: Stadt und Gemeinde, 49. Jg (1994), Heft 8/1994, S. 343–346.
Thränhardt, Dietrich (1989): Kommunalverfassung in einer Welt des Wandels, in: Schimanke, Dieter (Hrsg.): Stadtdirektor oder Bürgermeister. Beiträge zu einer aktuellen Kontroverse, Berlin 1989, S. 15–36.

Tiemann, Susanne (1993): Anforderungen an die öffentliche Verwaltung aus der Sicht der Bürger/Steuerzahler, in: Hill, Hermann/Klages, Helmut (Hrsg.): Qualitäts- und erfolgsorientiertes Verwaltungsmanagement. Aktuelle Tendenzen und Entwürfe, Berlin 1993, S. 111–116.

Tietgens, Volker (1994): Wirtschaftsförderung und Standortmarketing in Krisenzeiten, in: Stadt und Gemeinde, 49. Jg. (1994), Heft 1/1994, S. 13–16.

Tietz, Bruno (1989): Warum die City und die grüne Wiese nicht ohne einander existieren können, in: Marketing ZFP, 11. Jg. (1989), Heft 2/II. Quartal 1989, S. 77–85.

Tietz, Bruno (1991): Neue Konzepte für City-Marketing und City-Management, in: Mengler KG (Hrsg.): Mengler Kamingespräche, Nr. 4, Kronberg/Taunus 5.2.1991.

Tietz, Bruno/Rothhaar, Peter (1991): City-Studie: Marktbearbeitung und Management für die Stadt. Neue Konzepte für Einzelhandels- und Dienstleistungsbetriebe. Landsberg/Lech 1991.

Timmermann, Manfred (1993): Wirtschaftliches Handeln öffentlicher Verwaltungen. Grundsätzliches aus ökonomischer und verwaltungspraktischer Sicht, in: Verwaltungsführung, Organisation und Personal („VOP"), 15. Jg. (1993), Heft 2 (1993), S. 97–104.

Titman, Lionel (1995): Marketing in the New Public Sector. London 1995.

Töpfer, Armin (1991/1992): Stadtmarketing: Eine neue Anforderung an Kommunen? 10 Grundsätze, in: Verwaltungsführung, Organisation und Personal („VOP"), 13. Jg. (1991), Heft 6/1991, S. 339–343 (1. Teil); VOP, 14. Jg. (1992), Heft 1/1992, S. 22–26 (2. Teil).

Töpfer, Armin (1993a): Marketing in der kommunalen Praxis: eine Bestandsaufnahme in 151 Städten, in: Töpfer, Armin (Hrsg.): Stadtmarketing – Herausforderung und Chance für Kommunen. Baden-Baden 1993, S. 81–133.

Töpfer, Armin (Hrsg.) (1993b): Stadtmarketing – Herausforderung und Chance für Kommunen. Baden-Baden 1993.

Töpfer, Armin (1993c): Stadtmarketing – State of the Art, in: Landesbank Berlin (Hrsg.): Stadt-CI und Regional-CI. Erfolgsstrategie Corporate Identity. Berlin 1993, S. 20–26.

Töpfer, Armin/Braun, Günther E. (1989): Ansatzpunkte für Marketing im kommunalen Bereich, in: Braun, Günther E./Töpfer, Armin (Hrsg.): Marketing im kommunalen Bereich. Der Bürger als „Kunde" seiner Gemeinde. Stuttgart 1989, S. 8–29.

Töpfer, Armin/China, Ralf (1996): Mit systematischen Befragungen kostengünstig Kunden binden. Handelsblatt, 2./3.8.1996, Nr. 148, S. K2.

Töpfer, Armin/Linker, Wolfgang/Lechelt, Fritz (1986): Attraktivität von regionalen Einkaufszonen, in: Der Städtetag, 39. Jg. (1986), Heft 12/1986, S. 809–813.

Töpfer, Armin/Mann, Andreas (1995): Kommunikation als Erfolgsfaktor im Marketing für Städte und Regionen, in: Fach & Wissen, Spiegel Verlagsreihe Band 11, Hamburg 1995.

Töpfer, Armin/Mehdorn, Hartmut (1994): Total Quality Management. Anforderungen und Umsetzung in Unternehmen. 3. aktualisierte Aufl., Neuwied, Kriftel, Berlin 1994.

Töpfer, Armin/Müller, Ralf (1988): Marketing im kommunalen Bereich – Sinn oder Unsinn?, in: Der Städtetag, 41. Jg. (1988), Heft 11/1988, S. 741–746.

Troje, Hans (1993): Zielgruppenorientierte Regionalentwicklung: Wirtschaftsförderung in der Marktwirtschaft. Göttingen 1993.

Trommsdorff, Volker (1993): Konsumentenverhalten, 2. überarb. Aufl., Stuttgart, Berlin, Köln 1993.

Uphoff, Lisa (1995): Marketing-Konflikt: Das sind die Streithähne. Berliner Morgenpost, 5.8.1995, S. 12.

Urschlechter, Andreas (1974): Öffentlichkeitsarbeit – eine kommunale Pflichtaufgabe?, in: Der Städtetag, 27. Jg. (1974), Heft 11/1974, S. 595–597.

Van den Berg, Leo (1994): Stadtmarketing in den Niederlanden: Ein Überblick über die Ergebnisse, in: Hübl, Lothar (Hrsg.): Stadt- und Regionalmarketing. Vorträge im Fachbereich Wirtschaftswissenschaften, Universität Hannover, Band 18, Februar 1994, S. 24–42.

Vesper, Emil (1994): Leistungsanreize für den finanziellen Ernstfall, in: Kommunalpolitische Blätter, 46. Jg. (1994), Heft 2/1994, S. 97–99.

Virgens, Martina (1992): Marketing in der kommunalen Wirtschaftsförderung unter besonderer Berücksichtigung der Subventionsvergabe. Frankfurt/M., Berlin, Bern, New York, Paris, Wien 1992

Vogels, Paul (1995): „Stadtmarketing – eine kritische Zwischenbilanz". Seminardokumentation „Stadtmarketing – Was leistet das Instrument wirklich?", Deutsches Institut für Urbanistik, Berlin, 24.-26.4.1995.

Voigt, Hans (1994): Kommunale Selbstverwaltung hat sich bewährt, in: Kommunalpolitische Blätter, 46. Jg. (1994), Heft 4/1994, S. 260–261.

Volk, Hartmut (1998): Der Einfluß der Unternehmenskultur auf den Unternehmenserfolg. Blick durch die Wirtschaft, 17.7.1998, Nr. 135, S. 5.

Von Bandemer, Stephan (1998a): Benchmarking, in: von Bandemer, Stephan/Blanke, Bernhard/Nullmeier, Frank/Wewer, Göttrik (Hrsg.): Handbuch zur Verwaltungsreform, Opladen 1998, S. 362–369.

Von Bandemer, Stephan (1998b): Qualitätsmanagement, in: von Bandemer, Stephan/ Blanke, Bernhard/Nullmeier, Frank/Wewer, Göttrik (Hrsg.): Handbuch zur Verwaltungsreform, Opladen 1998, S. 369–379.

Von Boehm-Bezing, Carl L. (1997): 80 Prozent aller kommunalen Dienste könnten privatisiert werden. Frankfurter Allgemeine Zeitung, 14.3.1997, Nr. 62, S. 48.

Von Heyl, Arnulf/Prätorius, Rainer (1979): Kommunalverwaltung und Bürgerbeteiligung im Planungsprozeß: Grüne Theorie und graue Praxis, in: Hoffmann-Riem, Wolfgang (Hrsg.): Bürgernahe Verwaltung? Analysen über das Verhältnis von Bürger und Verwaltung, Neuwied, Darmstadt 1979, S. 260–278.

Von Richthofen, Dieprand (1993): Auf dem Weg zum öffentlichen Manager?, in: Der Städtetag, 46. Jg. (1993), Heft 9/1993, S. 589–592.

Vowinkel, Heike (1998): Subsidiarität: Die Gemeinschaft sucht Bürgernähe. Die Welt, 15.6.1998, S. 6.

Wagner, Dieter (1991): Organisation, Führung und Personalmanagement. Neue Perspektiven durch Flexibilisierung und Individualisierung, 2. überarb. Aufl., Freiburg i. Br. 1991.

Wagner, Dieter (1995a): City-Management in Theorie und Praxis. Teil 1: Substanz und Relevanz eines Begriffs, in: Das Rathaus, 48. Jg. (1995), Heft 1/1995, S. 14–19.

Wagner, Dieter (1995b): City-Management in Theorie und Praxis. Teil 2: Beispielhafte Projekte, in: Das Rathaus, 48. Jg. (1995), Heft 2/1995, S. 57–62.

Wagner, Dieter (1995c): City-Management in Theorie und Praxis. Teil 3: Das City-Management Solingen, in: Das Rathaus, 48. Jg. (1995), Heft 3/1995, S. 126–132.

Wagner, Gerd Rainer (1984): Kommunales Marketing, in: Verwaltungsrundschau, 30. Jg. (1984), Heft 7/Juli 1984, S. 225–232.

Waidelich, Jürgen-Dieter (1989): Marketing für Theater – Erfahrungen und Beobachtungen, in: Braun, Günther E./Töpfer, Armin (Hrsg.): Marketing im kommmunalen Bereich. Der Bürger als „Kunde" seiner Gemeinde. Stuttgart 1989, S. 245–260.

Walldorf, E. G. (1996): Standort-Marketing: Voraussetzung, Prozeß, Erfolge, in: Die innovative Verwaltung, Heft 1/1996, S. 38–43.

Walti, Nicholas (1996): Mehr Bürgernähe in der Verwaltung, in: Verwaltungsführung, Organisation und Personal („VOP"), 18. Jg. (1996), Heft 3–4/1996, S. 57–62.

Ward, Stephen V./Gold, John R. (1994): Introduction, in: Gold, John R./Ward, Stephen V. (Hrsg.): Place Promotion. The Use of Publicitiy and Marketing to sell Towns and Regions, West Sussex, 1994, S. 1–17.

Weber, Beate (1993): Kommunikation vor Ort. Verwaltung im Gespräch mit Bürgern, Gruppen und der Öffentlichkeit, in: Verwaltungsführung, Organisation und Personal („VOP"), 15. Jg. (1993), Heft 5/1993, S. 290–295.

Weber, Max (1972): Wirtschaft und Gesellschaft, 5. Aufl., Tübingen 1972.

Weber, Michael (1989): Fremdenverkehrs-Marketing für Nürnberg, in: Braun, Günther E./Töpfer, Armin (Hrsg.): Marketing im kommunalen Bereich. Stuttgart 1989, S. 71–83.

Weirauch, Dieter (1997): Gefahr in Verzug: Wie Potsdam sein Weltkulturerbe aufs Spiel setzt. Berliner Morgenpost, 2./3.10.1997, S. 18.

Weirauch, Dieter (1998): Bus-Tourismus soll Hotelbetten füllen. Potsdamer Marketinggesellschaft will mit Osterfestspielen und Frühjahrsrevue durchstarten. Berliner Morgenpost, 20.3.1998, S. 16.

Werthebach, Eckhart (1996): Verwaltungsmodernisierung in Deutschland – „Qualität in der Bundesverwaltung", in: Hill, Hermann/Klages, Helmut (Hrsg.): Start zum 3. Speyerer Qualitätswettbewerb 1996. Speyerer Arbeitshefte 104, Speyer 1996, S. 2–15.

Wewer, Göttrik (1998a): Leitbilder und Verwaltungskultur, in: von Bandemer, Stephan/ Blanke, Bernhard/Nullmeier, Frank/Wewer, Göttrik (Hrsg.): Handbuch zur Verwaltungsreform, Opladen 1998, S. 141–150.

Wewer, Göttrik (1998b): Mitarbeitergespräche, in: von Bandemer, Stephan/Blanke, Bernhard/Nullmeier, Frank/Wewer, Göttrik (Hrsg.): Handbuch zur Verwaltungsreform, Opladen 1998, S. 160–166.

Wewer, Göttrik (1998c): Zieldefinition in der Verwaltung, in: von Bandemer, Stephan/ Blanke, Bernhard/Nullmeier, Frank/Wewer, Göttrik (Hrsg.): Handbuch zur Verwaltungsreform, Opladen 1998, S. 223–230.

Wimmer, Frank (1993): Regionalmarketing – Eckpunkte und Knackpunkte, in: Landesbank Berlin (Hrsg.): Stadt-CI und Regional-CI. Erfolgsstrategie Corporate Identity. Berlin 1993, S. 52–57.

Winkelhage, Johannes (1995): Der Bürger wird zum geschätzten Kunden. Handelsblatt Karriere, 6./7.10.1995, Nr. 40, S. K4.

Winters, Peter Jochen (1998): Der moderne Deichgraf will Potsdamer Oberbürgermeister werden. Rücktritt von Amtsinhaber Gramlich? Frankfurter Allgemeine Zeitung, 21.2.1998, Nr. 44, S. 4.

Wise, Lois Recascino (1996): Enhancing Employee Performance, in: Perry, James L. (Hrsg.): Handbook of Public Administration, 2. Aufl., San Francisco 1996, S. 392–404.

Witt, Stephen F./Moutinho, Luiz (Hrsg.) (1995): Tourism Marketing and Management Handbook. Hertfordshire 1995.

Witte, Gertrud (1996): Der Deutsche Städtetag warnt vor Privatisierungseuphorie: Eine Flut von Ausgliederungen kommunaler Aktivitäten. Das privatwirtschaftlich orientierte Engagement der Städte birgt hohe Risiken. Frankfurter Allgemeine Zeitung, 29.11.1996, S. 47.

Wittkämper, Gerhard W. (1990): Die kommunikative Verwaltung – ein notwendiges neues Leitbild?, in: Verwaltungsführung, Organisation und Personal („VOP"), 12. Jg. (1990), Heft 2/1990), S. 75–83.

Wittkämper, Gerhard W. (1996): Neue Handlungsspielräume durch dezentrale Ressourcenverantwortung, in: Schückhaus, Ulrich (Hrsg.): Kommunen in Not – Wege aus der Krise. Reformansätze aus der kommunalen Praxis, Stuttgart 1996, S. 53–63.

Wöhe, Günter (1986): Einführung in die Allgemeine Betriebswirtschaftslehre, 16. Aufl., München 1986.

Wölfel, Roland (1995): Zielsetzungen und Instrumente des Stadtmarketing. Information zum Stadtmarketingverständnis der Cima-Stadtmarketing GmbH, München 1995.

Wohlgemuth, André C. (1989): Führung im Dienstleistungsbereich. Interaktionsintensität und Produktionsstandardisierung als Basis einer neuen Typologie, in: Zeitschrift Führung und Organisation („zfo"), 58. Jg. (1989), Heft 5/1989, S. 339–345.

Wolf, Klaus (1990): Planung und regionale Identität, in: Akademie für Raumforschung und Landesplanung (ARL) (Hrsg.): Regional- und Landesplanung für die 90er Jahre. Wissenschaftliche Plenarsitzung. Forschungs- und Sitzungsberichte Nr. 186, Hannover 1990, S. 108–111.

Wollmann, Hellmut (1996): Verwaltungsmodernisierung: Ausgangsbedingungen, Reformanläufe und aktuelle Modernisierungsdiskurse, in: Reichard, Christoph/Wollmann, Hellmut (Hrsg.): Kommunalverwaltung im Modernisierungsschub? Stadtforschung aktuell, Band 58, Basel, Boston, Berlin 1996, S. 1–49.

Wolters, Gerrit J./Huijgevoort, Joost van (1993): Neuentwicklung und umfassende Veränderung der Organisation als Erfolgsvoraussetzung für Stadtmarketing, in: Töpfer, Armin (Hrsg.): Stadtmarketing – Herausforderung und Chance für Kommunen, Baden-Baden 1993, S. 405–414.

Zech, Sabine (1993): City-Management und Stadtmarketing in der Stadt Hamm, in: Töpfer, Armin (Hrsg.): Stadtmarketing – Herausfoderung und Chance für Kommunen. Baden-Baden 1993, S. 211–223.

Zeilmann, Achim (1995): Zwischen Ohnmacht und Unmut. „Bürgerfreundlichkeit" als Modernisierungsperspektive deutscher Kommunalverwaltungen. München 1995.

Zeithaml, Valerie A./Parasuraman, Anantharanthan/Berry, Leonard L. (1992): Qualitätsservice. Was Ihre Kunden erwarten – was sie leisten müssen. Frankfurt/M., New York 1992.

Zepf, Elmar (1993): Neue Wege zum erfolgreichen Kommunalmanagement. München 1993.

Zerweck, Daniel (1997): Stadtmarketing – Planung, Konzept, Konkretisierung, Realisierung, in: Pfaff-Schley, Herbert (Hrsg.): Stadtmarketing und kommunales Audit: Chance für eine ganzheitliche Stadtentwicklung, Berlin, Heidelberg 1997, S. 37–54.

Ziegler, Ernst-Andreas (1993): Der Weg ist das Ziel: Marketing- und Werbekonzeptionen für Städte, in: Cima-Stadtmarketing GmbH (Hrsg.): "Kommunikation – Erfolgsfaktor für Kommunalentwicklung". Der Treffpunkt für Kommunalpolitik, Verwaltung und Wirtschaft. Dokumentation des Cima-Forums am 29./30.4.1993, Wiesbaden, S. 58–60.

Zimmermann, Gebhard/Grundmann, Ralf (1996): Die Prozeßkostenrechnung als Instrument zur Wirtschaftlichkeitskontrolle und Preisbegründung in der öffentlichen

Verwaltung, in: Scheer, August-Wilhelm/Friederichs, Johann (Hrsg.): Innovative Verwaltungen 2000, Wiesbaden 1996, S. 105–117.

Zörner, Hendrik (1993): Stadtmarketing à la Wuppertal – „Der Weg ist das Ziel", in: Demokratische Gemeinde, Heft 7/1993, S. 14–15.

Anhang

Interviewleitfaden der Expertengespräche zum Stadtmarketing in Potsdam

1. Stadtmarketing allgemein

1.1 Kennzeichen/Merkmale

Was zeichnet Ihrer Meinung nach Stadtmarketing aus?

1.2 Entwicklungsmöglichkeiten

Welche Chancen/Probleme/Perspektiven sehen Sie für Stadtmarketingprojekte?

Kann durch Stadtmarketing etwas dauerhaft verbessert werden?

1.3 Beteiligte

Welche kommunalen Akteure sollten immer eingebunden sein?

1.4 Gesamteinschätzung

Handelt es sich Ihrer Meinung nach um ein effektives Instrument, um kommunale Probleme zu lösen?

2. Stadtmarketing in Potsdam

2.1 Ausgangssituation

Aus welcher Situation heraus ist das Stadtmarketing in Potsdam entstanden?

Wer war der Initiator?

Wie waren/sind Sie persönlich in die Entwicklung involviert?

2.2 Beteiligte

Wer ist am Stadtmarketing beteiligt?

Wie gestaltet sich die Kooperation mit den kommunalen Akteuren, wie der örtlichen Wirtschaft, Interessenverbänden, politischen Vertretern?

Wurden externe Berater herangezogen?

Gibt es eine ausgeprägte Rollenverteilung unter den Beteiligten?

2.3 Organisatorische Verankerung

Welche Organisationsform des Stadtmarketing wurde gewählt?

Wurde diese im Zeitverlauf verändert?

Wie gestaltet sich die Finanzierung?

Gibt es einen hauptberuflichen Citymanager?

2.4 Vorgehensweise

Wurden Leitbilder entwickelt?

Welche Ziele sollen erreicht werden? Welche Zielgruppen werden fokussiert?

Gibt es bestimmte Strategien, die verfolgt werden?

Welche konkreten Maßnahmen wurden und werden durchgeführt?

Wurde ein Zeitrahmen definiert?

2.5 Prozeßverlauf

Wie hat sich das Stadtmarketingprojekt Ihrer Ansicht nach seit 1994 entwickelt?

Welche Veränderungen haben sich im Projektverlauf ergeben?

Welches sind die wesentlichen Lernschritte des Stadtmarketingprojekts?

2.6 Einfluß, Verantwortung

Wie gestalten sich Entscheidungswege? Liegt Konsens vor?

Wer entscheidet in strittigen Punkten? Wer trägt die Verantwortung?

3. Public Management in Potsdam

3.1 Rolle der Verwaltung

Ist das Stadtmarketing in eine Reform der Verwaltung eingebettet?

Sind einzelne Ämter in das Stadtmarketing eingebunden?

Wenn ja, wie wirkt sich das für diese aus?

Bietet die Potsdamer Verwaltung besondere Dienstleistungen an?

Wird das Verwaltungspersonal über das Stadtmarketing informiert?

Werden Mitarbeiter im Umgang mit den Bürgern geschult? (z.B. hinsichtlich Freundlichkeit, Dienstleistungsorientierung)

Inwieweit spielt die angespannte Haushaltslage eine Rolle, evtl. hinsichtlich Privatisierungen oder Public-Private-Partnerships?

Gibt es Ansätze für eine Ressourcen- und Kostenorientierung in der Verwaltung? (z.B. Controlling, Budgetverantwortung)

3.2 Bürgerorientierung

Welche Anstrengungen wurden unternommen, um die Bürger einzubinden?

Wurden die Stimmungslage/die Bedürfnisse der Potsdamer Bürger ermittelt? (Sowohl bei Projektbeginn als auch im Projektverlauf als Kontrolle erster Maßnahmen)

Welche Strategien der Kundenorientierung werden verfolgt? (z.B. Transparenz, Schnelligkeit der Bearbeitung etc.)

Werden Maßnahmen ergriffen, um Potsdam generell kundenorientierter zu gestalten? Wurde z.B. ein Bürgerbüro o.ä. eingerichtet?

Wie werden die Bürger über das Stadtmarketing informiert?

3.3 Zufriedenheit

Wie beurteilen Sie Akzeptanz und Breitenwirkung des Stadtmarketingprojektes?

Haben sich die bisherigen Anstrengungen gelohnt?

Gibt es konkrete Erfolge? Wie werden diese ermittelt?

Was sollte Ihrer Meinung nach anders gemacht/verbessert werden?